KB121831

트라우마로 읽는 대한민국

—한국전쟁에서 쌍용차까지

트라우마로 읽는 대한민국 – 한국전쟁에서 쌍용차까지

초판 1쇄 인쇄 2014년 10월 25일
초판 1쇄 발행 2014년 11월 5일

지은이 김동춘 김명희 외
펴낸이 정순구
책임편집 조수정 정윤경
기획편집 조원식
마케팅 황주영

출력 한국커뮤니케이션
용지 한서지업사
인쇄 한영문화사
제본 한영제책사

펴낸곳 (주) 역사비평사
등록 제300-2007-139호 (2007.9.20)
주소 110-260 서울시 종로구 북촌로 46-2, 3층 (구주소 : 가회동 173번지)
전화 02-741-6123~5
팩스 02-741-6126
홈페이지 www.yukbi.com
이메일 yukbi@chol.com

ISBN 978-89-7696-548-6 93330

트라우마로 읽는 대한민국

— 한국전쟁에서 쌍용차까지

김동춘 김명희 외 지음

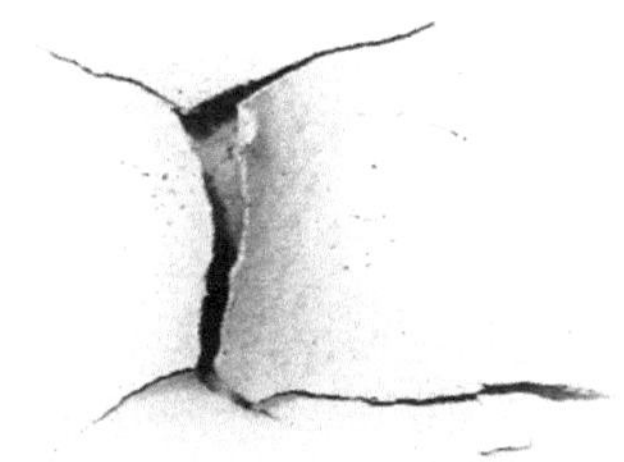

역사비평사

차례 트라우마로 읽는 대한민국
—한국전쟁에서 쌍용차까지

TRAUMA

:: 2부
차별 — 사회제도와 트라우마

책머리에

한국 사회와 역사적 트라우마

2014년 한국 사회를 크나큰 충격에 빠뜨린 4·16 세월호 참사는 '참사 공화국'의 현실, '무책임의 정치'를 실감하게 했다. 세월호 유족들의 고통은 과거 국가폭력 피해자들의 고통과 다르지 않다. 우리는 무엇을 슬퍼하지 않았던가. 우리는 무엇을 반성하지 않았던가. 우리는 무엇을 책임지지 않았던가. 우리가 목도하고 있는 현실은 청산하지 못한 아픈 한국 현대사와 무관할 수 없다. 한국 현대사가 전개되는 동안 '군위안부' 피해, 한국전쟁 당시 집단학살, 4·19, 5·18 등의 민주화운동 탄압, 그 과정에서 벌어진 각종 의문사와 고문 조작 사건 등 수많은 국가폭력의 피해들이 발생했고, 한국 사회를 살아가고 있는 사람들의 관계와 마음에 깊은 상흔을 남겼다. 이는 비단 과거의 일만은 아니다. 2000년대 이후 급증하고 있는 5·18 상이후 유공자들의 높은 자살률, 2009년 용산 참사, 24명에 이르는 쌍용차 노동자들 및 가족의 죽음의 행렬, 온 국민을 집단적 슬픔에 옭아매고 있는 '세월호 트라우마'에 이르기까지 반성하지 못한 폭력의 역사는 부메랑이 되어 우리의 현재 속으로 다시 되돌아온다.

이 책은 한국 정치사회의 작동 과정에서 발생했던 다양한 형태의 폭력과 그 피해자들이 겪어온 '트라우마' 및 그 극복의 길을 다룬 논문들을 엮은 공동 연구서이다. 2010년에서 2012년까지 성공회대 대학원생을 주축으로 '폭력·기억·화해'라는 주제의 정기 학술 세미나가 사회학·심리학·역사학·정신의학·법학·NGO학 등 다양한 학문적 배경과 현장에 기반을 가진 연구자들의 참여로 진행되었다. 그 세미나는 이 책을 엮어 내는 데 밑거름이 되었다. 세미나 참가자들은 외상에 대한 보다 학문적인 접근의 필요성을 절감했고, 이 책은 그러한 문제의식의 결실이다. 뿐만 아니라 참가자들 외에 이런 주제로 오랫동안 고민하고 관련 작업을 해온 여러 연구자들을 필자로 초대하거나 기존 글을 수정하여 수록해줄 것을 부탁하여, 전체 내용이 더욱 풍부해졌다. 우리는 외상의 실제와 이론, 고통과 정치·사회의 관계에 대한 다양한 학습의 경험과 그를 둘러싼 학문적 쟁점을 일반인들과 공유하기 위해 이 책을 편집했다. 언어화되지 않은 경험을 수면 위로 드러내고 공공적인 것으로 만드는 작업, 국가가 가한 폭력이 개인과 가족의 삶에 스며들어 남긴 상흔과 고통에 적절한 이름을 붙이고 그 사회적 원인을 규명하는 작업, 사람들의 삶의 체험과 고통의 현재성에 근거하여 역사청산 작업의 한계를 반성하고 대안적인 극복과 치유의 방향을 정립하는 작업이 이 책에 참여한 연구자들의 공통의 관심이다. 이 책은 개인적 고통으로 환원되지 않는 사회적 고통을, 심리적 외상과 분리될 수 없는 사회적 외상을, 상담실에서의 치유가 아닌 사회적 치유의 문제로 다루고자 했다.

그런데 이 책에 공저자로 참여한 연구자들이 외상에 대한 동일한 이론적 시각과 방법론에 기초해서 논문을 집필한 것은 아니다. 필자들이 착목했던 역사적 사건과 사건을 구성하는 행위주체의 차이, 이에 다가서기 위한 분석방법론의 차이, 그리고 이론적 틀과 강조점의 차이는 주제와 필자의 관심에 따라 차별적이다. 그러나 대체로 다음과 같은 관점과 방향을 공유하고 있다.

첫째, 저자들은 한국 현대사가 남긴 외상에 의학적·심리학적으로 접근하기보다는 여러 분과학문의 경계를 넘어 통합적 시각에서 보려 했다. 이 책의 글들은 외상 사건에 연루된 주체들이 겪고 있는 고통을 실제로 존재하는 '사회적 사실'로 인정하고 이를 경험적 탐구의 출발점으로 삼지만, 역사적·문화적 맥락에서 형성되며 발현되는 외상의 구체적인 양상들에 주목하고 이에 적합한 개념 수립과 이론적 설명을 모색한다는 점에서 의료적 자연주의나 사회구성주의 어느 한쪽의 시각으로 환원되는 것을 경계한다. 이 책의 저자들은 '우울증', '외상후 스트레스 장애(PTSD)'와 같은 현대 정신의학의 변화하는 진단적 개념의 타당성을 일면 인정하지만, 각각에 대하여 한국의 맥락 속에서 폭력 피해 당사자들의 외상 경험을 존중하는 새로운 개념화를 모색하고 있다.

둘째, 역사적 트라우마에 대한 접근은 사건사와 일상사, 개인사와 사회사, 과거와 현재의 이분법을 넘어설 것을 요청한다. 그간 한국의 국가폭력 연구는 주로 사건사적 관점에서 다루어지거나 피해의 실태를 '사실(fact)'의 측면에서 드러내는 작업에 초점을 맞추어왔다. 과거청산의 성과 위에서 전후 민주주의를 일군 독일 현대사와 달리 진상규명조차 제대로 되지 않았던 한국 현대사의 척박한 현실을 감안한다면, 사건의 인과를 규명하는 작업은 분명 필요한 일이었고 의미있는 결실 또한 거두었다. 그러나 사건을 경험하고, 그 이후에도 '그' 사건과 함께 삶을 이어가야 했던 사람들의 이야기는 상대적으로 등한시되었다. 그래서 이 책은 '현재 속에 살아 있는 과거'로서 트라우마를 다룬다. 이를 통해 '사건' 그 이후에도 그 기억을 끌어안고 삶을 살아가야 했던 주체들의 기억과 고통, 생애사적 체험과 가족들의 이야기 속에 끊임없이 재해석되는 현재로서의 역사를 다룬다. '역사적 트라우마'라는 쟁점은 빽빽한 숫자와 사실들의 기록 속에 역사학자들의 전유물로 갇혀 있던 한국 현대사를 보통사람들에게 개방하는, 역사를 보는 새로운 프리즘이기도 하다.

셋째, 이 책에 수록된 글들은 고통과 정치, 피해자와 가해자, 화해와 처벌을 가로지르는 이분법적 구도를 넘어 사회적 정의와 사회적 치유라는 해법을 조심스럽게 제안하고 있다. 때로 국가폭력의 생존자들은 국가의 정당하지 못한 폭력 및 인권침해에 저항하고 연대하는 주체이기도 했다는 점에서 단지 '피해자'로만 부를 수 없는 문제해결에 나서는 적극적인 '행위자'이며, 거대한 폭력구조에서 살아남기 위해 분투해야 했던 '생존자'였고, 가해자로서의 국가와 만성적으로 관여하게 되는 사회적 조건 속에서 국가 이데올로기를 내면화했던 집단적 망각 작업의 '공모자'였다. 그리고 이들은 때로 가족공동체의 가해자가 되기도 하는 복합적 외상 과정을 겪기도 했다. 이러한 복합성을 외면할 수 없는 까닭은, 지속되고 변형되는 외상 경험의 기저에는 그것을 유발하고 지속시키는 사회제도와 과정이 자리하기 때문이다. 이는 외상적 사건과 정신적 고통, 가해자와 피해자 사이에 단선적인 인과관계를 설정하는 것을 어렵게 하며, 외상의 생산과 재생산, 치유의 사회적 조건을 보다 정치하고 신중하게 분석할 것을 요청한다. 따라서 이 책의 필자들은 인간이 겪는 고통이 본디 관계 속에서 일어나는 사회적이고 정치적인 것임을 인정하고, 고통을 의료화하고 개별화하려는 시도들에 거리를 두면서 치유의 첫 걸음이 관계의 회복과 사회적 정의의 수립에 있다는 관점을 공유하고 있다.

이 책은 크게 두 부분으로 나누어져 있고, 총 열 편의 글로 구성되어 있다. '통제: 전쟁·국가폭력과 트라우마'를 주제로 하는 제1부에서는 한국전쟁과 국가폭력이 남긴 외상을 다룬다. 다섯 편의 글에 담겨 있는 폭력의 기억과 망각, 고문, 고통의 세대적 전이, 가해자와 피해자의 상호재생산, 치유와 용서, 화해와 정의 등의 의제들은 군사정권을 청산하고 민주주의를 공고화하는 과정에서 언제나 제기되는 이행기 정의(transitional justice)의 주요 쟁점들이기도 하다. 특히 1부에서는 한국전쟁 학살 피해자 유가족과 5·18 광주민중항쟁 참여 주체들, 고문 생존자의 외상 경험에 다가서기 위한 이론적·방법론적 모색과 분석도 함께 시도했다. 생존자들의 외상 경험을 면밀히 검토하지 않은 개념적 예단이나 실증주의적 접근법에 기초한 고통의 수량화는 생존자들의 고통을 가중시키는 2차 가해로 작용할 위험이 있기 때문에, 이러한 새로운 방법론적인 모색이 필요하다. '차별: 사회제도와 트라우마'를 주제로 하는 2부에서는 한국 사회에서 나타나는 비가시적이고 훨씬 더 부드러운 형태의 상징적·제도적·일상적 폭력이 다양한 형태의 소수자와 사회적 타자를 양산하고 있음을 살펴본다. 미군계 혼혈인, 미혼모와 해외입양인, 탈학교 아이들, 그리고 쌍용차 노동자들, 5·18 부인의 구조 등 다섯 편의 글을 가로지르는 사회적 고립과 배제, 편견과 낙인, 은폐와 부인 등의 쟁점들은 한국사회 전반에 내면화된 폭력을 통해 재생산되는 트라우마의 새로운 양상들을 특징적으로 드러내준다.

1부의 첫 번째 김동춘의 글은 전쟁과 국가폭력이 낳은 한국 사회의 트라우마 유형과 특징 전반을 정치사회학적 시각에서 조망하는 시론적 성격의 글이다. 한국전쟁기 자행되었던 학살, 고문 등 잔인한 국가폭력 피해자들의 트라우마, 참전군인과 학살 가해군인들이 겪는 트라우마, 정리해고 노동자들의 트라우마, 전사회적 차원으로 확장되고 있는 폭력문화는 트라우마가 계급연관적 사회현상이며 정치사회적으로 접근되어야 할 문제임을 보여준다. 한국 사회 전반의 사회적 정신병리는 남북한의 분단과 주기적인 적대 분위기 속에서 강화·유지되었고, 멀게는 식민지 트라우마에 연원을 갖는다. 오늘의 한국은 식민지, 전쟁, 분단이라는 한 세기의 쓰라린 경험을 통해 심각한 외상을 입은 사회이며, 그것이 국가와 국민의 행동을 통해 표출되고 있다는 것이다.

두 번째 김명희의 글은 전후 60년의 세월 속에 자리한 한국전쟁이 남긴 전쟁 유가족들의 상흔을 가족사 방법론으로 고찰한다. 한국전쟁과 분단의 경험은 다양한 형태의 전쟁 유가족을 만들어냈다. 뿐만 아니라 권위주의 통치 시기에 생겨난 의문사 유가족, 나아가 최근 4·16 세월호 참사 및 자살자 유족의 사례에서도 볼 수 있듯이, '유가족'은 서구 근대화 경험에 기반한 '확대가족-핵가족'의 이분법적 도식으로 포착될 수 없는 한국 정치문화의 심층에 자리한 가족의 존재형태라고 할 수 있다. 한국전쟁기 피학살 유가족들이 감내한 가족상실(family loss)의 상흔이 반공국가의 제도적 장치를 통해 고향의 상실, 공동체 상실, 정치의 상실, 기억의 상실이라는 다차원의 복합적 외상 과정 속에서 변형·재생산되는 국면들을 살펴본다. 이렇게 볼 때 전쟁 유족들의 외상이 갖는 사회정치적 성격은 PTSD와 같은 의학적·심리학적 진단명으로 포착되기에는 한계가 있으며, 개인 심리나 사회 전체의 속성으로 환원되지 않는 가족을 매개(agency)로 행사되는 '가족 트라우마'의 동학 속에서 보다 잘 이해될 수 있다는 것이다. 특히 사건과 사건의 재현 사이에 존재하는 간극이 외상 과정(trauma process)에 개입하는 핵심적 기제가 된다는 외상에 대한 사회학적 모델의 모색은, 오늘날 세월호 참사 유가족들의 외상 과정을 이해하는 데도 유의미한 비교의 시사점을 제공하고 있다.

5·18 시민군 기동타격대원의 생애사를 재구성한 강은숙의 글은 5·18 항쟁 참여자들의 외상의 성격을 '사회적 트라우마티즘'으로 진단한다. 5·18 참가자들의 상이후 자살자 비율은 10.4%로, 이는 OECD 국가 중 최고라는 한국의 자살률 0.02%의 무려 500배에 달하는 높은 수치이다. 특히 2000년대의 자살 증가와 관련해서는 5·18에 대한 사회적 관심이 축소됨에 따라 공동체적 연결이 약화된 것이 중요한 배경으로 나타났다. 이는 5·18 항쟁 참여자들이 겪고 있는 고통이 단순히 경제적·육체적 차원에 국한되지 않는다는 점을 시사하는데, '5월정신'이라는 일반화된 타자를 공유하며 외상을 자신의 삶에 통합하고 애도하며 공동체와의 연결을 회복할 수 있었던 첫 번째 국면과 달리, 5·18 '피해자'에 대한 개별화된 정부 차원의 보상 정책이 진전된 두 번째 국면에서는 항쟁의 '주체'로서의 권리 및 자존감 훼손 및 사회적 지지의 축소가 '5월정신'이 제한·변형되는 과정으로 경험됨으로써 새로운 트라우마티즘을 형성하게 되었다는 것이다. 이 글은 개별적·금전적 보상 중심으로 진행된 과거청산제도의 한계 및 5·18을 둘러싼 정치적 민주화 과정에서 항쟁주체의 소외 과정이 지닌 문제점을 드러내고 있으며, 현재까지도 5·18 참가자들의 심리적 고통에 대한 세심한 접근과 적극적인 사회적 지원이 필요함을 역설하고 있다.

최현정의 글은 인본주의 심리학의 계통에 있는 현상학적 연구를 기반으로 고문 피해자들의 경험의 본질과 의미에 다가서고자 한다. 기존 고문 피해의 후유증에 대한 외상후 스트레스 장애, 우울 및 불안증상 등 정신과적 증상 중심의 개념은, 문화적 요인에 대한 무지와 개별 개인의 증상이 상징하는 의미를 간과하므로 한계를 지닌다. 이는 곧 고문 생존자의 자기 회복을 돕는 심리치유의 방법론과 직결되는 문제이기도 하다. 참여자 자신의 체험과 자기 이해를 존중하지 않는 증상 중심의 분석은 자칫 의료체계나 외부 전문가의 권력에 의해 '이상자'로 명명되는 정체성의 침해를 불러올 수 있고, 지배-복종관계를 통한 외상의 재현과 고통의 재활성화를 일으킬 수 있기 때문이다. 반면 참여자의 내적 경험을 존중하는 현상학적 방법론은 고문 생존자 치유의 핵심인 인권의 회복과 사회 공동체와의 재연결을 가능하게 할 수 있다. 결국 고문은 인간에게 가할 수 있는 가장 가혹한 인권유린이자 정체성의 폭력이지만, 관계 체험이 고문 폭력의 핵심 체험이라는 사실은 회복의 열쇠 또한 관계 회복에 있음을 일러준다. '불신'의 체험을 '신뢰'의 체험으로, 그리하여 '말할 수 없음'을 '말할 수 있음'으로, '정체성의 왜곡'을 '통합'으로 전환시켜가는 치유의 과정은 사회정의가 회복의 밑거름이 될 때 비로소 가능하다는 것이 이 글의 주요 주장이다.

1부의 마지막을 장식한 이재승의 글은 제노사이드 이후의 사회에서 등장한 체제 이행과 화해의 문제를 시민정치적 관점에서 고찰한다. 용서와 화해라는 쟁점은 개인들 간의 관계회복을 향한 도덕적 논의에 그치지 않고 대안적인 과거청산의 정의 모델에 대한 모색과 관련되어 있다. 필자가 법과 감정 이론, 법과 문학, 치료법학 등의 방법론에 착안해 회복적 정의와 응보적 정의 모델의 사례로 각각 끌어온 이청준의 『벌레 이야기』나 강풀의 『26년』은 피해자의 참여권과 처벌권을 전제하지 않은 가해자의 자기 사면의 기만성을 잘 드러내준다. 그는 정치적이고 공적인 영역에서 폭력의 정치를 배제하고 시민정치를 활성화시킴으로써만 정치적 화해에 이를 수 있다고 본다. 즉 정치적 폭력의 희생자들을 치유하고 인간적 자율성과 자긍심을 강화시키는 보완장치들만이 '지속가능한 화해'를 조성한다. 오직 민주적 헤게모니하에서 행사된 사면만이 제노사이드의 재발 방지를 보증하고 폭력의 기억과 죄의식 속에 살아가는 가해자의 트라우마 또한 치유하고 구제할 수 있다는 것이다.

'차별: 사회제도와 트라우마'를 주제로 하는 2부에서는 주로 평상시에 재생산되는 폭력과 외상의 기제들이 분석된다. 국가폭력 이후에도 가해사실의 은폐와 지속적 작동은 지지자, 공모자, 방관자들을 양산한다. 그 속에서 폭력의 피해자와 그 가족들은 큰 죄를 지은 죄인이나 추방되어야 할 타자로 분류되어 침묵 속에서 살아가게 된다. 귀국 이후에도 평생을 사회적 낙인 속에 살아가야 했던 식민지 '군위안부'의 사례나 미군계 혼혈인, 미혼모와 해외입양인, 학교에서 추방당한 탈학교 아이들, 나아가 정리해고를 겪은 노동자들의 사례에서 사회적 낙인과 차별, 편견은 이들을 정치공동체의 주변부로 밀어내는 기제가 된다. 이는 동시에 국가의 억압적인 이데올로기와 제도, 언론, 문화, 관습, 규범 등을 통해 가능한 것이며, 이러한 문화적 장치들에 의해 사회적 약자들의 고립이 촉진되는 것이다.

곽사진과 김재민은 일상적인 불관용과 편견, 차별 속에서 인권의 사각지대에 있는 소수자들의 고통이 비가시화되고, 결국 존재론적 죽음에 이르게 되는 과정을 문제시한다. 곽사진은 기지촌 여성과 미군계 혼혈인, 해외입양인과 같은 전쟁 소수자들을 '남한 내전'의 심각한 피해자로 규정한다. 미군계 혼혈인은 현대판 '위안부'인 미군을 대상으로 한 전시 성매매의 결과물이며, 7만여 명이 출생했지만 약 3백여 명 정도만이 생존해 있는 것으로 추정된다. 인종주의와 순혈주의, 부계혈통주의에 기반한 '한국인성(Koreaness)'은 기지촌 여성 및 미군계 혼혈인을 정치공동체의 단일성을 위협하는 주체들로 타자화하고, 여기서 문화적 동질성과 신체적 차이, 생물학과 시민권이 결합된 생물정치학이 작동한다는 것이다. 이를 통해 남한 내 미군계 혼혈인들은 육체적 죽음과 존재론적 죽음 양자택일의 선택지에 놓이게 된다. 결국 '단일민족'과 '한'으로 표상되는 피해자 담론에 기대어 소수자들의 외상이 부인되고 사라지는 사회적 과정 자체가 존재론적 폭력이며, 그 과정에서 '남한적 정체성'은 식민주의 폭력구조의 가해자이자 공모자, 수혜자를 재생산하는 사회화의 기제가 되고 있다는 것이다.

미혼모와 해외입양인이 경험하는 가족상실의 트라우마를 인권의 차원에서 고찰한 김재민 역시 미혼모에게 가해진 일상적 차별과 낙인, 가부장적인 편견이 미혼모와 해외입양인을 사회적 죽음에 이르게 하는 과정에 주목한다. 미혼모는 한국 사회의 전통적 가치를 부정하는 존재로 표상된다. 가족을 구성할 '정상적인' 자격을 충족하지 못한 미혼모의 출산은 사회규범에서 벗어난 것이라는 강한 인식은 미혼모가 자녀를 양육하면서 살아갈 수 있는 제도적 장치를 구축하는 것을 어렵게 하는 요인이다. 입양 후 미혼모는 생모증후군을 겪게 되고, 친모와 단절을 경험했던 자녀 역시 사회적 차별에 일상적으로 노출되면서 성장할 수밖에 없다. 결국 미혼모와 해외입양인의 경우 가족 구성원에 의해 선택되는 것처럼 간주되지만, 입양구조의 본질은 호주제가 폐지된 이후에도 관습과 사회적 편견에 기대어 유지되는 '정상가족'의 강제에 있으며, 한국에서의 수많은 소수자의 삶은 사회가 강제하는 규범 속에서 대부분 상징적 죽음에 내몰려 있는 상황이라고 볼 수 있다.

결국 폭력은 물리적 힘의 행사와 더불어 그것이 정당화 혹은 정당화되지 않는 방식과 필연적인 관계를 맺고 있다. 이런 메커니즘을 잘 보여주는 것이 이른바 '학업중단자'로 일컬어지는 탈학교 아이들, 즉 학교로부터 추방된 아이들의 삶이다. 김원석은 부르디외의 '상징폭력(symbolic violence)'과 '폭력의 연속' 개념을 차용하여 학교폭력이 어떻게 작동하고 경험되며 학교 안팎에서 또 다른 가시적·비가시적 폭력으로 이어지는지를 살펴본다. 여기서 상징폭력은 아이들을 학교로부터 추방하는 동시에 학교교육의 폭력성을 내면화하는 기제가 된다. 한국의 교육제도에서 학업에 실패했을 경우 과거보다 훨씬 더 뚜렷하게 실패자의 낙인을 받게 되며, 전적으로 축출을 당한다. 그러나 '실패'는 개인의 능력 문제로, '학업중단'은 자발적인 '선택과 기회'의 문제로 받아들여지고 내면화되기 때문에 학생들을 학교로부터 밀어내는 구조적 힘들은 잘 보이지 않는다. 이를테면 가정에서 유년시절 경험한 폭력이 '학교부적응'의 원인이 되었다는 점이 보이지 않고, 자신의 문제적 행위에 대한 설명의 부재는 사회적 낙인에 대한 부정적 내면화로 이어지며, 탈학교 이후 성매매를 비롯한 각종 사회의 폭력에 노출되었던 경험은 다시 학교로의 안정적인 복교를 어렵게 함으로써 아이들은 가정과 학교, 사회로 이어지는 거대한 구조적 폭력의 악순환에 놓여 있다는 것이다.

정진주는 실업과 정신건강, 특히 2009년 쌍용자동차 정리해고 과정에서 노동자의 삶이 정신적 외상과 사회적 배제를 통해 어떻게 파괴되어 가는지 살펴본다. 과거의 국가폭력이 모든 언론을 차단한 채 은밀하게 진행되었다면, 용산 참사와 쌍용차 파업 진압은 백주에 공공연하게 이루어졌다. 하지만 대다수 언론이 피해자들의 항변에 주목하지 않고 사회는 이들의 항의에 귀 기울이지 않았기 때문에 이들은 사회로부터 완전히 고립되었다. 사건 이후 쌍용차 노동자들의 자살은 폭력의 체험과 그 이후의 고립과 배제, 외상의 고통에서 발생한 사회적 타살의 성격이 짙다. 이제까지 알려진 쌍용차 정리해고 이후 자살자와 사망자는 총 24명에 이르고, 1년간 쌍용차 노동자 자살률은 10만 명당 151.2명으로 일반인구의 자살률보다 3.74배 높은 수치이다. 결국 구조조정 과정에서 희망퇴직자와 정리해고자들에게 가해졌던 사회적 낙인, 재취업의 어려움, 이웃관계의 단절은 사회로부터의 주변화와 소외, 낮은 자존감을 동반하면서 해고자의 정신건강에 영향을 미쳤고, 한국의 경우 사회보장체제가 부재하기 때문에 정리해고의 영향은 더욱 크게 나타났다는 것이다.

5·18 부인(denial)구조를 다룬 김보경의 글은 이행기 정의의 중요한 쟁점인 인권침해 및 과거청산 부인이라는 쟁점을 통해 이 문제를 환기시킨다. 결국 재현(representation)의 문제는 외상의 생산과 재생산에 개입하는 핵심적인 고리가 된다. 2차 세계대전 당시 나치의 홀로코스트 부인 사례에서 볼 수 있듯이, 민주화 이행 시기에 과거청산 작업이 이루어질 때는 과거청산을 옹호하는 여론이 높아지고, 가해자는 자신을 방어하기 위해 다양한 논리와 근거를 제시하며 적극적인 부인을 한다. 그리고 과거청산 작업이 이루어진 뒤에는 반동적 이데올로기의 발호와 함께 가해자에게 우호적인 지지자를 중심으로 그 결과를 무효화하려는 행위들이 발생한다. 한국의 경우 5·18 민주화운동에 대한 부인구조를 통해 그 전형을 볼 수 있는데, 부인활동과 채널은 '문제제기 및 부인 담론 생산→온라인을 통한 부인 담론 확산→수구단체의 행동을 통한 부인 담론의 외화'라는 흐름으로 이루어지고 있다. 부인의 문화가 국가폭력 재생산의 전제조건이 되는 것은, 국가의 인권침해가 방관자와 지지자들의 침묵과 무관심 없이는 은폐될 수 없기 때문이다. 따라서 '부인하는 사회'

에서 '시인하는 사회'로의 전환은 인권침해의 재발 방지 및 온전한 과거 청산을 위해 중요한 과제이다.

최근 몇 년간 발생한 쌍용자동차 노동자 폭력진압, 용산 참사, 군내 가혹행위 등의 사례에서 드러나는 폭력과 무책임, 사회적 부인구조는 폭력의 은폐와 정당화에 핵심적인 역할을 하고 있으며, 부인 주체인 정부나 힘 있는 기관의 부인 패턴도 5·18 과거청산 부인과 유사한 방식으로 반복되고 있다. 과거의 부인은 피해 당사자는 물론 그 사회 전반에 상흔을 남긴다. 책임지지 않고 슬퍼하지 않는 자리에 들어선 무관심과 망각, 심지어 노골적인 피해자 따돌림은 '세월호 참사' 이후 유족을 조롱하는 행동까지 나온 이유를 설명해준다. 그런 점에서 이 책에 엮인 '트라우마'를 둘러싼 여러 쟁점과 국면은 세월호 이후의 한국 사회를 성찰하는 바로미터라고 할 수 있다.

우리 사회의 외상 연구는 이제 겨우 시작단계에 불과하다. 이 책이 사회와 역사의 성찰을 더욱 정치하게 하고, 지금 목도하고 있는 사회적 고통을 진단하고 처방하기 위한 집합적 노력에 작은 보탬이 된다면 더 이상 기쁜 일은 없을 것이다. 소중한 글로 책의 내용을 풍부하게 해준 최현정, 이재승, 정진주 세 분에게 특별히 감사를 드린다. 책의 집필에는 참여하지 않았지만 세미나의 전 과정에 함께했던 이동기, 권동국 두 분의 날카로운 통찰력과 열정은 이 작업에 깊이를 더했다. 끝으로 이 책의 필요성과 시의성에 공감하고 상업적 성공 여부에 관계없이 출판을 선뜻 수락해주신 역사비평사 정순구 사장님께 감사드린다.

2014년 9월

집필진을 대표하여 김동춘·김명희

| 1부 | 통제

— 전쟁·국가폭력과 트라우마

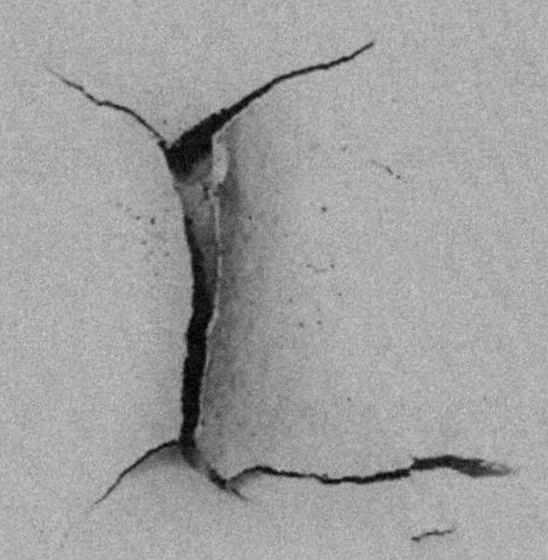

전쟁·국가폭력과 한국 사회의 트라우마

김동춘 _ 성공회대학교 사회과학부 교수

1. 머리말

전쟁, 잔학행위, 포로상태, 가공할 만한 폭력, 강제이주, 사회나 일터에서의 심각한 차별과 굴욕을 겪은 사람들은 그 충격으로 정신적 외상, 즉 트라우마를 겪게 되고, 이후 지속적으로 '외상후 스트레스 장애(Post traumatic stress disorder: PTSD)'를 앓게 된다. 이런 일을 겪은 개인은 과각성(불안), 침투(재경험), 억제(회피) 증상을 보이고, 일상에서는 슬픔, 무력감에 빠져 정상적인 삶을 살 수 없으며, 과거의 기억에 계속 사로잡혀 만성적 각성상태에서 과민하게 반응하기도 한다.[1] 외상을 겪은 사람들은 자기감(sense of self), 자존감을 상실하여 세상과 자신을 연결시켜주는 고리를 잃어버리게 된다. 어떤 경우든지 이러한 외상을 겪은 사람들은 수동적이고 무기력하며, 세상의 일에 적극적으로 참여하기를 거부한다. 베트남전쟁 참전군인을 대상으로 조사했던 임상정신과의사 조나단 세이(Jonathan Shay)는 PTSD는 단순한 장애(disorder)가 아니라 도덕적 손상

(moral injury)이라고 강조했다.[2)] 즉 세상에 대한 불신, 사회적 위축, 공허감과 희망상실, 끊임없는 위협감 등을 가지면서 도덕체계가 붕괴된 상태로 본 것이다.

한 개인뿐만 아니라 굴욕적인 식민지 체험, 외적의 공격, 부당한 대우, 대규모 재해나 따돌림 등을 집단적으로 겪은 국가나 민족, 특정 지역사회도 그와 유사한 정신상태, 즉 공포와 슬픔, 과민한 반응과 공격성, 과거 부정과 기억의 삭제, 자기의 존재를 인정받으려는 과도한 집착증세를 보일 수 있고, 또 위축·불신·희망상실 등 도덕적 손상을 입을 수 있다. 전통시대에도 그러했지만 근대 이후에도 한국 사람들은 분노를 표시하지 못하고 꾹꾹 눌러 참다가 울화병에 걸렸다. 그런데 20세기 한국인들은 일제 말 전시동원, 해방 후 좌우대립과 분단, 한국전쟁, 이후의 베트남전쟁, 그리고 군사정권의 폭력과 광주 5·18 등을 체험했다. 이 폭력의 경험은 많은 한국인들에게 심각한 정신적 외상을 입혔을 것이며, 그것이 개인에게는 울화병을 심화시키고 한국 사회 전반의 도덕적 손상을 가져온 큰 원인이 되었을 것이다.[3)] 식민지를 경험한 모든 국가, 핵공격을 당한 일본, 광주시민, 아파테이트(Apartheid)하에서 심각한 인종차별과 인권탄압을 겪은 남아공화국, 그리고 가까이는 9·11 이후 미국 사회도 이러한 증상을 앓고 있다.[4)]

그런데 경제재해라 볼 수 있는 1997년 IMF 위기와 대량실업을 겪은 후 실업과 고용불안이 지속되고 있는 오늘의 한국 사회는 만성적인 경제전쟁 상태라 볼 수 있다. 그래서 오늘날 한국 사회 노동자들이 겪고 있는 고통은 과거와 달리 일상적인 것이다. 특히 노동현장에서 비정규직 노동자들이 겪는 차별, 영세 자영업자들이 대기업으로부터 겪는 억압과 굴욕, 학생들이 학교 현장에서 겪는 집단 따돌림 등은 현재 한국 사회에서 진행되고 있는 전형적인 폭력의 일종이며, 수많은 사람들이 그러한 물리적, 제도적, 상징적 폭력(symbolic violence)으로부터 외상을 입고 정신적 고통을 호소하고 있다. 일부는 우울증으로 신음하다가 자살로 생을 마감하기도 한다. 즉 과도한 경쟁, 밀어내기, 탈락자에 대한 냉대가 비록 집단적인 것이 아닌 개인적인 것으로 체험되고 있지만, 이는 과거 전면전쟁기의 학살, 국가권력에 의한 물리적 폭력, 감시와 규율의 경찰질서와 무관한 것이 아니라 동일한 논리구조 위에서 작동된다. 외세의 식민지 지배와 전쟁기의 '적', 비국민에 대한 배제는 시장에서의 성공을 지고의 가치로 두는 점에서 오늘날 신자유주의 아래 시장에 의한 규율과 같은 논리구조 속에서 작동된다. 실제로 정리해고와 실업이라는 사회적 처벌, 저항하는 이에 대한 경찰의 무자비한 진압은 피해자, 목격자, 노동자들에게 심각한 외상을 안겨주고 있다. 요컨대 지금의 경제 현장, 노동 현장에서는 매일 '광주 사태'와 '6·25전쟁'이 일어나고 있으며, 탈락자들이 겪는 트라우마는 이제 다수 사회구성원들의 일상이 되었다는 것이다.

가시적 국가폭력 피해에 대해서는 지금까지 여러 과거청산기구의 진상규명활동, 사법당국의 재심과 보상결정, 가해자 처벌과 피해자 명예회복 등이 진행되어왔다. 그러나 이들 국가폭력의 피해자들이 겪어온 정신적 외상과 그 심각성에 대해서는 아직 기초적인 실태조사도 없는 것은 물론이고, 정부의 공식 인정조차 이루어지지 않고 있다. 그것은 오직 개인의 질병이고 의사의 치료 영역으로 되어 있다.[5] 피해자들이 겪고 있는 PTSD 증상이 의학적 사실을 넘어서 '사회적 사실'이 되고, 과거청산이 법적인 처리의 차원을 넘어 사회적 의제가 되어야 할 필요성이 절실하다. 그리고 이 지점에서 과거 국가폭력의 기억, 그것에 의한 정신적 외상과 현재의 경제 현장의 폭력, 사회적 배제와 차별에 의한 외상 문제가 함께 거론되어야 한다. 폭력과 배제는 사회경제적 차원으로 오게 되면 피해자/가해자, 처벌/보상의 구분을 넘어 도덕적 문법으로 거론되어야 하며, 트라우마를 안고 있는 사회 자체의 치료 차원에서 접근되어야 할 의제다.[6]

이 글에서는 과거부터 현재까지, 형태는 다르지만 그 내용에서는 대단히 유사한 국가, 자본 등 거대한 힘에 의해 상처를 입은 사람들의 정신적 외상이 어떻게 나타나고 있는지, 이들 외상을 입은 사람들이 이 사회에서 생존해 나가는 방식을 통해 한국 사회를 어떻게 이해할 수 있는지를 살펴보고 한국 사회 전체가 겪고 있는 집단적 외상이 한국의 국가 행동에 어떻게 나타나는지 살펴본다. 다만, 아직 각 영역에 대한 조사나 연구가 거의 초보적인 수준이기 때문에 이 모든 문제를 단지 시론 차원에서 제기하고자 한다.

2. 학살, 고문 등 잔혹한 국가폭력의 피해자들

1) 피해의 증상

국민의 보호자로 알고 있었던 군·경 등 국가기관이 주민들에게 무자비한 폭력을 행사하는 현장을 본 사람들은 '필설로 다할 수 없는', '말로 표현할 수 없는(unspeakable)' 상황에 충격을 받는다. 한국전쟁 당시 피학살자들과 그 가족들, 군사정권하의 고문과 폭력 피해자들과 그 가족들, 광주 5·18 당시 '폭도'로 지목된 사람들과 가족들이 모두 그런 '말도 안 되는' 일로 충격을 당한 사람들이다. 모든 국가폭력 피해 중에서 학살,

고문 피해는 가장 충격적인 것이며, 그것은 당사자들의 정신도덕체계를 완전히 무너뜨려 그의 평생을 옥죈다.

한국전쟁 전후 자기 눈앞에서 부모나 형제가 총칼을 맞고 비명을 지르며 죽어가는 모습을 목격했거나, 그런 일을 직접 경험했던 피학살 유족들은 억울함과 분노, 수치심을 갖고 살아왔다. 즉 가공할 만한 폭력 현장에서 벌레 취급을 당한 데서 오는 극도의 무력감과 자기비하, 국가 권력의 부당한 행사를 겪고도 국가에 대해 가해 책임을 묻거나 가해자 처벌을 요구할 수 없는 데서 오는 분노와 좌절감, 그리고 부모형제가 억울하게 죽게 되었는데도 막지 못한 자신에 대한 죄책감 등이 이들의 머리와 마음에 각인되어 있다. 생존자들은 "원통하고 분한 생각이 솟구쳐서 가슴이 갈기갈기 찢어지는" 느낌을 갖고, "식사를 하다가도 길을 가다가도 대화를 하다가도 그 생각만 나면 정신을 잃는" 증세를 보였다.[7] '기계적인 무표정', '원초적인 본능에 따라 움직이는 동물의 모습'이 전쟁을 겪은 한국인들의 얼굴이었다.[8] 1962년 당시 이병윤·민병근의 조사에 의하면 정신분열증 환자 93명 중 남녀 모두 피해망상 증세를 보인 사람이 가장 많았으며(남성의 27.5%, 여성의 29.3%), 그중에서도 수사기관으로부터 피해를 입은 피해망상증 환자, 빨갱이 지목 환자가 가장 많았다.[9]

군·경에 의해 '빨갱이'로 몰려 죽은 것도 억울하기 이를 데 없는 일이었지만, 사건 이후 수십 년 동안 '빨갱이 가족'으로 지목되어 번듯한 직장을 가질 수 없고 계속되는 사찰과 감시, 사회적 차별을 당했다는 사실 자체도 이들에게 견딜 수 없는 고통을 주었다. 때문에 이들 유족들은 피해망상, 무기력감, 공포, 대인기피, 침묵, 그리고 과민증을 보였다.[10] 전문가들의 조사에 의하면 사건 이후 거의 60여 년이 지난 시점의 조사에서도 제주 4·3 사건 피해자 설문에 응한 70명 중 68.6%가 PTSD 장애를 겪고 있었고, 52.9%가 우울증을 겪고 있었던 것으로 나타났다.[11] 그리고 한국전쟁 중 군·경·미군에 의한 피학살자 가족들 대부분은 감정조절이 안되어 대인관계에 문제가 발생하는 경우가 많았고, 심리적 충격, 대인기피, 화병으로 고통을 겪고 있었지만 치료경험이 없는 사람이 85%에 달했다.[12]

군사정권 시절 학살, 조작간첩, 인권침해 및 고문 피해자들의 경우는 본인이 직접 피해의 당사자이기 때문에 더욱 심각한 증상을 보이고 있다. 고문은 권력에 대한 철저한 복종을 요구하고, 인간의 자존감과 자아를 철저히 붕괴시키기 때문이다. 앞의 진실화해위 조사 중 피학살 가족의 경우 PTSD 증세를 보이는 사람이 20% 정도에 불과했으나, 군사정권하의 인권침해 피해자들은 조사 대상자 58명 중 43%인 25명이 PTSD 증상을 앓고 있는 것으로 나타났으며, 그중 심각한 증세를 보이는 사람도 8명이나 되었다. 이들 학살 피해자의 59%, 인권침해 피해자의 68%는 외상 경험에 대해 침투적이고 고통스러운 생각이나 기억이 났다고 답하고 있다.[13] 한편 광주 5·18 피해자들 역시 사건 이후 20년이 지난 시점에서도 과잉경계에 의한 피해의식, 무기력과 희망상실 등 만성화된 트라우마티즘으로 고통받고 있는 것으로 나타났으며, 2006년의 조사에서는 당사자들의 41.6%가 PTSD를 경험하고 있고, 부상자들의 45.2%가 중간 이상의 PTSD를 경험하고 있는 것으로 나타났다.[14]

폭력을 당한 현장에서 이들은 거의 짐승과 같은 존재로 취급당했으며, 피해자들은 스스로를 인간 이하의 존재로 느꼈다. 그리고 사건 이후 수십 년 동안 권력과 사회가 이들에게 가한 존재부인(빨갱이, 간첩)은 이들을 '산송장', '금치산자' 혹은 국가 내의 '식민지 백성', 천민이나 노예와 같은 존재로 만들었다. 누구도 그들과 함께하려 하지 않았고, 아무도 그들을 동정하지 않았다. 반공지상주의 사회에서 빨갱이, 폭도, 간첩으로 지목되어 산다는 것, 그것은 가족을 포함한 공동체로부터의 퇴출을 의미했다. 이들 국가폭력 피해자들은 가족과 이웃을 불신하고[15] 자신의 신세를 비관하여 자살하기도 했고, 가족의 죽음이나 친구들의 고통을 보고서도 살아남은 데 대한 죄책감을 지닌 채 살고 있다. 국가폭력이 계속 정당화되는 사회에서는 가해자가 수치심을 갖는 것이 아니라 거꾸로 피해자들이 수치심을 갖는다.[16] 남들은 죽었는데 자기 혼자 살아났다는 수치심, 가족을 돕지 못했다는 수치심, 폭력에 무기력하게 굴복했다는 수치심, 고문 앞에 동료들의 이름을 불었다는 죄책감 등이 그것이다. 전쟁기 피학살자 가족들도 그렇지만 민주화운동 유가족들도 혈육을 사지로 내몰았다는 자책감을 갖고 있다. 정보기관이 가족을 협박하여 수배자인 가족을 자수시키거나 군입대시킨 경우가 대표적이다.[17] 이 자책감 때문에 자살을 택한 사람도 있었다.

이들의 삶과 생각은 전형적인 트라우마 증상, 즉 폭력을 당했던 그날 그곳에 머물러 있다. "피해의 현재성, 그 자리에서 한 치도 나아갈 수 없다는 것이 이들이 갖는 고통의 극단이다. (…) 정신활동이 그곳에 멈추어 있다는 것, 어떤 자잘한 행복이나 감정을 잘 느낄 수 없다는 것, 그것이 조작간첩 피해자들이 겪은 고통의 절정이다."[18] 사실 베트남 참전군인과 성폭력 피해자들의 체험에 주로 기초한 미국의 PTSD라는 지표 자체가 한국에서 이들이 겪었던 상상을 초월하는 폭력과 고통을 측정하기에는 부적절한 지표일지 모른다.

그래서 이들은 다른 모든 나라의 모든 형태의 국가폭력 피해자들과 마찬가지로 공포와 피해의식, 사회의 냉대와 차별, 이웃과의 단절, 실질적인 불이익 때문에 자신이 겪은 일에 대해 일체 발언하지 않는다. 그래서 이들은 같은 종류의 피해를 겪고 있으면서도 완전히 개인으로 고립되어 있다. 이들은 죄를 짓지 않아도 언제나 죄인처럼 살아왔고 또 살아가고 있다. 과거 자신이 당했던 부당한 국가폭력의 진상이 어느 정도 규명되고 명예가 회복되어도 여전히 정상적인 사회관계를 맺는 데 서투르다.

2) 상황적응과 '주관적' 극복의 양상들

학살, 고문 등과 같은 폭력은 압도적 권력 불균형 상태에서 자행되고, 그것을 확인하는 미시정치 현장이라 볼 수 있다. 피해자는 완벽하게 상대의 손아귀에 놓여 출구를 상실한다.[19] 그래서 무서운 폭력을 겪은 사람들은 미래의 문을 닫고 세상의 변화 가능성을 포기한다. 집단학살의 체험은 살아남은 가족들의 관계, 그리고 개개인의 정신세계도 완전히 파괴한다. 폭력의 상처를 입은 사람들에게는 삶의 과정의 단절이 일어난다.[20] 베트남 예비역 중장은 왜 피학살자들이 그들의 과거를 닫으려 하는가라는 질문에 대해 "우리 인민들에게 과거의 상처를 일깨우는 것은 그들에게 창자를 끊는 고통을 주는 것이다"라고 답한 적이 있다.[21] 이 단절과 침묵, 체념은 피해자들의 집단적인 정서가 되어 대를 이어 수백 년 지속될 수도 있다. 그래서 밀러(Miller)는 제노사이드의 최대 피해자는 '희망'이라고 말하기도 했다(Hope might have been the final victim of the genocide).[22] 폭력의 피해자들은 물론 사회의 최하층민들도 '희망함'이 적다고들 말한다. 일찍이 열악한 조건을 감수하면서 그냥 하루하루 살고 있는 동료 노동자들의 무기력증과 체념을 목격한 전태일이 이러한 사실을 갈파했다. "인간에게 인간성을 제거하고 세계와의 관계, 그리고 세계에 대한 대안적인 시각과 관계를 빼앗을 때 인간은 능동적인 저항은커녕 어떤 행위도 시작하기 쉽지 않다."[23)]

한 번 심각한 외상을 겪은 사람들은 그런 폭력의 재발을 두려워하면서 해리(disassociation), 자의적인 사고억제, 삶의 제한 등을 통해 자신의 주관적 상태에서 '현실을 변형'시킨다.[24)] 즉 피해자들은 미래를 위한 기획을 포기하고 정치적 행동을 자제하는 데서 끝나는 것이 아니라, 생존을 위해 가해자의 입장에 서거나 심지어 가해자를 구세주처럼 여기기도 한다. 국가가 강요하고 선전하고 공식적으로 교육하는 전쟁과 폭력에 대한 공식 기억과 충돌하는 개인과 가족 기억을 계속 유지하는 것 자체가 죽음과 같은 고통의 반복이고, 그러한 폭력의 기억을 간직하는 한 정상적 생존이 불가능하기 때문이다.

그래서 한국전쟁에서 이런저런 상처를 입은 1950~60년대 한국인들은 대체로 '내부망명'과[25)] 망각, 기복주의 신앙에의 집착을 통해 전쟁 분단 트라우마를 극복하려 했다.[26)] 특히 그중 군·경 피학살자 가족들은 가해자인 국가의 편에 섬으로써 생존의 길을 갔다. 이들은 전근대 시절의 '역적 집안', 국가 내부의 '식민지 백성'처럼 취급되었다. 그런데 가해의 논리인 반공주의의 힘이 너무나 거센 나머지, 그리고 반공주의에 대한 저항이나 도피가 완전히 불가능했기 때문에, 피해자들은 살아남기 위해 기억을 지우고 자신의 생각을 바꾸어야 했다. 그래서 국가폭력의 희생자들은 생존을 위해 국가나 사회의 공식 이데올로기, 기억을 받아들였다. 심지어는 국군에 학살당한 자신의 부친이 인민군에게 학살당했다고 '사실과 다른 사실'을 받아들여 자기 최면을 건 다음 그것을 실제로 믿으면서 살아왔던 사람들도 있을 정도였다. 그리고 공식적으로는 '신분정화'를 위해 발버둥을 쳤다.[27)] 피학살 유족들이 좌익으로 몰리지 않기 위해 교회에 간 것도 그중 하나였지만, 남성의 경우 군입대가 대표적인 신분정화, 신분세탁 행동이었다. 한국전쟁기 제주도 4·3 피해자들의 군입대 선풍도 그런 맥락이었다. 그들은 해병대 3기로 입대하여 인천상륙작전에 참여했다는 것을 공로로 내세우기도 했다.[28] 박정희, 전두환 정권하에서는 새마을협의회, 공화당이나 민정당 참여 등 여당이나 관변단체에 가담하는 행동도 신분세탁을 통한 생존의 방편이었다. 유명한 무장대원의 아들로서 사업을 하는 어떤 사람은 색깔공세로부터 방패막이를 하기 위해 자유총연맹 간부직을 맡기도 했다. 그리고 이들은 자신의 가족을 국가 안으로 편입시키기 위해 국가가 공식적으로 사용하는 '빨갱이' 담론을 그대로 받아들였다. 심지어 일부 군·경 피학살 유족들은 빨갱이를 성토하는 일에 나서기도 했다. 이들은 국가의 눈 밖에 나지 않을까 두려워 선거 때마다 집권 여당을 지지하기도 한다.

이것은 피해자가 자신의 정치사회적 위치를 국가의 주류나 핵심에 두기 위한 자기방어, 자기변호의 몸부림이었다. 즉 차별의 구조, '빨갱이 담론'을 도저히 건드릴 수 없었기 때문에 스스로 그 헤게모니의 제약 아래서 행동반경을 설정한 셈이다. 이들은 자신이 '순수한' 양민이었음을 필사적으로 증명하려 했다. 상당한 교육수준을 갖고 있거나 사회단체에 가담한 경력이 있는 유족들도 별 차이가 없었다. 그들은 스스로가 '불순분자'가 아니라는 점을 입증함으로써 가해자인 국가의 인정을 받으려 했다. 피학살자 진상규명운동 과정에서 국민보도연맹 유족들에 대한 여타 유족들의 거리두기도 이것과 관련되어 있다. 사실 학살 사건 이후부터 보도연맹 가족들은 빨갱이라고 하여 시골 동네에서는 이웃 사람들이 농사 품앗이에도 끼워주지 않았다. 그 자녀들은 공무원도 못 되고 육사도 못 가고 회사에 들어가도 인사발령을 내주지 않았다. 그런데 또 다른 피학살 유족들은 자신은 '순수 양민'이기 때문에 이들과 다르다고 생각한 나머지 이들을 차별했다. 당신들(빨갱이) 때문에 우리 '순수한 양민'이 함께 빨갱이 취급받을 위험이 있다는 것이 이들 '순수 양민'이 좌익 활동가 유족이나 보도연맹 유족들을 물리치는 이유였다.

이렇게 피해자들이 자신이 피해를 입은 바로 그 논리인 반공주의를 받아들이면, 폭력의 희생자들 간에 서로를 불신 경원시하거나 심지어 적대시하는 경우가 발생한다. 즉 피학살 유족들은 반공주의 때문에 부모를 잃었으면서도, 바로 그 가해자의 논리인 반공주의를 더욱 철저하게 받아들이고 가해자의 인정을 받기 위해 피해자들 간에 거리를 둔다. 이것은 과거 1970년대 말 남조선민족해방전선(남민전) 사건 가족들이 겪었던 고통과 유사하다. 당시 남민전은 좌익 사건으로 분류되었기 때문에 다른 민주화, 인권 피해자들과 달리 종교단체나 인권단체로부터도 외면을 받았다. 가족들은 당시 양심수 가족들이 많이 다니던 갈릴리교회나 목요기도회에 꼬박꼬박 참석했지만, 아는 척해주는 사람 하나 없었다고 한다.[29] 국가의 인정을 받기 위해 피해자들끼리 분열하고 적대하는 양상이 나타났던 것이다.

국가폭력 피해자들이 보인 이런 모습은 제국주의, 파시즘, 군사독재, 거대자본이 피해자들을 분열시키고 간헐적 보상 등을 통해 정신적으로 굴복시키고 도덕 감성을 파괴한 결과라 볼 수 있다. 이는 최근 쌍용자동차 해고노동자들 사이에서도 유사하게 나타나는 모습이다. 강대한 힘을 가진 국가나 사용자에게 인정받으려는 욕구는 반드시 '현실론'을 택한 동료들과 그의 배신을 용납하지 못하는 사람들 사이에 적대적 갈등을 야기한다. 실제로 멀리 있는 적은 건드릴 수 없으나, 가까이 있는 동료의 배신이나 이기적 행동은 적보다 더 용납하기 어렵다. 그래서 같은 처지에 있는 피해자들끼리 원수지간이 되어버린다. 그것은 사실 권력이 만들어놓은 자장에 들어가 피해자들끼리 죽기 살기로 싸우는 일이다.

태평양전쟁기 일본군에 자원입대하거나 군무원으로 동원된 이들이 황민화 정책에 부응해 천황의 충성스러운 국민이 되려고 했던 것, 동원된 다음 가해자의 일원으로 행동한 조선인들도 이와 동일한 행동구조에 있었다. 그들은 '식민지 백성'의 콤플렉스를 벗어나기 위해 자랑스러운 일본인이 되려고 했다.[30] 그 과정에서 그들은 백인 포로를 학대하는 등 일본인 이상으로 더욱 잔인한 지배자가 되기도 했다. 이들이 감시와 차별을 당하면서도 폭력의 가해자로서 행동하게 되었던 것은[31] 제주 4·3 사건 피해자들이 육군 제11사단에 입대하여 학살의 가해군인이 된 것과 같은 맥락이다. 가해자인 국가와 일부 피해자들이 협력하거나 피해자들이 가해자인 국가에 물질적·정신적으로 의존하게 되는 상황이다.

3. 참전군인, 학살 가해군인들이 겪는 트라우마

전쟁에서 동료의 죽음을 목격한 군인 일반, 상부의 명령을 받아 할 수 없이 살인과 고문을 저지른 군인·경찰도 심각한 정신적 외상을 입는다. 미국의 한국전쟁 참전군인 중 20%는 거의 50년 이상이 지난 2004년 당시의 조사에서도 부정적인 심리적 충격으로 고통받고 있는 것으로 조사되었다.[32] 우리는 한국전쟁, 베트남전쟁에 참전했던 군인 수백만 명 중 몇 퍼센트가 외상에 시달려왔는지 전혀 알 수 없다. 정부가 이에 대해 한 번도 조사한 적이 없기 때문이다. 그러나 베트남전 참전 한국군도 공포증에 시달린다는 증언이 있다. "풀밭 위를 걷다가 다리를 잃은 수많은 동료, 부하를 봤기 때문에 풀밭을 걸어가지 못하는 증세가 있다"고 한다.[33] 미군의 경우 이라크와 아프간전쟁에 투입된 군인들 30%가 PTSD 증후군을 보인다는 보고서가 있고, 미군 10만 명당 자살률은 2005년의 12.7명에서 2008년에는 20.2명으로 두 배 가까이 늘었다.[34]

전투 현장의 군인들에게 적은 사람이 아닌 존재, 즉 괴뢰, 빨갱이, 오랑캐, 공비, 개 등으로 비인간화됨으로써 살인에 대한 심리적 거부반응을 완화한다. 그리고 적군을 사살하는 것은 전우인 내 동료를 죽인 데 대한 복수행위로 도덕적으로 정당화되어 살인의 부담에서 어느 정도 벗어날 수 있다. 군인들에게 전쟁은 승리하고 정복하기 위해 싸우는 것이 아니라 적을 죽여야 내가 산다는 생존을 위한 전투로 기억되고 있으며, 공포 그 자체다.

한국에서 공식적으로 조사된 적은 없지만, 학살 현장의 가해군인이 겪었던 트라우마도 상상 이상이다. 1980년 5·18 당시 광주에 진압군으로 투입된 한 군인은 이후 시민에게 총을 겨눴다는 죄책감에 시달렸고, 시민을 사살하라는 상관의 지시에 반항하다 구타를 당한 이후 29년째 정신병원을 전전하고 있었다. 보훈처는 군 복무로 인해 정신병이 생겼다는 객관적 근거가 없다고 국가유공자로 인정하지 않았으나, 법원은 정신적 피해를 인정하고 불법행위에 동원된 데 대한 보상을 해야 한다고 판결을 내렸다.[35] 5·18 진압 63대대 출신 임○○ 씨는 "5·18에 투입된 63대대 제대 장병 350명 중 적어도 150명에서 100명은 치료를 받아야 한다"고 말한다. 그는 "내가 전체적으로 만나보지는 못했지만 술로 달래는 사람을 많이 봤어요. 술로 달래다 심장이나 간이 안 좋아서 눈이 멀어 죽은 동료도 있고, 그 당시에 자살로 죽은 사람도 너댓 명 되는 것 같다"고 했다.[36] 우 모(56) 중사는 "우리가 민주화를 진압한 사람인데, 정신적 후유증에 대한 치료를 요구할 수 없었고, 몰라서 못했다. 자꾸 가해자라고 그러니까 말도 못 꺼냈다"고 말한다. 이들 역시 희생자라 볼 수 있다. 이들은 죄인의 자책감을 갖고 있지만 그들을 지휘한 신군부 출신 군인들은 그런 생각을 갖지 않는다.한국전쟁에 참전했다가 상이군인이 된 사람들 역시 소모품으로 간주된 데 대한 분노, 존중받지 못함으로 인한 자존감 상실로 우울증을 겪었다. 무능하고 무책임한 상관에 대한 분노도 있다. 그것은 전쟁 이후 버려지고 경제적으로 곤궁한 상태에 빠지면서 더욱 증폭되었다.[37] 부상당한 자신에 대한 사회적 무관심, 버려질 것에 대한 두려움, 무가치한 존재라는 느낌, 죽음에 대한 공포와 미래에 대한 상실감 때문에 이들은 외상후 스트레스 장애의 증상을 보였다.[38] 그리고 이런 이유 때문에 자신의 분노를 폭력적으로 표출하기도 했다. 1950~60년대까지 동네 주변에서는 손목에 쇠갈고리를 달거나 의족에 의지해 절룩거리면서 사람들에게 폭언을 던지곤 하던 상이군인들을 흔히 볼 수 있었다. 그것은 자신을 버린 국가에 대한 분노의 표출이었고, 자신의 존재를 인정해달라는 외침이었다.

그런데 한국의 국가는 아직 이들 군인의 정신적 피해를 인정하지 않는다. 참전군인, 상이군인에 대해서는 정부의 지원이 이루어졌지만, 이들의 정신적 상처는 치유되지 않았다. 상이군인의 고통은 물리적 자원(연금)과 교환되고 국가수호의 상징적 자본이 된다. 따라서 고통의 정도가 국가에 의해 관리되고(등급화) 전유됨으로써 전쟁의 참상에 대한 도덕적 호소는 금기시된다.[39] '상이'와 '용사'가 국가에 의해 대중의 기호로 표상됨으로써 개개인의 존재는 가려진다. 그들은 전우들이 전사하고 혼자 살아남았다는 데 대한 양심의 가책을 갖고 있다. 대중매체는 전쟁의 폭력성에 대한 그들의 기억을 상흔의 이야기로 전도시켜버린다. 이들의 육체적 상흔은 국가에 의해 반공주의 혹은 국가주의를 정당화하는 하나의 상징으로 내세워진다. 그러나 전쟁 피해자들과 마찬가지로 참전군인들에게도 전쟁은 현재진행형이다.

베트남 파병군인이나 한국전쟁 참전군인 등 국가를 위해 전투에 나섰던 사람들은, 지휘관급 인사들은 부와 명예를 누려도 자신들은 사실상 버림받았다고 생각하기 때문에 자신의 고통을 인정받을 수 있는 상징에 더욱 집착한다. 특히 민주화 이후 그들에 대한 비판이 제기되자, 그들은 자신의 과거 활동을 정당화하고 피해자 정체성을 인정해줄 수 있는 국가에 더욱 집착하게 되었다. 이들은 민주화 이후 5·18항쟁의 주도세력이나 민주화세력이 국가유공자로 인정받는 데 대해 더욱 강한 피해의식과 소외감을 느낀 나머지 반공, 반북, 국가주의에 더욱 집착하게 되었다.[40] 국가를 위해 싸우다가 피해를 입었지만 실질적으로는 국가로부터 제대로 인정받기를 열망하는 참전군인들은 베트남 고엽제 피해자들처럼 국가폭력의 행사에 가해자의 일부로 참여하기도 한다. 그것이 국가라는 정체성 속에서 자신의 존재를 인정받는 길이라고 생각하기 때문이다.

4. 정리해고 노동자들의 트라우마 : 쌍용차 노동자를 중심으로

자본주의사회에서 모든 정리해고 조치가 폭력은 아니지만, 정당하고 투명한 절차를 거치지 않거나 해고대상자들을 합리적으로 설득하지 않은 기업 구조조정과 정리해고, 그리고 항의나 시위에 대한 탄압, 고통에 대한 사회적 무관심은 해고대상이 된 노동자들에게 폭력으로 다가와 깊은 상처를 남긴다. 자본주의하에서 기업의 정리해고는 언제나 일어날 수 있는 일이지만, 그것이 어떤 방식으로 진행되느냐에 따라, 그리고 공권력과 사회가 이들 해고대상자에게 어떤 태도를 취하는가에 따라 가공할 만한 폭력이 될 수 있다. 쌍용차 노동자들의 경우 구조조정의 정당성이 충분히 납득되지 않은 상태에서 3,000여 명의 노동자가 해고되었으며, 무려 77일간의 파업과 경찰특공대의 거의 토벌 작전을 방불케 하는 진압이 있었다. 그 결과 2009년 사건 당시부터 현재까지 24명의 노동자가 자살·사망했다.

과거의 학살, 고문 등 국가폭력의 대상자들과 마찬가지로 이들 항의하는 노동자들은 사회 내의 '비존재', '비시민', 심지어 '적'으로 취급당했다. 과거에는 정치, 이데올로기적 이유로 비존재로 취급되었다면, 현재는 '자본주의 시장에서 탈락한 자'들의 '떼쓰기' 혹은 적대행위로 간주된다. 이명박 대통령의 용산 세입자들에 대한 '떼잡이' 발언, 쌍용차 노동자들을 '테러세력'으로 간주한 진압 작전이 바로 그런 예이다. 경찰은 한국전쟁 당시 토벌군처럼 '적'을 상대하여 섬멸하는 논리로 임했다. 국가에 의한 비인간화는 저항하는 노동자들의 정신세계를 완전히 무너뜨렸고, 생존의 고통을 겪은 노동자들에게 가해진 이념적 단죄와 배제, 그리고 자살한 노동자들에 대한 사회의 외면은 이들의 정신을 복합적으로 황폐화시켰다. 사측이 조장한 노동자들 내부의 분열 역시 과거 피해자들의 분열과 유사한 방식으로 진행되었다. 살아남은 사람들과 정리해고된 사람들은 서로 원수가 되었다. 과거의 국가폭력이 모든 언론을 차단한 채 은밀하게 진행되었다면, 용산과 쌍용차의 진압은 백주에 공공연하게 이루어졌으나, 대다수 언론이 피해자들의 항변에 주목하지 않고 사회는 이들의 항의에 귀 기울이지 않았기 때문에 그들은 사회로부터 완전히 고립되었다.

2009년 파업 당시 쌍용차 노동자들 대상의 실태조사에 의하면 PTSD 유병율은 42.8%였고 정신과 전문의의 치료가 필요한 사람도 41%에 달했다. 한편 사건 이후 2년이 경과한 2011년 조사에서 외상후 스트레스 장애는 사건 직후보다 오히려 늘어나 조사대상자 193명의 52.3%가 고통을 겪고 있었고 우울증을 앓는 사람도 더 많아졌다. 이들 노동자들 중 자살로 생을 마감한 사람이 한국 평균보다 3.74배 높았던 것도 이런 조사를 통해 충분히 예견할 수 있는 일이었다.[41)]

과거의 국가폭력 피해자들과 비교할 때, 이들 노동자들의 경우 경제적 고통과 사회의 배제가 과거의 이념적 정치적 배제보다 훨씬 더 심각하게 자각되었다.[42)] 쌍용차 해고자들은 과거 블랙리스트에 올라 취업을 못한 노동자들처럼 지역사회에서 재취업이 불가능했고, 과거 국가폭력의 피해자들처럼 '빨갱이'라는 지목까지 받아야 했기 때문에 이웃과 지역사회에서 고립되었다. 즉 이들은 철저하게 비존재, 비시민으로 간주되었기 때문에 사회의 도덕적 책임감과 공감이 미치지 않았으며, 그것 때문에 이들의 정신적 상처는 커졌고, 심각한 우울증과 자살을 불러오게 된 것이다. 죽은 자를 '사회적 차원에서 애도할 수 없는' 분위기는 이들을 더욱 우울하게 만들었고 더 많은 사람을 자살로 몰아갔다.[43)] 오늘날 한국의 비정규직과 영세 자영업자는 거의 이들과 유사한 처지에 있다.

5. 사회적 정신병리와 도덕적 상처 : 폭력에 물든 사회의 파괴

아직 한국에서 국가폭력 피해자는 물론 한국전쟁 참전군인들을 대상으로 한 정신적 후유증 조사도 제대로 이루어진 적이 없기 때문에 속단하기는 어렵지만, 대체로 한국에서는 사건 이후 오랜 시간이 지속되어도 만성적인 트라우마를 겪는 사람이 많고, 학력이 낮거나 계층적으로 하층에 속하는 사람들에게서 그런 현상이 더욱 두드러진다. 공식적으로 학살이나 국가폭력의 발생 자체를 부인하는 정치적 지배질서가 분단 이후 지금까지 지속되고 있고, 피해자들에 대한 사회적 배제나 무관심이 지속되었기 때문에, 자신의 고통을 국가나 사회로부터 인정받지 못하는 사람들의 트라우마가 지속될 수밖에 없었다. 그런데 과거 전쟁 상이군인의 경우도 그렇지만 자신이 사회적으로 인정받을 수 있는 학력, 경제력, 사회적 지위를 갖고 있지 못한 경우 더욱 심각한 트라우마를 겪게 된다. 광주 5·18 피해자들 중에서도 항쟁에 끝까지 참여했던 주로 밑바닥 출신 사람들, 사건 이후에도 노동자나 사무판매직에 종사하며 살고 있는 사람들이 당시 학생이었던 사람 등에 비해 훨씬 심각한 트라우마를 겪고 있는 것으로 나타났다.[44)]

전쟁, 학살, 고문 등 물리적 폭력이나 노동시장에서 부당해고의 고통을 맛본 모든 사람이 동일한 수준의 만성적 트라우마를 갖게 되는 것은 아니다. 또한 고통과 트라우마를 수용·극복하는 방법도 개인에 따라 차별적이다. 트라우마도 피해자가 겪었던 국가폭력의 특징, 시간의 경과, 이후의 정치사회 상황에 따라 상이하게 나타날 것이고, 특히 피해자의 학력, 경제적 여건, 특히 계급·계층구조상 위치에 따라 차별적으로 나타나는 경향이 있다. 이렇게 본다면 트라우마는 분명히 계급연관적 사회현상이며, 따라서 그 치유와 극복 역시 의료·심리의 차원이 아니라 정치사회적으로 접근되어야 할 문제다.[45)] 특히 국가폭력의 피해자들은 대체로 육체적 고통과 경제적 곤궁을 동시에 경험하고 있기 때문에 후자의 정도에 따라 정신적 상처도 심화되거나 약화될 수 있다.

사실 노동자나 약자를 심각하게 차별하는 사회 자체가 일상적으로 트라우마를 생산하는 공장이라 볼 수 있다. 따라서 지속되는 불공정과 부당함, 그리고 피해자 중에서도 엘리트층은 명예회복이나 보상, 재단설립 과정에서 성과를 독식하는 데 반해, 정치사회적으로 지속되고 있는 계급차별구조가 하층 출신 피해자들의 트라우마를 심화시켰다.[46] 폭력의 상처를 입은 사람들 중에서도 사회적으로 성공하거나 높은 지위를 획득한 이들은 그 자체로 자신에게 치유효과를 가지는 경우도 있다. 그러나 원래 학력이 낮거나 계층질서에서 하층에 속했던 사람들이 사회적으로 성공하는 경우는 극히 드물기 때문에, 사실상 폭력의 피해자들은 만성적인 트라우마에서 벗어날 길이 없다.

사실 트라우마는 직접 피해를 당한 사람과 목격 혹은 전문을 통해 그러한 폭력이 자행된 사실을 알게 된 사람들 모두에게 나타난다. 피해를 당한 사람은 공포심과 억울함을 동시에 느낀다. 그러나 목격자들은 이들과 의도적 거리두기를 시도한다. 국가폭력이 자행되던 시절에 압도적 다수의 국민은 침묵했다. 이 침묵은 무지에서 나온 것이기도 했지만, 의식적인 거리두기의 표현일 수도 있다. 거리두기는 심리적 거리감, 피해자들을 자신의 도덕적 책임영역 바깥에 두는 행위다. 부당한 폭력에 저항하지 않고 순응하는 것은 유대인 학살에 대한 독일인의 태도가 그러했듯이, 그 사건이 지난 후에도 부인(denial)의 형태로 지속된다. 저항은 선택지가 아니었다는 점에서 그들은 자신도 희생자라고 주장한다. 그러나 사건 발생 지점에서의 침묵과 이후의 부인은 바로 폭력을 겪으면서 그것을 방관한 사람들의 정체성과 행동을 규정한다.[47] 그래서 폭력은 피해자뿐만 아니라 방관자들에게까지 나름대로 상처를 남긴다. 이 상처는 이후 자신의 방관을 정당화하기 위한 자기변호로 연결된다.

국가나 사회 전체가 전쟁이나 폭력의 상처를 입은 이후에도 그런 전쟁폭력이 지속되거나 가해국가나 가해세력이 그것을 부인할 경우, 피해국가의 트라우마는 지속된다. 일본의 과거사 부인이 한국인들에게 이와 같은 영향을 줄 것이고, 광주 5·18 가해세력이 5·18에 대해 사과하지 않거나 전두환 등 신군부세력이 여전히 승승장구하면서 권력과 부를 누리고, 항쟁이 북한군의 소행이라며 사실 자체를 부인하는 매체가 존재할 경우, 광주 시민들은 더 큰 상처를 입는다. 특정 기업의 노동자들이 정당한 절차 없이 정리해고되고 그들이 경제적 고통에 신음해도 사회가 해당 기업이나 정부의 조치를 비판하기는커녕 오히려 항의하는 노동자들을 몰아붙이거나 배제하고 이들의 겪은 일을 부인할 경우, 대상이 되는 노동자들은 모두 심각한 트라우마를 겪게 될 것이다.

정치권력이나 주류 매체가 여전히 '빨갱이', '종북' 담론을 구사하는 것은 국가폭력의 피해자들에게 재차 폭력을 가하고 해묵은 상처를 건드리는 것이며, 사회 전반적으로 이들에 대한 공감의 기반을 없애는 것이다. 국가나 사회가 평행하는 두 개의 세계로 구분되고 양자 간의 거리가 멀어지면, 한쪽 세계에 사는 사람들은 다른 세계의 고통에 대해 아무런 연관성을 느끼지 못하기 때문이다.[48] 이런 사회에서는 피해자뿐만 아니라 가해자들도 도덕적인 아노미상태에서 벗어날 수 없다. 정의의 훼손, 국가범죄에 대한 분노도 일어나지 않고, 피해자에게 연민의 감정도 생겨나지 못하도록 사회가 작동하기 때문이다. 설사 연민의 감정을 느끼는 사람들이 있어도 아무것도 할 수 없었다는 생각 때문에 심각한 무력감을 갖게 된다. 그래서 사람들은 '복종으로 도피'하는[49] 상태에 빠지게 된다. 학교 현장에서 중간지대 학생들이 집단 따돌림에 가담하는 일,

국가폭력 피해자들을 따돌리는 주민들의 행동이 대표적이다. 이 경우 피해자와 가해자는 완전히 뒤섞여 있다. 국가 차원은 물론 소집단 차원에서도 폭력은 가해집단에 의해 일방적으로 행사되지 않는다. 여기에는 적과 나를 구분하는 사회적 편견과 배제, 심리적 거리감의 기제가 작동하고 있다.[50]

그리하여 '빨갱이'를 불가촉천민으로 취급하는 반공주의하에서는 사회 전체가 빨갱이 기피증을 갖게 되는데, 처한 입장에 따라 이유는 달라진다. 예를 들면 좌익 혐의로 학살당한 사람들과 그 가족들은 크나큰 억울함을 공개적으로 표현할 수 없는 현실 속에서 그 사실을 철저히 잊으려 하면서 스스로 빨갱이 기피증을 갖는다. "[가족이] 빨갱이가 아닌데 죽음을 당했다"라는 생각에 억울함을 갖기보다는, 일단 국가가 빨갱이라고 하니까 그것을 인정한 상태에서 빨갱이 기피증을 갖게 되는 것이다. 한편 이를 목격한 제3자들은 '양민'들이 빨갱이로 지목되어 죽는 것을 보면서, 국가가 가르쳐주는 대로 "그들은 빨갱이였고 응당 죽어 마땅한 사람들"이었다는 생각을 갖게 된다. 그리고 사람이 억울하게 죽을 수도 있다는 사실에 기초해서 국가를 원망하는 것이 아니라, 국가 혹은 사회체제 자체에 공포감을 갖게 된다.[51] 이들이 느끼는 감정은 억울함보다는 공포감과 기피증이다. 자신의 생존을 위해 빨갱이를 고발하려는 태도까지 갖게 된다. 그 원인이 무엇이든 이들은 '안전'이라는 최고의 가치를 추구하기 위해 빨갱이를 자신들을 괴롭히는 존재라 생각한다. 빨갱이들이 그들을 직접 괴롭히지 않더라도, 그 문제 때문에 국가가 자신들을 의심하고 괴롭히게 될 것이기 때문이다. 여기서 국가는 어떤 경우에도 선이며, 그 국가를 화나게 하는 모든 것은 악이다. 이 경우 주민들에게 국가의 폭력은 무시되고, 오직 '빨갱이'의 위험만 부각된다.

한국 사회 전반의 사회적 정신병리, 특히 반공주의 콤플렉스는 20세기 최대의 재앙이었던 한국전쟁에 기인하는 것이기는 하지만, 남북한의 분단과 주기적인 적대 분위기 조성에 의해 강화·유지되었고, 멀게는 식민지 트라우마와 연결되어 있다. 일제 식민지의 억압과 굴욕, 전쟁의 공포는 모든 한국인에게 원초적 상처를 안겨주었는데, 한국전쟁과 분단은 바로 식민지 지배질서의 미청산, 즉 국민국가 건설의 실패라는 점에서 연결되어 있다. 한국인들이 식민지시기를 '단절'로 받아들이거나 그것에 '고착'하는 트라우마 일반의 태도가 여기에도 적용된다.[52] 서구적 표준을 설정하고 식민지를 '결핍'으로만 보는 태도, 식민지를 '예외적 일탈'로 보면서 냉정하게 돌아보지 않으려는 태도가 모두 여기에 해당한다.[53] 식민지와 분단은 민족과 국가의 좌절이었고, 분단은 남과 북이 서로 민족=국가를 자처하는 과잉상징화를 초래했다. 분단상태에서 남북한은 자신과 민족을 동일시함으로써 상대방을 적으로 돌렸다. 분단하에서 이산의 고통을 맛본 사람들은 통일을 향한 민족적 리비도의 욕망을 분단국가에 전이시킴으로써 분단된 국가, 즉 대한민국을 이상적 자아로 만들었다.[54] 남북화해가 되어야 가족을 만날 수 있는 월남자들이 실제로는 남북화해에 찬물을 끼얹는 반공주의, 반북주의에 더 매달리는 역설적인 행동을 하는 이유도 여기에 기인한다.

특히 전 세계에 흩어져 있는 코리안이나 한반도에 살고 있는 한국인들도 모두 식민지 트라우마, 역사적 트라우마를 간직하고 있다. 일제 식민지의 경험은 '민족적 리비도'의 흐름이 단절, 억압되는 것을 의미한다. 그래서 역사적 트라우마는 집단 전체의 성향이나 인격을 왜곡시키고 집단적 광기와 같은 현상을 만들어낸다.[55] 오늘의 한국은 식민지, 전쟁, 분단이라는 한 세기의 쓰라린 경험을 통해 심각한 외상을 입은 사회라 볼 수 있고, 그것이 국가와 국민의 행동을 통해 표출되고 있다. 북한, 빨갱이에 대한 공포와 공격성은 강자인 미국에 대한 과도한 의존심리와 동전의 양면을 이룬다. 영어 구사 능력에 따라 지위가 좌우되고 능력을 평가받는 것, 미국의 유명 대학 졸업장이 한국에서 대학교수의 보증수표가 되는 것은 일종의 식민지적 멘탈리티가 지금까지 한국에서 그대로 유지되고 있음을 보여준다.[56)]

폭력에 노출된 사람들은 두려움으로 인해 자신의 진정한 욕구를 알아내지 못하기 때문에 하나의 대체물, 즉 가시적인 성과나 물질적 만족을 추구하게 된다. 이들은 불충분하게 대체물을 소비했기 때문에 욕구가 충족되지 않은 채 계속 추가적인 것을 찾게 된다.[57)] 여기서 한국인들의 일중독 현상이 발생한다. 이는 노다 마사야키가 전후 일본 사회에 대해 말한 "바꿔치기에 의한 물질주의", 즉 전쟁에 의한 마음의 상처를 유물론적 가치관으로 덮어씌우고 부국강병의 군국주의를 경제성장 자본주의 이데올로기로 바꾼 것과 유사하다.[58)] 군국주의에 기초를 둔 제국주의, 폭력으로 유지되는 군사정권, 약육강식의 시장질서하에서 출세하기 위해서는 군인이 되거나 경제적 강자가 되어야 한다. 그래서 출세주의와 폭력적 지배체제는 연관되어 있다. 억압과 폭력의 피해자가 바로 힘의 논리의 노예가 된다.

6. 맺음말: 치유로서의 정의실현과 사회운동

오늘날 한국 사회를 살고 있는 과거 국가폭력 피해자는 물론 현장 가해자로 지목된 군인들도 모두 억울함과 부당함에 몸부림치고 있다. 이들 중 사회에서 저학력, 경제적으로 하층에 속해 있는 사람들에게 그 억울함과 트라우마는 더욱 심각하다. 그것은 바로 우리 사회의 정의 실종, 원칙의 부재, 그리고 국가의 신뢰와 국가 도덕의 손상에 기인하고 있다. 그래서 거시적으로 보면 정의, 특히 응보적 정의보다는 복원으로서의 정의(Restorative Justice)가 중요하다. 억울한 피해자나 말단 병사 등 폭력의 하수인이었던 가해자들의 상처는 우선 국가가 사실을 인정하거나 잘못된 일에 대해 사과하고 그에 합당하는 응분의 조치를 취해줄 때 어느 정도 치유될 수 있다. 이 경우 정의는 보복보다는 치유와 화해에 기여할 수 있다.[59] 복원이라는 것은 '내가 나 아닌 것'을 '나'인 상태로 돌려주는 것인데, 그것이 한국 고문 피해자들의 희망이자 바람이다.[60]

최고의 가해자인 국가의 사실 인정과 사과가 가장 중요하지만, 조작된 사실을 보도했던 언론, 그 언론을 따랐던 사회의 책임도 있다. 그래서 여러 과거사위원회를 통해 새롭게 진실규명의 결과를 얻은 피해자들은 그 자체로 어느 정도 명예회복을 이루기는 했지만, "예전에 신문에서 나왔던 것처럼 신문에서 억울하다고 보여줬으면 좋겠당께요"라는[61] 기대처럼, 만천하에 이들이 '빨갱이'가 아니었음이 보도되고 공감을 불러오기를 원한다. 그렇게 되면 이들을 차별하고 따돌렸던 사람들을 부끄럽게 만들 수 있고, 애도의 분위기를 만들어낼 기회가 생긴다. 그러나 "고문 생존자가 우리 사회의 구성원으로 정상적으로 살아가기 위해서는 당사자의 노력뿐만 아니라 온 사회의 힘이 필요하다"는 강용주의 주장처럼[62] 애도와 공감이 전제되지 않는다면 피해자의 트라우마 극복, 즉 사회의 복원은 쉽지 않을 것이다.

진실이 알려지고 가해자가 사과를 하거나 응분의 처벌을 받으면 피해자의 트라우마는 어느 정도 극복될 것이다. 그러나 말단의 가해자도 일종의 피해자이기 때문에 진실위원회의 조사나 사법 정의, 피해자 보·배상 조치를 통해 전체의 트라우마가 극복되기는 어렵다. 피해자 보상이나 배상은 하나의 치유와 복원이 될 수 있지만, 권력이나 가해자가 제대로 사실을 인정하지 않고 사과하지도 않은 채 이들을 달래고 포섭하기 위해 보상조치를 실시할 경우 그것은 상처를 지속시키게 될 것이다. 무엇보다도 폭력을 가져왔던 바로 그 사회의 극도의 힘의 불균형이 시정되고, 피해자들 간에 불신도 해소되어야 한다. 억울한 처지에 대한 사회적 인정과 공감이 일어나면 모든 피해자의 닫힌 마음이 조금씩 열리고 끊어진 관계가 회복될 수 있다. 의학적 치료라는 것은 사후적이고 개인 차원의 조치이기 때문에 꼭 필요하기는 하지만 원인의 해결에 미치지는 못한다. 결국 트라우마의 발생기제, 즉 전쟁과 적대와 폭력의 행사, 계급관계와 정치적 역학의 심각한 불균형, 피해자에 대한 사회의 배제와 무관심이 극복되어야만 사회적 치유가 가능할 것이다. 여기서 피해자가 단순히 국가나 사회의 동정의 대상이 아닌 사회적 주체로 자력화(empowering)되는 일이 필요하다.

그동안 감히 항의할 수 없는 폭력적 지배질서, 관료조직이나 기업 내에서 전제권력의 행사를 보면서도 방관해온 사람들이 복종으로 '도피'했던 자신의 모습을 벗어던지고 피해자들에게 공감의 손을 내밀고, 억울하게 죽은 사람을 애도하면서 인간성을 다시 찾는 것이 진정한 사회적 치유다. 이것은 사회구성원들이 복종적·방관적 존재에서 적극적인 주체로 나서는 일이다. 즉 정의의 수립을 위한 정치적 시민적 운동은 애도의 분위기가 있을 때만 가능하며, 정의 수립이야말로 최고의 사회적 치유다.

한국처럼 식민지와 내전이라는 대참사를 몸으로 겪었고, 여전히 군사적인 적대와 분단상태에 있는 경우에는 국가나 사회의 욕망이 크게 좌절된 이력을 갖고 있으며, 따라서 국가나 사회 전체의 치유가 중요하다. 이것은 남한 사회 내에서 국가와 국민, 피해자와 가해자 간의 관계의 회복뿐만 아니라 전쟁을 치른 적이 있는 남북 간의 관계회복도 포함한다. 남북한의 화해가 진척되어야 분단 트라우마는 물론 식민지 트라우마, 전쟁 트라우마도 극복될 수 있는 단초가 열릴 것이다.

한국전쟁이 남긴 상흔
—전쟁 유가족의 가족 트라우마*

김명희 _ 성공회대학교 외래교수, 사회학

1. 들어가며

2005년 12월 발족한 '진실·화해를 위한 과거사정리위원회'(이하 진화위)가 4년간의 한시적 사명을 다하고 2010년 12월을 기점으로 업무를 종료했다. 여전히 현재진행형인 한국전쟁과 첨예한 정치지형 속에서 위태롭게 전개되었던 과거청산 작업은 그 후속조치조차 불투명한 상황이지만, 진화위는 진상규명과 희생자 신고 등록, 유골 발굴 작업이라는 과제에서 의미 있는 성과를 내놓았다. 거창 양민학살이나 제주 4·3 사건 정도를 제외하면 문제제기조차 되지 않았던 민간인학살 유족들의 피해가 진실규명 결정되었고, 새롭게 규명된 여러 유형의 국가폭력 의제들은 '과거청산의 사회화'를 과제로 남기면서 한국 민주화의 노정에 한 획을 그을 초석을 놓았다.[1)]

그러나 학계와 민간에서 약 100만 명으로 추정했던 민간인학살 사건의 경우, 접수건수는 7,581건으로 한국전쟁 전후 총피학살자의 약 10%

에도 미치지 못하는 숫자이다.[2] 수많은 유가족들이 미신청자로 남아 있다는 사실은 여전히 이들이 침묵의 기억체제에 종속되어 있음을 말해준다. 1990년대 중반 이후 '아래로부터의 한국전쟁 연구'의 필요성이 제기되면서, 지배적인 역사서술에서 소외된 주민 다수의 전쟁경험을 재구성한 연구들은 전시 (준)국가폭력이 가족의 삶에 남긴 다양한 형태의 사회적 고통과 침묵의 카르텔 문제를 지적해왔다. 무엇보다 가족을 볼모로 국민 만들기를 시도한 분단사에서 연좌제는 한국의 가족과 국가관계를 규율하는 제도적 장치였고, 지속적으로 폭력과 침묵을 재생산하는 상징폭력으로 기능했다.[3] "'사건'을 체험하였고, 그 '사건'의 내부에 있었기 때문에, 그래서 사건의 폭력을 지금도 계속하여 겪고 있기 때문에, 그 사건에 대해 말할 수 없는 자들"에게[4] 한국전쟁이 남긴 상흔은 어떻게 기억되고 재구성되고 있는가? 탈분단시대의 가장 큰 숙제는 이 '말할 수 없음' 또는 '말하고 싶지 않음'을 어떻게 풀 것인가의 문제라고 할 수 있다.[5] 이는 곧 "국제전이자 종족지란, 국가건설·내전·혁명의 삼중주"로서[6] 한국전쟁의 다면적 성격과 연결되고, 분단국가의 시민권 질서에 얽혀 있는 가족유형의 복잡성을 반영한다.[7] 간단히 말해, 여전히 모든 것은 드러나지 않았다.

이 글은 한국전쟁을 체험한 좌익 관련 유족들의 '이야기된 가족사'를 중심으로 한국전쟁이 낳은 '가족 트라우마'의 복합성과 역동성(dynamics)을 재조명하려는 시도이다. 새삼 '트라우마'의 문제를 제기하는 것은 이들이 피해자로서 감내해야 했던 비극의 가족사와 개인적·사회적 고통을 환기하기 위한 호소만은 아니다. 이들이 겪은 외상의 성격과 과정을 살펴봄으로써 가족이라는 생애체제에 폭력적으로 진입했던 사회사적 전기轉機로서 한국전쟁의 성격을 다시 조명할 수 있으며, 한국 정치사회의 저변을 흐르는 하위주체들의 행위성에 다가설 탐침을 발견할 수 있을지 모른다.

이 글의 주요 질문은 다음과 같다. 구술자들에게 전시와 전후의 폭력은 어떻게 기억되고 이야기되는가? 이들이 전시에 겪었던 외상적 체험은 어떻게 변형·재생산되고 있으며, 이것이 과거청산 및 외상 연구에 갖는 이론적·방법론적 함의는 무엇인가? 이에 답하기 위해 외상에 관한 이론적·방법론적 논의(2절)를 구체적인 사례와 연결시켜 보고(3절), 사례 연구(case study)의 함의를 한국의 복합적 과거청산에 대한 논의로 확대할 것이다(4·5절).

2. 기존 연구 검토 및 이론적 논의

1) 한국전쟁 유족들의 외상에 관한 기존 연구

'트라우마'는 잘 알려진 대로 정신적 외상을 말하지만, 정신의학 혹은 심리학 영역의 전유물이었던 '트라우마'가 정치적 영역에 들어오게 된 것은 '외상후 스트레스 장애'(이하 PTSD)가 사회적 인정을 획득하게 된 데 힘입은 바 크다. 외상 연구는 다양한 쟁점들을 중심으로 최근 한국에서 논의의 폭을 크게 확장시키고 있는 추세이지만,[8] 한국전쟁과 관련된 외상 연구는 이제 겨우 시작단계라 할 수 있다. 한국전쟁이 가족과 여성의 삶을 어떻게 파괴했는지에 초점을 맞춘 기존 연구들은 분단 가족들의 '침묵'이 갖는 외상적 성격을 지적한다.[9] 특히 한국전쟁 유족들의 전후 체험을 다룬 윤택림(2003), 이령경(2003), 염미경(2001; 2005)은 '항일운동' 집안이면서 해방 이후 사회주의 노선으로 기울어진 양반 가문이 '빨갱이' 집안으로서 겪었던 모순성과 여성 유족들이 감내해야 했던 구조화된 폭력 및 차별의 체험들을 보여주고 있다. 이들 연구는 한국전쟁 유가족들의 가족상실(family loss)이 갖는 독특한 차원을 지시해주는데, 1990년대 중반까지 시행되었던 연좌제는 한국전쟁 유가족들의 가족상실의 외상을 사회정치적 차원으로 확장하는 중요한 제도적 장치였다.[10)]

한편 민간인학살 피해 유족들이 겪은 외상의 극단적인 형태들—가족 성원들의 자살, 실성, 플래시백, 알코올릭, 신체화 증상 등—을 진화위 보고서(2010)에서 확인할 수 있다.[11)] 그러나 일찍이 사회적 공론을 획득한 제주 4·3을 제외하면[12)] 생존 유족들의 외상에 대한 구체적인 실증연구는 매우 미비하며, 그 개념 사용도 엄밀한 정의나 예증 없이 수사적 형태에 머물고 있는 실정이다. 이런 점에서, 외상에 대한 기존의 자아심리학적 접근의 한계를 지적하고 한국전쟁이 남긴 역사적·집단적인 외상의 독특한 차원을 '분단 트라우마',[13)] '역사적 트라우마'[14)] 등으로 개념화하려 했던 선구적 노력들은 주목을 요한다. 특히 한국전쟁 체험담을 구술 치유의 문제와 연결시킨 김종군(2013)의 연구는 '마을전쟁'의 진행 과정에서 "전세에 따라 피해자와 가해자가 교체되는 상황을 한 번 이상 겪은" 구술자들이 공통적으로 드러내는 변론의 서사에 주목한다. 전쟁 체험담은 곧 '분단 트라우마'나 '전쟁 트라우마'의 실체라는 것이다.[15)] 그러나 이들 논의는 다양한 행위주체들의 외상의 생산과 재생산에 개입하는 구체적인 기제들을 정치하게 드러내는 경험적·이론적 작업이 필요함을 말해준다.[16)] 다시 말해 "후세대의 비경험자에게도 반복적으로 나타나는 트라우마"가 어떠한 사회적 조건 속에서 "사회적 집단의 전이구조"로[17)] 나타나는지는 여전히 해명되어야 할 문제로 남아 있다.[18)]

이상의 논의는 이론적·방법론적 차원에서 다음과 같은 논점을 제기한다. 첫째, 정신작용의 한 형태인 외상의 주관적이고 정서적인 속성으로부터, 양적인 수치로 환원되지 않는 유족들의 외상과 그 변이를 어떻게 '측정'할 것인가? 무엇보다 유족들의 피해를 '사실'의 측면에서 부각시키는 데 주안점을 둔 사건사 중심의 기존 보고서는 사건-외상이라는 심리학적 도식을 벗어나지 못함으로써 전후 60년의 시간 속에 자리한 이들의 외상의 본질에 다가서지 못하고 있다.[19]

둘째, 단일 사건에 대한 반응이라는 외상 도식이 문제가 되는 중요한 이유는, 한국의 과거청산 과정 자체가 갖는 역사성과 복합성 때문이다. 한국의 과거청산은 누적된 청산 과제로 인해 "탈독재·탈식민과 함께 탈냉전이라는 복합적·중첩적 과제"의[20] 해결 과정이자 "성격상 매우 복잡한 과거청산 작업"의[21] 성격을 갖고 있다. 즉 한국의 과거청산은 고립된 의제로 다루어질 것이 아니라 '탈식민화', '탈냉전화', 그리고 '탈독재화'라는 세 차원의 복합으로 바라봐야 한다.[22] 무엇보다 한국전쟁 전후 민간인학살이 식민지 청산 및 국가건설 과정에 자행되었다는 점에서, 유족들의 가족상실이 갖는 정치적 차원과 변형·재생산의 차원을 고려할 필요가 있다. 이후 살펴보겠지만 외상의 성격은 폭력이 행사되고 체험되며 정의되는 과정, 즉 사건이 생산되고 재생산되는 문화적·제도적·담론적 과정과 긴밀한 연관을 맺고 있다. 이들이 전시에 겪은 외상적 체험이 일과적 사건에 머물지 않고 반공국가의 제도적 장치들 속에서 지속·변형되어왔다는 점에서, 이것이 전후 일상화된 전쟁체제와 조응하며 작용·변화해가는 외상 과정에 대한 심도 있는 고찰이 필요하다. 여기서 젠더·세대·계급·국가가 교차하는 장場으로서 가족의 역동성과 역사성이 고려되어야 하며, 이는 이들이 겪은 외상의 특성을 어떻게 개념화하고 고찰할 것인지에 대한 이론적·방법론적 문제를 제기한다.

2) 외상의 사회적 구성과 '가족 트라우마'

심리학적·의학적 관점의 외상 이론은 외상이 본래 사람들의 관계 속에서 일어나는 사회정치적 과정임을 놓침으로써 외상의 원인 진단과 치유의 방향에서 논점을 빗겨가고 만다. 여기서 기존 외상 이론의 한계에 대한 알렉산더(J. Alexander, 2007)와 허먼(J. Herman, 2009)의 통찰을 통해 외상의 사회학적 모델을 모색할 필요가 있다.

알렉산더는 외상에 대한 상식적 고찰을 '일반(lay)외상 이론'이라 칭한다. 일반외상 이론의 한계는 홀로코스트 외상을 둘러싸고 선천적으로 '도덕적'인 성향을 가진 사람들의 잔학행위에 대한 반응으로 외상을 이해하는 계몽론적 유형과, 공포와 억압에 대한 반응으로 이해하는 정신분석학적 유형에서 단적으로 드러난다. 일반외상 이론의 문제는 모든 '사실'이 감성적·인지적·도덕적으로 조정된다는 점을 무시하는 과도한 자연주의적 관점에 있다.[23] 이러한 관점은 외상을 충격적 사건에 대한 고립된 개인들의 심리적 반응으로 이해한다는 점에서 실증주의적이며, 사건과 행위자의 정신적 반응 사이에 존재하는 사회적 층위와 과정을 탈각시킨다는 점에서 환원주의적 한계를 갖는다.

이러한 한계를 극복하기 위해 알렉산더는 '문화적 외상' 모델을 제안한다. 외상이 문화적이라는 것은 무엇을 의미하는가? 그것은 사건과 사건의 재현 사이에 존재하는 간극(gap)에서 발생한다. 이 간극이 바로 외상 과정(trauma process)이다. 문화적 외상을 확고히 하고 지속시키는 메커니즘은 심리학적 외상과 매우 다르다. 집단적 정체성에 귀속된 구성원들이 지워지지 않는 충격적인 사건에 종속되어 있다고 느낄 때 외상은 지속된다. 문화적 층위에서 발현되는 외상의 경우, 외상적 사건에 대한 지배적 서사를 공적 청중에게 주장하는 전승집단의 재현 과정과 밀접한 관련을 맺는다. ① 고통의 성격, ② 피해자의 성격, ③ 광범위한 청중들에 대한 외상피해의 관련성, ④ 책임의 귀속이 그것이다. 요컨대 외상 과정은 사건 그 자체에서 발생하는 것이 아니라 사건의 의미가 생산되고 재생산되는 사회적 과정—공적 담론 및 제도의 변화—과 밀접한 관련을 맺는다. 이 외상 과정을 통해 집단적 기억과 국민정체성 또한 영향을 받는다. 외상에 대한 인식 부족과 공적 영역으로의 진입 실패는 전승집단의 '전달의 무능력'에 의존하며, 이 또한 외상 과정의 일부를 구성한다.[24]

알렉산더가 제노사이드의 과정에서 생산·재생산되는 집단적 외상과 공적 기억의 상호연관을 지적한다면, 허먼은 풍부한 임상경험에 기초해 기존 PTSD 담론에 내재한 실증주의적 한계와 만성화되고 젠더화된 외상의 문제를 환기시킨다. 잘 알다시피 PTSD는 전쟁, 대참사, 재난 같은 '일반적인 인간경험의 범주를 넘어서는' 충격적인 외상 사건을 경험한 뒤 그 후유증으로 발생하는 장애를 말한다. 이 장애의 기준은 단일한 외상 사건의 생존자들이 보이는 증상을 근거로 하고 있다. 즉 정신장애진단 및 통계편람 IV(DSM IV, 1994)에 수록된 '외상후 스트레스 장애(PTSD)'의 진단기준에서는 외상 사건 자체가 무엇이었는가보다는 그 사건과 관련하여 공포감이나 두려움, 또는 무력감을 느꼈는지와 같은 주관적 반응이 진단의 전제조건이다. 애초 PTSD의 진단명이 만들어진 시대사회적 배경 자체가 베트남전쟁 이후 미국 사회로 갓 귀국한 군인들의 심리적 문제를 설명해줄 적절한 진단명을 찾기 위한 것이었고, 남성 중심의 표집에 중심을 둔 외상 유형은 매우 제한적일 수밖에 없었다.[25]

그러나 지속적이고 반복적인 속박(captivity)의 환경에 있는 생존자의 외상은 훨씬 더 복잡하고 광범위한 양상을 보인다. 예를 들어 심한 구타 및 강간과 같은 가정폭력, 학대 등 여성이나 아동의 삶에서 너무나 '일상적'이어서 '일반적인 인간경험의 범주를 넘어선 것'이라 할 수 없는 증후군들은 어떻게 이해할 것인가? 이러한 다양한 증상군과 그로 인해 생겨난 뿌리 깊은 인격형성의 왜곡을 설명하기 위해 고안된 개념이 '복합성 외상후 스트레스 장애(Complex PTSD)'이다.[26] 간단히 말하면, 외상의 근원적인 문제가 다루어지지 않을 때 외상은 지속된다. 외상 증후군은 사건에 대한 단일 반응이나 단기적 증상이 아니라 연속적인 상태 속에서 이해되어야 한다.[27] 이렇게 볼 때 외상 경험의 핵심은 물리적 폭력에 대한 즉자적 반응이 아니라 '관계의 단절'과 '고립'의 사회 과정에 있다.[28]

외상의 복합성과 시간적 변형이라는 차원을 포괄하는 새로운 진단명의 시도는 일상기에 재생산되는 고통의 인간학적 차원과 사회정치적 차원을 통합할 가능성을 제공한다. 무엇보다 허먼의 시도는 가해자와 피해자 사이의 연결과 상호성을 인식하고, 가정폭력의 맥락에서 적용된 PTSD를 전쟁기와 연속선상에 있는 일상기 고문의 젠더화된 형태로 이해했다는 점에서 의의가 있다.[29]

이 논의를 한국전쟁 민간인학살 유족들의 맥락으로 확장할 때, 외상이 불러일으키는 상실(loss)의 사회정치적 차원과 연속적인 변형의 차원을 사고하는 것이 중요하다. 학살과 가족상실, 내전으로 인한 마을의 분열과 공동체 상실, 연좌제에 의한 시민권의 제약과 정치의 상실을 체험한 유족들의 불안과 우울은 통상의 그것과 같지 않다.[30] 이들의 정체성과 관계적 삶의 갈등은 보통의 성격장애와 같지 않다. 요컨대, 가족의 죽음을 추모는커녕 애도조차 할 수 없었던 비非국민 가족들의 '가족 트라우마(family trauma)'는[31] 불가피하게 문화적·정치적 외상의 성격을 함축한다. 이는 또한 피해자들의 외상 과정에서 생산·재생산되는 '언어의 상실'을 어떻게 통제하고 이에 개입할 것인가에 대한 방법론적 성찰을 요청한다.

요컨대 사건사를 넘어 한국전쟁의 '과정' 연구로 나아가고자 할 때, 이른바 전기적 전환(biographical turn), 생애사에서 가족사로의 방법론적 확장이 요청된다. 이는 곧 피해자들의 침묵—언어화되지 않은 외상—과 부인(denial)—외상과 연동된 자기방어기제—을 이해하고 통제할 수 있는 해석학적 개입(력)을 요청한다.

3) 가족사 방법론과 '이야기된 가족사'

본 연구의 문제의식과—유족이라는—대상의 특성을 고려하여 설계된 가족사 방법론은, 독일 사회학의 역사성과 현상학적 해석학의 전통 속에서 발전한 생애사 방법론을[32] 가족사의 지평으로 확장한 것이다. 생의 과정에서 특정 개인의 변화들은 개인화의 표현인 동시에 사회구조적인 사회화의 내용을 보여준다. 또한 가족은 개인과 사회를 연결하는 교량이자, 개인의 행위성에 개입하는 주요한 사회화의 기제이다. 대부분의 사람들은 가족 속에서 살아가며, 가족 및 친족관계는 형식적인 결합이 아니라 강력한 상호작용과 유대작용 속에서 연결된 '살았던(lived)' 결합이다. 가족사는 가족(families)이 살아온 역사나 가족이 재생산되는 과정을 이야기한다. 이는 변화하는 사회경제적 맥락 안에서 사람들이 집(家)의 사회적 재생산을 위해 전략적으로 실천하는 사회적 과정이기도 하다.[33] 생애사와 가족사는 모두 시간의 경과 속에서 펼쳐진 행위—즉 역사—라는 점에서 공통점을 갖지만, 가족사는 사회구조적 관계 속에 위치한 개인들 간의 관계에 보다 초점을 맞춘다. 지나간 세대들의 역사에

'묻어 있는' 사례 가족사의 고유성은 보편적 문화와 사회적 양식, 사회의 역동성과 변화를 반영한다. 하지만 이러한 역동성은 개인적인 생애사의 내밀한 논리에 따라 이해되어야만 한다.[34]

가족사 방법론은 '살았던 가족사(family history)'와 '이야기된 가족사(family story)', 즉 가족사적 사실의 연대기적 순서와 이야기된 가족사의 서사적 순차성 각각을 서로 다른 층위와 해석의 단계에서 가설추론적(abductive) 과정에 의해 분석하고, 양자의 비교를 통해 재구성한다.[35] 연구는 특히 구술자들의 가계도 분석 및 '살았던 가족사'와의 비교를 통해 재구성된 '이야기된 가족사'의 함의에 관심을 기울였다.

이러한 방법론적 확장이 갖는 의미를 다음의 지점에서 찾을 수 있다. 첫째, '이야기된 가족사'의 재구성은 구술자 개인의 생애주기상 충분히 포착되지 않는 한말에서 식민지에 이르는 가족사적 체험 및 사회사 속에 비친 가족상像과 가족사 속에 비친 자아상像의 세대 연속적 구성 과정에 다가설 수 있는 방법론적 단초를 제공한다.

둘째, 구술자의 외상 기억은 언어화되어 있지 않으며 정적靜的인 특성을 갖고 있다는 점이 중요하다. 이 전환되지 않은 외상 이야기는 전前이야기적 상태에 있다고 할 수 있다.[36] 즉 침묵은 단순히 말이나 언어의 부재가 아니라 말을 할 수 없는 상황에 부딪혔을 때 경험하는 인식론적 침묵일 수 있고, 때로는 다양한 방어기제의 작동을 수반한 기억작용의 결과일 수 있다.[37] 때문에 피해자들의 외상 기억에 접근할 때는 구조화된 질문지가 아닌 서사의 힘(narrative power)을 극대화할 수 있는 개방형 인터뷰를 취하며, 머뭇거림과 망설임, 흐느낌, 말과 말 사이의 간격, 이야기의 형식, 제스처와 같은 비언어적 형태의 의사소통 모두가 구술자의 삶과 언어를 구성하는 일부로 이해된다.

즉 주제장(thematic field)의 순차적 분석을 통해 드러나는 현재의 생애사적 관점, 살았던 가족사와 이야기된 가족사의 간극, 이야기 안의 침묵과 누락, 부인과 거짓말이 무엇을 말하는지를 분석하는 것이 구술자들의 외상 과정—외상 체험, 기억, 정체성, 공적 담론 간의 상호작용—을 이해하는 데 핵심적이다. 외상 과정에 대한 이해에서 중요한 것은 선행하는 세대와 관련된 과거의 기억은 구술자의 생애사적 시간 이전에 그 기원을 갖는다는 점이다. 서사는 과거의 재해석일 뿐 아니라 손상된 공동체 기억 속에서 금기로 고려된 것들을 회상하는 것이기 때문에, 회상 과정은 매우 어려울뿐더러 지배적인 사회 담론을 의식하면서 몇 번이고 조정된다.[38] 이 과정은 독일의 가족사가인 베티나 볼터가 말하듯, 구술자의 생애체제에 침전된 위기와 불연속성을 조정·성찰하는 생애사적 노력(biographical work)의 일환이기도 하다.[39] 이러한 특성들을 고려한 '이야기된 가족사'의 재구성은 한국전쟁 유족들이 공유한 가족 트라우마의 발생 과정 및 유형적 특성을 심층적으로 이해할 수 있는 가능성을 제공한다.

3. 사례 재구성과 '이야기된 가족사'의 함의

1) 예비적 논의: 사례의 배경 및 '가족 트라우마'의 생성

이하에서 제시될 사례는 2004~2008년 동안 수집된 여섯 개의 사례 가족사 중 외상 연구의 관점에서 유의미한 두 사례를 재구성한 것이다. 여섯 사례의 공통적인 구조는 이 글에서 재구성될 두 사례의 맥락과 배경에 대한 이해를 돕는다. 첫째, 각 사례의 선대 가족사는 식민지 상황에서 식민국가에 완전히 동화되지 않거나 혹은 독립운동을 지원했던 저항적 가족사의 배경을 갖고 있다. 구술자들은 모두 1930년대에 출생하여 청소년기에 한국전쟁을 직접 체험한 세대로, 1949~51년 준국가기구에 의한 가족의 피학살 이후 1954~56년 서울 지역으로 이농한 사례이다. 때문에 이들의 이농 자체가 정치적 이농의 성격을 갖고 있다. 각 사례 가족사에서 (준)국가기구에 의한 가족상실은 식민지 말 가족 위치를 반영하는 경험과 연속성을 갖는 것으로 이야기되며, 구술자들의 이후 생애 과정에 지속적으로 개입하는 외상의 발생 지점으로 자리한다. 동시에 이는 다양한 형태의 가족복원 서사의 출발점이기도 하다.

둘째, 모든 사례에서 전시에 체험한 국가폭력만이 아닌 연좌제와 신원조회를 위시로 한 반공국가의 가족통제가 지속적인 영향력을 행사하고 있음을 확인할 수 있다. 그러나 구술자들의 언술에 '상이용사', '애국자 집안'이라는 말은 등장하지만, 아이러니하게도 한 사례(진화위에 부친의 명예회복을 신청한)를 제외하고는 "빨갱이"라는 '말'은 사용되지 않았다. 이야기의 맥락상 불가피할 때조차 "그걸", "그"라는 지시대명사나 짧은 침묵을 동반하는 특징을 보이며, 남성 구술자들의 경우 때로 연좌제의 피해자였음을 부인(denial)한다. 이들에게 '빨갱이 가족'이라는 낙인과 멍에는 오랫동안 입 밖에 꺼내기조차 어려운 금기(taboo)로 자리했다고 할 수 있다. 비교의 관점에서 재구성된 두 사례의 이야기된 가족사는 '말할 수 없음'의 문제에 대한 심층적 이해를 열어준다. [표 1]은 이 글에서 소개될 구술자들의 약력이다.

김동호 씨는 1938년 6남중 3남으로 태어났다. 그의 가족은 4대에 걸쳐 전남 ㄷ마을을 생활터전으로 삼았던 지역 토착민의 내력을 갖고 있다. 1948년 여순 사건 당시 구술자 가족은 "산 밑에 살고 있었"고, 1949

[표 1] 주요 구술자 약력

	김동호	박선주
성별	남성	여성
출생년도	1938	1930
원가족관계	6남 중 3남	1남 3녀 중 3녀
1차 가족상실(1949~53)	부친 외 일가 8명 사망·실종	부친, 오빠, 첫 남편 사망·가족해체
유관 사건	1948년 여순 사건~한국전쟁	1948년 여순 사건~한국전쟁
결혼관계	1971년 결혼	1948년 초혼, 1962년 재가
자녀관계	1남 2녀	초혼과 재혼에서 각 1녀 1남
2차 가족상실	2차 가족상실(1971~1972) 형제 2명 사망	2차 가족해체(1982) 사별(남편), 행불(아들)
비고(2008 기준)	대학중퇴, 사업(현), 전남 향우회·대한발전회 소속	초졸, 생산직(섬유/전), 시설 거주, 무직(현), 사회단체 소속

* 구술자들의 인적 사항 보호를 위해 인명, 지명, 단체명은 가명으로 처리했다.

년 당시 마을 이장이었던 부친이 군경에 의해 피학살당하면서 가족집단 전체가 전쟁의 소용돌이에 급격하게 휩쓸려 들어갔다. 전쟁 과정에서 부친을 비롯한 총 아홉 명의 친족이 사망·실종되었다. 전쟁을 거치면서 구술자 가족 전체가 이른바 '재지 좌익' 집안으로 만들어진 것이다. 김동호 씨의 가족서사는 크게 가족 차원에서 경험한 정치적 박해의 서사와 경제적 성공담으로 구조화되어 있다.

박선주 씨는 1930년 전남 ㄱ마을에서 백석꾼 집안의 1남 3녀 중 3녀로 태어났다. 당시 부친과 오빠는 독립운동을 지원하고 있었고, 박선주 씨는 1948년 여순 사건에 연루되어 있었던 첫 남편과의 결혼을 계기로 한국전쟁의 격동에 깊이 휘말리게 된다. 그녀는 전쟁 과정에서 부친과 오빠, 첫 남편이 희생되면서 가족해체를 겪었다. 1960년대 초반 재가再嫁를 하면서 박선주 씨의 가족서사는 크게 두 번의 결혼으로 구조화된다. 두 번의 결혼에서 얻은 1녀는 남편과의 사별 이후 홀로 자녀들을 키워야 했고, 1남은 2008년 당시 이혼 상태로 신용불량자로 살아가고 있었다. 양 사례는 정치적 폭력과 가족상실이라는 유족의 체험, 그리고 한국전쟁의 직접적 참여자이자 생존자로서의 복합적 경험을 공유한다. 남성인 김동호 씨의 사례가 강한 가족정체성으로 응집되는 외상 과정을 보여준다면, 여성인 박선주 씨의 사례는 가족해체와 외상의 세대적 전이 경로를 단적으로 보여준다.[40)]

이 글에서 사례 연구의 대상으로 김동호 씨와 박선주 씨를 선정한 이유는 다음과 같다.[41)] 생애사적 사실에서의 공통점은 첫째, 1948년 여순사건이 가족서사에 개입하는 직접적인 발단이 되었다는 점이었고, 둘째, 전시만이 아니라 전후에도 '가족상실'을 재경험한다는 점에서 연구자의 인위적인 개입 없이 한국전쟁 좌익 유족들의 외상 경험이 갖는 복합적 차원과 연속성을 심층적으로 들여다볼 수 있다는 강점을 지녔다. 이는 비교의 출발점을 제공한다. 셋째, 무엇보다 두 사례는 전후 한국 사회의 가족질서에서 남성과 여성이라는 서로 다른 위치 속의 체험과 서사를 통해 상이한 위치관계 속에 자리한 전쟁 유족들의 고통의 복잡성에 대한 상호보완적인 이해의 공간을 열어준다. 그러나 양 사례의 가족서사는 젠더의 차이뿐 아니라 2000년대 후반 구술자들의 현재 위치, 담론, 국면을 반영한다는 점에서 복잡한 전개양상을 띠고 있다.

2) 폭력의 연속성과 외상 과정

(1) 김동호 씨의 사례: 국가의 가족화와 가족의 국가화

① 서사구조의 유형적 특징: 두 개의 가족전통과 친일파 조씨, 다시 이야기하기

김동호 씨의 가족서사는 식민지-해방공간의 기억에서 시작되는 정치적 박해 및 저항의 서사와 1953년 정전의 시점에서 시작되는 경제적 성

공서사가 맞물리면서 상호충돌하는 구조를 띠고 있다. 김동호 씨의 이야기된 가족사는 한말 증조부의 의병활동으로부터 시작된다. 이야기 속에서는 두 개의 가족전통이 끊임없이 교차한다. 해방공간 큰숙부와 큰형님의 좌익활동으로 이어지는 저항적·현실참여적 전통과, 마을 구장을 맡으며 "덕"으로 부락을 이끌었던 조부와 부친으로 이어지는 양반 혹은 체제 내의 도덕적 전통이 그것이다. 가족사의 전반부는 "양반의 자식으로 품위를 지킨" 조부와 "타동에서 굴러온 대밭까치"라는 별명을 가진 "친일파 조가네"의 끊임없는 '대비'를 이루며 전개된다. 한 시간 반이 넘는 이야기된 가족사를 통해 두 가지 사실을 확인할 수 있다. 첫째, 선대의 가족사가 구술자의 가족적 자아(familial self) 및 그의 정치사회화 과정에 중요한 영향을 미쳤음을 알 수 있다. 둘째, 한편 구술자는 "친일파 조가네"와 "의병활동"을 한 자신의 가족전통의 대비를 통해 선대의 가족사를 조심스럽게 '방어'하고 있음을 가늠해볼 수 있다. 그리고 식민지시기에 연원을 갖는 마을 내 양 집안 간의 복잡한 갈등이 가족사의 얽힘을 푸는 핵심적인 고리임을 유추할 수 있다.

2004년 첫 번째 인터뷰는 "친일파 조가네가 생존해 있기 때문에" 구체적인 인명을 언급하지 않겠다는 약속과 함께 어렵사리 시작되었다.[42] 그런데 2007년 다시 시작된 인터뷰에서 '기억나시는 대로 살아온 이야기를 해'달라는 연구자의 요청에 구술자는 세 차례에 걸쳐 침묵한 뒤 "어느 시점부터" 이야기해야 하는지를 거듭 반문한다. '시점'과 '초점'이 중요하다는 것이다. 긴 침묵과 망설임의 의미는 사례 재구성을 거친 뒤에야 비로소 해명된다. 어떤 '시점'과 어떤 '초점'에 무게를 두는가에 따라 이야기가 달라질 수 있으며, 실제로 구술자에겐 두 개의 이야기가 존재한다.

첫 번째 이야기는 1945년 해방의 기억으로부터 시작한다. 해방공간 마을 내 '친일파 조씨네'와 '우리 집안'의 갈등, 1949년 부친의 피학살, 1950년 전쟁과 가족들의 피난/입산, 1954년 서울 상경과 고학생활, 1960년 4·19 참여와 5·16, 대학 중퇴와 1964년 본격적인 경제활동의 시작으로 이어지는 구술자의 초기 이야기는 가족사의 정치적 체험을 중심으로 전개되고 있었다. 그런데 1970년대 초 일련의 가족사적 사건들을 이야기하던 도중, 구술자는 "거기서 이야기를 다시 바꿔볼까?"라며 1953년 정전의 시점으로 돌아가 앞에서 이야기했던 모든 사실들(facts)을 하나도 빠뜨리지 않고 압축적으로 재서술하는 반전反轉을 보인다. 그런데 '친일파 조씨'를 중심으로 민족갈등에 초점을 두었던 첫 번째 이야기와 달리, 두 번째 이야기는 좌우의 이념갈등으로 전쟁의 "발단"을 재해석하면서 시작된다. 경제적 성공담을 주제장으로 펼쳐지는 두 번째 이야기는 전쟁 이전을 비롯한 그 이후 가족사의 정치적 체험의 흔적이 완벽하게 누락되어 있다는 특징을 보인다. 이 두 개의 이야기는 무엇을 말하는가?

② 전쟁기의 폭력과 첫 번째 가족상실: 가족에서 국가로

이를 이해하기 위해 1948년에서 1953년에 이르는 구술자의 전쟁체험과 이후의 체험, 그리고 2007년 시점에서 이야기를 끌고 가는 구술자의 생애사적 (이야기의) 관점 각각을 볼 필요가 있다. 전쟁은 구술자에게 "마을사의 비극"으로 이야기된다. 구술자는 친족들의 희생과 마을사의 "비극의 발단"과 그 책임을 해방 이전부터 "왜놈의 앞잡이 노릇을 하"며 1949년 마을 차원에서 행해진—"산사람들"에 대한—부역행위를 경찰들에게 "누설"했던 친일파 조씨의 비도덕적 행위로 귀착시켰다. 이 사건으로 당시 마을 이장이었던 구술자의 부친을 비롯한 부락 주민들이 "적법한 절차도 없이" 군경에 의해 피학살을 당하게 된다. 이 과정을 구술자는 어떻게 체험했는가? 1949년 부친의 죽음에 대한 묘사 형식의 언술을 살펴보자.

> (1) '딱 총 한 발' 맞고(큰 목소리로) (1) 그리고 아버지가 난 참 그것이 이상한데 돌아가신 모습이 그렇게 웃는 모습이야. 이상하지? 어떻게 그, 운명을 하게 되면은 사람이 얼굴 표정이 (온화해) 굉장히, 출혈을 해가지고 피가 많이 났는데 담담하게 미소를 짓고 있는 모습이더라고 잔잔하게[43]

잔인하게 학살된 다른 마을 사람들과 달리 "아버지만 외딴 데서 '딱 총 한 발 맞고' (…) 이상하지? (…) 피가 많이 났는데 담담하게 미소를 짓고 있는 모습이더라고 잔잔하게"라는 정적인 묘사에서 부친의 죽음은 복잡한 좌우갈등으로부터 거리를 둔 양민이자 순교자의 죽음으로 형상화된다. 주목을 요하는 지점은 부친의 임종 장면에 대한 비교적 상세한 묘사는 구술자가 직접 목격한 경험이 아니라는 점이다.

> (2) 그렇게 그, 일제히 그 (1) 큰형님이 제일 먼저 올라가시고 어머니가 올라가셔서 이렇게 끌어안는데 억울하고 울음이 나오지. 바로 돌아가신지 몇 분 안되서 (…) 나는 어렸으니까 그때는 안 갔지. 그때 아버지 돌아가셨을 때 내가 12살이었다. 12살이고, 이게 이, 꿈인가 생시냐 싶고, 그런 것만 느껴지지. 어떻게든가 인제 내가 커서 보복해야 되겠다, 그런 생각 먹었지[44]

바로 이어지는 극적 형식의 서사에는 가족들의 흐느낌과 충격, "꿈인가 생시냐" 하는 당혹감, 무력감, 분노의 감정이 스쳐지나간다. 여기서 구술자는 당시 상황을 직접 눈으로 본 것처럼 생생하게 이야기한다. 그러나 다음의 "나는 어렸으니까 그때는 안 갔"다는 언술에서 "큰형님"과 "어머니"의 "울음"은 직접 목격한 경험이 아니라 산 밑에서 당시의 충격적인 상황을 공유하고 있던 구술자에게 형상화된 가족사적 체험의 내용임을 알 수 있다.[45] 또한 이어지는 구술은 구술자 자신의 역동적인 심리변화를 보여준다. 당시 그는 12살이라는 어린 나이에 겪은 부친 상실을 국가건설의 열정 속에 '승화'시켰던 것으로 보인다.[46] 1951년 초 가족들의 입산入山이 다분히 생존을 위한 피난의 성격을 갖고 있었음에도 구술자에게 입산은 국가건설의 "희열"과 "사명의식"을 느꼈던 체험으로,[47] 전후 어려웠던 고학시절을 견딜 수 있었던 "커다란 디딤돌"로 이야기된다.

③ 전후의 폭력과 두 번째 가족상실: 국가에서 가족으로

여기서 중요한 것은 이후의 체험이다. 정신적 사건들이 육체적 외상과 근본적으로 다른 점은 사후작용에 의해 구성된다는 점이다. 외상은 사건 당시에는 별 문제가 없는 것처럼 보인다. 문제는 오히려 사건의 의미를 깨닫게 되면서 발생한다. 구술자가 부친의 죽음을 일종의 저항폭력의 동인으로 끌어올렸을 때, 그는 그것이 어떤 결과를 가져올지 알 수 없었을 것이다. 그러나 1953년 이후 상황은 급격하게 달라졌다. 반공 일변도의 사회 담론, 그리고 '상이용사 가족'과 '빨갱이 가족'으로 구획된 새로운 신분질서 속에서 구술자는 '가해자'로 전락했고, 마을공동체에서 "엑스트라"로 밀려난 자신과 가족의 처지를 절감해야 했다. 전시 총상으로 팔에 장애를 입고 1년여 포로로 수감되었던 큰형님에게 국가기관의 정기적인 사찰이 행해졌고, 연좌제는 형제들의 진로를 크게 제약했다.[48]

구술자는 서서히 부친을 대신해 가장 역할을 하던 맏형으로부터 실질적인 장자의 역할을 위임받았던 것으로 보인다. 그리고 경제적으로 곤궁했던 가족의 '현실'에 대한 책임감과 정치에의 '꿈' 사이에서 심각하게 갈등했던 것으로 보인다.[49] 그러나 그는 해방공간에서 형성된 두 가지 행위지향, '가족'의 복원과 '국가'에 대한 열정을 '정치참여'를 통해 통합하고자 하는 생애사적 노력을 보여준다. 1960년 4·19의 국면에서 ○○대학교 학생수습대책위원회의 대표로 참여했다는 생애사적 사실을 통해 초기 사회화 과정에서 형성된 구술자의 정치적 정향이 크게 연속성을 갖고 유지되고 있었음을 확인할 수 있다. 그러나 김동호 씨는 4·19에서 5·16으로 이어지는 행위공간, 자신의 정치적 열망을 투사했던 4·19의 실패 과정에 크게 "실망"과 "좌절"을 느꼈던 것으로 보인다.

> [양 키우는 꿈에서 이어짐] 그런 생각도 거의 했었고 그랬는데 (…) 그러다 '5·16 군사혁명'이 터져버렸잖아. 그 다음에 (1) 5·16 군사혁명이 터지니까 그 다음에 (3) 이 소위 이제 나같이 학생운동하던 사람은 묶이는 거라. 어디 가서 활동할 데가 없어(목소리 높이며), 어? (1) 활동할 데가 없고 그러니까 맨날 가서 산다는 게 도서관이야. (2) 근데 도서관 생활하고 그러는데 그때 5·16 군사혁명이 육군대장, 육군소장 박정희, 그 박정희 씨가 군사혁명을 일으킨 것 아니야. (…) 그런 시절에 도서관에서, 학교 도서관에서 공부하고 그 책 빌려보고 근데 나중에는 등록을 하니까 학생증을 말이다, 안 내주잖아 응? 등록금을 못 내니까 학생증을 안 내주니까 도서관에서 책을 안 빌려준 거야…. 그렇게 설움도 받고 그랬어. (웃음)[50]

이는 구술자의 첫 번째 생애사적 전환점을 이룬다. 극심한 기아와 생존의 공포를 넘나들던 입산생활과 전후 고학생활을 "한 번도" 고생이라고 느끼지 않았던 구술자에게 다시 한 번 열렸던 정치에의 희망이 닫히는 경험, 등록금을 내지 못해 책도 빌리지 못하고 교통비조차 없어 산을 넘어 걸어 다녀야 했던 "비참한 생활"은, 그의 생애에서 가장 "고생"스러운 체험이었다. 5·16 이후 급변한 사회 분위기 속에서 구술자는 "내가 설 곳이 어디냐"를 고민해야 했고 "탁~ 한 가지 머리에 스치는" "자책의식"과 함께, 1964년 김동호 씨는 "가족을 가난에서 구출하기 위한" 생업활동에 본격적으로 뛰어들게 된다.[51)]

그러나 구술자의 외상 과정에서 결정적 전기轉機가 된 것은 1970년대 초반 재경험한 가족상실이라 할 수 있다. 1971년 큰형님이 전시 부상의 후유증으로 사망한다. 1972년 유신헌법과 함께 계엄령이 선포되면서 당시 안주업을 하던 넷째 아우가 "쥐포"를 "쥐고기"로 오인한 특무대에게 구속된다.[52)] 무엇보다 가장 핵심적인 사건은 1972년 외제물품을 단속하기 위한 경찰들의 과잉수사로 오토바이를 몰고 가던 둘째형이 사망한 사건이었다. 명백히 과잉수사에 의한 "유도살인"이었지만 목격자가 나서지 않아 생업을 전폐하고 뛰어들었던 "진정활동"은 결국 "실패"에 이르게 된다. 가족사의 차원에서 겪은 이 두 번째 "억울한" 죽음은—당시 군복무 중이던—다섯째 아우에게 아직도 말하지 못한 '비밀'에 해당한다.

④ 정치의 상실과 외상변증법: 가족과 국가의 의미전환

구술자의 이야기의 반전反轉은 바로 이 지점에서 일어났다. 둘째 형의 죽음에 대한 회고에서 다시 떠올린 가족상실의 기억은 구술자에게 복합적인 내면의 갈등을 야기했던 것으로 보인다. 좀처럼 이해되지 않던 이야기의 반전의 의미는 이 갈등을 이해함으로써 비로소 해명될 수 있었다. 2004년 흩어진 기억들을 조합하면서 진행되었던 첫 인터뷰에서 드러낸 '피해자'로서의 강한 호소와는 달리, 2007년 면접에서 구술자는 명백히 '성공'의 관점에서 자신의 이야기를 끌고 가고 있었다. 이 '성공'의 서사적 관점은 전후 빨갱이 가족의 운명과 낙인으로부터 벗어나기 위한 형제들의 집(家)의 재생산 전략을 반영하는 것이기도 하다.

2007년 현재 성공한 사업가이자 고향 향우회 및 '대한발전회' 회원인 구술자는 다른 어떤 사례보다 '담론'에 예민하게 반응하는 정치사회화의 유형적 특징을 보여준다. 그런 점에서 알렉산더가 말한 사건과 사건에 대한 재현 사이에 존재하는 간극, 다시 말해 전쟁의 발단 및 피해에 대한 지배적인 해석체계와 구술자의 체험 사이에 자리한 간극은 이미 현 체제의 일부인 구술자 자신의 해석의 갈등에 그대로 투영된다. 무엇보다 당시 구술자는 내전의 과정에서 발생했던 민간폭력과 마을공동체 분열의 책임을 '좌익'에게 귀착시켜온 지배적인 사회 담론을 강하게 의식했던 것으로 보인다.[53] 살펴보았듯 2007년 해방공간에서 출발한 첫 번째 이야기를 끌고 가던 집의 복원 전략—정치, 즉 국가를 통한—은 4·19의 좌절을 거쳐, 그리고 1970년대 초 경찰폭력에 의한 이차적인 가족사의 훼손을 거쳐 '실패'한 노력으로 각인되었다. 이 지점에서 둘째 형의 억울한 죽음에 대한 회상은 역설적으로 구술자에게 성공담과 실패담이 교차하는, 그리고 정치적 '피해자'이자 '가해자'로 전락한 모순적인 가족상(像)을 다시 상기하는 체험이었던 것으로 보인다. 다시 말해 현재 이야기를 끌고 가는 구술자 자신의 '성공'이라는 서사적 관점과 과거 정치적 '피해자'로서의 가족서사, 그리고 마을전쟁의 '가해자'로 인식되는 현재의 공적 서사가 상호충돌할 때 구술자는 "비극의 발단"에 대한 해석에 교정을 가함으로써 자신과 가족의 삶을 다시 조심스럽게 방어하고 있는 것으로 보인다.[54] 요컨대 1953년 정전停戰의 시점에서 다시 시작된 두 번째 가족 이야기는, 가족사의 정치력—좌익력—을 탈각시킴으로써 이야기의 부조리와 분열을 통합하기 위한 생애사적 노력(biographical work)이라고 할 수 있다. 이념갈등으로 전쟁을 재해석하면서 시작된 두 번째 가족 이야기는 이제 적극적 방어의 서사에서 소극적인 방어의 서사로 전환된다.

실제 이후 생애사적 사실들은 형제들과 친족집단을 중심으로 한 경제적 재생산과 상호부조에 충실한 삶으로 일관되어 있다. 1980년대 후반까지 구술자는 "쉬지 않고 일만" 했다. 홀어머니를 모시면서 자신의 '집'을 사기 전에 밑으로 세 아우의 '집'을 먼저 샀고, 두 형수, 큰 조카, 사촌형제의 '집'을 사주고 문중을 이끄는 가장이자 보호막으로서의 삶을 자임했다. 그리고 1980년대 후반 "일정한 경제적 기반을 닦고 난 후" 고향 '향우회' 활동을 시작하는 한편, 1990년대 초반 "극우단체"인 "대한발전회" 활동에 참여하기 시작한다.

경제적 성공담을 중심으로 전개된 두 번째 가족 이야기는 "현실에 충실하게" "가족을 생각하면서" "누구에게도 피해가 되지 않았던" 삶으로 다시 이야기된다. 그리고 "애국이라는 게 다른 데 있는 게 아니라, 현재 저 뭔가 자기 욕심을 떠나가지고 우리 형제, 전체 동포, 민족들한테 좀 도움이 될 수 있는 것이면 되는데"라는 재해석에서 구술자가 여전히 '국가'와 '민족'을 위한 자아상像의 토대 위에서 자신과 가족의 삶을 정당화하고 있음을 가늠해볼 수 있다. 김동호 씨에게 '가족'과 '고향'은 갈 곳을 잃어버린 정치적 충동이 전이轉移된 의사정치의 장을 의미하는 것으로 보인다. 두 개의 가족 이야기에서 드러난 누락과 긴장은 훼손된 가족의 트라우마와 분열된 국민정체성을 반영한다.

(2) 박선주 씨의 사례: 집-없음과 국가-없음

① 서사구조의 유형적 특징: 두 번의 결혼과 가족해체

2008년 박선주 씨와의 인터뷰 당시, 연구자는 "지금도 몸이, 머리가 아파요, 머리가 좀 '그때' 잘못된 것 같아"라고 고문 후유증의 일부인 신체화 증상을 호소하던 그녀의 말을 들을 귀와 여유가 없었다. 애초의 약속과 달리 당시 거주하고 있던 노인복지관이 아닌 다른 곳에서 인터뷰하기를 극구 원하는 그녀의 다급한 호소가 어떤 의미인지를 이해하는 것도 힘에 부쳤다. 이야기의 시작, 살아온 이야기를 해달라는 연구자의 질문에 구술자는 익숙한 태도로 "묻는 말에 대답만 하면 되잖아요"라고 말했다. 재차 "살아온 이야기를 기억나시는 대로" 해달라는 요청에 구술자는 "날 때부터?"라고 반문한 뒤, 쏜살같이 "결혼할 때부터 이야기하면 되겠다"라고 말문을 열었다. 추후 확인된 바에 의하면 구술자는 출소 장기수로 2006년 한 사회단체의 요청으로 인터뷰를 진행한 일이 있다. 그러나 당시의 자전적 형식의 인터뷰 기사에는 본 연구자와의 이야기 내용과는 달리 두 번째 결혼이 완전히 누락되어 있었다. 그러한 누락은 구술자와 서술자 중 누구의 의도일까? 구술자의 의도라면, 이러한 '감추기'와 '이야기하기' 사이의 긴장은 무엇을 의미하는 걸까? 사례 재구성을 통해 두 번에 걸친 결혼과 두 차례에 걸친 가족해체의 체험이 구술자의 외상 과정의 중심에 자리함을 알 수 있다. 나아가 여성으로서의 연구자가 여성으로서의 구술자의 체험, 즉 젠더화된 외상 과정을 드러내는 데 일정 정도 작용하고 있었음을 알 수 있다.

② 전쟁기의 폭력, 신체상실과 집의 상실: '정신대'를 피하기 위한 첫 결혼과 가족해체

나는 그 자랄 때는 음- 좀 괜찮은 집에 살았거든요. 근데 우리 아버지 처음에는 몰랐지만은 우리 아버지가 왜정 때부터 어든지 아버지가 되게 사람이 남 돕는 거 좋아하셨어요. (…) 그래가지고 어- 그- 오빠도 그러고[55)]

어린 시절에는 "좀 괜찮은 집"에 살았다는 말로 시작되는 박선주 씨의 이야기에는 엄밀히 말해 세 개의 가족사가 등장한다. 첫째는 고향 마을에서 '대문안집'이라고 불렸던 백석꾼 집안으로 독립운동을 지원했던 부친을 중심으로 한 친가의 가족사이다. 둘째는 독립운동을 하다 여순사건 이후 "산으로 피해 다니던" 남편과 19살 나이로 첫 결혼한 뒤 새롭게 구성된 가족사이다. 셋째는 독립운동을 했고—1960년대—혁신계 인사로 스물일곱 살 연상이었던 두 번째 남편과 재가를 통해 구성된 가족사이다. 이 세 개의 가족사는 '독립운동'과 '고문', '집'이라는 주제장을 통해 하나로 연결되고 있다.

"왜정 말 정신대를 안 보낼라고" 부친들의 오랜 언약을 따라 구술자는 1948년 겨울에 결혼을 한다. 그런데 이때의 결혼을 구술자는 "집이 없어지는" 체험으로 이야기한다. 결혼은 그 이튿날부터 "남편을 찾아내라"며 들이닥쳤던 서북청년단으로부터의 고문의 시작이었고, 이어지는 임신, 그리고 고문을 피하기 위한 도망과 1950년 피난으로서의 입산入山은 구술자에게 갑자기 들이닥친 하나의 사건으로 형상화된다.[56)] 또한 당시 남의 집을 전전하던 피난생활은 "남의 집 살이", "식모살이"의 시작이기도 했다. 역설적으로 1950년 6월부터 1952년 초에 이르는 전시 정치활동은

구술자에게 고문으로 훼손된 자존을 회복하는 '해방'의 체험으로 언술된다. 그러나 박선주 씨는 1952년 총상을 입고 한쪽 다리를 잃게 된다. 신체의 상실과 잇따르는 체포는 극심한 고립감과 자존의 훼손을 동반하면서 구술자의 첫 번째 생애사적 전환점(turning point)을 이루게 된다. 체포 후 지서로 이동하는 중, 혼연한 의식 속에서도 "부잣집 딸이 남편 잘못 만나 저렇게 돼서 왔다"며 자기(self)를 알아보는 마을 사람의 목소리를 들었던 기억이 있다. 사례 재구성에 의하면 이 시기 매번 땅문서, 집문서를 팔아 박선주 씨를 형무소에서 "빼주곤" 했던 부친이 고문 중 심장마비로 임종했고, 오빠 또한 고문의 후유증으로 사망했다. 1953년 구술자의 남편 또한 토벌대에 의해 총살되면서 구술자는 첫 번째 가족해체를 체험한다.

③ 재가, 고문의 연속성: 국가폭력과 가정폭력의 이중구속

다리가 절단된 것을 안 구술자는 자살을 시도했지만 그조차 실패했다. 그녀는 "사람을 안고 끌어오는 사람이 되라고" 당부했던 아버지의 기억이 있었기에 7년의 수감생활 동안 살아갈 힘을 회복할 수 있었다고 회고한다. 그러나 1959년 출소 이후 "갈 데"가 없었던 구술자는 "서울역"과 "친구 집"을 전전해야 했고, 고심 끝에 1962년 재가再嫁를[57] 결정했다.[58] 무엇보다 박선주 씨에게는 거주할 공간이, 자신의 '집'이 필요했다. 그러나 구술자에게 재가가 다의적으로 해석되는 것에 주목할 필요가 있다. 처음에 그녀는 조건을 꼼꼼히 확인한 뒤에 남편과의 만남을 가졌고 "머리가, 사상이 같기 때문에" "나중에 알고 보니 좋은 사람임을 알게 되었기에" 한 결혼이었다고 말한다. 이 '나중에'가 언제인지는 분명치 않지만, 이러한 언술은 스물일곱 살이라는 나이의 갭과 신체의 갭

을 공통의 가족사적 전통과 체험을 통해 상쇄할 수 있으리라 기대했던—아버지라는 사회화의 모델과 전남편이라는 의미 있는 타자들을 통해 매개되고 있는—그녀의 정치적 자아의 해석과 의미부여가 반영된 것으로 볼 수 있다. 동시에 새로운 가족을 재구성함으로써 오랫동안 소중하게 간직해왔던 "대문안집 막내딸"이라는 자아상과 그것을 실현할 토대로서의 집을 복원하고자 했던, 첫 번째 결혼의 연속선상에 있는 자기전략의 산물로 이해될 수 있다.

그러나 두 번째 남편과의 재가는 '보호관찰'의 감시망과 가부장의 폭력, 그리고 실질적인 생계부양자로서의 이중 삼중의 질곡 속에서 "또 실패한 결혼생활"로 막을 내리게 된다. 가족 내에서 재생산되었던 폭력의 전이 과정을 압축적으로 보여주는 다음의 구술을 들어보자.

> 나중에 알고 보니까 그 상당히 괜찮은 사람이잖아요. 그래서 그, 나를 이해하니까 자기도 그런, 머리가 사상이 나하고 같으니까 '이해하겠지' 하고 들어갔어요. 들어갔더니 거기도 거짓말 하셨더라고요. 재산이 아무것도 없었는데 있다고도 거짓말 하셨고, (1) 그래서 거기 가서 사는데 아들이 있어도- 벌이를 못해가지고, 아버지가 다- 이렇게 그렇게 해줘야 될 형편이고, 아버지도 이 친구 저 친구한테서 이렇게 좀 후원 받아가지고 살 그런 형편이고, 그때는 연금이[59] 없었으니까, 그러다가 어린애 하나 낳았어요. [면: 아- 예-] 낳아가지고 그놈한테 매달려가지고 내가 오지도 가지도 못하고 그런데 막- 나중에는 손찌검을 하셔요. 음, 이, 막- 화가 나시면은 산에 돌아다닌 년이라고 그러고, 뭐하고 별 소리 다 하시면서 그렇게 때리고, 또 그 뒤에는 또 정신적으로 고문, 고뇌 속에 살았어요. (1) 그러다가 인제 그 애는 군인에 가고, 그런데 그 영감 무서우니까 애한테, 애를 내 마음대로

교육도 못시켜요. 어- 질투 같은 걸 하시드라고요, 그 부자. [면: 부자 간인데도요?] 나하고 아들하고 그 사이를 좀 질투를 하신 것 같아요. 왜냐면 옷을 사도 자기 옷도 같이 사야지 안 그러면 막 그 옷을 (막) 뜯어버리고 막 그런 성질 못된 성질, 나이가 많으셔서 그런지 그렇게 고생스럽게 살았는데 애기가 그- 그- 크면서 좀- 뭐라 그럴까 (3) 음- (1) 정신이 좀- (1) 집에서 자유 없이 커서 그런지 정신이 좀 안 좋아 (1) 어디 가가지고 좀 성가스럽게 성가스럽게 해 쌌더니, 그래도 공부는 그냥 해가지고 전문대학에 들어가서 취직도 하고 결혼도 좀 하고 살더니, 얼마 있다 그냥 이혼하더라고요. 이혼해가지고 어디 가서 행방불명되서, 한 근 20년 행방불명이 되다가 나중에 나타났어요. 예, 나중에 나타났는데 나는 어떻게 되었냐면 영감님이 애국지사니까 애국지사더라고요. (1) 돌아가시고 나면 연금이 나올 거 아니에요? (1) 인제 그거 타 먹을라고 그 큰아들이 큰아, 원래 전처 아들이 있었거든요. (1) 큰아들이 나를 어느 변호사하고 짜가지고 내 몰래 도장 파가지고 나를 내쫓았어요(큰 목소리로). (1) 나를 호적에서 빼버렸어요. 지금 연금타서 먹고 있어요. 살아, 살아요 그러고는 오지도 못하게 해요. (1) 나도 가고 싶지도 않지만은 우리 애는 가야 될 거 아니에요? (1) 그 애도 못 오게 해. 가면 저놈 내쫓으라고 소리 지르고, 나두 가면 왜 왔냐 그러고, 영감 제사에 왜 왔냐 그러고 오지 말라고 그러고[60)]

여기서 27살 연상인 남편은 만주에서 "독립운동"을 할 때 일제 치안기구로부터 "고문도 많이 당했던 인물"로, 남편이 구술자에게 가한 가해의 성격은 매우 복합적이다. "고문을 당해서 매를 무서워하니까 나 좀 때리지 말라"고 사정할수록 남편의 폭력은 더욱 심해졌다. "기기도 거짓말"이라는 말은 구술자에게 가해진 다른 형태의 폭력이 있었음을 시사한다. "산에 돌아다닌 년"이라는 남편의 욕설과 언술을 통해 동일한 고문의 피해자였던 남편 자신의 외상과 피해의식, 그리고 1960~70년대 반공 일변도의 사회에서 횡행했던 이데올로기적 박해가 박선주 씨에게 중첩적으로 투사된 것을 볼 수 있다.[61] 구술자는 가족공동체 안에서의 상습적인 "고문"을 견디지 못하고 몇 차례에 걸쳐 "도망"을 시도했지만, 그 때마다 "체포"되어 돌아와야 했다. 이때의 경험을 구술자는 "다시는 안 그런다고 그럴 줄 알면서도 애가 있으니까, '두 남자' 때문에 '두 남자'를 위해서 내가 혓바닥에 구멍을 천 개 만 개 뚫려도 들어가야 되겠다고 결심을 하고" 다시 집으로 들어왔다고 이야기한다.[62]

오랫동안 병상에 있던 남편이 1980년대 초반 사망하기까지, 구술자의 행동반경은 철저하게 가족이라는 행위공간으로 제약되는 특징을 보여준다. 남편의 죽음과 함께 구술자는 오랫동안 벗어날 수 없었던 육체적 폭력으로부터 풀려났다. 그러나 이후 구술자는 국가유공자로 지정된 남편에게 지급되던 연금의 수혜를 둘러싼—"전처 아들"과의—극심한 갈등을 겪었고, 부계혈통 중심적 가족관계로부터 또 한 번 배제되면서 다시 가족해체를 체험했다.[63]

이후 생애사적 사실들은 반복된 이사로 얼룩져 있다. 무엇보다 1990년대 중반까지 이어졌던 보호관찰은 구술자의 거주공간을 끊임없이 위협했다. 구술자에게 거주공간의 상실, 즉 '집-없음'이 무엇을 의미했고 어떻게 체험되었는지 다음 단락을 통해 가늠해볼 수 있다.

그때는 친구하고 같이 ○○ 7동에, ○○ 3동에 좀 괜찮은 집에 살았어요. 근데 왔어, 친구랑 같이 살았는데, 그 친구는 고향친군데, 에, 그 아들이 내 사정을 아니까 자기 어머니- (3) 좀 편하게 해드리기 위해서 방, 방을 얻어가지고 그 어머니하고 같이 벗도 되고 같이 계시라고 그러는데, 그건 잘 모르잖아요. 아들은 알지만 어머니는 내가, 잘 모르잖아요(목소리 높이며). 근데 왔어요(애틋하게) 얼마나 가슴이 얼마나 뛰어요 얼마나, (1) 어머닌 모르는데- 그래가지고 내가 막- 밖에 나가서 소리 질렀어요. (1) 아무도 없는데, 나 또 쫓아내면 책임지라고 말이야. (1) 그때는 우리 애가 소식도 없을 때야. 어디 가서 (1) 책임지라고 말이야 (…) 내가 박선주라 그러면은 잘 편히 있냐고 말은 잘해요. (1) 말은 잘해 그 보기만 하면 순산데 그 친구가 가만히, 누군줄 알고 궁금할 거 아니에요. 자기 아들은 알아도 어머니는 모르거든요. 그래가지고 그 집에 못 있어가지고 나왔어요. 나올 때 한, 한- 2, 3년 있었나, 같이. 근데 그 아들이 돈 천만 원으로 방 얻어주더라고요. 방 얻어 주더라고요. (1) 옥탑방, 옥탑방을 얻었어요. 그때가 98년도 같다. (1) (…) 옥탑방에 사는데 추워서 혼났어요. 겨울에 춥고 여름에 더웠어요. 거기서 한 2년 살다가 지금은 이 시설로 들어왔어요.[64]

거듭되는 '이사'의 생애사를 거쳐 현재 구술자는 노인복지관에 거주하고 있다.

④ 두 번의 가족해체: 공동체 상실과 '집'의 재구성

이상의 간략한 사례 재구성을 통해 앞에서 풀리지 않았던 질문은 일정 정도 대답될 수 있다. 두 개의 국가와 두 번의 가족해체를 겪은 구술자에게 '집-없음'은 '국가-없음', 그리고 공동체의 부재와 동일하다. 보호관찰이 동반했던 잦은 이사의 기억과 가족해체에 각인된 공동체 상실의 공포가 연구자가 자신의 집을 찾는 것을 황급히 막았다면, 2006년 변화된 남북관계의 정세에 고무되었던 그녀의 정치적 자아는, 장기수로 자신을 부각시키길 원했던 한 사회단체와의 인터뷰에서 "실패"했기에 "너무나 후회가 되는" 두 번째 결혼에 대한 누락을 묵인했다. 그리고 2008년 연구자와의 인터뷰에서 다시 생략된 이야기를 복원함으로써 이전의 이야기에 수정을 가해야만 했다. 이는 생애사 재구성 작업이 화자와 청자의, 구술자와 연구자의 상호성찰적 소통의 산물임을 시사한다.

구술자는 이야기를 끝낸 뒤—2000년 이후 "세상이 달라지고 있다는 것을 실감"하면서 연락을 재개한—현재 소속된 사회단체 회원들을 의식하며, 두 번째 결혼을 공개할지 말지를 고민했다. 그리고 자신의 "떳떳하지 않은" 삶이 다 "일제의 고문 때문이 아니겠냐"는 최종적인 자기정리와 함께 어렵게 공개를 결심했다. 무엇보다 잔인했던 고문을 "폭로"해주길 당부했으며, 건강이 허락한다면 자신의 삶을 정리하는 "자서전"을 쓰고 싶다는 바람을 토로했다. 요컨대 구술자에게 2000년대 중후반의 행위공간은 적극적인 주체로서 정치적 자기를 복원하고 훼손된 사회적 자아를 치유해가는 자서전의 생애사적 시간으로 체험되고 있다.

4. 사례의 유형적 특성 및 비교

이상의 사례 재구성은 전시 (준)국가기구에 의한 가족상실의 체험이 이후 분단국가의 일상화된 정치 과정에서 고향의 상실, 공동체 상실, 정치의 상실, 기억의 상실이라는 다차원의 외상 과정 속에서 재생산되어 왔음을 보여준다. 먼저 각 사례는 전시에 겪었던 외상 체험이 한국전쟁 전후 반공국가의 가족통제 전략 및 일상의 폭력과 맞물리면서 지속·변용되는 방식에 대한 통찰을 제공한다. 두 사례의 공통점은 전시-전후 폭력의 연속성과 외상의 재경험(re-experience)이다. 본 연구에서 살펴본 사례들의 가족 트라우마는 연좌제·신원조회·보호관찰·민간사찰 등 제도적 폭력의 속박(Captivity)과 맞물리면서 외상적 체험을 재경험하는 역동을 보인다는 점에서 유사성을 갖는다.[65] 양자의 사례에서 모두 반공국가의 제도화된 폭력은 외상의 재생산에 개입하는 사회구조적 조건으로 자리한다.

그러나 제도적 폭력은 이중적인 효과를 갖고 행사되는 것으로 보인다. 연좌제의 속박은 한편으로 친족 및 가족집단의 응집성을 강화하는 효과를 가져왔지만, 다른 한편 젠더의 가부장적 종속을 심화시킴으로써 탈정치화와 과잉정치화가 공존하는 복잡한 가족 매트릭스의 발원지가 되었던 것으로 보인다.[66] 이 지점에서 비교의 함의를 서로 다른 외상의 경로와 체험성이라는 차원에서 찾아볼 수 있다. 양 사례는 전시에 체험한 정치적 폭력이 전후 일상적인 형태로 가족 내의 공간으로 침입하면서 가족으로 '회귀'하는 정체성의 구성 과정을 보여준다. 김동호 씨의 경우, 반복되는 가족사의 훼손은 동일한 상처를 공유한 가족 성원들의 감정적 유대를 증폭시키는 계기로 자리한다. 나아가 정당성을 결여한 전시(군경)와 유신체제의 경찰폭력에 의한 가족상실로부터 가족이라는 친밀성의 영역이 가해자인 폭력적 국가에 대한 대안적인 감정공동체로 부상하게 되는 사회적 과정을 예시해준다.

전통적인 구획에서 사적 영역으로 자리한 가족이 정치적 잠재성을 갖는 친밀한 영역(intimate sphere)의 형태로 부상하는 과정은, 박선주 씨의 경우에서도 동일하게 발견된다. 그러나 여성인 박선주 씨의 사례가 보여주는 전형성은 식민지 폭력과 가정폭력의 연속성과 중첩성이다. 남성인 김동호 씨의 경우 반복되는 국가폭력과 가족상실이 이전에 갖고 있던 국가상像과 동형적 의미를 갖는 일종의 공적 공간(public sphere)으로 가족의 의미를 역전시키는 계기가 되었다면, 여성인 박선주 씨의 경우 동일한 노력이 고문의 피해자인 가부장의 폭력을 매개로 '실패'에 이르면서, 일종의 감호와 같은 가족 속에 점점 더 유폐되어가는 삶의 과정을 드러내준다. 전후에도 가족이라는 지지대를 통해 가족의 복원 전략을 구사한 김동호 씨와 달리, 가족해체를 거쳐 최소한의 생활세계 기반마저 완전히 파괴된 데다 비국민으로서의 확실한 낙인까지 지녔던 박선주 씨는 매우 취약한 사회적 권력과 자원을 갖고 있었다고 할 수 있다. 이 경우 사회적 고립과 배제에 대한 공포는—피해자이자 가해자인—가부장에 대한 속박(Captivity)의 상태를 강화하는 감정기제로 작용했다는 점에서 앞의 사례와 차이를 구성한다.[67] 이 사례는 전쟁이 낳은 외상과 젠더화된 폭력의 외상이 가족이라는 장場에서 중첩 결정되는 과정을 보여주는데, 이는 일상이 되어버린 한국의 전쟁체제에서 '가족'이 '트라우마'의 전승기제로 작동해왔음을 시사한다.[68]

결국 두 유형적 사례는 사회가 가족과 개인에게 가한 폭력이 어떻게 가족구조를 통해 재생산되며 가족이라는 사회화의 장을 통해 세대에 걸쳐 전이되는지 그 단면들을 드러내 보여준다. 또한 두 사례는 전쟁 유족들의 고통이 누적된 과거청산 및 한국전쟁을 둘러싼 지배적인 담론 및 해석체계와 긴밀하게 연동되어 재생산되고 있음을 드러내준다. 이는 가족 차원의 외상이 지닌 역동성을 '역사적 트라우마'의 치유 및 과거청산의 중요한 의제로 고려할 필요성을 시사한다. 기본적으로 과거청산은 사회전환기 정의의 문제이며, 외상의 문제는 "정치변화 과정의 일부로서 과거 정치적 폭력을 다루기 위한 노력들"을[69] 폭넓게 일컫는 이행기 정의의 중요한 쟁점을 구성한다. 프레모 레비(P. Levi)는 『익사한 자와 구조된 자(The Drowned and The Saved)』(1989)에서 조직적이고 광범위한 정치적 폭력의 자행 과정에 발생한 다수 국민의 참여와 공모, 묵인의 존재를 책임성의 '회색지대(the gray zone)' 문제로 언급한 바 있다. 회색지대는 모든 사회에 존재하면서 범죄체제의 '매개체' 역할을 할 수 있는, "평범하고 모호한 사람들"로 채워진 피해자와 가해자 사이의 공간을 말한다.[70] 한국의 이행기 정의 과정에서 가족은 하나의 회색지대로, 과거의 정치적 폭력의 흔적들을 고스란히 담고 있는 '또 하나의 냉전'의 집약처로 볼 수 있다. 그런 점에서 권헌익이 말하듯, 이념적으로 분단된 혈연적 유산들 사이의 화해는 개인 및 정치공동체에게 매우 중요한 문제다. 두 사회에서 친족정체성은 과거의 정치적 갈등에 대한 기억에서 아주 큰 자리를 차지하며 창조적인 도덕 관행의 발원지가 될 수 있다.[71] 결국 '끝나지 않은 전쟁'이 남긴 역사적·문화적 외상은 한국 사회 친족 구성원들의 정체성에 개입하는 숨겨진 기제이지만, 통상 서구 사회에서 보편적인 것으로 여겨지는 '외상후 스트레스 장애'의 전형적인 증상과 진단 기준을 충족시킬 수는 없는 것이다. 이렇게 볼 때 화해와 치유의 문제 또한 개인 심리나 의학적 차원으로 환원될 수 없는 정치적이고 사회적인 해법과 긴밀히 얽혀 있다.

5. 마무리

이 글은 한국전쟁 관련 좌익 유가족들의 '이야기된 가족사'를 재구성함으로써 '가족 트라우마'의 복합성과 역동성을 살펴보고자 했다. 기존 연구가 사건-외상이라는 도식에 따라 국가가 가족의 삶을 파괴하는 측면에 강조점을 두었다면, 본 연구는 행위자들의 의미가 구성되는 사회적 과정을 가족사의 지평으로 확장함으로써 전-국가 시기의 가족사적 전통과 전후의 사회정치 과정, 그리고 가족 내 세대 성원들이 긴밀하게 상호작용하며 다르게 구성되는 외상의 동학을 드러내고자 했다.

이상의 논의가 복합적 과거청산에 갖는 함의를 살펴보면 다음과 같다. 첫째, 연구결과는 전쟁 유족들의 외상 기억이 제도 및 담론의 변화, 즉 정치적 회복의 문제와 밀접한 연관을 맺고 있음을 보여준다. 이러한 관점에서 과거청산은 법적·제도적 청산뿐 아니라 민간 맥락에서 발생했던 폭력의 상처와 정체성의 분열을 치유하는 사회적 과정과 분리될 수 없다. 내전으로 인한 도덕성 훼손과 정체성 상실을 중재할 사회적 합의 과정이 답보 혹은 부재할 때, 이를 상쇄하기 위한 개별화된 형태의 '집'의 복원 전략과 정당성 경쟁이 초래할 사회적 결과는 비단 개별 가족집단의 문제에 국한되지 않는다. 책임의 귀속이 내부를 향하고 자신의 고통과 경험을 해명할 언어를 갖지 못할 때, 내부를 향한 폭력의 연쇄작용과 사회문화적 차원의 병리는 결코 한 세대의 문제에 머물지 않는다.

둘째, 방법론적 차원에서 이 연구는 가족사 방법론이 기층 행위자들의 가족적·국가적 행위의 기초인 감정과 의식의 영역을 탐색할 생산적 단초를 제공함을 보여주었다. 허먼이 말하듯, 파편화된 조각들을 다시 연결하고 역사를 재건하며 과거의 사건을 바탕으로 현재 증상의 의미를 알아내는 일은 도전과도 같다.[72] 식민지와 전쟁, 분단과 이산, 개발독재와 압축적 산업화의 궤적을 밟아온 가족들의 삶에 '묻어 있는' 폭력의 상흔을 들춰내는 작업은, 결코 다시 있어서는 안 될 전쟁과 학대의 세대적 순환을 예방하는 작업이기도 하다. 그런 점에서 외상 연구는 전쟁의 사회체제가 낳은 가족과 삶의 상실, 기억과 언어의 상실, 역사와 정치의 상실을 치유하고 보통 사람들의 관계적 역량을 회복하는 작업에 다리를 놓는 일이 될 수 있다.[73] 결론적으로 이 연구는 탈식민·탈냉전·탈독재가 얽혀 있는 복합적 과거청산의 국면에서 빈곤과 학살의 세대적 순환을 예방하기 위한 다각도의 '전쟁 트라우마' 연구의 필요성과 가족사 방법론의 확장 가능성을 제기하고 있다. 세월호 참사 유가족이 겪고 있는 '트라우마'의 복합적 차원과 외상 과정을 한국전쟁 유가족들의 '가족 트라우마'와 면밀하게 비교하는 작업은 이후의 과제이다.

'5·18사람'으로 살아간다는 것
—5·18 시민군 기동타격대원의 생애사*

강은숙 _ 전 난민인권센터 사업팀장

들어가며

이 글은 1980년 5월 민중항쟁에서 시민군 기동타격대로[1] 참가했던 사람들의 생애사를 통해, 이들이 5·18과 관련한 사회적 트라우마티즘을[2] 형성해가는 과정과 사회적 조건을 살펴보고자 한다. 5·18 참가자들 가운데 시민군 기동타격대(이하 기동타격대)는 5월 민중항쟁 기간 동안 마지막까지 물리적 국가폭력에 맞서 저항했고, 그로 인해 항쟁 이후에도 구금과 고문 등으로 만성화된 외상을 경험한 기층민들로서, 5·18 참가자들이 겪어야 했던 여러 가지 형태의 외상과 인지적 변화를 가장 강렬하게 경험했던 집단이다. 즉 5·18을 경험한 이들에게서 나타나는 트라우마의 다양성과 이질성에도 불구하고, 5월 민중항쟁을 가장 직접적·적극적으로 경험한 이들의 트라우마티즘을 분석함으로써 피해자인 동시에 항쟁주체로서 겪었던 트라우마티즘의 복합적인 양상을 확인할 수 있다.

보다 구체적으로 법·제도적 차원에서 '광주 문제 해결을 위한 5원칙'

을[3] 중심으로 진행된 5·18 과거청산은 5·18 참가자들에 대한 국가유공자 예우를 끝으로 마무리되었고, 공식적인 담론의 장에서도 '민주화운동'으로 인정받아 역사의 한 매듭으로 자리매김되었다. 하지만 30여 년이 지난 현재까지도 5·18 참가자들의 상당수가 만성화된 트라우마에 시달리고 있으며, 역사의 기록 속에서 '민주화 투사'이자 '영웅'으로 인정된 것과 달리 5·18 민주유공자들 중 다수가 신체적·정신적 후유증으로 불안정한 삶을 살고 있다. 이들은 정치적으로 복권되고 경제적 보상을 받을 수 있었지만 현실적으로 심리적 고통이 크게 개선되지 않았으며, 오히려 정치사회적 환경변화 속에서 발생한 여러 요인들로 인해 2차적인 트라우마를 복합적으로 형성하게 되었다. 이 글은 이처럼 항쟁 이후 지속적으로 형성·변화해온 트라우마티즘 형성 과정을 분석하고자 하며, 사례집단의 트라우마티즘을 시기별로 구분, 그 특징을 정치사회적·문화적 환경과 맞물린 인정투쟁의 양상을 통해 제시함으로써 트라우마티즘 분석에 대한 사회학적 접근을 시도하고자 했다.

1. 사회학적 관점에서 트라우마 이해하기

1) 심리학적으로 확인된 '5·18 트라우마'

5·18 참가자들의 정신건강에 대한 기존 연구결과들은 5·18 참가자들의 정신적 고통 및 이를 뒷받침해주는 환경이 심각한 수준이며, 그 결과 약 30년이 지난 시점까지도 트라우마가 만성화된 상태로 존재하고 있음을 밝히고 있다.[4] 일반적으로 트라우마란 일상적인 범주를 넘어서는 특별한 사건을 경험한 사람들에게 남겨진 정신적 충격을 말한다. 『정신장

애 진단 및 통계 편람』(4판)은 트라우마에 잇따라 나타나는 다양한 정신적·신체적 증상들을 외상후 스트레스 장애(Post-Traumatic Stress Disorder: PTSD)로 정의하고 있으며, PTSD 증상은 일반적으로 과각성(불안), 침투(재경험), 억제(회피)의 형태로 나타난다. 5·18 참가자들의 경우 당사자와 가족을 포함한 전체 집단 중 41.6%가 외상후 스트레스를 경험하고 있으며, 당사자(부상자, 구속자, 유족)의 경우 가벼운 PTSD 이상인 경우는 55.8%이고, 중간 이상은 40.1%에 달했다.[5] 한편 5·18 참가자들 중에서도 집단별로 PTSD 정도의 차이가 발견되는데, 심각한 PTSD의 경우 부상자집단이 구속자집단의 3배에 달한다. 이는 같은 외상을 경험하더라도 여러 요소에 의해 외상후 스트레스 장애가 달리 나타날 수 있음을 보여준다.[6]

일반적으로 5·18 당사자들에게 PTSD는 가족 및 이웃의 죽음과 잔혹한 살상의 직·간접적 경험, 연행 후 수개월간의 고문 및 구타라는 1차적 외상으로부터 기인한다. 이들은 과거의 외상을 일상적 공간 속에서 재

[표 1] 5·18 유공자 집단별 외상후 스트레스 비율(%)

점수	부상자	구속자	유족	유공자 소계	부상자 가족	구속자 가족	가족 소계	합계
0~14 (증상 없음)	35.5	61.8	56.4	44.2	89.1	96.6	91.7	58.4
15~19 (가벼운 PTSD)	19.4	14.7	5.1	15.7	3.6	3.4	33.6	12.1
20~29 (중간 PTSD)	22.6	14.7	23.1	21.3	5.5	-	33.6	16.0
30 이상 (심각한 PTSD)	22.6	8.8	15.4	18.8	1.8	-	11.2	13.0
합계(15 이상)	64.6	38.2	43.6	55.8	10.9	3.4	8.3	41.6
합계(20 이상)	45.2	23.5	38.5	40.1	7.3	-	4.8	29.5

* 자료: 5·18기념재단, 『5·18 민주유공자 생활실태 및 후유증실태 조사연구보고서』, 2006.

경험하며, 외상 당시 가해자에게 느낀 수치, 모욕, 공포가 떠오르거나 그로 인한 복수, 공격, 도피의 증상을 보이는데, 이러한 증상은 종종 주변인을 향하기도 한다.[7] 5·18 참가자들의 상이 후 자살자의 비율은 10.4%로 일반인의 500배에 해당한다.[8]

이처럼 기존 5·18 참가자들의 트라우마에 관한 연구는 외상후 스트레스 장애(PTSD)의 정도와 분포를 측정함으로써 5·18 참가자들의 정신건강상태와 성격을 광범위하게 밝힐 수 있었다. 그러나 5·18 참가자들이 현재까지 만성화된 트라우마에 시달릴 수밖에 없었던 이유를 깊이 있게 분석하고자 하는 시도는 극소수에 불과하다. 실제로 PTSD는 단순히 외상 사건의 충격에 의해서만 결정되는 것이 아니라, 외상 경험자의 사회적인 조건—계층, 학력, 성별—및 외상 당시의 인지적 과정과 대처방식, 외상 이후 놓인 정서적·경제적·정치적 환경 등에 의해 영향 받을 수밖에 없다. 이러한 요소들은 트라우마를 극복할 수 있는 요소로도, 그 반대로 악화시키는 요소로도 작용한다. 더구나 5·18이라는 정치적 사건과 이를 둘러싼 정치적·경제적·문화적 변수들이 5·18 참가자들의 삶에 깊숙이 개입해 있기 때문에, 이들의 트라우마에 대한 질적인 이해를 위해서는 임상심리학적 연구결과를 사회학적 논의를 통해 풀어갈 필요성이 있다.

2) 인정투쟁을 통해 재구성되는 트라우마티즘

기본적으로 심리적 외상은 사회적 수준에서 작동한다. 따라서 트라우마에 대한 분석은 외상 사건이 발생시키는 심리적 결과와 더불어 외상 경험자의 외상 이전의 사회적 환경, 외상 사건의 종류 및 외상 당시의 경험, 외상 이후 처한 환경, 외상을 극복하기 위한 행위전략들을 다각적으로 분석해야 한다. 그리고 이러한 분석을 위해서는 증상에 대한 측정 척도의 개념을 넘어서 '외상성 증상'들을 총칭하는 트라우마티즘(traumatism)이라는 개념의 확장이 필요하며,[9] 사회적 상호작용 과정과 트라우마티즘의 양상을 설명하기 위해 '사회적 트라우마티즘'이라는 범주를 구축할 필요가 있다. 기존 트라우마 이론이 외상의 현재적 상태를 정태적으로 측정하는 데 초점을 맞추고 있으므로, 트라우마가 회복되는 과정을 사회적 환경과의 상호작용을 통해 분석할 수 있는 이론이 필요하다. 또한 트라우마를 극복하기 위한 외상 경험자들의 능동적인 행위의 측면이 추가될 때 트라우마티즘의 변형 과정을 드러낼 수 있다. 특히 5·18과 같은 사건의 체험자를 단순히 피해자로만 다룰 경우, 5월 민중항쟁과 항쟁 이후 수십 년간의 5월운동에[10] 참여하면서 이루어졌던 정치적 상호작용의 영역을 파악할 수 없다. 5·18 참가자들 다수는 국가폭력과 정치적 억압의 환경에 대항해 집단적으로 저항하고 가해자에게 책임을 묻고자 했으며, 이를 통해 강력한 집단적 정체성을 구성해왔다. 그러므로 이 글에서는 트라우마 회복 과정의 동학을 드러내고 있는 허먼(J. Herman)의 트라우마 회복단계 이론과 자아형성 과정의 정치사회적 접근을 시도했던 호네트(A. Honneth)의 인정투쟁 이론을 연결시켜 분석틀을 마련했다.[11]

먼저 허먼은 외상 경험자가 3단계의 회복 과정을 통해 트라우마를 극복하고 공동체에 통합될 수 있다고 보았다. ① '안전'을 확보하고 인식하는 단계, ② 외상기억을 애도하고 자신의 삶으로 통합시키는 단계, ③ 파괴된 인간관계를 다시 회복하고 공동체와 연결되는 단계가 그것이다. 이러한 과정은 단순히 순차적으로 이루어지는 것은 아니며, 나선형적인 흐름 속에서 서서히 파괴된 사회적 지지를 회복하는 과정이다. 여기서 사회적 지지란 정서적·도덕적·경제적·정치적 차원 등 삶의 필수적인 영역에서 외상 경험자가 대면하는 사회적 환경과의 상호작용을 통해 획득하는 주관적인 만족감이라고 할 수 있다. 이러한 회복 과정은 자신을 둘러싼 환경 속에서 사회적 지지를 획득하기 위한 개인의 부단한 노력과 실패의 복합적인 동학으로서 드러난다.

이 동학은 호네트의 인정투쟁 개념을 도입함으로써 사회학적으로 확장하여 검토해볼 수 있다. 호네트에 따르면 개인은 일반화된 타자와의 상호주관적 인정을 통해 자아를 형성하는데, 이 과정은 근본적으로 사회적 규범을 내면화하는 과정이며,[12] 인정투쟁은 일반화된 타자에 대해 상호인정관계를 획득하고자 하는 노력이다. 따라서 시간의 흐름을 통해 전개되는 인정투쟁 결과 획득되거나 축소되는 사회적 지지와 인정은 외상 경험자의 회복단계에서 파괴된 자존감 및 자기존중을 회생시켜 트라우마티즘을 개선시킬 수 있는 '회복요인'으로 작용하기도 하며, 그 반대로 '취약요인'으로 작용하기도 한다. 다만, 호네트가 제시한 인정투쟁의 세 가지 영역의[13] 도식이 5·18 참가자에게 직접 적용되기는 어렵다.[14] 따라서 인정투쟁의 영역은 사례집단이 처한 상황에 의해 구성된 특수한 영역으로 재설정되어야만 한다. 이 글은 심리학의 트라우마의 회복 과정이 다차원적인 인정투쟁 속에서 어떻게 드러나고 재구성되는지에 초점을 맞추어 이론적 분석틀을 마련했다.

이와 더불어 구술생애사[15] 방법론을 활용하여 '서술적 진실성'에 초점을 두고 사례집단의 구체적인 생애체험과 고유한 기억에 기반한 생애사를 재구성했다. 이를 위해 2010년 9월부터 2011년 5월 사이 5명의 시민군 기동타격대 참가자를[16] 대상으로 인터뷰를 진행했고, 인터뷰는 살아온 이야기에 대한 비개입적 구술과 구술자가 표현한 주요 생애사적 사건에 대한 추가적인 질문 및 그에 대한 구술로 진행되었다. 또한 5명의 면담자료를 보완하기 위해 한국현대사사료연구소,[17] 5·18기념재단,[18] 전남대학교 5·18연구소의[19] 구술증언록에 등장하는 5명의 기동타격대원의 증언을 추가로 반영했다.[20]

이와 같이 조사된 사례집단의 생애사는 인정투쟁이 변화되는 양상을 기준으로 네 개의 시기로 구분될 수 있었다. 구획된 시기가 사례집단의 트라우마티즘 패턴과 모두 기계적으로 일치하지는 않지만, 전형적인 특징과 양상을 두드러지게 보여준다. 본론에서는 각각의 시기별로 먼저 사례집단이 놓여 있는 사회적 환경을 간략히 개괄하고, 그 다음으로 구술에서 드러난 핵심적인 생애사를 재구성했다. 마지막으로 시기별 생애사에서 드러난 인정투쟁의 양상을 일반화된 타자의 형성 및 상호주관적 인정의 획득 및 상실 과정을 통해 살펴보고, 그에 상응하는 트라우마티즘의 성격변화 및 회복의 정도를 평가했다. 결론에서는 시기마다 형성·극복되는 트라우마티즘의 정치사회적 함의를 간략히 제시했다.

2. 생애사를 통해 본 사회적 트라우마티즘 형성 과정

1) '5·18 체험'과 저항적 트라우마티즘의 형성

기동타격대원은 대부분 1980년 5월 이전에는 자립과 직업의 안정을 위해 기술을 배우거나 이직을 반복하던 하층 노동자들이었다. 광주 지역은 다른 지역에 비해 대규모 산업화가 진행되지 않았던 곳이었으므로 이직 등으로 인한 노동인구의 유출입이 잦았다. 노동자들은 시골에서 광주로, 광주에서 서울로 조금 더 나은 일자리를 찾아 다녔다.[21] 기동타격대원 역시 웨이터, 다방 종업원 등의 영세 서비스직과 공장 노동자, 용접공, 석공 등의 생산직이나 수공업에 종사하고 있었으며, 불안정한 노동시장에서 취업과 실업을 반복하던 10대 후반과 20대 초반의 근로 청소년(청년)들이었다.[22)]

따라서 5월 민중항쟁이 일어났을 때 이들에게 항쟁의 상황을 구체적으로 이해하고 당시 상황에 대응할 수 있도록 해줄 사회적 자원은 그리 많지 않았을뿐더러, 오히려 평소 이들은 대학생들의 시위와 정치활동을 부정적으로 보기도 했다. 박○○ 씨는 평소 대학생들의 시위를 "철없고 부모 고생시키는" 행동으로 생각했으며, 김○○ 씨는 "전쟁만 안 일어나고 편안히 살아가면 쓰겠다"는 생각만 하고 살았지, "누가 대통령이 되고, 국회의원이 되어 무엇을 하면 좋겠다"는 생각을 하지 않는 평범한 시민이었다.[23)]

(1) **항쟁 체험: "지켜야 할 세상인 거 같았다"**

기동타격대에게 5·18은 '군부독재권력에 대항하기 위한 민주화운동'과 같은 정치적 의미로 다가온 것은 아니었다. 이들이 항쟁에 참여하게 된 1차적 계기는 시민들과 이웃에 대한 계엄군의 무차별한 살상극을 보고 느낀 분노와 울분의 감정이었다.[24)] 김○○ 씨는 5월 18일에 길을 가다가 이유 없이 구타당하여 공포심을 느꼈지만, "불의를 보고 나만 살겠다고 도피한다는 것"은 "인간의 도리"가 아니라는 생각이 들었고, 그 스스로 말하듯이 "젊은 나이였기" 때문에 시위에 참가하게 되었다.[25)] 이○○ 씨는 "정의로운 군인이 무고한 시민들을 못살게 구는 것을 눈으로 보고만 있을 수 없다는 생각"에 계엄군을 적으로, 시민군을 아군으로 규정하고 시민군에 참여했다.[26)] 최○○ 씨는 당시 석공이었으며, 서방 마을에서 소위 '건달세계'에 있었다. 5월 19일에 조직 선배의 가족이 공수부대에 사살당한 뒤 "도저히 참고 있을 수가 없어서" 그 자리에 모인 친구들과 함께 화염병을 만들어 시위에 참여했다.[27] 이처럼 기동타격대는 계엄군에 의한 이웃과 가족들의 희생을 목격하면서 제각각 자신의 생활세계로부터 비롯된 규범적 계기—'청년', '군인', '건달'로서의 책임감 등—를 형성했고, 동료들, 시민들과 뭉쳐서 시민군에 참가했다.[28]

이 밖에도 노동자들이 시민군에 적극적으로 참가하게 된 중요한 이유는 시민들의 열렬한 지지와 호응에서 느낀 인간적인 감동이었다. 그것은 평소에 국가와 시민사회로부터 기층민중들이 박탈당해온 것이기도 했다. 이○○ 씨는 시민들이 시민군에게 "박수쳐주고, 물과 빵을 주는" 등 적극적인 지지를 보냈던 체험 속에서 5월 23일, "군인 신분을 잊어버리고 끝까지 목숨을 걸고 싸우리라" 결심했다.[29] 최○○ 씨는 항쟁 당시 시민군의 활동이 자신에게 의미했던 것을 다음과 같이 기억하고 있다.

> 살면서 단 한 번도 잘한다는 소리를 못 듣고 자랐죠. 내가 무엇을 하면서 살 수 있을까라는 생각조차 못하고 그냥 반건달로 살다가 갑자기 옆에서 박수를 쳐주고 젊은이가 고생헌다는 말을 듣는다고 생각해보세요. (…) 이런 거 하지 마라, 저런 거 하지 마라는 말만 듣다가 누가 뭐라고 안 해도 내 역할을 하고 있다는 생각이 들었던 거죠. (…) 이런 세상에서 내가 할 수 있는 일은 총을 드는 일밖에 없다고 자연스럽게 느꼈어요. 처음으로 제구실을 하면서 살게 됐죠. 거기에서 자유라는 게 느껴지더란 말이에요. 틀에 매어 있다가 다른 틀로 확 풀려서 들어간 것처럼. 거기서 도망을 가요? 아니죠. 지켜야죠.[30]

실제로 시민군에 대한 광주시민의 지지는 절대적이었고 시민군과 시민의 일체감은 역사에서 찾기 어려울 정도로 두터웠다.[31] 항쟁에 참여한 1차적인 계기가 계엄군의 만행에 대한 분노와 울분이었다면, 이 결심이 죽음을 건 최후항전까지 지속될 수 있었던 2차적인 계기는 항쟁 기간 동안 형성된 '절대공동체'의[32] 체험이었다. 하지만 이들에게 항쟁 당시의 상황은 "지켜야 할 세상인 거 같았다"라는 말로만 표현된다. 이것이 정치적 목적의식을 지녔던 지식인들과 달리 기층민중들이 항쟁에서 느꼈던 '민주주의'였다.[33] 즉, 하층 노동자들은 일상적인 시기에 자의적·타의적으로 정치에 무관심할 수밖에 없었지만 항쟁공동체 안에서 자신의 존재감을 확인할 수 있었고, 그 계기는 저항공동체를 사수하는 기동타격대 활동으로 이어졌다. 물론 이것은 젊은 노동자들이 지녔던 순수한 감수성, 행동주의적 정의감의[34] 문화가 지니는 힘이기도 했다.

한편 기동타격대원은 27일 새벽 계엄군의 도청진압이 진행되는 상황이 되어서야 삶과 죽음을 피부로 체험했다. 그것은 신체적 죽음에 대한 현실적 인식의 과정이자 동료들의 죽음을 목격해야 하는 가장 고통스러운 시간이었지만, 그 속에서도 서로의 희생정신을 느끼며 복합적인 감정을 경험했던 시간이었다. 박○○ 씨는 진압 시 목에 총을 맞고 피를 흘렸던 느낌과 강○○ 씨가 목숨을 걸고 자신을 구하려 군인들에게 도움을 구했던 일을 항쟁 체험 중에서 가장 인상적인 사건으로 기억하고 있다. 그는 무차별 사격으로 삶과 죽음이 교차하는 상황에서도 '자신의 죽음'보다 '타인의 죽음'을 먼저 생각했던 강○○ 씨를 "예수" 이미지로 기억하고 있다.[35] 최○○ 씨 역시 진압 당시 "껌벅껌벅하는 동료의 눈"과 "그의 몸에서 솟구치는 피가 자신의 몸에 닿는 순간"을 또렷하게 기억하고 있다. 그 순간은 그에게 "더 이상 살아야겠다는 생각이 사라지고, 죽음과 삶에 대한 경계가 없어"졌던 순간이었다. 이 순간은 현재까지도 최○○ 씨의 꿈에 자주 등장한다.[36]

(2) **상무대 영창생활: "특A급 낙인과 개돼지보다 못한 생활"**

도청 최후항전이 진압당한 뒤 5월 27일 아침부터의 시간은 기동타격대원에게 항쟁 당시 느꼈던 환희와 열광에서 현실의 억압과 구속으로 돌아오는 시간이었다. 기동타격대원은 도청항쟁이 끝나고 상무대 및 병원에 실려와 현실의 생존을 생각하게 되었다. "이 싸움은 집단적인 것이었으나 죽음은 개인적으로 찾아왔고",[37] 싸움이 끝난 뒤 대원들은 고립된 채 혼자만의 힘으로 생존의 방법을 찾아야 했다.

상무대로 이송되면서 구속자들은 "개돼지보다 더 못한" 인간 이하의 취급을 받았다. 상무대 영창에서는 30명이 적정 수용인원인 공간에 100여 명을 수용했기 때문에 서로 다리를 겹치고 자야 했으며, 7개월간 제대로 씻지 못해 피부병에 시달렸고, 소량의 저질 음식을 배급받았다.[38] 구타는 교도관이 죄수를 대하는 기본적인 언어였고, 물고문, 전기고문, 손깍지에 볼펜 넣고 돌리기, 개미고문 등 악랄한 고문에 시달려야 했다. 김○○ 씨에게는 개미굴에 얼굴을 처박는 개미고문이 가장 고통스러운 경험이었는데, 그 외 각종 고문과 구타로 인해 5개월간 11번이나 병원에 실려가야 했다.

당시 상무대에는 (…) 포플러나무 밑에는 개미가, 왕개미가 있어요. 당시 군용 사각팬티만 입힌 상태에서 다리 묶어놓고 뒤로 수갑 채워서, 나무 밑에 엎드려놓고 지휘봉으로 개미굴을 이렇게 건드렸어. 개미가 수백 마리 몸속, 몸으로 올라와서 기어 다니고 물고. 개미도 상당히 그 무는 것은, 두드려 맞고 하는 것은, 무는 것은 아픔 자체는 고통 자체는 이제 이력이 나 가지고 참아져요. 근데, 이 위로 어디로 수백 마리가 막 개미가, 그 소름은 이루 지금도 진짜 표현하기가….[39)]

다수의 기동타격대원은 그들의 활동이 밝혀지면서 '특A급' 폭도, '순악질', '극렬'분자 대우를 받았고 그에 준하는 가혹행위와 언어폭력에 시달렸다. 교도관들은 기동타격대원에게 "총알이 아까우니 대검으로 쑤셔" 죽여야 된다거나,[40)] 항쟁 기간에 "가시내들을 몇 명이나 겁탈했느냐", "사람을 얼마나 죽이고 도둑질은 얼마나 했냐?"는 등의 심문을 하고 이를 부정하면 구타를 일삼았다.[41)]

한편 기동타격대원들은 상무대와 교도소에서 생활하면서 학생 및 지식인들과 많은 교류를 할 수 있었다.[42)] 강○○ 씨는 학생들과 갈등도 많았지만 '노동삼법' 등을 배울 수 있었던 시기로 기억한다. 하지만 교수나 학생들은 비공식적으로 면회나 담배 반입이 가능했던 반면 항쟁 당시 검거된 노동자층은 7~9개월간 면회 한 번 제대로 해보지 못했기 때문에[43)] 열악한 생활 속에서 이런 불만은 '배운 사람들'에 대한 소외감으로 이어지기도 했다. 즉, 노동자와 학생들의 만남은 서로 다른 계층의 문화를 이해하면서 동시에 갈등하는 과정이기도 했다.

(3) 1980년의 인정투쟁과 트라우마티즘의 성격

기동타격대원에게 5월 민중항쟁은 저항공동체를 형성하고 이를 지키기 위한 집단적 행동을 통해 자존감을 확장시키고 해방적 감정을 느꼈던 '외상 사건'이었다. 즉, 이들은 죽음의 위협, 살상, 살상의 목격 등의 외상 체험을 겪었지만, 그와 동시에 그러한 외상 사건에 상호 협동으로 대항했다. 그러므로 이들의 트라우마는 저항적 트라우마티즘의[44] 성격을 지닌다고 할 수 있다. 따라서 이들에게는 외상의 충격으로 발생하는 공포상태 속에서도 외상에 대항하여 형성한 적극적인 감정이 보호요인으로 존재했다고 할 수 있다.[45]

한편 고문과 구타가 일상화된 상무대 수감생활은 항쟁보다 더욱 가혹한 폭력의 지속상태로서 만성적인 트라우마티즘을 형성한 시기였다. 앞서 지적했듯이 트라우마 증상은 학력이 높은 사람들보다 학력이 낮은 사람들에게 훨씬 높게 나타났다. 구속자집단은 고문·구타로 인해 부상자들보다 훨씬 더 가혹한 신체적 폭력에 직면했지만, 오히려 다양한 이유로 PTSD를 극복할 수 있었다.[46] 기동타격대 대부분이 기층민중 출신이었기에 국가폭력 등에 대한 해석체계와 정신적 자원을 지닐 수 없었던 점은 부상자들처럼 취약요인으로 작용했지만, 운동가들과의 교류 및 항쟁 당시의 저항이나 연대 경험과 같은 외상에 대한 보호요인 또한 존재했다. 따라서 기동타격대원처럼 기층민중 출신의 저항집단이 국가폭력에 대응하여 형성한 트라우마티즘에는 이와 같은 '취약요인'과 '보호요인'이 동시에 뒤섞여 있다고 할 수 있다.

2) '5월정신'을[47] 향한 인정투쟁과 트라우마티즘 극복 전략

계엄사령부는 1980년 9월 5일 연행자들에 대한 최종 처리결과를 발표했고, 기동타격대원 대부분은 10월 30일 형집행정지 및 감형조치 때 석방되었다. 이들은 석방되기 전에 모두 "상무대에서 있었던 일에 대한 발설금지 및 발설 시 재구속"이라는 교육을 받고 풀려났다.[48] 김○○ 씨의 말처럼 "이루 말할 수 없는 악몽을 다시 꾸고 싶은 사람"은 없었기 때문에,[49] 이들은 석방 직후 어느 누구에게도 고통을 말하지 못한 채 항쟁과 고문의 기억을 나누고 치유 받을 기회를 갖지 못했다. 또한 5·18 참여 자체가 '빨갱이' 낙인으로 이어졌으므로 생존을 위해서는 의식적·무의식적으로 '망각'을 선택할 수밖에 없었다. 박○○ 씨는 항쟁 직후 몇 년간 항쟁의 참상과 총상 및 병원생활, 상무대에서의 고문·구타 등 5·18과 관련된 모든 것들을 "머리에서 깨끗이 지워"버린 채 80년 5월 17일 이전까지 생애사의 연장선에서 생활했던 것으로 기억한다.[50] 염○○ 씨도 81년 초에 "광주가 싫어져서" 서울에 올라가 모든 것을 잊고 생업에 종사했다.[51] 한편 나○○ 씨는 사면 및 복권장이 날아들자 이에 대한 "적개심과 반발심이 생겨나고 살고 싶다는 의욕이 사라져", 음독자살을 시도했으며,[52] 한○○ 씨의 경우도 취직의 어려움, 고문후유증, 정치적 낙인과 감시 등으로 앓아누웠다가 두 번이나 자살을 기도했다.[53] 집단적 망각은 '실패한 항쟁'의 참가자들의 생존전략이었으며, 광주시민들 다수가 수년간 망각의 상태를 겪어야 했다.

한편, 이와 같은 안전의 부재상태 속에서도 5·18 참가자들에 의해 결성된 유족회, 부상자회, 구속자회 등의 5월단체들과[54] 광주의 사회운동단체, 그리고 항쟁 체험을 나누었던 광주시민들의 공동체는 이들이 그나마 의존하고 위로할 수 있는 공간이 되었다.

(1) 5월투쟁의 체험: 암매장 시체 발굴과 화염병조 활동

1983년경부터 몇몇 회원의 주도로 '기동타격대 모임' 결성이 시도되었다. 이들은 가족이나 친구들과도 80년 항쟁과 상무대의 체험을 나누기 어려웠기에, 기동타격대 동지회는 서로의 고통을 위로할 수 있는 유일하고 소중한 관계망이었다.[55] 기동타격대원들은 서로 연락을 취하는 동안 더욱 더 경찰의 감시망에 놓이게 되었지만, 친목모임의 형태를 시도

하는 등 그 노력은 계속되었다. 특히 기동타격대원은 주로 항쟁 및 최후 항전 당시 발생한 행방불명자를 찾아내고 암매장된 시체를 발굴하는 활동에 주력했다. 이들은 항쟁 기간 동안 죽어간 사람들, 더욱이 죽었으나 그 신원이 밝혀지지 않은 '무명열사'에 대한 남다른 기억과 부채감을 지녔다. '사무라이'라 불렸던 한 팀원은 박○○ 씨가 계엄군의 총에 맞았을 때 강○○ 씨와 함께 목숨을 구해준 생명의 은인이었지만, 상무대에서도, 5월투쟁에서도, 보상금 수령 때도 나타나지 않았다.[56)]

> 죽었겠죠. 나타나지 않은 것을 보면… 요즘 더욱 사무라이처럼 이름 없이 도청을 지켰던 사람들, 신원이 밝혀지지 않았다고 한데 묻어버린 망월동 묘역의 무명열사들이 진짜 5·18이라는 생각이 드요. 넝마주이, 부랑아, 이렇게 천시허면서 5·18의 바깥 존재인 것처럼 취급된 그 사람들을 어떻게든 꼭 기억해야 하지 않것어요?[57)]

한편, 기동타격대원들은 각종 집회와 시위에서 사수대의 역할을 주도했다. 특히 1987년부터 각지에서 격렬한 시위가 진행되었을 때, 기동타격대원들은 '상경투쟁' 등에 참가하여 '화염병조'로 공권력에 대항해 공세적으로 싸웠다. 이들에게 80년 당시에 겪었던 공수부대, 교도관, 정보과 형사에 대한 분노는 자연스럽게 군경을 향한 적대감과 트라우마로 자리하고 있었다. 이것은 일상에서 그저 동네 경찰서에서 난동을 부리거나, '전두환' 영상이 나오는 TV를 부수는 방식으로 표현되기도 했다.[58)] 따라서 이들에게 주어진 사수대와 화염병조의 역할은 80년 당시의 울분과 외상후 스트레스를 표현할 수 있는 하나의 출구였다.

5월투쟁은 80년 이전부터 기반을 다져온 지역운동조직 및 재야 지식인들의 주도하에 시작되었기 때문에 기동타격대원은 지역운동조직 및 운동가들과 교류하게 된다. 특히 구속자들의 모임인 '5·18민중항쟁동지회'(오항동)는 지역운동가들이 정치적 목적으로 광범위하게 참여한 조직이었기 때문에, 기동타격대원들은 5·18항쟁에 대한 정치적 각성을 얻기도 하고, 반대로 조직과 관련된 갈등도 겪었다. 박○○ 씨의 "운명이 바뀐" 첫 번째 계기가 5·18이었다면 "운명이 바뀐" 두 번째 계기는 '오항동'과의 만남이었다. 그에게 이 시기는 항쟁의 참상, 상해와 고문으로 인한 고통, 범죄자 낙인 등의 잊고 싶던 "과거가 되살아나"고 "그 덩어리가 통째로 누르기 시작하는" 시기였지만, 그러한 "덩어리"를 극복하고 진실을 규명하여 "5·18의 정신을 지켜야 한다"는 목적의식을 갖게 된 시기이기도 했다.

> 범죄자가 아닌, '나는 5·18정신을 가지고 있는 사람이다'라는 거. (…) 우리가 생각하는 독립운동가 하면은, 정신이라는 게 그렇잖아요. 나는 뭡니까? '5·18을 위해 던졌던 사람.' 그때 당시는 정신이 없었다고 하더라도. 그래도 남들이 봤을 때, '아 5·18을 위해 싸웠던 사람이다' 그러면은 칭찬을 받아야지 욕을 먹으면 안 되잖아요. 그러니까 스스로를 '5·18정신'을 만든 거죠. 나는 '5·18사람'이니까 행동을 함부로 해서는 안 된다는 것. (…) 내 자신은 지켜야 된다는 거.[59]

하지만 5·18에 대한 역사적 판단과 해석의 언어는 소수의 학생들 및 지식인들이 지니고 있었기 때문에, 5월 민중항쟁에 대한 이념적 언어들 속에서 기동타격대원들 자신의 체험은 어딘가 모르게 대상화되고 소외되기도 했다. 이러한 학생들과의 관계 때문에 5월투쟁에서 서로의 역할은 다를 수밖에 없었고, 기동타격대원들은 주로 행동집단의 역할을 많이 했다. 최○○ 씨는 80년까지 노동자이면서 '건달세계'에서 지냈던 사람이었지만, 항쟁 이후 적극적으로 5월투쟁에 참가하고 사회운동에 대해 고민하게 된다. 하지만 그는 학생들과 교류하면서 노동자 출신이라는 이유만으로 '배운 사람들'로부터 무력감과 소외감을 느끼게 되었고, 의도적으로 징역살이를 하며 공부했지만 그 후에도 '배운 집단'과의 관계는 크게 개선되지 못했다.[60)]

(2) **가난한 삶과 가족의 희생: "매혈로 생계를 유지했던 시절"**

정부는 중형을 받은 관련자의 신원조회서를 발부하여 감시했기 때문에, 이들은 직장에 들어갈 기회가 생겨도 취직이 안되거나 잘리는 경우가 대부분이었다. 5월투쟁에 참여했던 사람들은 "무보수"로 다니거나 사비를 들여가며 활동했기 때문에 빚을 진 경우가 많았다.[61)] 나중에 보상금을 받았을 때도 그동안의 부채를 갚느라 보상금을 사용해버린 이들도 많았다. 박○○ 씨는 "분유값"을 벌기 위해 구두닦이부터 "손수 김밥을 말아 팔러" 다니는 일까지 안 해본 것이 없었지만, 경제적인 문제가 해결되지 않자 마지막 방법으로 매혈을 해서 생계비를 마련했다. 이러한 선택은 비단 박○○ 씨만의 것이 아니었다.[62)]

물론 일찍 가정을 꾸리고 나름의 조건에서 생활을 개척해 나간 사람들도 있었다. 염○○ 씨는 서울에서 보일러 설비공으로 꾸준히 일하면서 밑천을 마련해 결혼을 하고, 1986년 광주에 내려와 새로운 터전을 잡았다. 하지만 5월투쟁의 결합, 후유증의 악화, 사업의 실패 등으로 어렵게 모아둔 돈은 모두 사라졌다.[63)] 강○○ 씨도 장성에 살면서 죽기 전까지 농사와 조경수 재배를 통해 꾸준하게 생업에 종사했다.[64)] 고등학생이거나 재수생이었던 타격대원들은 5월 민중항쟁 이후 대학에 진학하지 못했다. 그리고 가족들이 가장의 과음과 폭력에 시달리는 등, 불안정한 삶의 고통이 가족들에게 전이되기도 했다. 종종 성장 과정에 있던 자녀들은 아버지가 평소 술에 의존하여 난폭한 행동을 하는 등 부정적인 모습을 보였기 때문에, 아버지가 경험했던 5·18에 대해 자랑스럽게 생각하기 어려웠다.[65] 또한 남편의 생활능력이 뒷받침되지 않아서 아내들이 경제활동을 도맡아야 했다. 이런 이유들 때문에 기동타격대원들 중에서 반 이상이 이혼을 경험했다.[66]

(3) 80년대 인정투쟁과 트라우마티즘의 성격

허먼의 트라우마 회복단계에 따르면 기동타격대원들은 1단계의 회복요건—정서적 지지, 안전의 확보, 생계의 유지 등—을 갖지 못했다. 하지만 기동타격대의 결집 및 5월단체와의 교류를 통해 2단계의 회복요건, 즉 외상기억을 불러내고 애도하는 시간을 어느 정도 가질 수 있었다. 또한 5월단체 및 5월공동체로부터의[67] 인정투쟁을 통해 3단계의 회복요건, 즉 단절된 인간관계를 확장하고 부분적으로 공동체와 연결될 수 있었다.

먼저 석방 직후 수년간 기동타격대원들은 외상기억을 망각하는 방식으로 고통스러운 기억을 일상의 의식 밖으로 밀어냄으로써 일시적인 심리적 안정상태를 유지하고자 했다. 하지만 이렇게 밀쳐진 기억의 파편은 다시 침투증상으로 솟아오르게 되었고, 가족들과의 관계가 악화되어 정서적 지지체계가 축소되는 악순환이 반복되었다. 이와 같은 외상후 증상과 더불어, 이들에게 의미를 부여하는 신념체계의 토대가 침식당하고 애착과 의미의 체계도 흔들렸기 때문에, 자살과 같은 극단적인 선택을 시도한 이들도 있었다.

하지만 기동타격대원들은 트라우마를 넘어서기 위해 회복의 2단계와 3단계 차원의 노력을 기울였다. 그들은 고립될수록 동료집단과 항쟁 체험을 나누고, 외상 사건의 책임을 묻고, 진실을 규명하기 위한 5월운동에 적극적으로 결합함으로써 트라우마에 대항했다. 더불어 기층민중 출신이었던 이들은 5월단체 및 지역의 사회운동조직을 만남으로써 '5월정신'을 형성하고 '민주화 투사'로서의 자존감을 어느 정도 회복할 수 있었다. 기동타격대에게 '5월정신'은 '광주시민들과 동료의 죽음을 애도하고 진실을 규명하는 것', '1차적인 생존의 욕구를 초월하여 항쟁정신을 지키는 것'으로 표현되었고, 이러한 규범은 그들이 일상으로 돌아와 살아가는 과정 속에서 핵심적인 생애사적 과제가 되었다. 또한 이들은 5월투쟁을 통해 5월공동체라는 일반화된 타자를 구성하고, 이를 준거삼아 가치공동체에 대한 인정을 획득할 수 있었다.

즉, 이들이 80년대에 지녔던 트라우마티즘의 성격은 기초적인 단계의 사회적 지지가 확보되지 않은 상황에서 높은 수준의 도덕적 요구를 실현하기 위한 인정투쟁이 결합된 것이었다. 또한 5월투쟁에서 트라우마의 상징인 공권력에 대항하여 신체적 위협과 폭력에 정면으로 대항하고, 외상의 상징이었던 무명열사와 도청의 기억을 회피하는 대신 적극적으로 불러냄으로써 외상 사건에 대한 기억을 애도하는 방식으로 저항적 트라우마티즘을 확장시켰다.

3) '5·18자원'을 향한 인정투쟁과 새로운 트라우마티즘의 형성

87년 6월항쟁, 노동자 대투쟁, 직선제 개헌 등의 민주화 흐름이 진전되면서, 80년대의 5·18에 대한 강경한 억압 정책은 90년대 초반에 이르러 방어적인 억압 정책으로 변화하게 된다. 노태우 정부와 김영삼 정부는 정치적 타협의 산물로[68] 1990년과 1993년에 각각 5·18 관련자들에 대한 보상 정책을[69] 시행했고, 미온적으로나마 5·18은 '민주화운동'으로 인정되었다. 1990년대 후반에 이르면 5·18특별법이 제정되어 책임자 처벌이 이루어졌고, 기념사업이 조성되면서 5·18과 관련된 과거청산이 가속화되었다. 이러한 정치정세의 변화는 90년을 전후하여 5월공동체가 지녔던 강한 일체감의 분화 효과를 가져왔다. 비타협적인 저항운동집단이었던 5월단체는 이러한 분화 효과 속에서 이합집산하여 13개까지 분립되기도 했다. 또한 5·18과 관련된 제도적 정책들이 마련되고, 소위 '5월세력'이 부분적으로 제도화된 정치공간으로 진출하면서 5·18과 관련된 의제들은 대중화되고 자원화되었다.

(1) 5·18의 금전화: "허위 보상금 수급은 정부의 피를 빨아 먹는 일"

'광주보상법'이 발의되었을 때, 투쟁해왔던 5월단체 및 기동타격대원들은 보상 정책을 수용하기 어려웠다. 하지만 "명예회복도 좋지만, 살아가는 것에 도움을 받을 수밖에 없는" 처지였기 때문에 "받을 것은 받고" 투쟁하는 길을 택할 수밖에 없었다.[70] 보상금은 나이, 직업 등을 고려해 경제력의 등급을 매기고, 상이 정도에 따른 노동력 상실율을 계산하여 지급되었기 때문에, 소득수준이 낮고 20대 전후였던 기동타격대원들은 상대적으로 적은 금액을 보상받았다.[71] 고문으로 소위 '얼병'이 들거나 정신병이 있었던 사람들은 관련 전문의와 만날 기회가 없었고 서류상으로도 증명되지 않았기 때문에 '기타등급'으로 분류된 경우도 많았다. 김○○ 씨는 10년간 고문후유증을 치료하기 위해 부모의 재산을 탕진했기 때문에, 그마저도 그동안 쌓인 부채를 갚는 데 쓰였다.[72]

그래도 부채가 심하지 않은 경우엔 보상금으로 집을 사거나 사업을 시작할 수 있었다. 염○○ 씨는 보상금을 받아 "커피 한 잔 안 먹고" 아파트를 구입했고 작은 사업을 시작했지만 번번히 실패하면서 예전의 생활수준으로 돌아왔다.[73] 강○○ 씨도 "술 한 잔 먹지 않고" 장성에 집을 지었지만 사망하기까지 치료비가 1억 가까이 들었기 때문에 강○○ 씨의 아내는 모든 재산을 포기해야 했다.[74] 기동타격대원의 경우, 90년 이후에도 단체활동이나 투쟁에 지속적으로 참여함에 따라 생활여건이 더욱 열악해지기도 했다. 한편 심리적으로 불안정한 생활에 시달렸던 사람들은 "조그마한 식당 같은 데서 소주 한 병에 삼겹살 먹다가, 소주가 양주로 바뀌고, 삼겹살이 양주 안주로 바뀌는" 등 무계획적인 소비생활로 인해 보상금을 탕진해버리기도 했다.[75]

보상금은 개별적이고 차등적인 방식으로 지급되었기 때문에, 당사자들 내부에서 보상금액의 형평성을 둘러싼 논란과 갈등이 빚어지기도 했다. 허위로 서류를 꾸며 보상금을 신청하는 사례마저 발생했다. 그 결과 서로 간에 불신과 의심이 형성되어 5월공동체는 와해되기 시작했다. 5월투쟁을 함께 해왔던 기동타격대원들에게 이는 커다란 상처로 다가왔다. 박○○ 씨는 거짓 서류를 만들어 더 많은 보상금을 요구하고 이를 동료에게 권하는 당사자들의 모습이 "정부의 피를 빨아 먹는" 행위로 느껴졌다.[76]

5월단체에 정부 및 시의 예산이 투입되면서 이권과 기득권을 유지하려는 내부갈등도 증폭되었다. 5월단체는 시와 구의 5월단체 공공사업 지원 정책을 이용하여 다른 영세한 단체들의 사업권을 박탈하거나, 운영 과정에서 돈을 받고 일자리를 알선하는 등 부적절한 운영으로 시민들과 회원들의 공분을 사기도 했다. 박○○ 씨는 돈을 주고받는 일자리

알선의 관행 속에서 "구두박스"를 마련하여 자립한다는 최소한의 바람조차 실현할 수 없었다.[77] 박○○ 씨의 소외감과 박탈감은 정부를 향한 불만이 아니라 당사자들을 향한 실망감으로 나타난다. 박○○ 씨뿐만 아니라 다른 기동타격대원들도 "이게 5·18이에요", "광주가 얼마나 썩어 있냐면"이라는 표현들을 통해 5월단체의 현실에 대한 회의감을 표출했다.[78]

(2) 5·18의 정치화: '가방끈'에 대한 실망

재야 민주화세력의 합법적인 정치진출 기회가 확장됨에 따라 '5월세력' 정치인들은 각종 선거를 통해 국회의원, 지방자치단체장 및 시의원 등으로 제도권 정치에 편입되었다. 5·18의 민주화운동으로서의 역사적 가치가 부분적으로 인정되면서 5·18 관련 이슈도 야당 및 사회운동세력의 주된 이념과 정책대상이 되었다. 하지만 기동타격대원들은 정치인들의 정계 진출에 대해 복합적인 감정을 표현한다. 박○○ 씨는 "그 사람들이 우리 문제를 다 풀어줄 수는 없는 것"이라고 하면서도 "알아주지 않는 일"을 해왔던 활동가들의 처지가 나아지지 않는 현실이 받아들이기 힘들었다.[79] 김○○ 씨는 밑에서 투쟁은 '민초'들이 하고, 그 성과는 배운 사람들이 가져가는 현실로, 염○○ 씨는 "우리같이 돈 없고 못 배운 사람들이 마지막까지 자리를 지키고 있고, 가방끈 긴 사람들은 자기들 잇속 먼저 계산"하는 현실로 느꼈다.[80]

구속자들 및 지역 지식인들은 5월단체의 분열과 난맥상을 극복하고자 5·18기념재단으로 통합을 시도했다. 하지만 기동타격대원들은 5월공동체의 성과물이었던 5·18기념재단의 운영권이 경제적·신체적·정신적 시련을 견디면서 5월투쟁에 헌신해왔던 자신들에게 돌아오지 않는 데 대해 상대적인 박탈감을 느끼게 되었다.[81] 또한 다수의 5·18 참가자들이 기초생활조차 해결하지 못하는 처지였으므로 재단이 이들을 구제하지 못하는 현실에 대해 불만을 느꼈다.[82] 이에 대한 불만은 5·18 당시 예비 검속 등으로 인해 피신했던 지식인들에 대한 반감으로 표현되기도 하는데, 이○○ 씨는 5·18 이후 정치적 탄압을 피해 미국으로 떠났던 윤○○ 씨의[83] 행동과 그의 5·18재단 운영에 비판적이었다. 이○○ 씨뿐만 아니라, 5월투쟁에 앞장섰던 다수의 기동타격대원들에게 '가방끈 긴 사람들' 중심의 운영 과정은 '민중성과 평등성'이라는 '5·18정신'에 어긋나는 것으로 이해되었다.

> 민주화, 민주화라고 자꾸 이러는 사람들, 내가 웃음 나와요. '너나 잘해라.' 한사코 지금 그런 이야기에요. 보면 자기들 이익 틀지고, 학연 지연 찾아가 불면, 우리는 아, 국민학교 나오고 중학교 나온 놈들이 뭔 학연 지연이 있겠어요. 5·18이 뭐 학연 지연으로 했어요. 그건 아니잖아요. 그런데 그걸 이용하고 있는 겁니다. 가장~ 나쁜 놈들이라고 나는 봐요. 뭐 전남대가 뭣이 어쩌고, 아 나, "전남대가 뭣 어째야? 니들 5·18 때 뭣했냐, 다 도망간 놈들 아니냐?" 무식하게 얘기해야 한당게요? "니들 도망간 놈들 아니냐, 살라고."[84]

기동타격대원들은 출신 대학이 없었기 때문에 구속자단체 활동 등에서 전남대와 조선대 출신들의 세력다툼에 낄 수도 없고, 안 낄 수도 없는 상황이었다. 그리고 단체를 주로 지식인 집단이 운영했기 때문에 이들은 "심부름꾼"이 되거나 세력다툼에 휘둘릴 수밖에 없었다.[85] 많은 회원들이 이런 상황에서 특정 대학 출신의 지식인 집단에 의존적인 활동을 했지만, 상황과 필요에 따라 그들은 다시 주변화되었고, 이를 극복하기 위해 다른 후견인을 찾아가봐도 그 과정은 이들을 끊임없이 '들러리'로 만들었다.

5·18 참가자들 사이의 내부갈등과 반목이 잦아지자 5월단체에 대한 광주시민들의 여론도 악화되고 5·18 참가자들과 시민들 사이의 거리도 멀어졌다. 몇몇 부정적인 사건들 때문에 대내외적으로 5·18 참가자들은 "5·18을 팔아먹는 사람들"로 치부되기도 했다. 기동타격대원들은 그동안 비타협적인 투쟁에 참여해왔고 경제적 이권이나 정치적 자원으로부터 항상 주변화될 수밖에 없는 처지였음에도 이런 분위기 속에서 시민들의 비판으로부터 자유로울 수 없었다.

(3) 90년대의 인정투쟁과 트라우마티즘의 성격

5·18의 '자원화'—5·18에 대한 막대한 예산 증액, 5·18세력의 제도정치 진출, 5·18의 대중화 등—라는 정치사회적 환경 속에서 기동타격대원의 트라우마티즘의 성격은 변화된다. 먼저 보상 정책이 시행되면서 다수의 5·18 참가자들이 국가의 금전적 보상을 수급받는 수혜자로서 정체성이 강화되었고, '5월정신'의 실현을 공유하는 5월공동체가 와해되면서 항쟁주체로서 살아왔던 사람들의 상호인정관계가 축소되었다. 이런 상황에서 기동타격대원의 인정투쟁은 여러 방식으로 표현되었다. 하나는 자신의 피해 정도, 항쟁에의 기여를 강조하는 '권리에 대한 인정투쟁'의 형태였다. 다른 하나는 이러한 경제적·사회적 '자원화'에 반대하여 계속적으로 '5월정신'의 순수성을 강조함으로써 참가자들로부터 도덕적 우위를 획득하고자 하는 것이었다. 하지만 두 가지 인정투쟁 모두 이들에게 안정적인 사회적 지지체계를 가져다주지는 못했다.

오히려 기동타격대원은 90년대에 5·18 자원을 둘러싼 인정투쟁 과정 속에서 새로운 트라우마티즘을 형성했다고 할 수 있다. 먼저 1980년대의 투쟁 속에서 높은 수준의 도덕성을 바탕으로 '5월투사'의 자존심을 유지할 수 있었던 기동타격대원은 5·18과 관련된 의제들이 자원화되면서 '5월정신'이라는 일반화된 타자의 상실을 경험했다. 다음으로 피해와 공로에 대한 경제적·정치적 인정투쟁의 과정에서 상대적으로 열악한 보상금, 단체 내부에서의 주변화 등을 겪으면서 권리에 대한 인정투쟁에 실패했다. 또한 '5월정신'이라는 도덕적 규범을 공유하고 상호인정을 획득할 수 있었던 광주시민들로부터의 사회적 지지 축소를 경험한다. 마지막으로 80년대부터 이어진 정서적 지지의 공간(가족)은 여전히 불안정한 상태로 남아 있었다.

4) '상처받은 5월정신'과 복합적 트라우마티즘의 형성

2001년에 '민주유공자 예우에 관한 법률'이 제정되고, 그에 따라 다수의 5·18 참가자들이 민주유공자 예우를 받게 되었으며, 2002년에는 신묘지가 국립묘지로 승격되었다. 90년대 후반에 시작된 기념사업은 2000년대 들어 관련 논의들이 활발히 진행되었다. 하지만 단체 내부의 갈등과 마찰은 계속되었고, 그 가운데 기동타격대원들은 5·18 현장의 원형을 보존하기 위해 다시 한 번 투쟁에 들어간다. 한편 2000년대에는 당사자들의 나이가 50대에 진입함에 따라 경제력 상실과 활동력 위축으로 인해 노후생활의 안정 및 복지에 대한 새로운 생애사적 요구가 나타났다. 이제 5월단체는 운동단체의 정체성보다는 유공자단체의 성격을 지니게 되었고, 정부에 회원들의 명예유지를 위한 복지 혜택을 바라고 있다.

(1) 불안정한 노후생활: "개새끼 하나만도 못한 우리들의 죽음"

5월 민중항쟁으로부터 배운 '5월정신'을 지키고자 하는 기동타격대원의 사명감은 "투쟁을 하면 할수록" 가난해지는 현실 앞에서 심리적 갈등과 무기력감으로 전환된다. 그리고 이러한 삶이 계속될수록 '5월투사'로 함께해왔던 주변 동료들에 대한 박탈감은 더욱 커진다. 기동타격대원에게는 자신에게 "민주화 투사라고 말했던 사람들이 높은 양반이 돼서 잘살고" 있는데 정작 자신은 "폭도로 몰려 보상은커녕 정상적인 사회생활과 가정생활도 못했을 때" 홀로 견뎌온 현실이 부조리하게 느껴진다.[86] 또한 이들은 동료의 사망이나 자살 소식 및 장례조차 명예롭게 치르지 못하는 현재의 처지에 대한 비통함과 심리적 위축을 경험한다. 염○○ 씨는 당장 죽어도 장례 치를 돈이 없고, 찾아올 사람 없는 자신의 죽음을 "개새끼 하나 죽어나가는 것만 못한 것"으로 느꼈다. 이러한 현실은 같은 구속자이지만 "들어갈 자리가 없을" 정도로 화려한 학자의 장례식장 모습과 대조된다.

> 돈이 없어서 장례를 못 치러. (…) 얼른 오늘 죽어갖고 오늘 치러도 600만 원인가 돈이 있어야 돼. 어, 근게 오늘 치러도 600만 원이 있어야 되는데 그 돈들을 갖고 있지를 못하니까, 개새끼 하나 죽어나가는 것만 못하는 것이여. (…) 학자들이 죽었을 때는, 대부분 지식인이 죽으면은 들어갈 자리가 없게끄름 자리가 하나 차요. 그런 것을 봐와가면서 참~ (…) 그래서 늘 누차 동지들한테도 말하지만은 "내가 학자, 지식인들 죽었을 때는 절대 안 간다." 내가 그런 말을 해요. 왜냐면 자기네들도 우리…가 솔직히 말해서, 우리 못 배운 사람들이 일은 광주서 다 했어요. (…) [못 배운 사람들은] 아는 것이 있어야지 욕심을 내지. 그러나 일은

다 해주죠. 요런 것들 때문에, 상을 당하면 눈물이 많~이 나요.[87]

박○○ 씨에게 90년대 말은 이러한 체험이 가장 극심했고 힘들었던 시간으로 기억된다. 5·18이라는 끈을 놓지 않기 위해 부단히 노력했던 5월단체 활동에서는 배제되고, 경제적인 여건도 더욱 악화되는 상황에서 부인과의 이혼, 자녀와의 연락두절이라는 삼중고는 더 이상 그를 '5·18사람'으로 살아갈 수 없게 만들었다. 그는 "무조건 광주를 벗어나고 싶고", "진짜 광주가 무섭고 지겨웠기에" 결국 2002년경 광주를 떠나 서울에서 5·18과 무관한 새로운 삶의 터전을 잡았다.[88] 박○○ 씨가 자신의 삶을 돌이켜볼 때 항쟁, 상무대 생활, 경제적 불안과 정부의 감시와 탄압보다 가장 견디기 어려웠던 것은 "5·18 참가자들이 서로 적이 되고 있는 현실"과 5·18사람으로서 명예를 유지할 수 없는 현실이었다.

97년… 98년, 2000년도쯤인가, 그때 조금 흔들렸죠, 힘들다고. 진짜 5·18 때문에 내가 이렇게 됐다, 생각을 했으니까. 내가 지금까지 살아오면서 가장 잘했던 게 가정을 꾸린 거였잖아요. 그렇잖아요. 내 인생에서 가장 중심점이 되고, 가장 잘해놓은 일이 내 가정을 만들고 내 아이를 만들고. 근데 그게 깨졌어요. 가~장 잘 만들었고… 근데 그게 없어졌어요. 그 이유 중에 하나가 5·18이에요… 그래서 원망을 했죠. 힘들었고, 벗어나질 못하고.[89]

지금은 서로 죽이기 하고 있다는 거. 그리고 남들처럼 다른 역사의 인물들처럼 '나 5·18에 관련된 사람'이라 못하고 있다는 거, 그게 힘든 거지. 그리고 그 전에 내가 뭐 경제적으로 어렵고 그러한 거는 어쩔 수가 없잖아요. (…) 근데 지금은 그게 아니라는 거예요, 그 동지들이 계~속 적이 되고, 계속 또 다른 적을 만들고 있고.[90)]

기동타격대원들은 평생 5월투쟁에 헌신했지만 5·18의 혜택으로부터는 멀어지고 동지들과 갈등하게 되었고, 5·18단체의 왜곡에 대한 시민들의 비난으로부터 자유롭지 못했다. 그럼에도 나름의 방식으로 '5월정신'을 지키고자 했으나 그럴수록 혜택으로부터, 시민들로부터, 가족으로부터 지지를 받지 못하고 고립되어감을 느낀다. 이처럼 모순적인 상황은 기동타격대원 나○○ 씨를 정신적인 이상으로, 전투적인 활동가였던 한○○ 씨를 자살로 이끌었다. 이와 같은 정신적인 딜레마와 고립감은 노후로 접어들수록 한층 가속화되고 있다.

(2) 2000년대의 인정투쟁과 트라우마티즘의 성격

5·18의 의제가 마무리되는 2000년대에 이르러 일반화된 타자, 즉 5월단체를 향한 기동타격대원들의 박탈감과 적대감은 더욱 강화되었고, 극단적인 경우 광주를 떠나거나 자살을 시도함으로써 복합적인 트라우마티즘이 형성되었다. 이들에게 '5월정신'을 실현하기 위해 80년대에 비타협적으로 전개했던 5월운동은 자신의 외상후 스트레스를 스스로 견뎌내는 과정, 극도의 가난과 생존의 욕구를 초월하는 과정이었다. 하지만 이러한 기동타격대원의 명예와 자존감을 지켜주는 타자의 존재는 조금씩 사라졌다. 당장 죽어도 "장례비 600만 원이 없어 초상을 치르지 못하는" 처지, "구두박스 하나 얻어서" 자립할 수 있는 최소한의 생계지원조차 인정받지 못하는 현실로 표현되는 현재의 삶은 '5·18사람'으로 살아갈 최소한의 지지기반 상실을 의미했다. 이들에게 5월투쟁에 대한 권

리인정의 욕구는 지극히 자연스러운 것이었지만, 이들을 둘러싼 복잡한 현실은 이처럼 기본적인 요구도 얻을 수 없는 것이었다.

더구나 5월운동을 격려하고 항쟁의 투사로서 의식적인 성장을 고무해왔던 동료들로부터의 상호인정이 축소됨으로써, 그들의 상처는 비단 국가와 타지역민만을 향한 것이 아니라 단체 내부를 향한 것이 되었다. 이러한 박탈감은 5월단체의 회원과 간부들 및 광주의 시민사회단체 등을 향한 분노로 표현된다. 5월단체 회원들이 "서로가 적이 되고 있는 현실", 광주시민들에게 "어디 가서 5·18사람이라고 말하지 못하는" 처지는 5·18 유공자로서의 정체성을 포기할 수밖에 없게 만들었다. 적어도 이들은 자신의 생활세계에서만큼은 '명예회복되지 못한' 것이다. 박○○씨의 경우 이런 상황에 대한 해결책은 "박철언을[91] 등장시켜 관련자들을 삼청교육대에 다시 집어넣어야 한다"는 분노감으로 표현되었다.[92]

3. 정치사회적 함의 및 결론

5·18 시민군 기동타격대원들은 사회적 안전망이 극도로 부재한 상태에서도 스스로 피해자이기보다는 항쟁주체로 살아왔던 사람들로서, 5·18에 대한 과거청산과 민주화가 진전되는 과정에서 오히려 새로운 트라우마티즘을 형성했음을 확인할 수 있었다. 그리고 이들의 생애사 속에서 발견되는 트라우마티즘은 1980년 5월 민중항쟁에서부터 5·18에 대한 과거청산 과정에 이르기까지 다양한 사회적 환경 속에서 그 고유한 인정투쟁의 영역과 상호작용하면서 구성·변형되어왔다. 사례집단에게 '기동타격대 동지회'는 가족관계와 더불어 자기믿음과 정서적 지지를

얻을 수 있는 실제적인 공간이었으며, 5월단체 및 광주 시민사회단체는 '5월정신'이라는 도덕적 규범을 상호적으로 구성함으로써 자기존중을 유지할 수 있었던 직접적인 인정투쟁의 공간이었다. 이와 더불어 5월공동체라는 가치공동체가 5·18 책임자 처벌이 이루어지기 전까지 5·18 참가자들의 삶에서 민족 및 국가를 대신했다고 할 수 있다. 즉, 기동타격대원에게 가족, 기동타격대 동지회, 5월단체, 5월공동체 등은 이들의 정서적 안정, 신체적 안전, 경제적 안정, 시민으로서의 권리, 가치연대 등을 가능하게 했던 실제적 인정투쟁의 공간이었다.

이 삶의 영역 속에서 형성된 사례집단의 트라우마티즘의 시기별 양상은 다음과 같다. 먼저 이들의 트라우마티즘은 1980년 5월의 저항 체험과 뗄 수 없는 관계에 놓여 있었기에 1980년대에는 외상 후유증과 안전 부재의 환경 속에서도 일반화된 타자를 실현하기 위한 격렬한 저항적 트라우마티즘을 형성했고 '민주화 투사'로서 5월공동체의 지지를 유지할 수 있었다. 하지만 5·18과 관련된 보상 정책이 시행되면서 순수한 가치로서의 '5월정신'이 대가와 권리의 문제로 전환되었다. 그 과정에서 기존의 순수한 가치를 담보하고자 했던 '항쟁주체'로서의 인정투쟁과 '5·18의 공헌자'로서 경제적·정치적 권리를 얻으려는 인정투쟁이 교차하게 되었고, 다양한 방식으로 사회적 지지를 획득하려는 생애사적 행위전략이 나타난다. 하지만 사례집단은 이와 같은 여러 가지 인정투쟁에서 만족스러운 사회적 지지를 획득하지 못했다. 한편으로는 '항쟁주체'로서 5월공동체로부터 얻을 수 있었던 사회적 지지가 상실되어 일종의 도덕적 아노미 상태를 경험하고, 다른 한편으로는 경제적·정치적 권리 확장에 대한 기대의 상실로 새로운 트라우마티즘을 형성하게 된 것이다. 이와 더불어 가족관계 등 지속적으로 취약할 수밖에 없었던 정서적 지지마저 더욱 불안정해지면서 복합적으로 사회적 지지체계가 축소되었다.

이처럼 가치와 권리의 반복적인 상실감은 피해의식이 강화되어 주변 인간관계에 대한 불신과 적대감을 표출하는 방식으로 드러났다. 물론 이들이 과거의 생애사적 국면마다 이런 감정들을 느꼈다고 단정할 수는 없다. 이 감정들은 현재의 처지에 대한 반영이며, 현재의 관점에서 이루어진 과거에 대한 재해석이라고 할 수 있다. 자아정체성은 타자와 상호주관적인 인정 속에서 구성되는 것이기 때문에, 자존감의 상실은 타자에 대한 불신으로 이어진다. 기동타격대의 트라우마티즘은 자존감이 위축되고 타자에 대한 희망과 애착을 상실함에 따라 일반화된 타자와 공유했던 상호 주관적인 도덕규범을 강하게 부정하는 태도로 나타난 것이다.

이처럼 생애사 전반에 걸쳐 변형되고 생성되어온 트라우마티즘을 또한 정치사회적 맥락 속에서 재평가해볼 수 있다. 먼저 기동타격대원의 심리적 고충은 무엇보다 항쟁의 '주체'가 아닌 '피해자'에 대한, '개별적'인 '금전보상'의 방식으로 진행된 정부의 보상 정책에 의해 강화되었다고 할 수 있다. 일시불로 지급된 거액의 보상금은 잠깐 동안 경제적 여건을 개선시켰지만, 오히려 여타 삶의 문제들에 대해 침묵시키는 결과를 가져왔다. 기동타격대원의 트라우마티즘은 사회적·경제적 지원의 부재가 한 요인이었지만, 이들이 90년대에 형성한 트라우마티즘은 오히려 5월 민중항쟁과 5월투쟁의 주체로서 자존감을 유지하지 못해 발생한 것이었다. 따라서 피해자를 대상으로 한 과거청산은 기동타격대원과 같은 항쟁주체가 항쟁에 기여했던 역사적 가치와 공로를 인정받을 수 있는 기회를 마련하지 못했다. 한편 보상 정책이 집단보상이 아닌 개인보상의 형태로 이루어짐에 따라 5·18 참가자들을 개별화하고 갈등하게 만드는 결과를 가져왔다.[93] 일반적으로 진상규명을 묻어둔 과거청산은 가해자의 행위를 정당화하고 운동진영을 분열시키는데, 이는 "피해 '당사자'와 '대변자'의 분열, 혹은 '당사자' 내부의 분열"로 나타난다. "피해자들은 당장의 억울함을 풀거나 경제적 고통으로부터 벗어나는 데 관심을 갖는 경향"이 있기 때문에 "구세력이 던지는 미끼, 즉 '보상 혹은 명예회복을 통한 화합'을 수용"하게 되고, 그 과정에서 과거청산 작업이 뒤틀리게 된다. 따라서 대변자의 역할과 도덕성이 대단히 중요하다.[94] 기동타격대원은 그동안 비타협적인 5월투쟁에 참여하는 등 운동가로서의 정체성을 지녀왔기 때문에 위의 성격과 일치한다고 볼 수는 없다. 그럼에도 열악한 경제적 조건에 놓여 있기 때문에 보상법에 대해서 심한 도덕적 갈등에 시달릴 수밖에 없었고, 보상 정책 시행 이후에는 보상갈등으로부터 자유로울 수 없었다. 이와 같은 상황에서 대변자의 조정 역할, 집단적 보상을 통한 기층민 간의 공동체적 보상이 보다 성찰적으로 모색되지 못한 것이다.

한편 이들의 피해의식은 외부집단이나 정부만을 향하지 않고 내부집단을 향해 있기도 했다. 이는 '5월세력'의 명망가들이 제도권 정치세력으로 진출했음에도 기층민중 다수가 자신의 경제적·정치적 권리가 실질적으로 확장되지 않는 현실을 지켜보면서 '5월정신'의 상실을 경험했기 때문이다. 물론 내부집단에 대한 불신은 외상 경험자에게 일반적으로 나타나는 과잉된 경계심, 인간관계에 대한 불신 및 고립감 등이 겹치면서 더욱 극단적인 형태로 드러났다고 할 수 있다. 하지만 기동타격대원은 기층민 출신으로서 국가폭력에 대처할 수 있는 자원이 부족하여 항쟁 당시의 외상, 수감생활 및 신군부의 일상적인 감시와 탄압에 더욱 취약할 수밖에 없었던 조건이었다. 더구나 '위아래 없는 민중성'을 5월정신의 핵심 의미로 전유했던 5월운동이 87년 민주화 이후 그 의미를 급진적으로 실현하지 못하고 5월공동체 안에서도 구현하지 못했던 현실은 이들의 트라우마티즘을 형성하는 배경이 되었다.[95] 실제로 경험적인 연구를 통해 볼 때, 광주 지역에서 5월 민중항쟁과 5월운동의 전개로 인해 지역사회의 권력구조를 뒷받침하는 성원의 변화가 일어나긴 했지만, 이러한 인적 구성원들의 정계 진출이 지역사회의 민주화로 이어졌다고 보기는 어렵다.[96] '민중성'의 이념은 기동타격대원을 포함한 다수의 5월 민중항쟁 참가자들로부터 태동되었음에도, 이들은 오히려 90년대를 경과하면서 그 자신의 정체성에 영향을 미쳤던 '5월세력'의 몇몇 영웅들이 민중성을 과대대표하는 모습을 지켜보면서 심리적 갈등과 박탈감을 느끼게 되었던 것이다. 이광일은 5월 민중항쟁 당시 "운동정치의 중심에 있었던 대중들은 지금 더 이상 정치의 주체가 아니라 선거 때만 주체로 호명되어 지역주의에 기반한 정치세력의 재생산을 위한 수단으로 존재하고 있다"고 지적했는데, 이는 사례집단이 지속적으로 호소하는 박탈감의 내용과 일치한다.[97]

이상의 트라우마티즘의 형성 및 변화에 대한 정치사회적, 그리고 생애사적 연구에도 불구하고 기동타격대의 사례만으로 5·18 트라우마티즘의 복잡한 양상을 모두 설명하기는 어렵다. 5·18에서 발생한 국가폭력과 저항의 경험, 그리고 이로부터 촉발된 정치적 사건들은 현재에도 여전히 개인과 지역사회에서 복잡한 심리적 갈등과 분열을 동반한 집단적 트라우마티즘으로 작동하고 있기 때문에 보다 광범위한 연구가 요구된다. 즉 기동타격대 외의 구속자, 부상자, 유족, 광주시민들, 5월 민중항쟁의 목격자, 그리고 학살에 가담한 사람들 등이 상이한 방식으로 형성하고 있을 트라우마티즘의 내용과 의미를 비교분석하여, 보다 일반적인 수준에서 5·18 트라우마티즘은 어떻게 전개되고 작동하고 있는지 파악하는 것은 향후 과제로 남아 있다.

잔혹 속의 투쟁
―고문 피해 생존자의 삶과 회복

최현정 _ 트라우마치유공동체 사람마음, 임상·상담심리학 박사

1. 서론

고문은 자유가 박탈당하는 시점부터 시작하여 석방 혹은 사망으로 끝나는 동안의 연속적인 외상(trauma) 사건 경험이다.[1] 고문의 유형에는 구타, 결박, 물고문, 전기고문, 성고문, 불고문, 찌르기, 따귀 때리기 등 강도 높은 신체고문과 고된 노동이 포함되고, 잔혹한, 비인도적, 굴욕적 대우 및 처벌에 포함되는 위협, 모욕, 타인의 고문에 노출, 허위자백 강요, 극도의 고통스러운 감각에 노출시키기, 특정 자세 강요하기, 오물에 노출, 고립됨, 눈 가리기, 그리고 수면 및 섭식 박탈과 같은 비신체고문도 이에 속한다.[2] UN에서는 고문을 '공무원이나 그 밖의 공무수행자가 직접 또는 이러한 자의 교사, 동의, 묵인 아래 어떤 개인이나 제3자로부터 정보나 자백을 얻어내기 위한 목적으로, 개인이나 제3자가 연루되었거나 연루된 혐의가 있는 행위에 대하여 처벌을 하기 위한 목적으로, 개인이나 제3자를 협박, 강요할 목적으로 또는 모든 종류의 차별에 기초한

이유로 개인에게 고의로 극심한 신체적·정신적 고통을 가하는 행위'로 정의하고 있다.[3)]

UN에서 정의한 목적에 더하여, 궁극적으로 고문은 한 개인의 인격과 정체성을 파괴시키는 데 목적이 있다.[4)] 고문은 피해자의 경제·사회·문화적 세계를 의도적으로 파괴하는 잔혹한 행위로서[5)] 사람과 사람 사이의 믿음을 파괴하며 대중을 공포로 마비시킨다.[6)] 고문은 죽음에 대한 심각한 공포를 야기하는[7)] 생리적 불안을, 그리고 자아, 의미, 세계에 대한 기존의 이해를 부숴뜨리는[8)] 상징적 불안을 유발한다. 결국 가해자가 경계하는 실천이 더 이상 지속될 수 없게 만드는 것이 곧 고문의 목표이다.[9)] 즉, 고문은 한 개인의 삶과 존재를 파괴한다. 그러므로 고문 생존자에 대한 지원은 이들의 삶 전체의 회복을 중심으로 지속해야 하며 사회적으로 구성해야 한다.

국제사회에서는 고문 생존자를 지원하기 위한 움직임의 역사가 30년 이상이 되었다. 그러나 한국 사회의 고문 생존자 지원실태를 살펴보면, 과거 권위주의적 정권에 대한 고문 반대운동이 1970년대부터 시작되었으나, 이 당시만 해도 고문 생존자 개인의 삶을 지원하는 쟁점은 등장하지 않았다. 1990년대부터 다양한 피해사례들이 알려지면서 고문 후유증 치유를 위한 전문 센터의 필요성이 제기되었고, 2000년대 중반에 이르면서 후유증에 대한 포괄적인 실태조사가 진행되었다. 최근에는 지자체 및 민간 차원에서 이들을 위한 전문 심리치료 공간을 마련하기 위한 움직임이 강화되고 있다. 그러나 여전히 국가는 고문 생존자의 삶 전체의 회복을 증진하는 통합적인 치유방안을 마련하지 못하고 있다. 한국 사회 고문 생존자를 지원하기 위한 치료적 이해 및 경험적 연구는 이제 걸음마 단계에 있다.

이 글은 한국 사회 최초의 포괄적인 고문 생존자 인권 실태조사 중 심층면담 결과를[10] 분석한 것으로서, 심층면담 중 정신과적 진단실태는 다른 연구를 통해 보고했다.[11] 고문 피해의 후유증에 대해서는 외상후 스트레스 장애, 우울 및 불안증상 등 정신과적 증상 중심의 개념을 통해 이해하려는 시도가 대부분이지만, 이는 문화적 요인에 대한 무지[12] 혹은 개별 개인에게 증상이 상징하는 의미를 간과하므로[13] 한계를 지닌다. 뿐만 아니라, 증상 중심의 분석만 한다면 외부 전문가의 입장에서 참여자의 체험을 규정하는 방식이기 때문에 생존자가 회복의 주체로 놓이기 어렵다. 이러한 분석이 전부라면 생존자는 고문을 겪은 그 당시와 마찬가지로 통제권을 박탈당하거나 무력해지는 상황에, 혹은 자기 회복에서 수동적인 입장에 처할 위험이 있다. 보다 강한 힘에 의한 극단적인 침해를 체험한 고문 생존자는 의료체계나 전문가의 권력에 의해 '이상자'로 명명되는 정체성의 침해를 다시 체험할 수 있고, 거대한 의료체계 아래서 다시 복종을 체험할 수 있다. 고문 생존자에게 지배-복종관계와 정체성의 왜곡은 아주 흔한 외상의 재현에 속한다.

따라서 본 연구는 정신과적 증상 중심의 개념에 그치지 않고 현상학적 분석을 기반으로 고문 피해자들이 경험한 그대로의 본질을 이해하고자 했다. 현상학적 분석은 참여자 자신이 자기 경험을 개념화한 이해의 틀을 존중하여, 참여자가 곧 회복주체가 되도록 한다. 자신의 경험에 직접 의미를 부여하고 실존적으로 함의를 모색한다는 것은 생존자가 주도하는 회복과 성장의 기본 과정이며,[14] 외상을 겪은 사람의 고통을 완화하기 위한 심리치료적 접근의 근간이다. 이는 피해로 인한 고통의 재활성화를 예방하고, 고문 생존자의 치유에서 핵심인 인권의 회복과 사회 공동체와의 재연결을[15] 가능하게 한다.

특히 이 글은 콜라지(Colaizzi)의[16] 현상학적 방법론을 기반으로 분석하여, 한국 사회 고문 생존자가 경험한 본질을 이해하고자 했다. 콜라지의 방법은 인본주의 심리학을 배경으로 참여자의 내적 경험을 참여자의 관점과 언어를 통해 이해하는 데 적합하며, 이를 바탕으로 참여자 전체의 공통적인 특성을 도출한다. 즉, 생존자가 구축의 주체가 되어 이들이 전달한 체험을 바탕으로 고문 생존자 경험의 의미를 밝힌다.

2. 방법

1) 참여자 선정 및 구성

고문 피해 경험을 가장 잘 기술할 수 있는 참여자를 모집하기 위해 목적적 표집방법을 활용했다. 우선 전체 인권 실태조사 참여자 중 심리사회적 후유증이 높은 참여자를 선별하여, 이들 중 심층면담에 동의한 자를 대상으로 했다. 이후 중간분석단계에서 이론적 포화에 이르렀다고 판단되었다. 표본 편향의 가능성을 제거하기 위해 새로운 선별기준을 설정하여 극심한 심리사회적 후유증을 극복한 고문 생존자를 포함하기로 결정하고, 네트워크 표출방법을 바탕으로 선별했다. 고문 후유증을 회복하는 과정에 있는 고문 생존자는 회복과 치유 과정의 경험에 대한 기술을 제공할 수 있기 때문이다. 또한 대부분이 과거 시국 사건 피해자라는 점에서 시국 사건 피해자와 경험 차이 여부를 알아보기 위해 현재의 일반범죄 사건과 관련된 참여자를 선별했다. 국가인권위원회 진정 사건 중 국가인권위원회가 고문을 인정한 결정례 중에서 2000년 이후 일반범죄 사건 피해자를 대상으로 했으며, 국가인권위원회와 협의를 거쳐 구치소, 교도소 수감 중인 수용자를 대상으로 했다. 최종적으로 이론적 포화를 이루었다고 판단하여 모집을 중단했으며, 이에 총 24명 참여자의 심층 인터뷰 자료를 바탕으로 분석을 실시했다.

참여자의 성별은 남성이 18명, 여성이 6명이었다. 연령대는 30대에서 70대에 이르는 범위를 보였다. 시국 사건 관련 참여자는 20명, 일반범죄 사건 관련 참여자는 4명이었다. 시국 사건의 경우 70년대부터 2000년에 이르기까지 조작간첩 사건, 노동운동, 정치재야운동, 학생운동, 농민운동, 통일운동 등 여러 사건과 관련된 참여자들이 포함되었다. 일반범죄 사건과 관련해서는 최근 2000년대에 고문 피해를 경험한 자들로 구성되었다. 참여자의 구성을 [표 1]에 제시했다.

2) 면담 및 분석절차

면담은 임상심리학자 2인과 정신과 전문의 1인이 진행했다. 면담자는 참여자와 일대일로 만나서 약 3~4시간 동안 면담을 진행했다. 우선 참여자들이 자신의 생존 경험을 이끌어낼 수 있도록 다차원적 외상회복 및 심리자원-인터뷰의[17] 질문을 활용했다. 이에 참여자들의 생존 경험이 자연스럽게 기술될 수 있도록 촉진했고, 면담 과정에서 면담자는 공감적 태도를 지키려고 노력했다. 면담자는 특히 자신의 과거 지식이나 경험을 괄호치기(bracketing)하여, 자신의 지식, 신념, 지각, 느낌이 현상에 열려 있도록 주의했다.[18] 면담자가 괄호치기하여 본인이 지녔던 과거의 지식과 경험을 초월하는 것은 현상을 보다 깊이 있게 이해하는 데 반드시 필요하다.[19] 면담 이후 개별 면담자는 자신의 면담내용을 각자 녹취하여 반복적으로 읽으면서 일차적으로 의미 있는 서술을 추출했다. 각 서술의 의미를 결정한 뒤 연구자인 저자가 의미의 적합성 여부에 대

[표 1] 참여자의 구성

이니셜	성별	연령대	사건 시기(년대)	관련 사건
a	남	70대	1970	조작간첩
b	남	60대	1980	조작간첩
c	남	70대	1980	정치재야, 농민, 통일운동
d	남	60대	1980	빈민운동
e	여	70대	1980	노동운동
f	여	50대	1980	노동운동
g	남	50대	1980	정치재야, 노동, 학생, 통일운동
i	남	40대	2000	일반형사사건
j	남	40대	1980	학생운동
k	여	40대	1980	학생운동
l	남	30대	2000	일반형사사건
m	남	30대	2000	일반형사사건
n	남	30대	2000	일반형사사건
o	남	50대	1980	정치재야
p	남	30대	1990	학생운동
q	남	40대	1980	학생운동
r	남	50대	1970	학생운동
s	남	40대	1990	노동운동
t	여	70대	1980	노동운동
u	여	60대	1970, 1980	노동, 교육운동
v	남	50대	1980	정치재야
w	남	60대	1980	조작간첩
y	남	70대	1970	조작간첩
z	여	50대	1970	학생운동

* 진술자를 밝히는 익명의 알파벳과 참여자 제시순서는 무작위로 할당한 것이며 특정 개인과 무관하다.

한 반복적인 확인절차 및 토론을 거치면서 의미를 구성했으며, 이를 주제로 조직화했다. 각 의미의 차이점과 유사점, 관계의 비교가 조직화의 바탕이 되었으며, 이를 통합하여 주제묶음과 범주를 바탕으로 현상의 본질적 구조를 기술했다. 저자는 전문용어나 이론적 이해의 틀을 걸러내고자 괄호치기를 거듭하여 고치는 작업을 반복했다. 최대한 참여자와의 대화상 맥락과 과정을 고려하여 이들 언어표현 속에서 현상의 의미와 개념을 찾아내려 했다. 최종적으로 인권 실태조사 전체 연구진과 자문위원의 검토를 바탕으로 분석결과의 타당성을 검증했다. 보다 자세한 연구방법은 국가인권위원회의 고문피해자 인권상황 실태조사에[20] 기술되어 있다.

3. 결과

참여자들의 고문 경험과 삶이라는 체험의 진술은 21개의 주제묶음과 6개의 범주로 개념화되었다. 6개의 범주는 다음과 같다. ① 고통의 시작점으로서 고문 경험, ② 고통의 끝없는 반복과 악순환, ③ 관계·외부세계와 단절되고 내면으로 고립, ④ 불의에 대한 분노와 한 맺힌 개인 삶, ⑤ 생, 관계, 존재의 상실, ⑥ 통합, 수용, 이해, 정의회복을 통한 나아감.

1) 고통의 시작점으로서 고문 경험

고통의 시작점으로서의 고문 경험이라는 범주는 ① 폭력, 공포, 취약성에의 급작스러운 대면, ② 인간 정체성 유린, ③ 인간에 대한 신념 변형, ④ 굴복과 저항이라는 4가지 주제묶음으로 구성되었다.

(1) 폭력, 공포, 취약성에의 급작스러운 대면

고문은 인간의 예측을 넘어섰고 인간의 힘으로 통제할 수 없었던 가혹함 그 자체였다. 특히 자기 삶에서 고문 피해가 일어나리라 전혀 예상할 수 없었던 경우 심리적 충격은 더욱 심각했다. 고문 경험은 '무작정 잡아와가지고 때린다'거나 '어처구니없는 죄목으로 말도 안되게' 혹은 '잠깐 가시면 된다고', '거짓말로 꾀어내져' 시작되었다. 70대 여성 E씨가 끌려간 경험에 의하면,

> 젊은 청년 2명이 ○○이네 집이 맞나 묻고 물어볼 얘기가 있어서 그러니까 잠깐 가시면 된다 해서 슬리퍼 신은 대로 월남치마 입은 대로 위에 남방 하나 입은 대로 그러고 갔지. 경찰서에 들어가니까 캄캄한데 대번 다짜고짜 귀때기를 왕복으로 5~6대 때리고 그러니 볼이 이만 해. 그래 내가 '이유나 알고 맞읍시다. 무슨 이유로 나를 여기까지 데리고 와서 다짜고짜 때리는 겁니까' 하니까 '이게 말빨이 좋다'며 더 때리더라고.

물론 사회운동가로서 고문을 당할 수 있다는 예측을 미리 했던 참여자도 있었다. 이렇듯 예상된 상황이었을 경우 예상하지 못했던 상황에 비해 심리적 충격은 덜했다. 그러나 특정 유형의 고문을 당할지도 모른다는 각오 속에서 느끼는 사전의 공포감이 선명했다. 50대 여성 Z씨가 그러했다.

> 그 당시에는 정말로 정신적으로 불안하고 힘든. 잡혀갔을 때 뭐가 기다리는지 알 수는 없으니까. 막연하게 공포감은 있죠. 선배들 이야기 속에서 감옥이 어떻다는 말은 들었지만, 잡혀가서 죽기야 하겠나 하는 생각은 있었지만, 굉장히 그 미지의 세계에 대한 공포와 불안이 있었죠.

고문은 몸을 통제할 수 없는 체험이었다. 고문은 '아 이러다 사람이 죽는구나' 하는 생각이 스쳐갈 정도로, '살려주시오' 하는 소리가 나도 모르게 나올 정도로 가혹했다. 그것은 정신적 존재로서의 인간이 한 번도 마주하지 못했던 자신의 생리적 취약성과 대면하게 되는 절망적인 순간이었다.

인간으로서 자신의 신체를 통제할 수 없다는 것은 또한 무서운 일이었다. 묶여 있거나 눈이 가려지는 등 신체적으로 저항할 수 없는 상태였던 것은 물론, 저항할수록 더 큰 폭력으로 돌아오기 때문에 통제란 불가능했다. 40대 남성 J씨의 이야기이다.

> 눈을 가리고 어디론가 가는데 계속 방향이 이렇게 갔다 저렇게 갔다가 하다가 마지막에는 나를 몇 바퀴 돌리니까 정말 방향이 어디가 어딘지 모르겠더라구요. 그러니까 거기가 보통이 아닌 데구나 하면서 무섭긴 했다. (…) 취조를 하는데 누군가 내가 보지 못하는 곳에 있다는 느낌이 들었어. 사람이 육감이 있지 않나? 취조하는 사람, 나 말고 다른 사람들이 날 지켜보고 있구나 하는 것. 그래서 좀 무서웠어. 그런데 질문에 내가 뭔가 좀 생각을 하거나 대답이 늦어지면 바로 내 뒤에서 주먹이 날아왔어요. 내가 알지 못하는 사람들이 있다가 내가 대답을 잘 못하면 때리는 것은 무서운 일이야.

고문은 이렇듯 몸은 물론 마음을 통제할 수 없는 상황, 자기 자신조차 통제할 수 없는 상황이었다. 참여자들은 신체적 고문 못지않게 심리적 고문이 고통스러웠다고 말했다. 고립된 상황 자체가 주는 심리적 공포감, 감시하는 눈길, 성적인 수치감과 위협감, 누군가가 고문당하는 장면을 목격하거나 소리를 듣는 경우 모두 실제로 자신이 겪는 것만큼이나 두려운 경험이었다.

이렇게 몸과 마음을 통제할 수 없는 상황 속에서 결국 참여자는 자기 의지대로 자기 행동을 조절하지 못하는 상황에 이르기도 했다. 참혹한 신체적 폭력과 심리 조정은 인지기능을 마비시킬 뿐만 아니라 세뇌라는 극단적 형태의 심리적 조작을 가하여 저항을 원천봉쇄했다. 70대 여성 T씨와 60대 남성 B씨의 이야기였다.

> 두드려 패는 사람이 '니 말을 어떻게 믿겠냐' 해서 내가 두드려 패지 말고 조사만 하라고. 그런데 너무 두드려 패서 정신이 안 나고 생각이 안 나고 아는 사람도 누군지 생각이 안 나더라고. 하도 두드려 패고 머리를 들고 지랄하고 휘두르고 정신이 없어서 분명히 아는 사람인데 누군지 생각이 안 나더라고.

> 가자마자 옷을 다 벗기고 통닭처럼 매달아놓고 면 같은 천을 얼굴에 덮고는 물을 부어서 코에 들어가고 계속 잠을 며칠이고 못 자게 해요. 졸기는 졸지만 졸면 맞고. 그렇게 인간 이하의 취급을 당하고 개, 돼지만도 못하게 취급을 당해요. 그러면서 계속 진술서를 쓰게 하고 안 한 것도 했다고 강요하고 그러니 나중에는 정신도 없고 환각처럼 경험을 하고 그러니까 꼭 내가 한 것 같이 느껴져요. 그렇게 강요받고는 유치장으로 갔는데 같이 잡혀갔던 다른 ○○을 만나게 되었는데 저한테 '선생님 정신 차리셔야 해요' 하더라고요. 그 이야기 듣고는 정말 번쩍 정신이 들었어요. 세뇌가 이렇게 무서운 것이구나 하면서 말이죠. 그때 보니까 저만 그렇게 12일 동안이나 잠을 재우지 않았더라고요.

(2) 인간 정체성 유린

인간 정체성 유린은 정체성 왜곡, 이해되지 않는 부당성에 노출, 모멸감 경험으로 구성되었다. 참여자들은 고문을 겪으면서 시국 사건과 관련된 경우 빨갱이나 공산주의자로, 조작간첩 사건과 관련된 경우 간첩으로, 비시국 사건과 관련된 경우 범죄자로 불렸다. 고문을 당하는 중에 '빨갱이', '공산주의자', '범죄자', '살인마'로 점차 몰아갔고, 그런 이름으로 불리면서 마치 고문을 가하는 게 마땅하다는 취급을 받았다. 한 참여자는 지금은 분하고 속상하지만 당시 생각으로는 맞는 것을 당연하게 여겼다고 했다. 다음은 40대 남성 I씨의 경험이다.

> 니가 ○○을 했는데도 모르냐고. 내가 ○○을 했다는 거예요. 아니 무슨 소리냐고! ○○지검 ○○층에 올라가서 아무도 없는 상황에서 옷 다 벗고 수갑을 찬 상황에서 무작정 맞은 거예요. 말 안 하고 무조건 계속 그냥 구타한 거예요. 가끔가다 '니가 ○○했는데 왜 모르냐'고. '아 모른다고 모르는데 자꾸!' 그러니까 갑자기 이제 박스 테이프로 눈을 가렸어요. 7, 8시간 계속 맞았죠. 우리 와이프도 연관 있으니까 데리고 온다 하고 난 아니다 계속 했는데. ○○년 전 몇월 몇일 몇시에 뭘 했냐고 하는데 '내가 어떻게 기억하냐'고 했더니 '니가 했으니까 기억 못하지' 그러면서 계속 고문을 당한 거예요.

고문의 목적 자체를 도무지 소화할 수 없는 상황이었으므로 그로 인한 정서적 고통은 극심했다. 참여자들은 거짓된 이름이 덧씌워지는 분노와 울분, 답답함을 느꼈다. 한 참여자는 '덜컥 공산주의자로 몰려서 사형당하지 않을까'하는 공포감도 느꼈다. 조작간첩 사건과 관련된 참여자의 경우 '사상적으로 무장되지도 않았던' 자신이 왜 이런 일을 당하는지 혼란스러웠다. 이들은 이해되지 않고 말로 표현할 수 없는 부당성과 불의의 한가운데서 개인 한 명의 나약한 몸뚱이로 노출되어 있었다. 70대 남성 Y씨가 말했다.

> 예전에는 그냥 무섭기도 했죠. 근데 시간이 지날수록 이건 화가 나는 거예요. 내가 아무런 연고도 없었던 내가 왜 그런 일을 당해야만 했었는지 도무지 이해가 안 가요. 내가 만약 어떤 투철한 사상적인 무장이라도 되어 있었다면 예상이라도 했을지도 몰라요. 그렇지만 난 그러지도 않았어. 그저 먹고 살기 힘들었다고. 그런데 내가 무슨 그런 걸 해요.

신체적 고통에 더하여 이러한 억울함과 울분, 답답함, 아무것도 할 수 없다는 무력감은 중요한 정서로 체험되었고 이후에도 뚜렷한 고통으로 남았다. 60대 남성 D씨의 체험이다.

> 조사도 안 받고 올 때 갈 때 주먹으로 때리는 거예요. 처음에는 아픈데 나중에는 내장까지 찌릿찌릿해요. 고통이 무지하게 심하고. 그럼 이제 아파서 울고 억울해서 울고.

비시국 사건과 관련된 경우에는 '일단은 그냥 맞고 검찰조사에서 얘기해야겠다'는 식으로 견딜 수밖에 없다는 점, 혹은 가해자에 비하여 사회경제적으로 지위가 낮은 자신이 '힘이 없으니 묵묵히 받아들일 수밖에' 없던 체험이 두드러졌다. 30대 남성 L씨의 이야기이다.

> 제가 판단하기에는 '소리쳐봐야 들리지도 않겠다'고 생각하고 아예 제가 어떤 행동을 취하지 못했어요. 또 뭐 수갑을 뒤로 묶는데 제가 어떻게 하지도 못했고, 그냥 때리면 때리는 대로 맞고 '검찰조사 가서 얘기하면 되겠다' 생각만 하고 그냥 있었어요. 어떻게 할 방법이 없어서.

정체성을 유린하기 위한 고문의 또 다른 형태는 사람을 인간이 아닌 존재로 취급하면서 굴복시키는 것이었다. 많은 참여자들이 인간 이하의 취급을 당하면서 수치심과 모멸감을 느꼈고 완전한 무력감에 사로잡혔다. 참여자들은 '쓰레기 취급', '동물 취급', '범죄자 취급', '사람으로서 참을 수 없는 취급'을 당한 것에 대한 죽어버리고 싶을 정도로의 억울함, 또 죽이고 싶을 정도의 분노, 수치스러움과 창피함을 이야기했다. '빨갱이놈', '좌익'이라고 따돌림을 당하고 창피를 당하는 경험도 있었다. 60대 남성 D씨는 이것이 자신을 정신적으로 괴롭힌다고 말했다.

> 내가 모멸감이 드는 것이 '전라도 놈, 전라도 빨갱이 놈' 하면서 차렷 자세 해놓고 군대식으로 가죽장갑 끼고 배를 때린다거나 가슴을 때린다던가 해서 모멸감이 들게.

한 비시국 사건 관련 참여자는 '자신이 힘과 능력이 없어서 무력할 뿐'이라고 말했다. 비인간적인 취급을 하면서 오명을 씌우는 경우 고문 가해가 정당화될 뿐만 아니라 참여자들에게 오명의 수치심과 모욕감을 그대로 체험하게 함으로써 실제로 굴복을 야기하고 결국 오명에 순응하게 만들기도 한다. 30대 남성 M씨에 의하면,

부모님 욕을 막 하더라구요. 그리고 우리 집에 막 신발 신고 들어오고, 자는 방에서 막 신발로 밟고 다니고. 그리고 그냥 얘기해도 알아듣는데 왜 그랬나, 왜 때리나 싶은 마음이 들고. 자기네는 경찰이라는 이유로 그런 거 같아요. 그래서 제가 '여기 신발 신고 들어오면 어떡하냐' 했더니 방에 있는 수건을 갖다가 나를 약 올리는 것도 아니고 '닦았으니까 됐지? 됐지?' 그러더라구요. 그러니까 저는 짜증나는 거죠. 만약 자기가 그런 신분이 아니었다면, 그렇게 못했을 거 아니에요. 그냥 일반 사람이라면 그렇게 했겠습니까. 그리고 일단 제가… 그 사람들이 봤을 때는 그때 당시 범죄자니까. 그래도 꼭 죽을 죄 진 사람처럼 꼭 그렇게까지.

(3) 인간에 대한 신념 변형

고문이라는 극단의 체험 속에서 참여자들은 자신을 포함하여 인간에 대한 신념의 변형을 체험했다. 자신의 무력감에 직면했고, 가해자가 보인 인간의 가혹함과 직면했다. 한편 가해자는 가혹하기도 했지만 때로는 회유하는 등 참여자를 혼란에 빠뜨리기도 했다.

극도의 폭력과 공포 앞에서 참여자들은 '인간으로서 할 수 있는 것이 없다는 무력감'을 깊이 느꼈다. 특히 가족을 고문하겠다고 위협하는 것은 어찌할 수 없는 고통이었다. 어떤 참여자는 임신한 아내나 여동생을 신체적·성적으로 위협하는 가해자의 말에 너무도 고통스러웠다고 말했다. 한 참여자는 동료의 고문을 목격하면서 공포와 위협뿐만 아니라 아무것도 할 수 없는 스스로에 대한 무력감과 비참함을 느꼈다고 말했다. 또한 고문 가해를 목격하면서 인간이면서 어떻게 인간에게 저렇게 할 수 있는가 하는 인간상의 무너짐을 체험했다. 이것은 훗날 참여자들의 관계 체험 안에서 메아리쳤다. 50대 여성 F씨의 체험이다.

> 후배들 맞는 소리를 막 들려줘요. 그러면 너무너무 그게 괴로운 거예요. 내가 너무 힘이 들고. 어떻게 인간을 저렇게 개 패듯이 팰 수 있을까. 때리는 소리가 퍽퍽 하는 소리가 나요. 그럼 어떻게 해야 할지 모르겠어요. 너무 무능력한 인간이 된 것 같아요. 사람이 내 친구가 내 동료가 맞고 있는데 나는 아무것도 할 수 없이 앉아 있는. 그러면서 걔네들이 그렇게 해서 나온 결과물을 똑같이 쓰라고 강요하고. 그런 상황이 계속됐기 때문에. 나는 내가 당하는 것보다 그게 너무 힘들었어요.

가해자는 '나가서 복수할 생각 하지 말아라' 하는 등 심리적으로 회유하려 하는 경우도 있었다. 70대 여성 T씨는 다음을 경험했다. 그에게 가해자는 '불교를 믿는 사람은 나쁜 짓을 안 한다'고 말하면서 마치 T씨를 이해하는 것처럼 굴었고 다음과 같이 회유했다.

> 다 잊어먹으라고 하는 거야. (…) 바른말 나올 때까지 때려야지 안 때리면 어떻게 말이 나오냐고. 골병들었으니 약을 해먹고 다 잊어먹으래. 당신이 여러 사람 위해서 고통 받았으니 좋은 일 했다 치고 잊어먹으라고. 그래서 내가 '어떻게 좋게 생각하냐고!' 하니까 절대로 나가서 원수 갚으려 하지 말래.

(4) 굴복과 저항

참여자들은 극단적 고통 속에서 굴복할 수밖에 없었던 경험과 있는 힘껏 저항하려 했던 경험을 이야기했다. 일부는 고통의 압박으로 허위자백을 할 수밖에 없었고, 이러다 죽겠다 싶어서 허위자백하기도 했다. 40대 남성 I씨의 이야기이다.

차라리 당장 죽는 것보다 한 번이라도 기회가 오면 재판장에 가니까. 우리나라가 그렇게 허술하지 않다고 생각했거든요. 내가 아무리 허위자백 했지만 증거가 없는데 내가 ○○하지 않았는데. (…) 여기서 시인하고 내가 재판장에 가서 고문 없는 곳에 가서 재판 받을 수 있다고 생각한 거예요. 지금 생각하면 잘한 거죠. 죽을 수도 있었는데 ○○이 죽었듯이. '죽을 수도 있었는데' 그런 생각을 한 거죠.

특히 가족을 고문하겠다고 위협한 경우 어찌할 수 없이 굴복하게 되었던 체험은 면담하는 상황에서도 생생한 고통으로 떠올랐다. 50대 남성 O씨의 고통이었다.

그렇지만 내가 정말 참을 수 없었던 것은, 그리고 두려울 수밖에 없었던 것은 가족을 들먹이면서 협박을 했을 때. 내 여동생을, 그리고 내 친구 여동생 이름을 들먹이면서 잡아와 보지털을 세 개만 뽑으면 어떻게 되는 줄 아느냐고 했어. 있지도 않은 일을 만들어 나를 수괴로 몰아가면서 그렇게까지 말을 하다니. 정말 내가 한 것 아니니 거기에다 내가 했다고 거짓말을 할 수 없었고, 그렇게 아니라고 하며 버틸 수 있었는데. 그런데 여동생 말을 할 때는 내가 굴복할 수밖에 없었어. 그래서 어쩔 수 없이 거짓으로 굴복하고 형을 받게 된 거야.

그럼에도, 참여자들은 살아남기 위해 무조건 버텨낸 경험도 이야기했다. 통제할 수 있는 만큼 통제를 시도하고 정신을 똑바로 차리려 했던 경험들이 곧 저항의 경험이었다. 한 참여자는 이 저항 속에서 흥분감과 승리감을 느꼈다.

2) 고통의 끝없는 반복과 악순환

고통의 끝없는 반복과 악순환의 범주는 ① 공포의 재현, ② 존재 부정의 재현과 분노, ③ 인생을 다시 통제하려는 싸움, ④ 고통의 세대전이라는 네 가지 주제묶음으로 구성되었다.

(1) 공포의 재현

고문의 체험은 현재까지도 지속되는 악몽, 고문 관련 단서에 대한 정서적 고통, 고문 기억의 침투, 고문 기억의 감각-지각적 활성화, 해결되지 못한 감정의 신체 체험, 존재 부인에 대한 분노 폭발, 경계함, 신체리듬 깨짐으로 이어졌다.

대부분의 참여자들에게 악몽은 지속적으로 나타났다. 고문당하는 꿈은 물론, 쫓기거나 추궁당하는 꿈, 누명을 쓰는 꿈이 많이 나타났으며, 자신이 누군가와 싸우거나 누군가를 가해하는 꿈도 있었다. 이러한 악몽은 고문과 관련되어 있다고 선명하게 체험되었다. 반면, 고문 관련 단서에 대한 정서적 고통은 고문 경험과 의식적으로 연결되지 못한 경우가 많았다. 이러한 정서적 고통은 고문 경험에서 비롯되었으나 참여자들의 인식 없이 무의식적이거나 암묵적인 양상으로 체험되기도 했다. 어둠, 감금, 경찰, 공무원 등과 같은 고문 관련 단서는 특히 신체적 반응을 일으키면서 공포와 두려움을 다시 불러일으켰다. 한 시국 사건 관련 참여자는 '노동조합이 당하는 뉴스'를 접하면 입이 써서 며칠씩 밥도 먹지 못한다고 말했다.

또한 고문 경험은 원치 않아도 반복적으로 의식에 침투하거나, 떨쳐버리려 해도 계속 꼬리를 물고 이어지는 생각으로 나타났다. 고문은 '없어지지 않고', '억지로 안 하려 해도 자꾸 떠오르고', '자꾸 되돌려 생각이 나고', '생각이 스쳐가고', '생각에 젖어 있고', '오매불망 생각나는', '계속 리플레이되는' 기억이었다. 70대 여성 E씨의 말이다.

> 신경이 가뜩 들어 있는 게. 뭐가 하나가 스쳐가면 다른 게 또 스쳐가고, 스쳐가고, 계속 스쳐가다 보면 밤 12시가 넘어서. (…) 옛날에 고통당했던 게 그런 게 자꾸 그렇게 스쳐가지. 그러니까 신경이 점점 날카로워지지.

이러한 침투 기억은 단지 생각에 머무르는 것이 아니라 생생히 체험되는 감각적 기억의 형태를 띠기도 했다. 가해자의 욕하는 얼굴이 생생히 나타나기도 하고, 가해자의 모습이 나타나 마치 고문을 당할 때처럼 '벌벌 떨리고 까무라치는' 체험을 하기도 했다. 생생한 후각적·청각적·시각적 기억이 떠올라 마치 지금 다시 고문이 일어나는 것 같은 체험을 하기도 했다. 70대 남성 C씨의 체험이다.

> 지금도 5월에 꽃피고 그럴 때면 화약 냄새가 코를 진동을 하죠. 죽어가는 사람들, 총 맞은 사람들이 눈에 비치고. 고문하는 소리 들리고. 나이가 들면서 점점 심하고. 자살하고 싶은 충동이 점점 강해요.

고문의 기억은 신체적으로 각인된 형태로도 남아 있었다. 현재 고문과 무관하지만 마치 고문 당시와 유사한 장면에 처할 때, 몸은 고통을 기억하고 있었다. 50대 남성 R씨의 설명이다.

> 치과 갈 때. 고문과 비슷해서 떠오르죠. 생각이 납니다. 얼굴에 천을 씌우면 물고문 같고. 마사지나 물리치료 받으면 전기고문 같고. 숨 막히고 터질 듯해서 용을 써요. 숨을 못 쉽니다. 아, 몸이 기억하는 게 이런 거구나.

한 참여자는 '누가 오는 소리만 들어도 다시 나를 붙잡으러 오는 것 같은 공포가 느껴진다'고 했다. 이런 경계는 누군가 자신을 미행하고 있다는 의심스러운 믿음으로 이어지기도 했다. 다음은 50대 남성 O씨의 이야기이다.

> 고문 이후였다. 항상 엎드려서 한쪽 다리는 펴고, 한 쪽 다리는 구부린 채로 자세를 취해야 잠이 온다. 쭉 펴고 못 잔다. 언제든 깨면 도망가는 자세로 자게 되었다. 그래야 잠이 온다.

고문 경험은 신체리듬 전반이 깨지는 형태로도 지속되었다. 많은 참여자들이 사건 이후 불면증이 생겼다고 말했다. 이는 주로 '잠을 중간에 꼭 깨고', '잠을 자려 해도 안 자지고', '자다 깨다를 반복하고', '밤에 잠이 오지 않고 낮에 잠이 쏟아지는' 등 수면의 곤란함으로 나타났다. 끊을 수 없는 생각이 침투하거나 지나치게 경계하고 있어 수면에 문제가 오는 경우도 신체리듬의 불균형을 초래했다. 술이나 수면제에 의존하여 잠을 청한 경험들이 무수했다.

해결되지 못한 고문의 정서적 기억은 신체 체험으로 드러나기도 했다. 특히 공포, 분노, 울화와 같은 감정이 신체적으로 체험되는 경우가 잦았다. 심장이 뛰고 두근거리고, 가슴이 따갑고 쑤시고 조여지고 뜨겁고, 숨이 차고, 땀과 열이 나는 등의 신체 증상은 곧 표현할 수 없었던 감정 체험 그 자체였다. 대개는 이러한 체험들이 신체 질환으로 오해되어 원인을 찾지 못한 채 내과를 전전하거나, 약물을 지나치게 많이 복용하는 결과를 야기하기도 했다.

(2) 존재 부정의 재현과 분노

재현되는 여러 감정들 중 분노의 주제는 특히 중요했다. 특정 상황에서 분노가 폭발하는 체험들이 있었는데, 이는 고문으로 인해 존재가 통제당하고 부인당한 경험과 유사한 상황에서 일어났다. 현재 조금이라도 구속당하거나 고립되는 상황, 인정받지 못하거나 남들이 믿어주지 않는 상황, 자신의 도덕기준이나 가치가 위반되는 상황, 권력이 개입되는 상황에서 참여자들은 매우 예민해졌고 폭발적인 분노와 답답함을 체험했다. 이런 상황은 곧 고문 체험이 재현되는 상황과 같았다. 이를 한 참여자는 '표현할 수 없이 답답하고 미칠 것 같은' 상황이라고 묘사했고, 또 한 참여자는 '고문당하고 나서 정말 해소될 수 없는 분노가 계속 있고 그것을 풀지를 못하고 참고 살려니 그렇게 된 것 같다'고 설명했다.

실제로 고문 당시 사회운동가로서 소중히 여기던 도덕적 가치가 조롱당하고 폭력에 굴복당한 경험은 매우 깊은 치욕감을 야기했을 것이다. 고문에서 느꼈던 치욕감은 현재 동료관계 안에서 유사한 일이 벌어졌을 때 참을 수 없는 분노로 나타나기도 했다. 그것은 자기 가치가 인정받지 못하고 굴복할 수밖에 없었던 경험에 대한 억울함이었다. 50대 남성 R

씨의 경험이다.

> 폭력적인 게 막 올라오는 게 그런 것이 아닌가. 나하고 어긋난 사람에 대한 미움 같은 게 있거든요. 용서해버리면 되는데 오래 가더라고요. 내가 생각하는 질서, 상식, 그런 것들을 깨는 사람은 나를 불편하게 하고. 나의 권위에 자존심에 도전한다고 느끼는 건지 싶고. (…) 억울해서 엉엉 운 적도 있어요.

(3) **인생을 다시 통제하려는 싸움**

고문이 재현되는 속에서 참여자들은 자신을 엄격하게 통제해야 했다. 고문 경험은 마치 한순간 자신이 실수하고 잘못 대처한 대가였다고 각인되어 있었다.

정치적·도덕적 신념에 더욱 몰두하는 경험도 두드러졌다. 이것은 인격과 정체성을 훼손하려는 가해자의 시도에 대한 저항이었지만, 때로는 자신의 고통을 부인하는 결과를 초래하기도 했다. 한 참여자는 자신의 문제는 '분단이 종속되는 한 해결할 수 없는' 문제라고 했다. 자신의 고통을 정치적 신념의 언어로 풀이하고자 한 것이다. 어떤 참여자는 '도덕 기준에 집착하게 되고 그렇지 않으면 쓰레기인 것 같은' 자기 안의 이분법을 토로했다. 그는 '불의에는 반드시 의무적으로 개입해야 하게 됐다'고 말한다. 여기에는 가해자가 왜곡시켰던 자신의 정체성을 지켜내려는 강한 복구에의 의지가 있다. 그러나 한 참여자는 겉으로는 '혁명적 지식인'이라고 하면서도 혼자 고립되어 있었던 상황을 떠올렸으며, 당시에는 사치를 누리면 안 될 것 같아서 일부러 비참해야 했고 '가짜로 초라해야만 했다'고 말했다. 즉, 한 인간으로서의 고통을 부인하면서까지 자신의 정체성을 지켜내기 위해 분투해야 했던 것이다. 이러한 몰두 속에서 참여자들은 고통의 의미를 찾을 수 있었지만, 한편으로 심리적인 고통을 부정해야만 했다.

고통스러운 감정을 회피하거나, 아예 포기하거나, 고통을 역으로 표출하게 되는 경험들도 있었다. 고문과 관련된 상황에 접하게 될 경우 아예 그 상황을 피하려 했다. 미디어에서 고문과 관련된 상황이나 폭력적인 장면이 등장하면 보지 않았다. 한 참여자는 폐쇄되고 갇힌 상황이 고통스러워 비행기를 타지 못한다고 말했다. 이렇게 피하는 모습들로 인해 생활에 제약이 따랐다. 부정적인 감정을 느끼지 않고자 했던 경험들도 있었다. 약물이나 술에 의존하여 고통으로부터 피하고 싶은 마음이 여기에 속했다. '매일같이 술을 먹고 속상하니까 또 먹는' 경험의 연속이었다. 과거에는 술을 잘 마시지 않았으나 고문 사건 이후 술이 늘어난 참여자들이 많았고, 스스로 중독이라 느낄 정도로 술에 의존하고 술로 마음을 푸는 참여자들이 많았다. 한 참여자는 힘들어질 것 같은 예상이 들면 처방 없이 미리 안정제를 먹어버린다고 말했고, 어떤 참여자는 접하기 싫은 장면에 맞닥뜨리게 될 경우 안정제를 먹는다고 했다. 한 참여자는 마약성 물질에 손을 대 이후 큰 문제가 생기기도 했다. '이런 일도 겪었는데 앞으로 또 어떻게 될지 모르니 막 살자'는 충동적인 결정이나, '어떻게든 해보려 했는데 힘든' 자포자기식의 무력함도 있었다.

반대로 취약함과 고통 속에 빠질 때 역으로 강한 감정을 표출하는 경험들이 있었다. 가족에게 오히려 폭력을 쓰게 되거나 사람들을 과격하고 포악하게 대하게 되는 등 감정을 과잉되게 표현하거나, 관계에서 갈등이 생기면 화를 심하게 내면서 조절이 어려워졌다. 70대 여성 E씨도 그러했다.

> 내가 아주 성질이 난폭해졌다니까. (…) 아이들한테도 자꾸 포악해지고, 점점 나이가 들면 성질이 점점 죽어야 되는데 성질이 점점 더 날카로워져서 내가 생각해도 큰일이다 싶어. 늘상 그렇지는 않은데, 나한테 좀 언짢은 소릴 어찌어찌 한다 그러면 대번에 화가 확 올라오는 거야. 그럼 또 소리를 팍 지르고.

40대 남성 S씨는 고통의 역표출 속에서 오히려 피해자였던 자신이 누군가를 가해하는 편이 되는 것 같다고 설명했다.

> 제가 가해자가 되는 거죠. (…) 참 이상해요. 사회적으로 국가폭력이 있고 그걸 당하는 사람들이 있잖아요? 그게 저였고요. 그런데 그게 조직 내에서도 반복이 돼요. 가해자가 있고 피해자가 있고, 조직 내에서 또 갈등이 있고. (…) 그런데 그런 면에 대해서는 또 조정하는 것이 어렵고.

(4) 고통의 세대전이

고문의 고통은 한 세대에서 종결되는 것이 아니라 피해자의 자녀에게도 전이되는 것으로 나타났다. 앞선 기술과 같이 감정의 역표출을 포함하여, 피해 당사자의 심리사회적 어려움으로 인해 양육환경의 한계가 자녀에게 전달되는 경우, 당사자와 자녀의 관계가 단절되면서 건강한 양육이 불가능한 경우, 당사자의 심리적 스트레스가 자녀에게 전달되는 경로들이 발견되었다. 고통은 주변 사람과 세대로 전이되면서 참여자들의 세계에서 반복되었다. 여러 참여자들은 자신의 자녀가 실제로 정서적 문제를 겪고 있거나, 사회적응에 상당히 문제가 있다고 판단했다. 70대 남성 A씨도 그러했다.

> 아들들은 군에도 입대 안 시키고. 안 받아줘요. 학교도 다 못 나오고 (…) 그건 지금까지도 맘이 아프죠. (…) 관계가 안 좋죠. 자기들은 자기대로 살고 나는 나대로 살고 있어요. 도움이란 건 생각할 수도 없죠. 나도 생각도 안 하고. (…) 나도 이젠 지칠 대로 지쳐버렸어요. 이젠 줄 것도 없고.

3) 관계·외부세계와 단절되고 내면으로 고립

관계·외부세계와 단절되고 내면으로 고립됨이라는 세 번째 범주는 ① 낙인과 추방, ② 내면의 단절과 소외, ③ 관계에 대한 공포와 단절감, ④ 완전한 고립에 대한 공포라는 네 개의 주제묶음으로 엮였다.

(1) 낙인과 추방

고문은 참여자들에게 '빨갱이', '범죄자'라는 낙인을 씌웠다. 이 낙인이 이들을 관계 체험에서 고립시키고 추방했다. '블랙리스트'는 가장 먼저 이들의 생계를 끊어놓았다. 낙인은 더 이상 직장생활을 지속할 수 없게 만들었다. 쫓겨나는 것은 물론 새로운 직장을 구할 때도 배제되기 일쑤였다. 70대 남성 A씨와 60대 여성 U씨의 이야기이다.

> 전과자라고 빠꾸시키는 거야. 그럼 또 쫓겨나는 거야. 그럼 다시 딴데로 가. 그래서 몇 번 직업 옮기고. (…) 한 번은 직장을 소개받았는데 신원보증이랑 이력서를 가져오라고 하는 거예요. 달라 해서 줬습니다. 그랬더니 그날로 그만두라는 겁니다. 그러니 정말로 속상하더라구요. 이런 데가 몇 군데 있었어요…. 내가 다른 건 할 수 없고 하니까 오며 가며 신문을 줍고. 처음에는 아주 힘드니까 살이 쪽 빠졌어요.

다 길거리로 쫓겨나고 그랬는데. 취직을 할라고 그래도 ○○ 다녔다는 것만 알면 그냥 그대로 해고당하고. 어떻게 억지로 면접에 합격되어서 취직이 된다 해도 3개월 안에 드러나는 거예요 또. 블랙리스트 명단을 전국에 뿌렸잖아. 그러니까 우리가 무슨 나라를 팔아먹은 죄를 지었나 어쨌나 어쩜 그렇게 잔인하게. 말하자면 노동자가 노동을 하지 않으면 살 수가 없잖아. 그건 나는 죽음보다 더하다는 생각이 드는 거예요. 근데 블랙리스트를 돌려서 노동자들의 노동권을 박탈을 시키는 그런 잔인한 짓을 한 거예요. 그 고통은 당해보지 않은 사람은… 말로 표현이 안돼.

고향으로 돌아가도 이웃의 냉대와 비난으로 거의 쫓겨나다시피 한 경험도 있었고, 주변 사람들의 '알레르기와 터부시'도 심했다. 주변 사람들이 정치활동을 인정하지 않고 비방하거나 빨갱이라고 손가락질하기도 했다. 따돌림과 괴롭힘은 빨갱이이기 때문에 정당화되었다. 이와 같은 체험은 '자꾸 음지로 나 혼자 있다', '나 혼자 방안에서 죽어도 아무도 모를 것이다'라는 극단적인 소외감을 느끼게 했다. 또한 석방 이후에도 보안관찰이 계속되는 등 지속적으로 감시대상이 되었다. '감시당하는 자'라는 낙인은 사회로부터 끊임없는 고립을 초래했다. 고문 이후 정신증이 발병하거나 약물중독이 야기되었는데도 치료받지 못하고 방치당하는 경험도 있었다.

(2) 내면의 단절과 소외

고통스러운 내면의 체험은 타인과 소통하거나 타인으로부터 이해받지 못하고 침묵의 영역으로 소외되게끔 했다. 70대 남성 Y씨도 말할 수 없었다.

> 원래 이야기를 잘 안 하는 편이야. 그냥 참고, 말도 잘 안 하지. 워낙에 난 말을 많이 안 하는 편이니까. 그 이후로 나와서는 어디다 말도 못 하지. 그때 시절이 어떤 때인데. 요즘에도 사람들을 만나긴 해도 내가 그때 이야기는 안 해. 내가 그게 나 스스로한테는 정말 결백한 일이라도 어차피 난 형을 살고 나왔으니까. 누가 알아주겠어? 그러니 하루라도 빨리 그게 거짓이었다는 것, 내가 결백하다는 것이 밝혀져야 되는데, 이제 살날이 얼마나 남았다고.

사람들이 진실을 알아주지 않을 것이며 믿어주지 않을 것이라는 생각으로 인해, 혹은 수치스럽거나 민망하여, 혹은 비방하는 타인의 반응을 접하면서 참여자들은 고통을 속으로만 묻어두게 되었다. 70대 여성 T씨의 말이다.

> 얘기하려고 해도 믿을 사람이 없어요. 말을 실컷 했으면 좋겠는데 그럴 사람이 없어. 말을 들어주고 삭일 사람이 없다고. 답답하고 신경 쓰다 보니까 병이 나고. 좀 얘기도 좀 하고 말동무도 있고 좀 하면 속이 좀 후련해가지고 할 텐데 답답해가지고.

이로 인해 자신의 내면을 이해받을 기회가 없었던 참여자가 대다수였다. 이러한 기회가 박탈되면서 자기의 내적 경험이 이상하거나 사회적으로 인정되지 못하는 경험이라고 생각하게 되었다. 이는 고립을 강화하는 결과를 낳았다. 물론 함께 사회운동을 한 동료집단이 있는 경우 그렇지 않은 경우에 비해 보다 자연스럽게 받아들여지는 경험을 했으나, '다 그냥 사는 이야기만 하지', 내적인 고통 체험을 나누기는 어렵다고 했다.

이는 전문가집단과의 소통 단절에서도 나타났다. 전문가집단에게 고문에 대한 이해가 부족해 참여자들의 소통하려던 시도가 좌절되는 경우가 있었다. 참여자들은 이해받지 못했다는 강한 기억으로 마음의 문을 닫아버리기도 했다. 40대 남성 I씨와 50대 여성 Z씨가 그러했다.

> 하루하루가 죽고 싶더라고요. 그분(의사)한테 내가 이만저만해서… 고문당해서 공황장애가 있다. 아 그러냐고 해서 진단하시더니 그냥 수면제 처방해주시더라고요. 그때 당시 나는 그게 필요한 게 아니라 마음속에 있는 걸 얘기하고 싶은데 누구한테 얘기할 사람이 아무도 없는 거예요.

> 병원에 갔는데. (…) 일단 [치료자가] 굉장히 피곤해 보였어요. 피곤한 상태에서 제 말을 들으면서 어떤 부분을 틀에 맞춰서 규정을 하려는 거예요. 물론 진단을 하려는 거니까 그렇겠죠. (…) 그러면서 저의 상황을 운동상황을 전혀 이해를 못한다는 그런 느낌을 받았거든요. 그래서 기분이 굉장히 나쁘더라고요. 그래서 안 갔죠 그 뒤로는.

더하여 고통의 회복은 사적인 영역에 속한다고 강하게 인식되었다. 혼자서 노력하여 이겨내야 한다고 생각했다. 60대 남성 W씨의 이야기이다.

저도 좀 그 관련해서 책도 보고 해서 나 혼자 그런 식으로 노력을 하면 이겨낼 수도 있겠구나 싶어서 [병원에] 몇 달 다니다가 안 갔어요. 그랬지만 나아지지 않았죠. 그래도 버티고 싶어서 10년 이상 이런 증상이 자주 발생을 했는데 병원에 가지 않았어요.

특히 고문 경험이 현재의 고통 체험과 의식적으로 연결되지 못하면서 '원래부터 자기 성격이 그렇다'고 삼키며 소통을 구하지 못하기도 했다.

(3) **관계에 대한 공포와 단절감**

감시, 배신, 불신의 경험은 이후에도 사람을 쉽게 믿지 못하고 늘 의심하고 확인하고 경계하는 습관으로 남았다. 지하철 정거장을 미리 내린다거나, 일부러 골목길로 다닌다거나, 마스크를 쓰거나 자동차 번호를 확인하는 행동습관이 생겼고, 무관한 사람을 일단 의심부터 하는 습관으로 때로 미친 사람 취급을 받기도 했다. 어떤 참여자는 형사로 의심되는 중년 남성을 경계하기도 했고, 일상적인 관계 속에서 '프락치'를 경험했던 참여자들은 사람 일반에 대한 경계심을 느끼기도 했으며, 한 참여자는 가해자가 남성이었기에 남편에게 경계심을 느끼기도 했다.

이러한 경계심은 전반적인 대인공포로 나타나기도 했다. 한 참여자는 '사람들 앞에서 횡설수설하게 되고 자격지심이 생겨' 사람을 피하게 되고, '몸이 뻣뻣해져' 음식을 먹거나 마실 수조차 없었던 체험을 이야기했다. 또 한 참여자는 '사람이 지긋지긋하다', '사람이 질색이다'라고 했다.

이는 결국 사람에 대한 신념이 변형된 결과이기도 했다. '저것이 인간인가 싶은' 고문 가해자에 대한 기억, 가해자의 회유에 의해 그를 인간적으로 대하게 되었는데 결국 배신당한 기억은 사람에 대한 불신으로 이어졌다. 파괴된 관계 체험은 '사람들끼리 모두 적이 되어 내 존재가 없어진 것 같은 느낌'으로 자기 체험을 변형시켰고, '잔혹하고 인정사정 없는 세상'과 같이 세상에 대한 신념을 파괴하기도 했다. 또한 외로움이라는 정서가 등장했다. 한 참여자는 자신이 끌려갈 때 주변 학생들이 겁에 질려 자기 눈을 피하며 지나치던 광경을 여전히 생생하게 기억하면서 눈물을 흘렸다.

(4) 완전한 고립에 대한 공포

고립 경험은 극단의 완전한 고립에 대한 심리적 공포로 체험되기도 했다. 참여자들은 갇힌 곳, 막힌 곳, 밀폐된 곳에 대한 공포감, 죽을 것 같은 느낌, 미치는 느낌을 체험했다. 이것은 완전히 고립되고 단절당하는 극심한 공포에 관한 상징적 체험이었다. 60대 남성 W씨와 40대 남성 S씨의 체험이다.

독방에 있는데 갑자기 벽이 막 좁혀져오는 느낌이 들면서 내가 죽을 것 같았어요.

저는 좁은 공간에 가고 감옥에서 혼자 독방에 들어가는 것이 죽기보다 싫더라고요. 처음에 감옥에서 그런 경험을 하고 나니까 너무 싫더라고요. 그런 게 정말 너무 싫어요. 지하철에서도 전에 한 번 비가 오는 날이었는데 지하철 기다리는데 정말 저쪽에서부터 뭐가 막 밀려와요. 어떤 기운들이 그냥 밀고 와요. 그때 정말 죽을 것 같았어요.

4) 불의에 대한 분노와 한 맺힌 개인 삶

불의에 대한 분노와 한 맺힌 개인 삶은 ① 세상의 불의에 대한 분노와 용서할 수 없음, ② 원통하고 한 맺힌 삶이라는 두 개의 주제묶음으로 나타났다.

(1) 세상의 불의에 대한 분노와 용서할 수 없음

과거에 자신을 가해했던 사람이 현재 사회의 권위자가 되어 있는 현실은 참여자들에게 견디기 힘든 분노와 분함을 떠안겼다. 특히 이러한 체험은 사회정의와 세상 이치에 대한 이들의 관념과 잇닿아 있었다. 여기에서는 단지 개인적인 원한보다는 부당함과 불의에 대한 의분이 느껴지기도 했다. '가해자가 오히려 잘사는 세상의 불의', '고문을 인정해주거나 책임지지 않는 수동적이고 무덤덤한 국가', '못난 놈이 고역을 겪기 마련인 세상 이치', '이 더러운 세상'을 겪으며 여전히 세상이 바뀌지 않고 역사가 제자리걸음하는 것을 체험했다. 참여자들은 강한 분노를 느꼈다. 50대 남성 O씨의 이야기이다.

> 그때 일이 떠오른다. 그 당시 정치인들, 나를 괴롭힌 사람들의 소식들을 접하게 되니까 힘들어지는 것 같다. (…) 나를 고문했던 사람들이 너무나도 아무렇지 않게 잘살고 있고, 그 사람들 소식이 원치 않게 들리니까 정말 그때마다 화가 난다. 내가 그 사람들을 언젠가는 죽이러 갈지도 모르겠다는 생각이 든다. (…) 세상이 더 안 좋은 방향으로 간다고 생각이 되고 정말 이해가지 않는 것은 그들이 너무나도 멀쩡하게 아무렇지도 않게 잘살고 있다는 것이다. 이게 맞는 것은 아니지 않나?

70대 여성 E씨의 생각이다.

> 세상에는 똑똑하고 잘난 놈만 살게 되어 있나, 못난 놈도 끼어서 같이 더불어 살아가는 세상이 되었으면 좋겠다 하는 생각도 들고 하니까 머리가 복잡할 수밖에 없어.

E씨는 이것을 해결할 책임이 국가에게 있다고 말했다.

> 국가서 풀어야 되고 국가 안에서 해결해야 되는데, 왜 이렇게 무덤덤하게 두고 하느냐고. 그런 게 내가 지금 너무너무 속이 상하고 하는 거야. 이런 건 개인을 원망해도 안 되고, 가족을 원망해도 안 되고, 이건 전체 국가 책임이야. 보상을 해도 국가서 해야 되고, 말 한 마디 위로를 해도 국가서 해야 되지. 진짜 누구도 내 마음을 달래줄 사람은 국가밖에 없어요.

(2) 분하고 원통한 한 맺힌 삶

한편으로 이러한 불의의 세계가 개개인의 인생으로 파고들어갈 때는 원망, 원통, 억울함, 한 맺힘의 정서가 체험되었다. 이것은 용서할 수 없는 불의가 개인의 고통으로 전가된 결과였다. 참여자들은 '고통과 죽어버린 삶에 대한 한없는 원망과 분함', '분함과 원통함의 앙금'을 표현했다. '억울한 생각만 하다가 죽겠다', '한이 많아 눈을 못 감는다', '원수들 끝을 보고 눈을 감겠다'고 했다. 부당한 세상을 개인으로서 겪어내야 했던 이들의 삶이 곧 한 맺힘 체험이 되었다. 60대 남성 D씨와 70대 여성 T씨의 한 맺힘 표현이다.

내가 이렇게 천당을 왔다 지옥을 왔다 갔다 해요. 아직도 그 생각을 하면 확 울어버려요. 그냥 확 울어버리면. 죽을 때에도 그 생각하면서 죽을 거 같아요. 억울한 생각만 하다 죽을 거 같아요.

죄 없이 당하고 살았다는 게. 아이구 너무너무 힘들고. 그걸 어떻게 하면 내가 그 원수를 푸나 그 한을 푸나. 그 한을 풀고 살다 죽었으면. 내가 눈도 못 감고 죽겠다 한이 너무 많아가지고.

5) 상실

상실 범주는 ① 생에 대한 상실감, ② 관계에 대한 상실감과 죄책감, ③ 자기상실이라는 세 가지 주제묶음으로 나타났다.

(1) 생에 대한 상실감

'고문 이후의 아픈 세월', '우여곡절 속의 불행한 인생에 대한 슬픔'은 고문으로 인해 인생의 일부를 상실당한 체험을 드러냈다. 이러한 상실감, 슬픔, 우울감, 비참함은 생을 단절내려는 시도나 다짐으로 드러나기도 했다. '농약을 사서 몇 년째 집에 두고 사는' 삶, '계절이 바뀔 때마다 순환하듯 찾아오는 우울과 죽고 싶은 마음', '실제로 죽음을 기도했다가 깨어난 뒤의 비참한 마음'은 생의 의미를 찾을 수 없는 상실감의 체험이었다. 70대 남성 Y씨의 인생 표현이다.

요즘에는 많이 우울해. 내가 이렇게 오래 살았나. 난 정말 우여곡절이 많았어. 참 불행한 인생이었지. 기분이 안 좋고 우울해.

(2) 관계에 대한 상실감과 죄책감

동료와 가족에게 느끼는 슬픔과 죄책감은 관계 속에서의 상실에서 비롯되었다. 고문 경험 이후 사회운동을 계속하지 못하거나 자신이 더 열심히 하지 못한 것 같은 미안함, 동지와 함께 죽지 않고 살아남은 데 대한 생존자 죄책감은 함께하지 못한 것에 대한 깊은 상실의 체험이었다. 함께 감옥에 있다가 이후 죽어서 발견된 친구에 대한 슬픔은 상실감에 대한 애도 체험과 같았다. 40대 남성 J씨의 체험이었다.

> 감옥에 있을 때 몇 개월 같이 있었던 친구가 있었는데 나온 후에 얼마 지나지 않아 죽어서 발견된 것을 뉴스에서 알게 되었어. 그 친구 어머니를 출소할 때 뵈었는데… 지금 생각해도 눈물이 난다. 정말 뭐라고 해야 하나? 죽는 사람이 나였을 수도 있었다는 생각도 들고, 우리 부모님 생각도 나고. 내가 그 친구를 위해 할 수 있는 것은 그때 당시 빈소 방문한 것 밖에 없었어.

가족에 대한 상실의 경우 죄책감과 자기비난으로 나타나기도 했다. 많은 참여자들은 투옥된 상태에서 부모님이 돌아가시거나, 가족이 고생하고 죄인 취급당하는 것을 자기 탓으로 느꼈다. 이 죄책감과 상실감은 매우 고통스러운 것이었다. 그것은 불명예로 체험되기도 했다. 70대 남성 A씨와의 대화이다.

> 제가 거기 들어가고 나서 식구들이 고생을 많이 했죠. 농사를 여자가 짓기 힘들지 않습니까. 농촌에서 농사를 짓는다는 것이 보릿대를 치고 모를 심고 하는데 (…) 그래 우리 집도 힘들었어요. 그래서 면회 오지 말

라고 그랬어요. 저도 만나면 속상하고 하니까. 어머님은 저 때문에 화병이 나서 돌아가셨고. 자랑스러운 것이 아니니까. 지금도 그 얘기만 하면 가슴이 떨리고 속상하고 말 안 했으면 하는.

한 참여자는 그동안 함께 고통을 나눈 부인을 최근 사고로 잃게 되면서 이것이 자기 탓이라고 느끼기도 했다. 고통을 함께 견딘 부인에 대한 미안함, 감사함, 슬픔이 뒤섞인 상실 체험이 자기 탓이 되고야 마는 것이었다. 70대 남성 Y씨의 이야기이다.

부인이 죽은 건 내 탓이야. 내가 갔어야 했지. 내가 있어봤자 소용도 없고, 부인은 평생 고생만 했었는데, 그래도 내 옆에 있었는데. 화 한 번 안 내고 내 탓 한 번 안 하고.

(3) 자기상실

자기상실의 주제묶음은 세계 속의 존재 상실, 해리된 인생 경험, 정체성 혼란과 저항, 자신을 향한 수치심과 분노 저항, 영구히 변형된 자기, 꿈의 상실이라는 주제로 구성되었다.

세계 속의 존재 상실이란 '어느 순간 내 존재 자체가 없어지는 공포', '죽음', '증발해버린', '투명인간이 된', '존재감이 없는', '나 자신을 모르겠는' 체험이었다. 자기상실 체험 중에는 자신의 체험과 기억이 하나의 개인사로 통합되지 못하고 조각나버리는 경험도 있었다. 구타당한 기억이 '비현실적인 꿈처럼 남아 있고', 개인사의 일부가 '별개의 부분, 이질적인 부분'으로 느껴지는 체험이 여기에 포함되었다. 자기와 자기지각이 유리된 체험 역시 자기가 통합되지 못한 자기상실 체험에 포함되었다. 50대 남성 O씨가 자기와 자기지각이 유리된 체험을 기술했다. 극한의 고통과 소진상태에서 자기와 자신이 분리된 체험은 이후 삶에서도 소진될 때 나타났다. 이러한 체험은 그 자체로 고통스러웠다.

> 문득문득 가만히 있다가, 그냥 생활하다가 내가 마치 고문당하고 쓰러져 있는 나를 바라보고 있는 듯한 장면이 떠올라. 그 당시에도 그랬던 것 같다. 내가 하도 많이 고문을 당하고 체력적으로 소진하다 보니 그때 당시 내가 마치 내 몸에서 나와서 나를 바라보고 있는 듯한 느낌이 들었어. 그때 그런 느낌이 문득문득 든다. 그때 기억을 자극하는 일들이 생기면 그래요. 그러면 참 힘들다. 그리고 그때마다 불안감을 느끼고.

정체성 혼란에 대한 저항도 자기상실 체험으로 개념화되었다. 고문으로 정체성을 파괴당하고 혼란스러웠던 경험은 계속적으로 자기를 확인하고 혼란스러움에 저항하려는 시도를 낳았다. 한 참여자는 고문의 고통 속에서 자신을 신념으로 무장시키고 자신의 정치적 위치를 계속 확인하고자 했다. 극심한 고통 체험 속에서 자기 정체성의 특별함과 중요성에 주목하는 자기확인의 경험은 하나의 저항으로 강화되고 있었다. 또한 한 조작간첩 사건 관련 참여자는 간첩으로 조정당하고 세뇌당하고 배척당한 경험 속에서 반복적으로 자신과 가족이 결백한 정체성을 지닌다는 자기확인을 놓치지 않으려 했다.

한편으로는 고문으로 인간 이하의 취급을 당한 모멸감과 수치심 속에서 자신을 비난하고 자신을 향해 분노하기도 했다. 그것은 '팔푼이 바보 웃음거리가 되는 느낌에 자살충동이 이는' 것처럼, '목이라도 매고 싶은 것처럼' 죽어 없어지고 싶을 만큼의 모멸감이었다. '어그러짐에 대한 분노', '비굴한 짐승 같은 꼬라지', '굴복했던 수치심'에는 굴복당한 모멸감에 대한 자기비난이 담겨 있었다.

그러나 이것은 '머리나 가슴이 아닌 몸이 이기지 못했던 거부감'이었다. 이것은 몸이라는 한계가 야기했던 어그러짐, 비굴함, 굴복함 체험 속에서도 다시 인간성을 일으켜 세우려 분투하는 분노로서, 저항 체험과 유사했다.

한편, 몇몇 참여자들은 '고문을 당한 것은 쉽게 보인 내 탓'이라는 생각을 했다. 고문이라는 고통 체험은 개인을 '쓰레기처럼 취급하여' 무력하게 만들었고 그 무력함조차 자기 탓으로 받아들이게 했다. 또 '말할 수 없는 분노'가 생기지만 '많이 배우지도 못하고 능력이 힘 밖이니까 참을 수밖에 없다'는 무력감을 체험했다. 고문에서 굴욕당한 경험에도 저항할 수 없다는 권력의 무자비함을 느끼면서 자기비난을 하거나 무력감을 체화했다.

영구히 변형된 자기체험 속에서 참여자들은 고문으로 인해 스스로 신체적·심리적으로 병들고 말았다는 '망가져버리고 다 파괴된 느낌', '비참하고 망가진 기분'을 느꼈다. '자기도 모르게 자신이 무슨 짓을 할 것 같은 불안감', '정신적으로 미친 짓을 함'은 자신이 망가졌으며 더 이상 자신을 통제할 수 없을 것 같다는 두려움과 같았다. 한 참여자는 '망가뜨려진 자신이 아깝다'고 느꼈다. 그는 '끝났고', '젊은 날은 파괴'되었다.

지속되는 신체적 통증 역시 영구히 변형된 자기의 모습 중 하나였다. '생을 마감해야겠다고 생각'할 정도의 통증, 통증으로 '맥을 못 추는 몸', '골병이 든 몸'이 곧 자신의 신체상이 되었다. 70대 여성 T씨의 말이다.

억지로 살았지. 그 모진 목숨이 산 거 생각하면 그리 힘들게 살았지만도 지금 생각하면 그래도 살으려고 얼마나 애를 쓰고 그렇게 했는가. 세상 천지에 (…) 골병이 들었는데 살면 뭐하나. 차라리 거기서 죽었으면 괜찮을걸. 골병이 들으니까.

마지막으로, 고문으로 인해 사회생활을 지속하지 못하고 자신의 꿈을 잃었다. 50대 여성 F씨의 경험이다.

또 한편으로는 우리 사회가 이렇게 민주사회로 발전되기까지 공헌했다는 자부심도 있지만 개인적으로 봤을 때는 왜 약게 살지 못했나. 말만 하고 지 살길 찾은 사람들은 사회적으로 성공했는데 나는 미련하게. 어느 순간 그게 미치도록 속이 상할 때가 있어요.

마찬가지로 40대 남성 Q씨는 '예전엔 열혈청년이었지만 지금은 바보고 주변인'이 되었다고 했다.

이제 바보가 됐으니까 커뮤니케이션이나 대화상대로 처지더라구요. 그러니까 주변인이 되어버리고, 예전에는 열성분자고 열혈청년이고 똑똑했다면 이제 어리버리해지고. 친구들은 이제 사회생활하면서 홍망사, 회사 얘기하고 그런데 난 할 얘기가 없어요. 그러니까 주변인으로 빠지더라구요.

또 다른 참여자는 자신의 꿈이 따로 있었는데 시대적으로 '살아남은 자의 원죄의식에 끌려 살아오면서 꿈을 이루지 못한 회의감'을 이야기했다.

6) 통합, 수용, 이해, 정의회복을 통한 나아감

통합, 수용, 이해, 정의회복을 통한 나아감이라는 범주는 인간의 내적 동기인 ① 정체성 통합과 이해, ② 고통의 이해와, 치유의 배경인 ③ 관계적 수용, ④ 사회정의 회복, 네 가지 주제묶음으로 구성되었다.

(1) 정체성 통합과 이해

고문이라는 폭력을 겪은 이후에도 그 이전과 일관된 정체성을 유지하려는 내적인 동기가 회복 과정에서 발현되었다. 특히 시국 사건 관련 참여자들의 경우가 여기에 속했다. 어린 시절부터 굳어진 사회적 신념은 고문을 겪은 이후에도 무너지지 않았고, 의지 안에 신념이 그대로 이어진다는 것은 회복의 중요한 징표였다. 이러한 참여자들은 '후회하지 않았다.' 이것은 폭력에도 불구하고 자신의 정체성을 지킨다는 강한 의지의 실현이었다. 40대 남성 J씨는 어릴 때부터 굳어진 심지를 지금도 이어 나간다고 이야기했다.

> 중학교 때부터였다. 그때 선생님한테 대들진 않았지만 부당하다고 생각을 했고. (…) 광주에서 폭동이 일어났다고 하는데 학생들 사이에서는 뉴스에 나오는 것이 다가 아니라는 이야기들이 퍼졌었다. 그냥 그때는 그런가 보다 하면서 지냈지만 자유에 대한 욕망은 있었다. 우리가 그 기본적인 것을 왜 누리지 못하고 사는지에 대한 생각이 있었고, 그것을 실현시키고 싶었다. 나는 심지가 굳은 편이고 생각한 것이 있으면 죽 밀고 나가는 편이다. 지금도 그렇다.

시국 사건과 관련된 여러 참여자들은 수감생활 이후에도 '운동가', '활동가'의 정체성을 이어가고 강화하는 등 흔들리지 않는 정체성을 유지했으며, '자부심', '부끄럽지 않음', '강한 의지'를 느꼈다. '다시 태어나도 그런 일을 당해도 그렇게 할 수밖에 없었을 것'이라고 했다. 상당수의 참여자들은 현재까지도 자신의 신념을 실현할 수 있는 작고 큰 행동들을 실천하고 있었다. 50대 남성 O씨는 자신의 생각을 현재까지 지켜온 것에 대한 자부심을 표현했다.

> 내가 고문을 당하고 수감생활을 했다고 해서 내 생각이 변하진 않았다. 내 생각이 옳다고 생각하고 있다. 내가 만약 다시 태어난다고 해도 그렇게밖에 살지 못했을 것이라 생각한다. 그리고 지금도 그 생각은 내 생활에 영향을 미친다.

일관된 정체성과 더불어 긍정적 정체성의 통합 역시 회복으로 나아가는 중요한 경로였다. 참여자들은 자신이 '정당하고', '올바른' 행동을 했고 '양심에 따라 당당하게 저항'했다는 '자부심', '자랑스러움', '보람'을 느꼈다. 이를 '헌신했던 인생의 훈장', '아름다운 희생'이라고 표현한 참여자도 있었다. 또 한 참여자는 인간적인 삶을 살기로 한 것은 자신의 자율적인 선택이었으며 그것이 가치 있고 의미 있는 일이었다고 생각했다. 또한 여러 참여자들은 사회활동을 하면서 당시 느꼈던 기쁨과 공동체 내의 유대감, '너무 좋았던' 경험 역시 기억하고 있었다. 40대 남성 Q씨의 이야기이다.

> 전 (그때) 생각하면 행복해요. 전 돈이나 출세에 대해서는 별로 관심

> 이 없어요. 근데 어떤 보람을 느끼고 소명의식을 깨닫고 대의명분을 추구하는 데 있어서는 제가 강한 반응을 하거든요. 그래서 저는 일에 대한 보람, 양심적으로 느끼는 부분이 긍정적이면 그 인생은 만족해야 하지 않나 하는 생각이 들거든요. 그래서 전 지금 죽어도 후회는 없을 거 같아요. 내 인생을 방탕하거나 무미건조하게 살진 않은 것 같거든요. 학생 때는 학생 양심에 입각해서 독재 거부했던 게 맞고, 독재 거부했던 후폭풍 결과로 고문당해가지고 지금까지 내 인생을 이렇게 왜곡시켰는데… 후회는 없어요.

고문과 고통에도 불구하고 삶의 의미를 발견해내는 체험들이 회복 과정에서 두드러졌다. 어떤 참여자들은 시와 글쓰기, 기도처럼 언어를 통해 자신과 자신의 감정 체험을 이해했고, 이로써 정체성을 통합하고 이해하게 되었다. 이해되지 않고 말할 수 없었던 체험을 언어로 전달하는 경험은 치유의 전환점이 되었다. 한 참여자는 '내 안으로 들어가 시를 쓰는' 경험에 대하여 이야기했다. 또 한 참여자는 '나를 돌아보는 기도'로 자신을 이해하게 되었다.

(2) 고통의 이해

시국 사건 관련 참여자의 경우 신념을 지킨다는 정체성의 이름으로 고통을 이해했다면, 사회운동을 하지 않았던 참여자의 경우 다른 양상으로 고통을 받아들였다. 즉, 인간에게는 고통 속에서 의미를 찾아내려는 내적 동기가 있음이 확인되었다. 70대 여성 T씨는 신앙적 의미를 통해서 자신이 겪은 고통을 이해하고자 했다. 고문은 자신이 잘못을 저질러 신이 벌준 대가로 이해되었지만, 신이 훗날 고통에서 구원해주었기 때문에 신은 동시에 감사와 감동의 대상이 되었다.

> 내가 참 감사하고 고마운 게. 내가 그렇게 기도했더니 살려줬고. 얼마나 기도를 열심히 했으면 먹을 녹을 준다고. (…) 진짜 신이 있구나 싶더라고. 옥황상제가 너는 하도 효성이 지극하여 먹을 녹을 줄 것이다. (…) 심장이 떨려. 감동이 되어가지고. 눈물이 나올려고 해. (…) 진짜 감사하고요. 그랬었어. (…) 지금도 너무 신기해. 눈에도 안 보이는 신이 나를 도와준다고 했는데. 진짜로 도와주고.

또한 '남의 눈에 피눈물 나게 한 사람은 망하고, 마음이 착하고 남을 해롭게 하지 않은 사람은 흥한다'는 권선징악의 뜻으로 자신의 고통을 이해하려 하기도 했다. 이에 울분을 참고 평생을 복수하지 않고 착하게 살아왔다고 했다. 한 참여자는 감옥 안에서 자신이 보다 성장할 수 있었다고 말했다. 고통을 바탕으로 성장했던 체험은 고통을 이해하는 하나의 방식이 될 수 있었다. 70대 남성 A씨의 생각이다.

> 저는 어느 사람이건 교도소 한 번씩 다녀왔으면 하는 생각을 가지고 있어요. 그래야 진실한 사람이 된다 생각을 합니다. 저도 그 안에서 많이 배우고 느끼고.

고통을 이해할 수 있는 다른 통로는 희생자이자 치유자로서의 의미 찾기를 통해서였다. 한 참여자는 '사람들의 고통과 희생으로 민주화가 되었다'라고 생각했다. 어떤 참여자는 '세상이 좋아진 걸로 다 보상을 받았다'고 하기도 했다. 자신은 불행했지만 타인과 연결되고 타인을 지지하면서 고통에서 나아가고자 했던 참여자도 있었다. 70대 남성 Y씨이다.

> 그래도 이 세상에 태어났으면 죽을 때까지 어떻게든 살아야지. 내가 인생이 불행하긴 했지만, 그래도 내가 죽는 것보다야 살 수 있을 때까지는 잘 살아야 하지 않겠어? 이제 내가 하고 싶은 일이 있다면 남을 돕는 거지. 내 힘이 되는 만큼 말이야. 난 별 것을 해온 게 없어. (…) 내가 가진 것은 얼마 없지만, 그게 내가 도울 수 있을 만큼 능력이 되면 그렇게 하고 죽는 것이 남은 소원이야.

또한 사는 것에 의미를 둔다면 고통도 이해할 수 있었다. 40대 남성 J씨의 말이다.

> 삶은 죽음보다 낫다. 내가 지금까지 살아 있으니. 그것이 나에게 안 좋은 일이 될 수도 있었지만, 무엇이든 할 수 있었고 겪을 수 있었던 것 아닌가. [죽은] 친구도 살아 있다면 얼마나 좋겠는가? 무엇이 되었든 이승이 저승보다 낫다고 본다.

고통에 대한 이해는 가해자에 대한 이해의 시도로 나아가기도 했다. 60대 여성 U씨는 신앙을 기반으로 가해자와 인간적 동질감을 느끼면서 자신의 고통을 이해하고 분노를 해결해갈 수 있었다.

> 그때는 너무 막 화나는 감정도 많았고 눈물도 많았고 또 막 뭐랄까 내가 막 원수는 아니지만 '저것들을 어떻게 해서든지 바로잡는다'고, 저것

들을 꺾지 않는 한 살 수 없다고 했는데, 내가 많이 다듬어지잖아. 피정 이후에. 그러면서 '아, 그럴 수밖에 없는 당신들도 내 처지와 같구나' 하는 동질감이 들더라고.

(3) 관계적 수용

회복으로 나아가는 중요한 배경이자 근간은 인간관계에 있었다. 참여자들은 고통 체험을 드러내어 사람들과 사회에게 수용 받으면서 힘을 얻었다. 면담 도중 어떤 참여자는 한 번도 이야기해본 적이 없는 이야기를 하면서 자신의 감정 체험을 두려워하거나 면담자를 경계하기도 했다. 그러나 동시에 한 번도 말하지 못했던 것을 말하고 싶은 마음과 속 시원한 심정을 이야기했다. 이렇듯 고통 경험은 '말할 수 없다는 것이 미치겠는' 편이며 참여자는 '마음속에 있는 것을 이야기하고 싶어' 했다. 한 참여자는 가혹한 상황 속에서 '살아남아서 세상에 알려야겠다'고 다짐했던 기억을, 또한 훗날 드디어 이야기할 수 있었던 경험을 이야기했다. 50대 남성 V씨의 경험이다.

내가 다짐을 했어요. 반드시 살아 나가서 여기서 있었던 일을 세상 사람들에게 알려야겠다고요. 그리고 그 친구도 죽으면서 나에게 그런 당부를 했고요. (…) 그러게 내가 말로 풀어내고 글도 쓰고 그러면서 증상이 나아졌던 거예요. 숨도 가쁘지 않고 머리도 안 아파지고 악몽도 줄고. 약을 그러면서 먹지 않게 되었죠. 내가 겪었던 일들에 대해서 다 책으로 써서 내고, 그것에 대해서 여기저기 강연을 다니면서 계속 이야기를 하게 되니까 그게 나에게는 많은 도움이 되었던 것 같아요. 치유효과 같은 거요. (…) 그게 내가 말하고 싶은 것들이니까 그렇게 하고 싶은 말하게 되니까요.

이 참여자는 과거에 군인들에게 폭력을 당했으나, 현재 군인들에게 '그렇게 하고 싶은 말'을 설교로 전하고 있었다. 그는 그것을 신의 섭리로 느꼈다. 치유는 고통 경험을 사회에 드러내고 사회로부터 인정받은 결과로 나타났다.

많은 참여자들은 실제 주변 인간관계 속에서 치유를 경험했다. 가족, 친구, 동료, 주변 이웃의 변함없는 지지와 지원은 회복의 원천이 되었다. 주변 사람들끼리 서로 이해하고 함께 대화할 수 있었을 때, 함께 마음 아파하고 서로의 감정을 수용했을 때, 자신을 끝까지 믿어주었을 때 참여자들은 그 연결됨 속에서 치유되었다고 말했다. 한 참여자는 어릴 때 부모님이 자신을 지지하고 믿어주었던 경험이 지금 자신에게 힘이 된다고 느끼기도 했다.

또 하나의 수용은 종교를 통해서였다. 종교가 있는 사람들은 종교를 통해 온전하고 조건 없이 수용된 경험으로 위로를 받았다. '신만은 나를 살려주시고 나를 도와주실 것'이라는 기대와 의지가 인간에게서 얻은 고통을 치유해주었다.

(4) 사회정의 회복

두 번째 치유의 배경은 사회정의 회복이었다. 참여자들은 정의가 회복되는 것을 경험함으로써 '원통함에서 자유로울' 수 있었고 '기쁨을 느끼며 희망을 가질' 수 있었다. 과거청산과 재심판결은 정의가 지속되고 있다는 세상에 대한 긍정적 신념을 재건하고 사회로부터 정당한 인정을 받은 체험이 되었다.

또한 이것이 개인의 문제가 아니라 사회의 문제임을 인식하는 구조적 관점 역시 매우 필요했다. 30대 남성 P씨의 생각이다.

> 이런 게 뭔가 대안을 가지고 극복이 되어야지. 왜 하필 나에게, 이래버리면 정말 정신병처럼 될 수도 있다는 생각이 들어요. (…) 이게 나만의 재수 없는 문제가 아니라 사회 전반의 제도적인 문제니까. (…) 그렇게 안 보면 너무 억울하거든요. (…) 이게 사회문제구나 하면 의지도 생기고 어렵지만 극복이 되더라고요. 그런 게 중요한 거 같아요.

7) 최종기술

고문 경험은 고통의 시작점이었다. 고문은 폭력과 공포에의 급작스러운 대면으로 정체성을 유린했으며, 인간의 무력함과 비인간성에 직면하게 하는 경험이었다. 그 안에서 참여자들은 굴복과 저항의 순간을 체험했다. 이러한 고문 경험은 이후의 삶에서 끝없이 반복되고 순환되었다. 고문 고통은 삶의 장면에서 공포로, 존재부정의 분노로 재현되었고, 사람들은 이 재현을 통제하기 위한 싸움을 지속했다. 고통은 세대로 전이되기도 했다. 관계 체험 안에서 사람들은 관계·외부세계와 단절되었으며 침묵으로 고립되어갔다. 관계와 삶의 터전에서 낙인찍히고 추방당했으며 내면으로는 단절과 소외를, 관계 속에서는 공포와 단절을 경험했다. 이는 완전히 고립당하는 극한의 상징적 공포 체험으로 드러나기도 했다. 또한 사람들은 세상의 불의에 분노했고, 용서할 수 없었으며, 개인으로서는 원통하고 한이 맺힌 삶을 이어 나가야 했다. 이들은 생을 잃었고, 관계를 잃었다. 생은 의미를 잃었고, 관계에서의 상실은 죄책감으로 돌아왔다. 이들은 또한 자기 자신을 잃었다. 세계 속에 자신의 존재가 없어지고, 인생의 역사가 조각나고, 정체성에 대한 극도의 혼란감과 수치심을 경험했으며, 꿈을 잃었고, 영구히 변형되어버렸다고 느꼈다. 그럼에도 참여자들은 죽음에서 생으로 나아가고자 했다. 정체성을 지켜나가고 통합하며, 고통의 이유를 이해하고, 관계를 통해 다시 수용 받으며, 사회정의 회복에 의지하여 삶의 의미와 희망을 발견하고자 분투했다.

4. 논의

24명 참여자의 인생 내러티브에 대한 현상학적 분석결과는 다음과 같다. 고문 경험에 대한 참여자들의 이야기는 상징적 인간으로서 살아남고자 분투한 체험의 이야기였다. 이들의 고문 경험과 회복 과정은 면담하는 순간에도 생생히 살아 있는 상태였으며, 현재의 내러티브는 이러한 생생한 정서적 체험과 더불어 고문이라는 가혹한 폭력 속에서 생존하고자 했던 내면의 의지로 기술되었다. 그것은 끊임없이 상황을 이해하고 통제해보고자 애쓰고, 삶과 고통의 의미를 발견하며, 정체성을 회복하기 위해 투쟁하는 이야기였다.

고문 경험은 현재까지 이어지는 고통의 시작점이었다. 외상은 인간이 지닌 두 가지 측면, 몸을 지닌 생리적 존재로서의 자기와, 정신을 지닌 상징적 존재로서의 자기를 손상시킨다.[21] 즉 인간은 외상 앞에서 더 이상 생존이 보장되지 않는다는 극단의 공포와, 자신의 개념체계가 격변과 와해 앞에 놓여 있다는 인식에 직면한다. 고문 가해의 목적 그대로, 고문 경험은 참여자의 신체와 정신을 파괴했다. 고문을 겪고 길게는 수십 년이 더 지난 현재에도 고통 체험은 과거 고문 사건 당시의 기억에서부터 이어져 내려오고 있었으며, 고문 당시의 기억은 현재 고통의 주제와 맥락을 담고 있었다. 자신에게 가해진 고문은 중단되었음에도, 고통은 해결되지 못한 기억의 형태로, 현실적인 제약과 속박의 형태로, 여전히 계속되는 사회불의 속에서 참여자에게 끊임없이 반복되고 있었다.

고문이라는 폭력이 이후 삶의 고통과 연결되지 못하고 개인의 문제로 치부되어버리는 상황에서 이러한 지점은 큰 시사점을 남긴다. 제1범주의 고문 경험이 나머지 제2~5범주의 고통 주제에서 반복 확인된다는 점은, 고문이라는 체험이 어떻게 개인 삶 속에 확장되고 삶을 지배해버리는지를 잘 보여준다. 고문 폭력은 이후 참여자들의 삶에서 공포의 반복, 존재부정의 반복, 세대와 가족으로의 고통 확산, 단절과 고립, 분노와 한 맺힘, 상실 체험으로 지속되었다. 고통 체험의 지배 안에서 가해자의 존재가 중발되었을 때, 사회가 야기한 고통은 철저히 개인화될 위험이 있다. 이를 개인 한 사람의 정신병리 문제로 받아들여서는 안 되며, 고문 이후 삶 속에서도 여전히 권력에 의한 조직적 폭력이라는[22] 가해자의 존재가 기저에 있음을 반드시 주목해야 할 것이다.

그럼에도, 인간은 고통 속에서도 의미에 의지하며,[23] 외상 속에서도 자기 가치를 재구축해가는 역동적인 유기체임이[24] 확인되었다. 고문 경험은 이후에도 인생을 통제하고 정체성을 회복하고자 하는 참여자들의 시도 속에서 반복적으로 재현되었다. 어떤 심리학자들은, 이런 시도 속에서 재현되는 고통은 곧 인간에게 내재되어 있는 가능성을 발휘하는 자연적인 통합 과정에서 발생하는 산물이라고 보았다.[25] 고통은 곧 침해받았던 자기를 재건하고자 하는 치유의 신호라는 말이다. 물론 그것은 고통스럽다. 하지만 참여자들은 고통 체험을 이해하고, 수용하고, 통합하고자 끊임없이 느끼고, 생각하고, 기억하고, 행동했음을 알 수 있다. 이들은 이렇게 자신의 신념과 정체성을 지키고, 고통 속에서도 자신의 삶 경험을 지탱할 수 있는 의미를 통합했다. 또한 신과, 다른 사람들과, 생을 향한 긍정적 태도와 연결을 끊지 않으며 피할 수 없었던 고통에 실존적으로 대면해 나갔다. 그리하여 말할 수 없음을 말할 수 있음으로, 정체성의 왜곡을 통합으로 전환(transform)시켰다.

이 지점에서 심리치료적 개입에 관한 고민은 상당히 중요하다. 고문 생존자의 심리치료는 이들을 힘 있는 치유의 주체로 보고, 생존자가 스스로 자신의 과거 경험을 전환시켜 나갈 수 있도록 지원하는 것이 핵심이 되어야 한다. 치료자는 인간 중심의 관점을 유지하면서, 이들이 직접 자기 삶을 회복시킬 수 있다는 가능성을 신뢰하고, 그 길의 안내자이자 동료가 되어주어야 한다.

한편, 고통을 통제하려는 시도들이 문제를 야기하는 경우가 있었다. 통제 시도들은 고통에서 벗어나 앞으로 나아가는 데 방해물이 되고 있었고, 때로는 폭력과 고통을 전환 없이 재현하는 결과를 야기했다. 인간은 내재적으로 자기치유를 하고자 하는 힘 있는 행동의 주체라는 가정 속에서, 치유의 경로가 고통의 악순환으로 귀결되지 않도록 어떠한 조건이 요구되는지에 우리는 주목해야 한다. 치유조건이 결여된 배경에서 참여자가 홀로 분투할 때, 그 시도들은 과거에 갇힌 시도가 되고 만다. 이는 고통만 반복하게 만들며 참여자들을 악순환에 놓이게 한다. 고통을 단절 내려는 지난한 시도들이 오히려 고통의 악순환을 불러일으키기도 하는 것이다.

첫 번째 조건으로 '관계적 수용 속에서 이야기하기'가 필요하다. 인간이 가한 폭력이었기에 폭력은 다시 인간관계 체험 속에서 재현되었다.

관계 체험은 고문폭력의 핵심 체험으로 표면에 두드러지게 드러나 있었다. 그러므로 치유의 또 다른 열쇠는 관계회복에 있다. 불신의 체험을 신뢰와 연결의 체험으로 전환할 수 있는 기회가 중요하다. 이를 위해서 공동체의 구성원들은 이들이 무엇을 겪었는지 기꺼이 경청할 수 있어야 한다. 생존자가 구성한 삶의 이야기를 경청하고 그 이야기를 신뢰하는 것은 생존자가 다시 관계를 신뢰하게 되는 출발점이다. 생존자의 진실을 기꺼이 경청하고 목격한 증인은 생존자와 단절되었던 관계들 사이의 연결고리가 된다. 이러한 바탕에서, 생존자는 자신의 이야기에 회복의 의미를 붙여 나갈 수 있다.

두 번째, 사회정의 회복의 바탕이 필요하다. 많은 참여자들에게 두드러지는 또 다른 핵심 주제가 불의에 대한 분노와 한이었던 점과 마찬가지로, 아무리 개인이 자기 인생경험을 이해하고자 애써도 결코 개인 혼자의 힘만으로는 온전한 이해가 불가능하다는 것이 고통의 핵심이다. 그러나 어떤 참여자들은 사회의 도움 없이 홀로 고통을 소화하기 위해 고통에 대한 자신만의 이유를 찾아야 했다. 그 결과 때로 부당한 고통이 정당화되기도 했다. 어떤 참여자들은 고문의 결과에 대해 자기 탓을 하거나, 부당한 투옥 경험도 '해볼 만한 것으로' 받아들였다. 물론 고통을 정당화할 수 있는 권한은 오직 당사자에게만 있다는 점을 유념하고, 이들이 각자의 삶을 이해한 방식을 존중해야 할 것이다. 그러나 동시에, 이들이 홀로 고통의 이유를 찾아내야 했던 오랜 세월 동안 과연 사회는 어떠한 역할을 했는지 자문해야 할 것이다.

반대로 사회정의가 회복되는 기운이 이들에게 새로운 삶을 위한 기쁨과 희망의 토대였음을 짚어야 하겠다. 세상에 정의가 유지되고 있다는 사실의 확인, 이 고통에 사회적 속성이 있으며 단지 개인의 문제만은 아니라는 관점의 확장은 이들의 생 투쟁 과정의 기반이 되었다. 개인적인 치유는 불가능하다는 회복의 핵심은 치유에서 국가와 사회가 수행해야 할 역할의 중요성을 대변한다. '세상의 불의에 대한 분노와 한의 고통'을 해결하기 위해서는 세상의 응답이 필수적이다.

회복 과정 속에서 개인은 적극적으로 삶의 의미를 구축하고 추구하고자 분투한다. 이 분투를 무력화하는 것은 개인을 단절시키고 고립시키는 외부의 조건들이다. 진실을 증언하고, 인정받으며, 정의가 확립되는 배경 속에서 생존자가 자신의 이야기를 다시 말하고 쓸 때, 그리고 그 목소리가 관계 안에서 존중받고 함께 울릴 때, 이로써 인류가 행하는 가장 가혹한 폭력 중의 하나인 고문의 고통에서 개인과 사회가 함께 회복하는 과정을 시작할 수 있을 것이다.

화해의 문법
—시민정치가 희망이다*

이재승 _ 건국대학교 법학전문대학원 교수, 법철학

1. 화해를 위하여

집단살해 이후의 사회는 형사처벌, 피해배상, 제도개혁을 실현해야 하지만 힘의 관계상 이 요구들은 빈번히 외면당한다.[1] 이런 사회에서는 지배세력의 시각에서 조율된 국민화해론이 활개를 친다.[2] 최근 다시 한국사회에서는 정치적 폭력의 전통에 기대어왔던 세력들이 집단살해와[3] 정치적 폭력을 청산하는 데 협조하기는커녕, 개혁공간에서 이뤄진 청산작업의 성과마저 모욕하고 전복하고 있다. 이들은 정치적 폭력을 한국적 특수성으로 정상화하고, 법원은 국가범죄자들을 시효논리로 보호하고, 가해세력들은 이를 신성한 법치주의로 둔갑시킨다. 이런 상황에서 희생자들이 마음속에 화해의 싹을 틔우리라 기대하는 것은 환상에 가깝다.

2011년 4월에 이승만 대통령의 유족이 4·19 희생자 유족들을 상대로 '사죄활극'을 펼쳤는데 이 사건은 용서와 화해에도 문법이 있다는 것을 일깨웠다. 제주 4·3학살과 관련한 계엄령이[4] 불법적이라고 보도한 『제민일보』에게 송사를 벌였던 이들이 바로 이승만 유족들이기에 사죄소동의 배후가 궁금해진다. 물론 이승만과 박정희에 대한 미화작업을 통해 역사를 정치화하려는 속셈을 모르는 바가 아니다. 그런 배경에 비추어 보면 5·18 공식행사에 대한 이명박 대통령의 연속 불참은 일관된 역사 부정의[5] 태도라고 생각된다.

역행의 현실에도 불구하고, 화해와 관련하여 긍정적으로 거론할 만한 사건들이 없지는 않다. 진실화해위원회의 권고에 따라 한국전쟁 중 민간인학살과 관련해 군부대와 희생자 후손들이 함께 합동위령제를 전국 도처에서 올렸다. 화해와 관련해서는 오송회 사건의 재심판결에서 법원이 행한 사죄발언이 여러 가지를 생각하게 한다.[6]

> 판결이 확정된 후 복역하게 됨으로써 받았던 기나긴 세월의 쓰라린 고통과 인권보장의 최후 보루인 사법부에 걸었던 기대감의 상실, 그리고 수십 성상 동안 가슴속 깊이 새겨왔을 사법부에 대한 거대한 원망을 우리 재판부는 머릿속 깊이 새기게 되었다. (…) 경위가 어떻든 결과적으로 당시의 재판부가 이 사건 공소사실에 대한 피고인들의 수사기관에서의 자백이 갖은 폭행·협박·고문에 의하여 얻어진 허위자백이란 사실을 밝혀내려는 의지가 부족했다는 점에 커다란 아쉬움이 있고 이러한 점이 우리 재판부로 하여금 다시 한 번 새삼스럽게 '법관의 자세'를 가다듬게 하는 계기가 되었다. (…) 마지막으로 피고인들이 무고하게 이 사건으로 유죄판결을 받고 복역하였고, 그로 인하여 피고인들과 그 가족들이 우리 사회에서 감내할 수 없는 처절한 고통을 받았던 점에 대하여 우리 재판부는 피고인들과 그 가족들에게 깊은 사과의 말씀을 드립니다.

나아가 한국전쟁 중 울산보도연맹원 집단살해 사건에서 2011년 대법원은 신의칙에 입각하여 국가배상 책임을 인정하는 획기적인 판결을 내렸다.[7] 현재 여건을 볼 때 이른바 공소시효가 지난 국가범죄에 대하여 형사처벌을 관철시키는 것을 기대하기는 어렵겠지만, 희생자의 권리를 신장시키고 재발방지체제를 구축한다는 의미에서 배상을 통한 화해방안을 열어놓은 것은 그나마 다행이다.

필자는 법과 감정 이론, 법과 문학, 회복적 정의(사법), 치료법학으로부터[8] 이 문제에 대한 접근방법을 얻었다.[9] 필자는 먼저 정치적 폭력과 관련하여 응보적 정의의 대안으로 떠오른 회복적 정의의 관념을 비판적으로 검토하고, 이청준의 『벌레 이야기』, 매슬로우의 필요의 성층 이론, 호네트의 인정투쟁을 결부시켜 용서와 화해에 이르기 위해서는 매개와 인정이 필요하다는 점을 논증하고, 마지막으로 화해의 주체로서 일반시민의 근본적 역할을 조명하고, 재발방지의 보증을 급진적인 시민정치에서 찾고자 한다.

2. 국가폭력 이후의 화해

1) 용서와 화해의 관념

용서와 화해의 문법을 검토하기 전에 이에 관한 관념들을 정리해보자. 종교적·윤리적 의미에서 피해자가 가해자를 향한 복수심을 버리는 것이 용서라면, 정치적으로 최고권력자가 죄수의 형벌을 면제해주는 것이 사면이다. 사면은 성격과 기원에 따라 은사(grace), 용서(pardon), 자비(clemency), 망각(amnesty) 등으로 불린다. 피해자가 복수권의 매도자였던 시대에는 복수와 용서가 피해자의 수중에 있으므로 당사자들 간에 균형점을 찾기 위한 노력이 경주되었다. 그러다가 복수권의 매매를 부정하고 처벌권을 국가에 집중시켰던 시대에는 용서와 사면이 각기 피해자의 사적 감정과 최고권력자의 특권으로 분열되었다.

반면 화해는 다투고 있는 당사자 간의 관계회복을 의미한다. 화해는 통상 상호 과오를 전제로 하지만, 전적으로 또는 주로 일방에게만 과오가 있는 경우도 있다. 나아가 화해는 개인적인 화해와 정치적 화해로 나뉜다. 개인적 화해가 가해자와 피해자 간의 관계복원을 의미한다면, 정치적 화해는 공적인 차원에서 집단적인 화합을 의미한다. 개인적 화해는 개인적 감정에 의존하겠지만, 정치적 화해에서는 이데올로기와 공적인 제도가 중요하다.

용서와 사면에 조건이 있는지에 대해서는 견해가 대립한다. 한쪽에서는 용서에는 어떠한 조건도 있을 수 없다고 하며, 다른 쪽에서는 용서에도 논리적 제약이 존재한다고 한다. 이는 신성한 권능으로서의 용서와 정의의 질서로서의 규칙 간의 갈등을 암시한다. 라드브루흐는 사면을 화석화된 정의를 치유하는 형평으로, 법의 경직성과 오류를 시정하고 법보다 높은 가치를 유입시키는 통로로 이해했다.[10] 정의만이 법과 세상을 지배하지는 않으며, 때로는 '폭력으로서의 법'에 대항하여 '사랑으로서의 법'이 작동한다. 물론 하늘이 무너지더라도 정의를 관철시켜야 한다고 생각하는 엄격주의자들에게 사면은 법의 지배를 깨뜨리는 이상한 유물에 지나지 않는다.[11]

데리다도 과거청산의 국면에서 법제사의 통찰에 입각하여 용서(사면)의 무조건성과 비정치성을 주목했다. 용서의 정치는 역설에 직면한다. 용서에 조건이 달린 것이라면, 예컨대 사소한 죄를 범한 자나 이미 죗값을 치른 자에게만 용서가 허용된다면 그것은 특별한 가치가 없는 불필요한 덤이다. 용서가 무조건적이라면, 즉 참회도 하지 않고 죗값도 치르지 않는 자에게도 허용된다면 그것은 정당화되기 어렵다. 데리다는 이 역설을 "용서는 씻을 수 없는 것만 용서할 수 있다(Forgiveness can forgive only the unforgivable)"라고 표현한다.[12] '씻을 수 없는 것'이 기독교적 의미에서 '죽음에 이르는 죄(mortal sin)'라면, 이 글의 맥락에서는 제노사이드나 인도에 반한 범죄라고 할 수 있다. 국제사회는 인도에 반한 죄의 사면이 인권규범에 위반된다고 규정한다.[13] 이러한 근본악(radical evil)을 용서할 수 있을까?[14] 어떠한 조건하에서 용서할 수 있을까?

2) 회복적 정의

용서와 화해가 아예 과거청산의 새로운 방식으로 추구되는 경우도 있다. 남아공 진실화해위원회와 르완다의 가차차 법정(Gacaca trial)이다. 남아공의 투투 주교는 진실화해위원회를 뉘른베르크 법정과 망각 사이 제3의 길로 규정하고, 아프리카의 윤리적 세계관으로서 우분투(Ubuntu)를 거론했다. 우분투는 복수심, 처벌, 분노 대신 관대함, 친절함, 배려, 용서, 회복을 의미한다.[15] 실제로 학자들은 남아공 진실화해위원회가 형사법정의 응보적 정의(retributive justice)와 다른 회복적 정의(restorative justice)의 모델이라고 평가한다.[16] 회복적 정의(사법)는 과장되게 표현하자면 기독교적-성서적 회복, 배려의 윤리, 원시법의 화해지향성 등이 가지고 있는 긍정적 이미지를 집약한 것처럼 보인다.[17]

회복적 사법은 피해자와 가해자 간의 관계회복, 당사자들과 공동체의 관계회복을 강조한다.[18] 이러한 회복적 정의는 북미와 유럽에서 1970년대에 소년범죄에 대한 대안으로 등장했다가 최근에는 아예 형벌에 대한 대안으로 널리 고려되고 있다.[19] 회복적 사법은 국가 중심, 처벌 중심의 법 관념에서 벗어나 피해자-가해자 조정, 가족집단 회의, 회복적 공동체 봉사활동, 피해자 심사단, 여타 피해자-가해자 대화나 근린분쟁 해결 등과 같은 회복적 조치를 포함해 형사사법체계나 교정 프로그램에 변화를 가져왔다. 유엔 경제사회이사회(ECOSOC)도 회복적 사법의 실현에 관한 원칙을 선언하고, 회원국들에게 형사사법적 정의의 모든 단계에서 프로그램을 활용할 것을 적극적으로 권유했으며, 절차에 자발적인 참여를 강조하고, 회복적 사법의 실무적 기준과 안전장치를 확립할 것을 권고하고 있다.[20]

형사처벌 대신에 진실고백, 사죄, 사면이라는 회복적 정의의 논리가 남아공의 진실화해위원회를 통해 구체적으로 실현되었다.[21] 회복적 정의는 제노사이드 문제를 다루는 르완다의 형사법정에서도 구현되었다. 그런데 르완다의 가차차 법정은[22] 응보적 정의와 회복적 정의를 동시에 추구했다. 르완다 내전에서 제노사이드와 인도에 반한 범죄의 혐의자는 수만 명에 이르렀는데, 유엔이 1994년 르완다 전범재판소(ICTR)를 설치하여 주요 전범들을 처벌했지만 수만 명에 이르는 하급 전쟁범죄자를 모두 처리하는 것은 불가능했다. 이에 르완다는 불처벌과 혼란을 극복하기 위해 가차차 법정을 도입했다. 가차차는 르완다 말로 '풀밭'이나 '풀밭에서 여는 전통적 민사재판'을 의미하는데, 그것이 이제 형사법정으로 발전한 것이다. 가차차 법정은 공동체 단위별로 수천 개가 설치되었으며, 지역공동체에서 신망 있는 보통사람들로 구성된 판사단이 피고인들에게 종신형까지 선고할 수 있었다. 법정은 피고인이 화해를 원하면 진실고백, 유죄 인정, 참회, 사죄의 과정을 거쳐 이들의 형량을 감해줄 수 있었다. 가차차 법정은 정의와 화해, 그 타협을 추구했다.[23]

3) 로컬리즘의 한계

남아공 진실화해위원회나 가차차 법정은 국가폭력을 겪은 사회에서 회복적 정의의 실례가 되었다. 피해자-가해자 조정에 기초한 회복적 정의의 담론이 국가폭력의 청산에서 피해자의 입장을 주목하고, 가해자와 피해자의 적극적 참여를 통한 가해자와 피해자 간의 관계회복, 개인과 공동체 간의 관계복원을 시도한다는 점에서 종래의 응보적 접근법과는 다른 장점을 보여주었다.[24] 그러나 이러한 회복적 정의의 관념이 정치적 개혁, 재발방지의 보증, 체제의 이행, 피해자들의 권리신장을 제대로 반영할 수 있을지는 의문이다. 특히 한국 사회에서 발생했던 정치적 폭력들의 특성을 고려할 때 이러한 관념은 실효성이 없어 보인다. 회복적 정의는 로컬리즘의 한계에 봉착할 우려가 높기 때문이다.[25]

우선적으로 정치적 폭력의 초점을 바로 '국가성'과 '집단성'에 두어야 한다. 회복적 정의는 국가 중심적 응보형 사법에서 벗어나 피해자와 가해자의 구체적 관계와 사회적 관계망에 주목했지만, 반대로 정치적 제노사이드(politicide)와 같은 정치적 폭력의 문제에서는 대규모 인권침해의 배후였던 정치권력, 패권세력의 책임 문제에 집중하지 않으면 안 된다. 구체적인 실행주체들이나 실행 맥락들도 갈등 해결에 중요하지만, 집단살해나 정치적 폭력의 구조와 정치적 이데올로기는 구체적인 실행주체들 속에서 충분히 포착할 수 없기 때문이다. 국지주의적 해법은 피아의 분계선이 분명한 종족적·종교적 갈등에 대해 유효하지만 한국전쟁 중 대량살상과 같이 정치적이고 이데올로기적인 제노사이드일 때는 그 가치가 의문스럽다.[26] 특히 정치적 배경이 국가적 차원을 넘어 지구적 패권과 연결되어 있는 것이라면 회복적 정의는 본질적인 약점을 드러낸다. 지구적 수준의 관계회복은 존재하지 않기 때문이다.

진실화해위원회가 회복적 조치로서 제시한 지역합동위령제를[27] 검토해보자. 합동위령제는 회복적 정의의 장점과 약점을 동시에 가진다. 즉 관련자들 간의 분노와 적개심을 누그러뜨리는 작용을 하지만 정치적 집단살해를 야기했던 국가제도를 근본적으로 혁신하지 않는다면 합동위령제는 공허하고 기만적인 시도에 그친다. 그런 의미에서 합동위령제는 말 그대로 상징적이다. 집단살해 희생자의 후손들과 관련 부대의 책임자들이 진지하게 합동위령제를 지내더라도 '빨갱이는 죽여도 좋다'는 묵시록은 법과 정치의 세계에서 사라지지 않는다.[28] 합동위령제는 학살 이데올로기에 대한 퇴마술이 아니기 때문이다.

회복은 항상 잃어버린 어떤 것, 파괴되었지만 좋았던 것을 돌이켜놓겠다는 함축을 갖기 때문에 그릇된 연상을 낳는다. 정치적 제노사이드(politicide)나 이데올로기적 제노사이드(ideologicide)를 야기한 구조를 전면적으로 해체하지 않은 상황에서, 회복이란 상처의 치유를 바라는 막연한 기도와 같다. 회복적 정의는 범죄의 구체적 실행주체들을 주목하기 때문에 국가를 다시 추상적 존재로 허구화하고 결과적으로 국가권력의 범죄성을 제대로 폭로하지 못한다.[29] 정치적 폭력이 지역공동체의 갈등이 아니라 국내적·국제적 헤게모니 속의 사건이라는 점을 놓치지 않을 때에만 정치적 폭력의 실상에 근접할 수 있다. 이러한 구도를 통찰하고, 동시에 정치적 또는 이데올로기적 제노사이드 이후의 목표가 공동체 속에서 함께 평화롭게 살아가는 것이라는 점을 인정할 때 회복적 정의의 제한적 효능을 바르게 활용할 수 있다.

여기에서 국가폭력의 국가성뿐만 아니라 이를 극복하기 위한 논의로서 시민정치의 필요성과 근원성을 강조할 필요가 있다. 정치적 제노사이드 이후의 사회에서 화해는 피해자의 상처를 보듬으면서도 상처와 갈등을 사소하게 만들지 않고, 시민 일반으로 하여금 기존 정치의 폭력적 본질을 깨닫게 하고, 정치적 폭력의 수혜층에게 비판적으로 맞서게 해야 한다. 이런 지향을 잠정적으로 국가 중심적 응보적 정의나 피해자 중심적인 회복적 정의와는 다른 시민정치적인 변혁적 정의라고 부르겠다.

3. 화해의 선행조건

1) 벌레 이야기

우선 피해자의 문제부터 살펴보자. 분노와 복수의 감정은 해악을 가한 자를 겨냥하므로 기본적으로 정의롭다.[30] 아리스토텔레스는 『니코마코스 윤리학』에서 온화(praotēs)의 덕을 갖춘 사람은 마땅한 때, 마땅한 상대에게, 마땅한 방식으로, 마땅한 시간 동안 분노한다고 상정한다.[31] 그러나 그 마땅한 정도를 적절하게 확정하는 것이 용이하지 않다. 분노와 복수의 감정은 상대의 태도와 주변 여건에 따라 격화되거나 완화되기 때문이다. 복수극은 정의 담론의 실마리다. 법정이 불법에 대한 정당한 응보를 소홀히 할 때는 법의 바깥에서 산과 들에서 민초들의 자발적인 복수극이 전개된다.[32] 권리를 위한 투쟁은 권리자 개인뿐만 아니라 전체 공동체를 위한 윤리적 투쟁이므로 이를 무마하려는 시도는 비겁한 처세술이다.[33]

만화가 강풀은 『26년』에서 주인공들로 하여금 5·18 학살자를 단호하게 처단하지 못한 국가를 대신하여 응보적 정의를 실현하게 한다. 「미하엘 콜하스」에서[34] 주인공 콜하스는 "인간으로서 남의 발에 짓밟히느니 차라리 개가 되겠다"고[35] 선언하며 자신의 권리를 뭉개버린 자들을 상대로 복수극을 전개했다. 그의 유혈 낭자한 복수극에 대해 신학자 루터는 "정의의 칼을 휘두를 소명을 가졌다고 자처하는 콜하스야, 온 몸에 부정의를 꽉 채운 주제넘은 인간아! 맹목적인 열정에 눈이 먼 채로 무슨 짓을 하고 있느냐?"라며[36] 질타한다. 과도한 분노는 자아를 파괴한다. 콜하스의 분노도 자신의 처형으로 끝이 난다.

복수보다 더 불행한 것은 실패한 용서이다. 복수심의 무절제한 표출과 마찬가지로 실패한 용서도 자아를 더욱 비참하게 파괴한다.[37] 이청준의 『벌레 이야기』는 자식을 유괴하여 살해한 범죄자를 용서하겠다는 어머니의 비극적 종말을 다루고 있다. 그 이야기를 요약하면 다음과 같다.

일암이 엄마는 외동아들을 유괴·살해한 죄인에 대한 복수심으로 몸부림친다. 그러나 유괴 살인범은 처음부터 끝까지 일암이 엄마의 손을 떠나 있다. 국가는 정의를 실현한다며 범인에게 사형을 선고한다. 그 사이 기독교에 귀의한 일암이 엄마는 죽은 일암이의 영혼이 구제받기를 간구하고, 사력을 다해 죄인을 용서하려고 감옥으로 찾아간다. 그런데 살인범도 이미 신을 영접하고 평안한 모습을 하고는 도리어 일암이 엄마에게 위로를 전하고, 일암이 엄마의 어떤 비난의 말도 달게 받겠다고 재체한다. 결국 일암이 엄마는 절망하여 하느님에게 용서할 권리가 누구에게 있는지 절규한다. 살인범은 항소도 포기하고 장기증여를 통해 여러 사람을 구하고 성자적 이미지로 죽는다. 일암이 엄마는 자살하고 만다.

『벌레 이야기』에서 두 가지 정도의 결론을 끌어낼 수 있다. 첫째로, 도덕적으로 용서할 권한은 가해자나 그의 기만구조로서 신이 아니라 피해자 측에 있다. 따라서 가해자의 자기용서는 부당하며, 신(제3자)의 용서도 피해자의 권리를 찬탈할 뿐이다. 둘째로, 용서의 가능성은 복수의 가능성을 전제한다. 복수의 현실적 수단이 피해자에게 전적으로 결여된다면 용서할 기회조차 사라진다. 이 논점은 크리스티의 '갈등에 대한 피해자의 권리(conflicts as property)'를[38] 통해 보완할 수 있다. 피해자는 우선 범죄로 인해 귀중한 가치(자식)를 상실했으며, 나아가 국가가 범죄자의 처벌 과정을 독점하고 피해자는 배제됨으로써 반사적으로 피해자는 구제와 회복의 기회마저 박탈당한다. 즉 국가권력이 정의의 유일한 실현자로 나선다면 피해자의 소외, 배제, 파멸이 예정된다. 크리스티는 갈등에 대한 피해자의 참여권을 통해 피해자의 회복, 치유, 권한 강화를 추구하는 회복적 정의를 보여주고 있다. 이로부터 피해자와 가해자 간에 적절한 매개 없는 화해는 기대할 수 없다는 점을 알 수 있다. 용서와 화해에 이르기 위해서는 가해자와 피해자의 상호공감과 신뢰구축이 필요하다. 신뢰의 구축과 가치의 교환 없이 순수증여처럼 제공된 용서—자기용서를[39] 포함하여—나 화해는 지속 가능성이 없으며 위태롭다.

한편 『벌레 이야기』나 '갈등에 대한 권리'가 국가폭력에 적용되면 헤게모니의 문제를 암시한다. 『벌레 이야기』는 본질적으로 개인적인 범죄에 대한 용서를 다루고 있지만 그 논지를 정치적 제노사이드나 국가폭력에도 확장시킬 수 있다.[40] 예컨대, 한국전쟁 중 정치적 제노사이드의 희생자 유족들은 기본적으로 가해자들에 대한 처벌 과정에서 자신들이 배제되었기 때문이 아니라 국가가 근본적으로 처벌권을 행사하지 않았기 때문에—불처벌(impunity)—분노하는 것이다. 간단히 말해서, 국가폭력의 피해자가 복수할 수도 없는 상황, 그리고 응보적 정의를 실현해야 할 국가 공권력이 제노사이드나 정치적 폭력의 가해자들을 공소시효 법리에 따라 처벌하지 않는 상황에서, 가해자들을 용서하겠다는 피해자의 태도나 의향은 무의미하다. 한마디로, 가해자를 처벌할 수 있을 때 논리적으로 용서할 수도 있는 것이기 때문에, 가해자를 처벌할 수 없는 상황에서 가해자를 용서하겠다는 마음은 참으로 공허하고 허망할 뿐이다. 용서의 가능성은 처벌의 가능성을 전제한다.

2) 지속 가능한 화해

복수와 증오의 감정은 본질적으로 자아에 대한 존중감뿐만 아니라 사회질서에 대한 존중감과도 얽혀 있다. 분노하는 피해자에게 속히 증오의 감정을 버리고 가해자를 용서하라고 채근하는 태도는 피해자의 자존심을 해치고 용서의 자발적 성격을 훼손시킨다. 물론 피해자들도 스스로 용서와 화해의 문을 열 수 있다. 그 이유가 피해자의 소심함, 길들여진 비겁함, 대인다움, 마음의 평온, 가해자의 사죄, 잔인한 세월, 정치적 포석, 종교적 독실함일 수도 있다. 그러나 중요한 점은 증오와 복수의 감정이 저절로 승화되어 화합에 이를 수는 없다는 것이다. 적절한 매개나 완충장치가 있어야 한다. 무매개적인 용서나 화해는 인간적인 난점을 극대화하고 도덕적 혼란을 부채질한다. 지속 가능한 용서만이 사회에 평화를 확산시키고 인간적인 관계를 돈독하게 만든다. 그런 관점에서 보자면 용서와 화해는 인간적 욕구와 열망의 대략적 충족을 통해 인간과 삶에 대한 긍정적 감정을 회복한 상태로 규정할 수 있다. 용서는 인간의 삶에 희망을 느끼고 인간적 욕구가 충족되는 가운데 창출되는 정신적 잉여이다. 이러한 용서는 자신의 상처와 가해자의 죄의식마저 치유하는 에너지원이다.

정치적 폭력에서 용서와 화해는 기본적으로 정의의 실현을 요구한다. 이행기 정의는 형사처벌, 피해배상, 제도개혁으로 요약된다. 처벌 없이 배상을 시행하는 사례도 있고, 간단히 과거를 덮으려는 망각협정도 있다. 이 차이는 본질적으로 정치적 세력관계에서 비롯된다. 세력관계상 응보적 처벌을 시행할 정도에 이르지 못할 때 피해배상이 타협책으로 제시되며, 피해배상을 제공할 정치적 역량도 형성되지 못한 곳에서는 공허한 상징적 조치들이 난무한다.

필자는 여기서 화해지향적 담론은 가해자에 대한 응보적 처벌보다는 다른 경제적 사회적 정치적 요구를 실현시킴으로써 화해의 교환조건을 마련할 수 있다고 생각한다. 정치적인 화해에 이르는 과정은 여러 단계지만, 화해의 선행조건부터 검토해보자.

왈드먼은 인간주의 심리학자 매슬로우의 욕구의 성층 이론을 활용하여 르완다의 정치적 상황에서 화해의 선행조건을 검토했다.[41] 매슬로우는 인간의 기본적 욕구를 생리적인 욕구들, 안전의 욕구, 사랑·소속의 욕구, 존중의 욕구, 자아실현의 욕구로 단계화했다([그림 1] 참조).[42]

매슬로우는 자아실현의 단계를 중심적으로 논의하면서 보다 낮은 차원의 욕구가 충족된 다음에 보다 높은 차원의 욕구가 작동한다고 주장했다. 그는 아인슈타인과 같은 자아실현형 인간은 이제 낮은 단계의 욕구들에 의존하지 않고 완성적인 덕을 추구하고, 조화와 화해를 추구하고 현실의 문제를 창의적으로 해결하는 특징을 보인다고 설명한다. 매슬로우는 자아실현형 인간들을 움직이게 하는 동기—창의성, 조화, 자발성, 풍성함, 완성 등—를 메타욕구(metaneeds)나 메타동기(metamotivation)로[43] 규정했다.

이러한 심리학적 성층 이론을 제노사이드 문제를 포함하여 정치심리학의 기본적 틀로 발전시킬 수 있다. 이러한 논의틀로 국가폭력의 피해자들이 각종 트라우마—증오심, 복수심, 좌절감, 고립감 등—에 억눌린 인간에서 주체적인 인간으로, 분열과 위기의 인간에서 조화와 화해

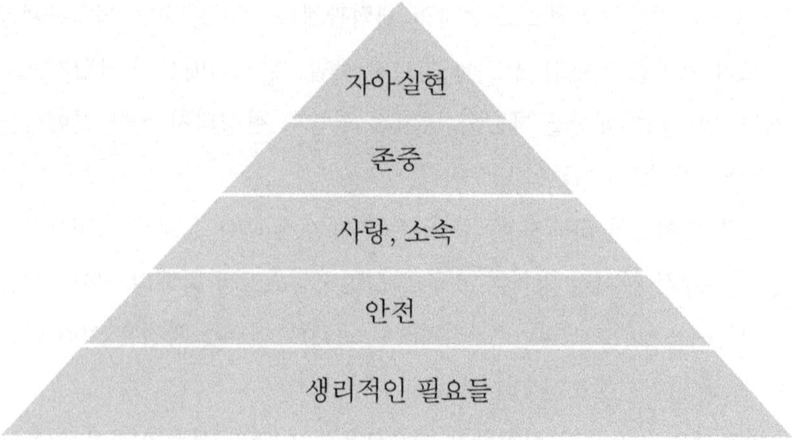

자아실현
존중
사랑, 소속
안전
생리적인 필요들

[그림 1] 매슬로우의 욕구의 성층

의 인간으로 상승해가는 과정을 해명할 수 있다. 주체화의 과정은 인간들의 필요와 연동되므로 희생자들의 정치적, 사회문화적, 경제적 위치에 따라 상이한 수준에서 전개된다. 심지어 '복수는 나의 힘'이라고 천명하는 자의 복수심과 증오감조차도 비형사적 안전장치를 통해 이완시킬 수 있다.

왈드먼은 르완다에서 외상후 스트레스 장애(PTSD)에 시달리는 피해자들의 경제적 지원과 화해의 교환 가능성을 제시했다. 곤궁한 피해자들에게는 자식에게 먹일 우유의 공급이 중요하다. 곤궁한 여성들은 내전의 와중에 잃어버린 가축들 때문에 현재 심각한 빈곤상태에 있으며, 전쟁과 학살에 대한 이들의 트라우마는 경제적 상실감과 연결되어 악화되고 있으므로 이들에게 경제적 자립여건을 조성하는 것이 화해의 첩경이라고 말한다. 제노사이드 희생자들이 살아가는 모양새는 구차하지만, 이러한 구차함을 포용하려는 사고만이 진짜 화해의 이론이라고 할 수 있다. 이러한 단계 이론은 인간의 다양한 욕구와 특성을 이해하게 함으로써 고차적인 단계에 대한 전망을 제공한다. 고차적인 필요들을 더욱 충실하게 고려한다면 왈드먼의 시도는 종합적인 화해론으로 발전시킬 여지가 많다.

특히 비형사적 안전장치는 피해자에 대한 배상이나 경제적 지원에 그치지 않고, 공공성의 차원—공적 시민윤리, 제도적 개혁, 민주정치—에서 구성할 수 있다. 그런 맥락에서 할데만은 호네트나 프레이저의 인정투쟁 이론을 수용하면서 과거청산의 문제를 다루고 있다.[44] 인정투쟁은 헤겔 철학의 핵심적 개념으로서, 사회 안에서 배제된 자들이 자신의 존재를 사회적으로 인정받기 위해 벌이는 투쟁을 의미한다. 인종적, 민족적, 종교적, 성적, 정치적 소수집단들은 이러한 투쟁을 통해 자신들을 사회 외부적 존재에서 사회 내적 존재로 상승시켜왔다. 소수자들이 정치적 폭력의 희생자가 되었던 것이 인간의 역사였기 때문에 이러한 인정투쟁 이론은 바로 제노사이드 피해자들의 회복 과정을 설명하는 데도 유효하다.

정치적 폭력의 피해자는 정치적 차원에서 또는 사회문화적 차원에서 배제되어 있기 때문에 그들의 인정욕구는 사회문화적 수준뿐만 아니라 정치적 수준에서도 드러난다. 따라서 그들이 국가폭력의 희생자였다는 점, 그들이 사회적 대의를 위해 투쟁했다는 점 등을 사실로 인정하고 그들에게 적절하게 포상하는 것이 화해의 교환조건이다. 그들은 현재까지도 인정을 얻지 못함으로써 매슬로우의 성층구조에서 보자면 존중과 자아실현을 방해받고 있다. 공동체는 이들을 윤리적 주체로 인정하고, 정치적 성원으로서 참여를 보장해주어야 한다. 주체의 역량 강화는 물질적 보상 또는 경제적 재분배 조치까지도 포함한다.[45] 이렇게 강화된 주체는 자아를 실현하는 단계에 이르러 마침내 분노와 복수심에서 해방되고 조화와 화해를 추구하게 된다. 화해의 교환조건은 주체들의 경제적 보상에 그치지 않고 사회적 인정이나 정치적 대표와 참여까지 포함한다. 그러나 이러한 교환조건을 단순히 개인적 거래로 파악해서는 곤란하다. 화해는 피해자의 개인적 문제가 아니라 제도적인 문제이다. 세계인권선언도 모든 인간이 '인권이 전면적으로 실현될 수 있는 세계'를 보유할 권리를 가진다는 점을 밝히고 있다.[46] 그것은 의미상 권리가 아니라 의무를, 즉 인권이 전면적으로 실현될 수 있는 세계를 창조할 모든 인간의 의무를 말한다. 화해의 교환조건은 달리 말하면 인권이 전면적으로 실현될 수 있는 세계이다. 이는 화해의 최종조건과 관련된다.

4. 화해의 최종조건

1) 개인적인 화해와 정치적 화해

피해자와 가해자 간의 정서적 공감으로서 개인적인 화해의 시각이 정치적인 영역에 투영되었을 때 범주의 착오를 유발할 수 있다. 화해를 피해자의 개인적 의사에 의존시키는 한 혼동은 불가피하다. 이러한 혼동이 특히 나쁜 영향을 미치는 경우가 있다. 가해자의 고백과 참회가 없는데도, 제노사이드나 고문을 야기한 정치와 그 구조에 혁신이 없는데도, 피해자가 가해자를 용서한 때이다. 이러한 대인적 풍모가 피해자뿐만 아니라 가해자에게 긍정적인 변화를 유발할지도 모르지만, 이런 상태에서 이루어진 용서는 대체로 폭력의 트라우마로부터 개인적인 도피에 가깝다. 이러한 용서는 정치적 폭력과 그 경험의 사유화이다. 무조건적인 용서는 정치적 포상을 독점하기 위해 과거의 공적을 과장하는 사나운 행태보다 도덕적으로 더 나쁘다. 독점욕은 여전히 희생의 정치적 대의를 인정하고 있는 것이지만, 무조건적인 용서는 그러한 대의마저 폐기하기 때문이다. 무조건적인 용서는 정치적 폭력을 낳은 사회와 시민들에 대한 피해자의 좌절된 분노의 뒤틀린 표출에 지나지 않는다. 무조건적인 용서는 정의를 초월한 용서라기보다는 '부정의한 용서'이다.

정치적 폭력은 개인적인 차원과 정치적인 차원을 구별해야 한다.[47] 정치적 폭력은 희생자인 구체적인 개인들에게 가해졌지만, 그 폭력은 행사의 시점부터 역사의 종말까지도 개인적인 것이 아니라 철저하게 집단적이고 공공적인 것이다. 제노사이드는 종으로서 인간에 대한 범죄, 즉 이미 살해당한 인간뿐만 아니라 현재 살아 있는 인간, 그리고 미래에 태어날 인간에 대한 범죄이다. 따라서 정치적 폭력이나 제노사이드를 저지른 자를 용서할 권리도 구체적이고 개별적인 인간에게는 없으며, 심지어 학살당한 사람조차도 학살자를 용서할 권리를 보유하지 않는 것으로 보인다.

이제 이승만 유족의 사죄투쟁을 해명해보자. 이들은 4·19 희생자들과 그 유족들에게 사죄를 표명했지만 당사자들은 그 뜻을 거부했다. 그런데 중요한 사항은 4·19 희생뿐만 아니라 한국전쟁 중의 정치적 제노사이드나 정치적 폭력을 둘러싼 용서나 화해가 희생자들의 처분사항이 아니라는 점이다. 개인적 차원에서는 희생자 유족이 가해자를 용서할 권리를 갖겠지만, 공적인 의미공간에서는 정치적 제노사이드와 폭력에 관한 용서권은 유족에게도 존재하지 않는다. 개인적 차원의 갈등에 대한 피해자의 권리(conflicts as property)와 달리 '제노사이드에 대한 권리(genocide as property)'는 희생자의 개인적인 권리가 아니라 공동체의 권리(res publica)이다. 가해자가 개인적인 차원에서 희생자의 용서를 받을 수도 있겠지만, 그는 공적인 차원에서는 공화국(republic)을 파괴한 공공의 적에 지나지 않는다. 공적인 의미공간에서 제노사이드나 정치적 폭력의 희생자는 희생자 유족에 그치지 않고 국민 전체나 인류 전체—미래의 인류까지 포함하여—라고 보아야 한다. 결국 4·19의 객관적 시대정신이나 세계시민적 정신만이 용서와 화해의 개인적 차원과 정치적 차원 간의 혼동을 피할 수 있게 한다.[48] 공화국 파괴자에 대해서는 정치적 차원에서 공공적 증오를 영구히 기억하는 것이 정치적 화해의 핵심을 이룬다. 공공적 증오의 영구화만이 바로 제노사이드에 대한 불침번이 되기 때문이다.

2) 보편적 시민성

제노사이드를 순전히 자연적 행위의 맥락에서 관찰한다면 국가는 행위자가 아니다. 국가를 이루고 있는 구체적 인간들만 행동할 뿐이다. 국가범죄는 구체적인 실행행위자들, 그리고 지휘계통을 통해 연결된 상층부나 헤게모니 블록의 공동범죄이다. 국가의 공권력을 매개로 이루어진 범죄라는 점에서 국가범죄가 된다. 정부의 대표자들, 공직자들, 군인, 경찰, 여타 실행행위자들이 구체적으로 범죄주체라고 하더라도 정치적 폭력에서 국가의 범죄성과 책임성을 배제할 수 없다. 그 모든 것에도 불구하고 국가는 범죄의 최고주체다. 따라서 '진실화해를 위한 과거사정리기본법' 제34조가 "국가가 가해자에 대하여 적절한 법적·정치적 화해조치를 취해야 하며"라고 규정한 것과 제39조가 "위원회와 정부는 가해자의 참회와 피해자·유족의 용서가 이루어질 수 있도록 가해자와 피해자·유족 간의 화해를 적극 권유하여야" 한다고 규정한 것은 국가의 범죄성과 책임성을 넌지시 희석시킨다.

물론 국가범죄는 완전한 개념이 아니다. 국가는 개인과는 달리 양심을 갖지 않으며, 윤리적 모순에 빠지지도 않는다. 개인들만이 양심을 가지고 도덕적으로 사유한다. 그런데 전통적인 개인주의 행위론에 따르면 대다수 시민들은 실행행위에 가담하지 않았기 때문에 형사적 책임을 지지 않는다. 그러나 정치적·이데올로기적 제노사이드나 정치적 폭력의 집단적인 특징을 주목한다면 일반시민이 책임이 없다고 말할 수 없다. 제노사이드 실행자들조차 개인으로서 행동하는 것이 아니라 의식적으로든 무의식적으로든 국가, 민족, 정파, 조직, 단체 등과 같은 집합체의 일원으로서 행동하기 때문이다. 폭력의 집단성은 그 폭력이 특정 집단의 성원들만 겨냥한다는 바로 그 사실 때문에 극명하게 확인된다. 이른바 '대한민국 정통세력'이라는 표현이 이러한 집단적 가해자 주체성을 잘 대변해준다. 정치적 폭력에 내포된 집단성으로 인하여 정치적 폭력은 시민 전체가 책임져야 할 사항이 된다. 물론 시민들의 책임은 제노사이드의 명령자나 구체적 실행자들이 지는 형사적 책임과 동질의 것이 아니다.

야스퍼스는 제2차 세계대전 후 홀로코스트와 관련하여 독일 민족 전체에게 책임을 부과할 수 없다고 주장했다. 그는 독일 민족의 범위가 불분명하고, 독일인 여부를 판정하는 결정적인 기준이 없다고 보았다. 민족은 수난을 겪을 수도 없고, 범죄자가 될 수도 없으며, 개인들만이 행위자라고 주장했다.[49] 제2차 세계대전 후 전범재판도 개인책임의 원칙에 따라 전쟁과 제노사이드에 대한 형사책임을 정치적 군사적 핵심인물 위주로 추궁했다. 그러나 앞서 언급한 바와 같이, 개인들의 행동조차도 개체적 수준을 넘어 정치적 수준을 가지고 있기 때문에 제노사이드나 정치적 폭력의 배후로 작용하는 시민들에게 책임을 추궁하지 않으면 안 된다. 개인주의적 행위론은 실행자와 무고한 자라는 이분법에 입각해 있기 때문에 오히려 집단적 범죄와 집단적 책임의 실상에 적합하지 않다. 실제로 집단살해는 광신도들만으로는 실행되지 않으며, 일반시민들의 방관, 지지, 열광이라는 정신적 가담뿐만 아니라 물리적 가담을 필요로 한다. 일반시민들이 무슨 근거로 왜 책임을 져야 하는가에 대해서 논란이 있지만, 밀러는 구체적 행위, 결과, 의향, 공유가치, 관행 동조, 편익 향유, 역량, 소속, 연대 등을 책임요소로 제시했다.[50] 제노사이드와 정치적 폭력을 자행한 사회의 시민은 결국 책임을 면할 수 없을 것이다.

일반시민들은 제노사이드 희생자들과 관계에서 가해자의 측면을 갖지만, 광적인 정책을 추진한 지휘부와의 관계에서는 피해자의 얼굴도 가진다. 일반시민은 이와 같은 이중적인 연루 때문에 처음부터 제노사이드 범죄자를 처단할 수 있는 보편적 청중은 아니다. 시민들은 이러한 이중성을 집단적으로 인정하는 경우에만 보편적 시민성에 이를 수 있다. 보편적 시민성은 집단살해의 이데올로기와 살육적인 정치체제를 극복하는 지렛대이다. 화해는 다양한 관계에서 말할 수 있다. 집단살해 이후의 사회에서는 존재하는 모든 인간은 모든 인간을 상대로 사죄와 화해를 말해야 한다. 그러나 결정적인 차원은 앞서 말한 이중성을 가진 시민들이 제노사이드와 그 역사를 자신의 과오로 수용함으로써 자신과 화해를 이루는 데 있다. 이는 제노사이드의 결과를 제도로서 국가에게 책임지우는 데 그치지 않고, 시민 전체를 제3의 책임 실체이자 주체로 상정한다. 이때 책임은 단지 과거를 지향하는 게 아니라 미래를 지향하여 현재의 제도를 혁신하는 정치적 책임이다. 개체적 차원뿐 아니라 집단적 차원에서 일반시민의 자기화해 또는 자기지양은 보편적 시민성을[51] 생성시킨다. 보편적 시민성은 위기의 시기에 타오르는 파쇼적 폭민성이나 구질구질한 속물성을 극복한다. 보편적 시민성은 정치적 폭력 아래서 길들여지고 왜곡된 자아상에 대한 근본적인 투쟁과 지양을 함축한다. 이러한 시민성은 과거청산과 관련하여 몇 가지 중대한 책임을 전제하지 않을 수 없다.

우선적으로, 최소한 연대에 기초하여 피해배상에 관한 책임을 공유하는 것이다. 과거청산에서 형사처벌론은 일부 악한에 대한 책임추궁이므로 폭력적 사회와 그 구성원들의 다차원적 책임실태를 따라가지 못한다.[52] 공동체의 구성원 각자에게 책임을 분배하는 것이 필요하며, 그에 적합한 예가 비형사적 제재로서 배상책임이다. 배상은 재발방지의 첫 번째 약속이다. 물론 용맹한 시민성은 칸트의 발언을 염두에 두고 제노사이드를 일삼는 국가를 영구히 해체하고 자연상태로 돌아가자고 제안함과 동시에 자연상태로 돌아가기에 앞서 제노사이드 범죄자들을 완전하게 처단해야 한다고 주장할 것이다.

나아가 보편적 시민성은 집단적 기억을 만들고 전파시키는 책임을 부담한다.[53] 가해자로서 집단적인 책임의 고백—후속 세대의 경우에는 선대의 역사를 자신의 역사로 수용하는 태도—을 바탕으로 인권 친화적 관점을 체득하고 제노사이드 이전과 이후를 근원적으로 단절하려고 노력한다. 보편적 시민성은 제노사이드에 대한 기억을 공유하고 학살의 원인에 대해 항구적 긴장을 유지한다. 당연히 인권침해를 정상화하거나 정당화하는 관행과 이데올로기에 대한 투쟁을 수행한다. 마지막으로, 학살의 재발 가능성에 대한 불침번으로서 보편적 시민성은 정치적 폭력을 야기했던 정치와 국가의 구조를 전면적으로 혁신하고, 인권옹호의 법제도뿐만 아니라 견제와 균형의 정치구조를 완비해야 한다. 여기서 말하는 견제와 균형은 기능적인 삼권분립이 아니라 정치적·경제적 권력과 인간의 근본적 균형을 의미한다. 제노사이드 이후의 정치적 균형은 제노사이드를 자행하는 국가권력과 전쟁이나 비상사태에서 말살당하는 인간들 사이의 근원적 대칭성을 의미한다.[54)]

3) 법치주의와 시민정치

물질적인 배상이나 사회적 인정조치들은 희생자들에게 주요한 관심사가 되겠지만 공공적 차원에서 근본적 관심사는 재발방지체제의 구축이다. 그것이 정치적 화해의 최종조건이다. 인권보장체제와 법의 지배 등을 확립하여 전쟁과 비상사태에도 이를 관철시키는 것이 전쟁법치주의이다. 인도법 최저기준(minimum humanitarian standards)은[55)] 아마도 인류가 도달한 최고의 전쟁법치주의이다. 인도법 최저기준은 구금의 제한과 통지제도, 계엄당국에 대한 사법적 통제, 계엄군사법원 설치의 금지, 계엄하에서 정치적 사건에 대한 재판금지, 비상사태에서 사형금지 등을 포함하고 있다. 아마도 우리나라의 특수법제인 국가보안법이나 이데올로기적 규제장치의 폐지도 포함시켜야 할 것이다. 문제는 이러한 인도법 최저기준을 실현시킬 정치세력이 별로 없다는 점이다. 개혁적 정당도 제노사이드를 야기한 폭력적인 세계관이나 전쟁정치관에서 완전히 벗어나지 못한다. 과거 노무현 정부도 국익을 이유로 정당성이 매우 의심스러운 전쟁에 한국의 젊은이들을 파견했다.

한국전쟁 당시에는 오늘날과 같은 보편적 인권 관념이 확산되지 않았기 때문에 제노사이드가 저질러졌으며, 21세기 대명천지에 그런 폭력은 더 이상 자행되지 않을 것이라는 반론을 예상할 수 있다. 그러나 이런 입장은 역사적 사실에 기초한 객관적 판단이 아니라 그저 희망사항에 지나지 않는다. 자유주의적 법치주의도 적과 동지의 이분법에 입각한 정치, 그리고 비상사태뿐만 아니라 평화 시에도 정치적 반대자를 제거해야 할 적으로 규정하고 살육하는 정치, 즉 '전쟁정치'로부터[56] 벗어나지 못하고 있기 때문에 향후 제노사이드의 재발방지에 대한 보증이 되지 못한다. 자유주의적 법치주의는 '전쟁에서는 법이 침묵한다'는 불문율 아래서 '평화와 전쟁의 구분법'과 '원칙과 예외의 구분법'으로 위안을 삼는다.[57] 헤게모니 블록에 대한 위협이 조금이라도 감지되면 그러한 체제는 언제든지 예외상태로 변전한다. 법치주의의 공간은 상황에 따라 축소되고 배제된다.[58]

군대나 보안기구를 철저하게 법의 통제 아래 두려는 자유주의적 요구는 정당하다.[59] 그러나 어려움은 법치주의를 달성하는 데 있지 않고 그러한 법치주의가 전쟁과 제노사이드를 막지 못한다는 데 있다. 일국의 법치주의는 전쟁과 제노사이드에 대한 방어장치가 될 수도 없다. 평시이든 전시이든 정치적인 이유로 연행당하거나 고문당하거나 추방당하거나 살해당하거나 바다에 투기되지 않을 권리가[60] 법치주의의 관철을 통해 획득될 수도 없다. 제노사이드의 희생자가 되지 않을 권리는 국가나 법률에 의해 확보되지 않는다. 헤게모니 블록에 대항하는 투쟁을 통해 시민이 정치를 재구성할 때 그러한 권리는 획득된다.[61] 처음부터 시민은 비상사태에서 국가권력에 의해 보호받는 존재가 아니다. 권력은 시민의 인권을 억압하고 배제하기 위해 비상사태를 선포하기 때문이다. 재발방지의 보증은 국가권력이나 헤게모니 블록이 아니라 시민이 전쟁과 평화를 인권친화적으로 결정할 때 확보된다. 정치가 시민의 공유재산이 될 때만 전쟁의 수단으로서 제노사이드를 폐지할 수 있다. 정치적 대립과 사상적 갈등을 이유로 정치적 반대파를 말살하지 않으며, 갈등과 대립을 살아가는 정상과정으로 이해하고 매일매일 타협을 이루려는 민주적인 시민정치,[62] 급기야 전쟁조차도 민주주의에 복속시키는 전쟁민주주의만이[63] 집단살해를 영구히 추방할 것이다.

5. 화해의 피라미드

정치적 폭력에서 살아남은 사람들은 트라우마 때문에 종종 자해적인 죽음을 맞이한다. 속수무책의 절망감에서 희생자들을 구출해내는 과정이 회복이고 치유이다. 가해자들도 폭력의 기억과 죄의식 속에 살고 있다. 국가가 피해자를 구제하는 것은 가해자들의 죄의식과 피해자의 트라우마를 치유하는 과정이기도 하다. 국가가 정치적 폭력의 진실을 규명하고 인정하고, 그리고 재발방지의 체제를 확립할 때 용서와 화해의 여건도 무르익어간다. 화해는 개인적 차원에서 공감의 문제로 그치지 않는다. 화해는 정치적·구조적 문제이자 일반시민의 자기지양의 과정으로 이해된다. 그래서 국가권력 자체보다는 권력의 근본적 변혁을 추구하는 정치와 그 주체로서 시민이 중요하다.

필자는 정치체제와 도덕의식의 차원에서 복수와 분노로부터 화해에 이르는 과정을 '화해의 피라미드'로 제시해보았다([그림 2] 참조). 화해의 문법은 매슬로우의 욕구의 성층 이론을 재구성한 것이다. 간단히 말해서 도덕의식의 발전과 정치체제의 변혁을 통해 복수심에서 벗어나 화해에 이른다는 취지이다. 제노사이드를 폐기하는 집단적 자아실현을 마지막 단계로 상정할 수 있다. 가장 아래층의 직접적인 피해자집단은 분노와 복수의 감정에서 출발한다. 정치체제의 관점에서는 응보나 피해회복의 법적 책임을 이행하고, 법치주의를 제도적으로 구축하고, 정치를 민

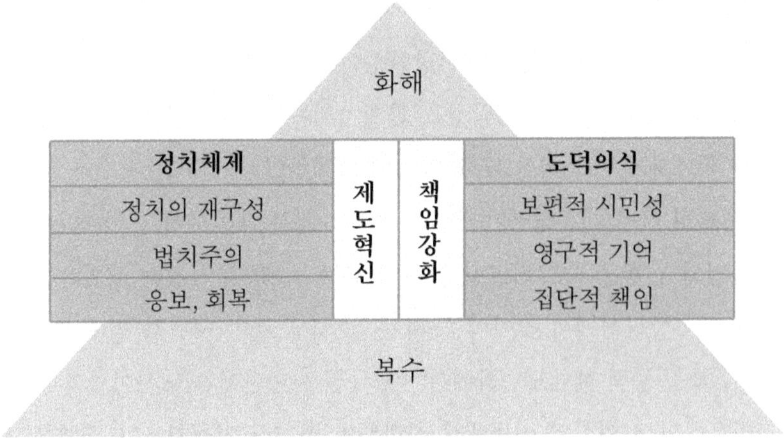

화해

정치체제	제도혁신	책임강화	도덕의식
정치의 재구성			보편적 시민성
법치주의			영구적 기억
응보, 회복			집단적 책임

복수

[그림 2] 화해의 피라미드

주적으로 재구성할 것을 요구한다. 도덕의식의 차원에서는 시민이 인권 침해에 대한 집단적 책임을 인정하고, 영구적 기억(anamnesis, 想起)을 확립하고, 보편적 시민성에 도달하는 것을 요청한다. 일반시민들이 망각과 무시에서 벗어나 제노사이드의 진실을 상기할 때라야 희생자들도 악몽을 떨치고 망각(amnesia)과 용서(amnesty)에 이르게 된다. 결국 시민들이 정치적 제노사이드의 결과를 수용함과 동시에 정치적 제노사이드를 영구히 폐기하는 평화의지를 정치적으로 구조화할 때 정치적 화해가 달성된다.

마지막으로 사면의 문제로 가보자. 사면은 정치적 이해관계에 초연한 비정치성을[64] 요구하는데, 유럽의 법제사를 보면 주로 성속의 구분에 의존해왔다. 세속통치자가 사면권을 행사할 때 그는 본질적으로 초월의 요청 아래 서게 된다. 세속통치자가 신의 모방인 사면권을 정치적 이해득실에 따라 행사한다면 그는 사면의 순정성을 파괴하게 된다. 그래서 중세의 권력자들은 불구대천의 대역죄인에게 사면권을 행사하거나 수도

원의 원장으로 하여금 처형장에서 석방할 죄수를 선택하게 하는 낭만적인 장면을 연출했다. 신성성과 낭만성이 법의 세계에 작동했다. 그런데 현대 세계에서 이러한 초월성을 관철시키는 방법은 점차 봉쇄되었다. 물론 독재체제가 붕괴한 후에 과거에 박해받았던 민주적 지도자—예컨대 체코의 하벨 대통령—가 구체제의 박해자를 대범하게 사면한다면 자기사면의 난점을 누그러뜨릴 수는 있겠다. 그러나 진정한 해법은 민중사면의[65] 상징성에서 찾아야 하지 않을까! 오로지 시민적 민주정치 아래서, 즉 민주적 헤게모니하에서[66] 행사된 사면만이 제노사이드의 위험, 트라우마와 죄의식의 어둠에서 시민뿐만 아니라 가해자조차 구제할 것이다. 결국 완전한 민주주의와 제도의 구축만이 영속적인 화해를 가능하게 한다.

| 2부 | 차별

— 사회제도와 트라우마

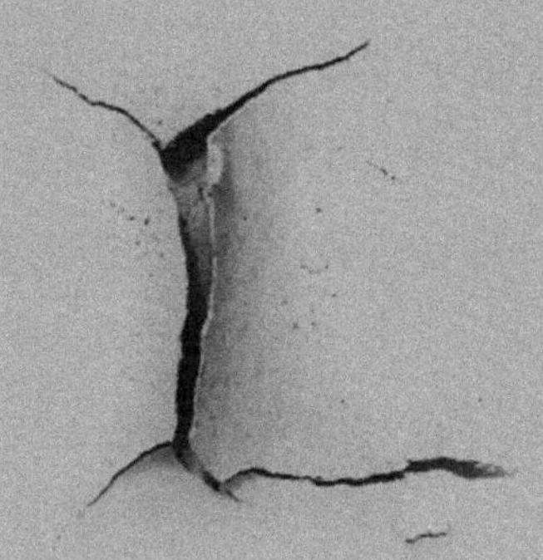

우리는 소모품이 아니다
—쌍용차 사례를 통해 본 정리해고와 사회적 배제*

정진주 _ 사회건강연구소 소장

1. 서론

IMF를 기점으로 우리 사회에 더욱 비중 있는 문제로 자리 잡기 시작한 사회문제 중 하나는 해고와 실업이다. 해고와 실업은 사회안전망이 취약한 한국 사회에서 본인과 가족의 삶을 엄청나게 변화시키는 중대한 요인이 된다. 2000년대 들어서는 정리해고가 기업의 이해를 위해 구조조정의 주요 수단으로 시행되어왔다. 쌍용자동차, 시그네틱스, KEC, 진방스틸, 한국공항공사, 재능교육 등 이 글에서 다 열거할 수 없는 많은 사업장의 노동자들이 갑작스런 해고로 고통을 받아왔고, 현재도 받고 있다. 특히 쌍용자동차 노동자의 정리해고는 2000년 초반 대우자동차 노동자의 해고 이후 우리 사회에 커다란 파장을 몰고 온 사건으로 자리매김하고 있으며, 원고를 쓰고 있는 현재도 해고자의 복귀나 문제해결이 제대로 이루어지지 못하고 있는 실정이다.

쌍용자동차에서 발생한 정리해고는 구조조정을 이유로 2009년 1만 명이 넘던 노동자 중 희망퇴직자 2,405명, 정리해고자 159명, 무급휴직자 462명, 정직 후 복직이 안된 유급휴직자 72명 등 3,000명이 넘는 사람들이 자신들이 일하던 공장에서 하루아침에 해고된 사건이다. 쌍용자동차의 정리해고와 관련하여 매스컴을 통해 우리에게 알려진 사실은 정리해고에 반대하는 시위자의 모습, 24명의 자살자로 이어지는 죽음의 행렬에 관한 것이 대부분이다. 많은 일반인들에게는 아직도 구조조정으로 가야만 했던 쌍용자동차 부실화의 원인, 정리해고의 근간이 된 구조조정의 정당성, 이후 또 다른 해외자본의 쌍용자동차 인수 등에 대해서 잘 알려져 있지 않다. 이 글을 쓰고 있는 현재도 국회에서는 그 정당성에 관한 새로운 사실이 속속 밝혀져 정리해고가 부당했다는 근거가 드러나고, 정리해고에 대한 법원의 무효 판결이 이어지고 있다.

그럼에도 기업의 갑작스런 구조조정 단행과 이를 지켜보고만 있었던 정부, 정리해고에 맞서 강력한 파업으로 맞섰던 노동자와 그들에 대한 폭력적 탄압, 그리고 정리해고 이후 노동자들을 위한 어떤 후속조치도 없었던 상황과 관련하여, 우리는 국가와 기업의 역할에 대해 논의할 필요가 있다. 또 이러한 과정을 겪으면서 변해버린 이들 노동자의 복잡한 삶에 대해서도 이야기해보고자 한다. 정리해고자의 연이은 죽음이 일부 매스컴에 등장하기는 했지만, 개인이나 그 가족, 친구, 동료, 공동체가 어떤 변화를 경험했는지, 그들의 일상은 무엇 때문에 현재의 모습으로 변화되었는지, 정리해고자의 삶은 어떠한지 들여다보는 시선은 별로 많지 않았기 때문이다.

쌍용자동차 사건과 해고자에 대한 다양한 자료는 통합적이지는 않더라도 이미 여러 형태로 존재하고 있다. 또한 쌍용자동차 정리해고를 포괄적으로 다룬 첫 번째 작품인 공지영의 『의자놀이』(2012)는 르포르타주 형식을 빌려 정리해고를 의자놀이에 비유했다. 사람 수보다 적은 의자를 놓고 빙글빙글 돌다 누군가 외치는 구령 소리에 의자를 먼저 차지해야 하는 의자놀이를 노동자들끼리 생존을 걸고 싸우는 정리해고에 적용했다. 정작 이런 게임을 하게 만든 자본은 '유령'이 되어 잘 보이지 않으면서 의자놀이라는 게임은 지속되고 있다고 보면서 정리해고에 대한 사회적 관심을 확산시킨 바 있다. 더 나아가 정해윤의 『그의 슬픔과 기쁨』(2014)은 쌍용차 정리해고에 대항해 선도투쟁을 했던 26명의 구술사를 통해 궁극적으로 정리해고 반대투쟁에 참여했던 이들이 어떤 생각을 하고 있는지 밝혀주었다. 이 책은 투쟁 과정을 통해 참여자들이 처음과 달리 새로운 세계관을 수용하고, 어떤 노동과 세상을 향해 어디로 나아가고자 하는지 깨달아감으로써 고통스럽기만 한 싸움이 아니라 투쟁의 '기쁨'까지 품게 되는 과정을 잘 드러내고 있다.

쌍용자동차의 정리해고와 노동자들의 다양한 모습을 이해하기 위해서는 위의 자료들이 무척 유용할 것이다. 그러나 필자는 여기서 다시 쌍용자동차 정리해고자를 대상으로 했던 생활실태조사 및 건강실태조사로[1] 돌아가, 정리해고가 노동자와 노동자의 삶에 어떤 변화를 초래했는지에 대해 재정리해보고자 한다. 실태조사에 덧붙여 쌍용자동차에 관한 지난 4년간의 신문기사, 쌍용자동차 지부 및 금속노조의 자료도 참고하여 정리해고와 관련된 일련의 과정을 추적해볼 것이다. 이러한 고찰은 해고를 당한 이후의 과정에서 당사자들의 삶을 이해하고, 가족과 사회적인 관계에서 그들의 현실을 살펴봄으로써 이들이 직면하고 있는 문제와 고통을 다시 한 번 알리고자 함이다. 이 과정은 한국 사회에서 국가와 기업의 역할을 상기해보고 정리해고에 대한 우리의 생각을 성찰하는 기회가 될 것이다.

2. 실업과 정리해고의 결과

실업과 정리해고는 노동자에게 어떤 결과를 가져올까? 이미 많은 국외 연구가 해고와 실업의 영향에 대해 일관된 결과를 알려주고 있다. 빈곤으로의 추락, 사망률 상승, 건강상태 악화, 질병 및 장애의 증가, 생활양식의 변화, 가족관계 및 관계 차원의 변화 등이 주요한 결과로 다루어지고 있다. 이는 해고자 및 실업자가 한 사회에서 경험하는 사회적 배제 때문이다. 1980년대 프랑스에서는 기술의 변화 및 경제구조조정과 더불어 나타난 '신빈곤'에 대한 논의 과정에서 장기 실업의 증가, 불안정해진 가족구조, 홈리스의 증가와 판자촌에서의 폭력의 증가로 인해 사회적 통합이 무너지는 과정이 '사회적 배제(Social Exclusion)'로 설명되기 시작했고, 시민권과 사회적 통합의 개념을 배경으로 사회적 배제의 관점과 개념이 태동했다. 사회적 배제는 특정 기간과 특정 사회에 따라 다양한 박탈의 모습을 보이게 되는데, 이러한 배제를 이끌어내는 구조적 틀로는 불합리한 제도의 변화, 사회적 규범, 노동시장의 충격, 기술의 변화 등을 들 수 있다.

좀 더 구체적으로 해고 및 실업이 노동자에게 주는 결과를 살펴보자.[2)] 특히 실업과 해고는 건강의 측면에서 주요한 영향을 미쳤기 때문에 건강 영향에 대해 먼저 살펴보자. 우선 사망률을 보면 호이에(Høyer) 등은 2008년 연구에서 정동장애, 우울증 환자들 중 실직자의 자살율이 다른 환자들보다 2.9배 높다고 보고했다. 룬딘(Lundin) 등은 49,321명의 스웨덴 중년 남자를 대상으로 한 연구에서 1992~1994년 동안 90일 이상 실직을 경험한 남자들의 1995~2003년 동안 사망률이 실직하지 않은 남자에 비해 1.91배 높았고, 특히 실직 이후 처음 4년의 사망률이 높아 빠른 대응이 필요하다고 했다. 1971년과 1981년에 영국(잉글랜드와 웨일즈)에서 인구조사에 포함된 대상을 분석해본 결과[3] 일자리가 있는 사람은 평균 사망률보다 낮은 사망률을 나타냈다. 실업 이전에 질병이 있었던 실업자의 사망률은 평균 사망률보다 3배나 높고, 병이 없던 실업자는 37%가 높은 것으로 나타났다. 모든 사회계층에서 실업자들은 일자리가 있는 사람보다 높은 사망률을 나타냈고, 특히 심혈관계 질환, 폐암, 사고, 자살로 인한 사망률이 높았다. 그중에서도 실업 후기보다 실업 초기에 사망률이 높게 나타났는데, 실업 후기에는 구직 포기나 실업상태에 대한 '강제된 적응'이 사망률을 낮출 수 있었을 것이다.

종신고용 시대의 종말과 함께 고용불안정과 실업이 증가하고 있는 일본 사회에서도 자살로 인한 사망률이 급격히 높아지고 있다. 높은 자살률은 높은 사망률로 이어졌다.[4] 1999년 한 해 동안 일본인은 총 33,048명이 자살하여 헝가리 다음으로 세계에서 자살률이 높은 나라가 됐다. 이 중 유서를 남겨 자살의 원인을 알 수 있었던 9,027건 가운데 41%가 좋지 못한 건강상의 이유 때문인 것으로 밝혀졌고, 경제적인 이유 때문에 자살한 사람은 2,779명인 30.8%로 자살 3건 중 1건이 경제적인 이유인 것으로 나타났다. 완전고용에 가깝던 일본 사회에서 경기침체로 인한 실업의 증가는 전체 자살자의 47%가 실업자였다는 사실로 이어지고, 문화적으로 자살을 금기시하지 않는 신토이즘이나 불교의 영향이 간접적으로 자살률을 높이는 데 복합적으로 작용했을 것으로 풀이된다.

유럽의 상황을 보면, 센서스 데이터를 사용하여 분석한 덴마크의 경우 직업, 주거상태, 지리적 위치, 결혼상태를 통제하고도 실업자의 사망률이 비실업자보다 40~50% 높은 것으로 나타났다.[5] 핀란드의 경우 25~29세 실업자를 대상으로 한 조사결과를 보면 나이, 교육, 직업의 종류, 결혼상태를 통제했을 때 실업자가 비실업자보다 훨씬 높은 사망률을 나타냈다.[6] 핀란드에서 고용률이 높아지기 시작한 1991년, 1992년의 자료를 보면 고용이 사망률을 낮추는 데 효과가 있음을 알 수 있다. 1991년 실업자의 사망률은 남성 2.11, 여성 1.61이었고, 1992년 고용률이 매우 높았을 때는 남성 1.35, 여성 1.30으로 감소되었다. 고용률과 실업자의 사망률을 살펴본 이 연구는 일자리가 사망률의 저하에 주요 요인으로 작용하고 있음을 단적으로 보여준다. 영국의 40~59세 남성 6,000명을 대상으로 한 추적조사(연령대별 cohort study)는 실업 이전에 최소 5년간 고용되어 있다가 실업자가 된 사람은 지속적으로 고용된 사람보다 실업 이후 5.5년 내에 사망할 확률이 2배가 높았다.[7] 호주의 연구결과[8] 역시 실업은 허혈로 인한 심장질환을 발생시켜 사망률을 높이는 것으로 나타났다.

한편 실업과 해고는 노동자의 심각한 정신건강 저하로 이어진다고 알려져왔다. 아미탈(Amital) 등은 2008년 연구에서 주요 우울증 환자들 중 치료에 반응하지 않는 우울증 환자들은 실직과 그로 인한 경제적 고통을 경험한 케이스가 많다고 하였고, 이들은 다른 우울증 환자에 비해 우울의 정도가 심하고, 자살 경향이 높으며, 치료 기간이 길고, 보다 많은 약제가 투여된다고 했다. 레이닝하우스(Reininghaus) 등은 2008년 영국의 정리해고자 546명을 대상으로 한 연구에서 사회적 지지가 적은 사람들은 일반인에 비해 정신병의 발생율이 7.52배 높고, 중등도의 사회적 지지를 받은 사람은 3.27배, 많은 사회적 지지를 받은 사람은 1.36배 정신병이 발생한다고 보고했다. 사회적 지지를 많이 받을수록 정신건강이 좋아짐을 알 수 있다. 미국의 경우 35~60세의 실업 남성은 고용된 사람보다 우울증과 걱정의 수준이 높았으며[9] 45세 이상 실업자를 대상으로 한 독일의 연구에서도 실업자들의 심리적 스트레스 수준이 높게 나타났다.[10] 독일의 경우 심리적 스트레스가 높았던 실업자는 직장을 얻거나 일반적인 은퇴 연령에 도달하게 되면 스트레스 수준이 저하되었다. 즉 실업이 실업자의 정신건강 수준에 부정적인 영향을 미치고 있음을 알 수 있다.

사망률과 마찬가지로 정신건강 수준도 실업 당시 국가적·지역적 실업률과 관계가 높은 것으로 나타났다. 국가적 차원에서 또는 실업자가 거주하는 지역에서 실업률이 높을 경우, 실업자의 정신적 스트레스의 수준도 낮게 나타났다. 영국의 한 조사에 따르면 실업률이 낮은 지역의 실업자는 실업률이 지속적으로 높은 지역의 실업자보다 정신건강이 좋지 않았다. 이는 실업자 주변의 네트워크, 공동체의 결속력, 고실업 지역의 낮은 생활비와 관련이 있을 것으로 추정되고 있다. 즉 실업자가 많은 곳에서는 실업으로 인한 소득 감소의 영향이 상대적으로 적고, 그 지역 내의 실업자에 대한 배려와 후원, 실업이 개인적 책임이 아니라는 인식 등이 정신건강에 영향을 미치는 것으로 볼 수 있다.

실업 및 해고는 질병과 장애의 정도도 높인다. 실업자는 비실업자보다 더 많은 질병과 건강상의 장애를 가지고 있는 것으로 나타났다. 영국의 1991~1992년 인구조사자료의 단면분석 결과를 보면, 실업 여성과 남성은 비실업자보다 2배나 높은 만성질환을 가지고 있었고, 비실업자보다 60~80% 많이 건강장애를 호소하고 있는 것으로 나타났다.[11] 또한 '건강한 노동자 효과'를 최소화할 수 있는 연구방법인 단위사업장 종사자를 대상으로 한 연구에[12] 따르면, 질환 중에서도 심장질환, 콜레스테롤 관련, 고혈압 관련 질환이 실업자에게 많이 나타났다.

호주의 경우 1989~1990년 인구조사에 포함된 25~64세의 여성과 남성

실업자를 살펴본 결과 '건강상태가 나쁘거나 보통'인 사람이 '건강상태가 좋거나 아주 좋다'고 본 사람보다 두 배 더 많았다. 실업자는 비실업자보다 만성질환은 30~40% 더 많고, 최근의 건강 문제는 20~30% 더 많이 나타나 실업자의 건강상태가 좋지 않은 것으로 파악됐다.[13] 이 조사에 의하면 실업자와 비실업자의 건강상태 차이에는 흡연, 음주, 운동, 체량 등은 영향을 미치지 않았다. [그림 1]은 호주에서 남성과 여성 실업자의 건강상태를 비실업자와 비교한 것이다. 의사 방문, 심각한 만성질병, 건강장애율, 비활동적인 일수, '건강이 보통이거나 나쁘다'고 응답한 비율, 흡연비율 영역에서 비실업자가 좋지 못함을 보여주고 있다. 특히 남성은 비활동적인 일수와 '건강이 보통이거나 나쁘다'고 응답한 비율에서, 여성은 '건강이 보통이거나 나쁘다'고 응답한 비율에서 비실업자보다 훨씬 좋지 못한 상태에 있는 것으로 나타났다.

해고와 실업은 의료서비스 이용에도 변화를 가져온다. 단면조사와 단위사업장을 대상으로 한 조사를[14] 보면 건강상태의 악화를 간접적으로 표현하는 실업자의 입원 횟수, 의사 진찰, 외래가 높게 나타났다. 단 실

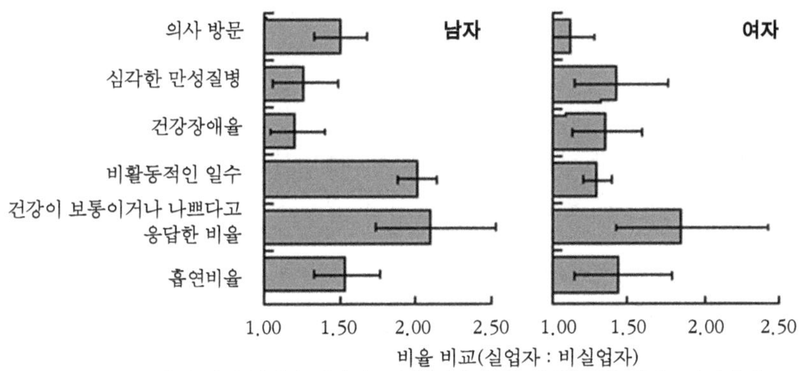

[그림 1] 호주의 남녀 실업자 건강지표상 현직자와 비교(1989~90 인구조사서베이

제 실업자의 의료 요구가 이러한 결과를 가져왔는지에 대한 확실한 증거는 없다. 호주의 경우[15] 남성 실업자의 의사 방문과 여성의 외래 횟수가 높게 나타났으며, 실업자는 일반적으로 약 처방을 더 많이 받는 것으로 보고됐다. 또한 실업자의 건강상태가 진료와 약 처방을 증가시킨 것으로 나타났다.

이상 살펴본 바와 같이 실업은 사망률 증가, 부정적인 사회심리적 상태, 각종 질병과 장애의 증가, 의료서비스 이용의 증가를 가져온다. 실업과 건강에 관한 내용뿐 아니라 향후 더 조사되어야 할 분야는 실업자 중 다양한 사회집단과 건강의 관계, 실업자 가족의 건강, 가족생활의 부정적인 결과—별거, 이혼, 가정 내 폭력, 원치 않은 임신, 유아사망, 아동성장장애, 의료서비스 이용—에 관한 것으로, 단면조사보다는 추적조사를 통해 살펴보는 것이 실업의 효과나 영향을 살펴보는 데 효과적일 것이다. 또한 외국의 연구들은 대부분 강제적 정리해고라기보다는 실업의 성격을 많이 띠고 있으므로 일자리를 잃은 배경, 맥락, 형태에 따른 영향도 좀 더 연구되어야 할 필요가 있다.

한편 국내 연구를 살펴보면 남성이 주로 일하는 사업장(삼미특수강, 대우자동차)에서 해고된 노동자를 대상으로 한 조사에서[16] 경제적 어려움, 건강 문제, 가족관계의 문제, 친구·동료·이웃과의 문제, 자아정체성의 문제, 미래의 불안정 등이 어려운 점으로 이미 지적된 바 있다. 실업이나 해고는 소득 감소에 따른 경제적 어려움, 심리적으로 부정적인 상태, 가족 간 유대나 결속력의 저하, 사회적 접촉의 저하, 건강 악화, 자아정체감의 불투명성, 미래 계획 부재 등으로 연결된다. 구조조정된 노동자들의 경우 정신질환의 유병률과 사망률이 높고, 사회적 지지가 높을 경우 유병율과 사망률을 낮출 수 있으므로 구조조정 초기에 이들에게 사회적 서비스가 제공되는 것은 물론이고 일자리를 제공하여 삶을 복원하는 것이 필요함을 알 수 있다.

3. 정리해고와 사회적 배제: 쌍용자동차 사례

1) 쌍용자동차 정리해고 과정

2008년 자동차 판매 부진과 금융위기로 경영이 악화되었다는 이유로 2009년 1월 9일 쌍용자동차는 법정관리를 신청하게 된다. 2009년 4월 8일 전체 인력의 37%인 2,626명이 회사로부터 구조조정 통보를 받았고, 노조는 이에 반발해 평택공장에서 파업에 들어갔다. 노동자들은 공장을 점거하여 부당한 정리해고에 파업으로 맞서며 77일간의 처절한 싸움을 진행했다.[17] 77일간의 파업을 공권력으로 잔인하게 무력진압하는 과정에서 경찰의 폭력과 티저건 사용 등 전쟁을 방불케 하는 상황이 발생했다.[18] 자본의 이해를 위해 정부가 국민에게 주도적으로 폭력을 실행한 이 사건을 경험하면서, 정신적인 문제를 호소하는 노동자가 많았다. 공권력 개입으로 일단락된 파업은 이후 '8·6 노사합의'로 마무리지어졌다. '8·6 노사합의'의 핵심내용은 459명의 무급휴직자, 353명의 희망퇴직자, 3명의 영업직 전환 등에 동의하는 것이었고, 비정규직 노동자 19명에 대한 고용보장 확약, 조합원에 대한 각종 소송취하가 포함되었다. 하지만 이 사항들은 이후 제대로 이행되지 못했다.[19]

한편 2010년 11월 최종적으로 정리해고된 165명 가운데 153명이 정리해고 요건이 맞지 않는다고 회사를 상대로 정리해고 무효소송에 돌입하지만 패소하게 된다. 패소의 이유는 "금융위기 등으로 유동성 부족사태를 해결할 방법이 없어 회생절차를 밟게 된 사측이 경영상 어려움을 극복하고 비용절감을 통한 경쟁력 확보를 위해 구조조정의 일환으로 해고를 단행할 필요성이 인정된다"고 법원이 판결했기 때문이다. 정리해고자들은 해고의 부당성을 알리며 시위, 천막농성, 홍보 등 사회적인 관심 확대를 시도했지만 상황은 나아지지 않았다. 설상가상으로 쌍용차는 경찰과 함께 법원에 지난 2009년 5월부터 8월까지 77일간 진행된 쌍용자동차 노조의 정리해고 반대 파업농성으로 인한 손해배상 청구소송을 제기하여 노조원 139명에게는 50억 원을, 금속노조에는 100억 원을 청구했고, 경찰도 장비훼손과 부상 등을 이유로 14억 6천만 원을 청구했다. 법원은 쌍용차 노조에게 46억 원을 배상하라고 판결했는데, 이는 해고로 인해 삶이 피폐해진 노동자들에게 청천병력과 같은 것이었다. 이러한 손해배상은 쌍용자동차 노조뿐만 아니라 노조활동을 위축시키는 방편으로 최근 집중적으로 사용되면서 노사관계에서 노조와 노동자를 어려운 상황으로 몰아가고 있다. 한편 쌍용 정리해고자와 노조에게 부과된 손해보상에 대해 2013년 12월 주부 배춘환 씨가 배상해야 할 47억 원의 10만분의 1인 47,000원을 한 주간지에 보내면서, 손해배상에 대한 사회참여를 여는 출발점이 되었다. 이렇게 시작된 '노란봉투' 운동은 10만명이 47,000원씩 모으자는 모금운동으로, 쌍용자동차 노조와 전국철도노동조합이 사측으로부터 당한 손해배상 청구와 그에 따른 가압류를 돕기 위한 것이었다.

한편 쌍용차는 2011년 3월 법정관리를 졸업한 데 이어 2013년 영업이익과 당기순익이 6년 만에 분기흑자로 전환되는 등 순조롭게 경영 정상화를 이뤄가고 있었다. 그런데 이런 와중에 정리해고 무효소송에 대한 항소심이 원심을 깨고 쌍용자동차 해고 근로자 153명에게 복직 판결을 내렸다. 서울고법 민사2부는 2014년 6월 7일 쌍용차 전 근로자 노 모 씨 등 153명이 사측을 상대로 제기한 해고무효 확인소송에서 원고 패소한 원심을 뒤집고 원고 승소 판결을 내렸다. 이번 판결이 대법원에서 확정되면 쌍용차 해고근로자 153명은 전원 일터로 복귀한다. 재판부는 또 근로자 2명을 제외한 나머지 근로자에게 위자료 100만 원을 지급할 것을 명령했다. 항소심은 "정리해고가 유효하기 위해서는 근로기준법 24조에서 정한 것처럼 긴박한 경영상 필요가 있어야 한다"며 "2009년 정리해고 당시 쌍용차에 유동성 위기가 발생한 것은 인정할 수 있지만 유동성 위기를 넘어 구조적이고 계속적인 위기가 있었는지는 증거상 분명치 않다"고 판단했다. 자동차 1대당 노동시간 산정 역시 인원삭감 규모를 산출할 근거자료가 뚜렷하지 않다고 판단했다. 이는 쌍용차 회계조작 의혹을 제기한 노조의 입장을 재판부가 받아들인 것이다. 재판부는 "정리해고 근거가 된 재무건전성, 효율성 위기, 인원삭감 규모의 적정성 등 주장을 그대로 인정하기 어렵다"고 판단했다. 쌍용차는 "법원 판결을 납득하기 어렵다"며 즉시 상고하겠다고 밝혀, 앞으로 치열한 법정공방이 예상된다. 대법원의 판결까지 어려운 시간들이 남아 있다.

쌍용자동차 정리해고 과정에서 우리가 주목해야 할 사항은 세 가지로 압축된다. 첫째, '긴박한 경영상의 이유'로 정리해고가 이루어진 것이 사실인가이다. 법원은 항소심에서 원심과 달리 긴박한 경영상의 이유로 볼 수 없다고 했고, 노동계는 쌍용자동차의 회계조작과 정부 및 산업은행의 방조하에 의도된 정리해고가 이루어졌다고 보고 있다. 사실 쌍용자동차는 2004년 헐값에 상하이자동차에 팔렸고, 상하이자동차는 몇 번에 걸쳐 투자를 약속했지만 그 약속은 제대로 이루어지지 않았다. 오히려 상하이자동차는 새 차 개발에 소요되는 막대한 비용을 들이지 않고서도 새 차를 개발할 수 있게 되었으며, 중국 본사와의 통합전산망을 통해 기술을 빼돌렸다.[20] 2008년 쌍용자동차가 더 이상 활용가치가 없다고 판단한 상하이자동차는 이례적으로 사업주가 부도신청을 하고 철수 준비를 시작했다. 상하이자동차 기술 유출에 대한 검찰의 수사망이 좁혀오자, 철수 계획은 더욱 긴급하게 진행되었다. '먹튀' 논란을 잠재우기 위해 쌍용자동차 회계를 조작하여 심각한 부도상황인 것처럼 위장하여 정리해고를 단행할 근거를 마련한 것이다. 그러나 해외 먹튀 자본의 이윤추구에 맞서 법정관리 이후 정부와 산업은행이 제 역할을 하지 못함으로써, 정리해고의 근간이 된 조작된 회계를 누구도 알아차리지 못했다.

둘째, 정리해고에 반대해 시행되었던 77일간의 옥쇄파업에서 정부는 경찰과 용역깡패를 동원해 폭력을 서슴지 않았다. 국민을 보호해야 할 정부가 아무도 모르는 '우리만의 전쟁'을 앞장서서 주도했던 것이다. 그 결과 파업에 참여한 대부분의 노동자는 미군의 걸프전 참가자들보다도,[21] 한국에서 어려운 상황을 경험했던 다른 집단의 노동자들보다도 더 심각한 정신적 트라우마를 경험하게 된다.

셋째, 정리해고의 적법을 가리는 동안 24명의 해고자와 가족이 자살이라는 선택을 했다. '죽음의 행렬'이라고 알려진 자살은 해고 이후의 어려웠던 상황을 그대로 반영한다. 이는 한국 사회의 사회안전망 부재 속에서 해고로 인한 심각한 문제들이 표출되어 나타난 결과이다. 자살이 아니더라도 대부분의 해고자와 가족은 극심한 어려움을 경험했다. 이에 대해서는 아래에서 서술한다.

결국 쌍용차 정리해고는 기업의 부당한 '경영상의 이유'로 출발하여 정부의 무능, 폭력행사와 함께 진행되었고, 이후 해고자를 방치함으로써

[표 1] 2011년 현재 가장 힘든 부분(복수응답 허용)

	빈도(건)	비율(%)
경제적인 부분	407	31.0
주위의 시선	142	10.8
동료직원들은 아직 직장을 다니고 있다는 점	112	8.5
언제 취업이 될지 희망이 없어서	216	16.4
나의 처지에 대해 관심이 없다는 생각	117	8.9
창업을 위한 자본조달 방법이 없어서	91	6.9
가족들 보는 것	212	16.1
기타	18	1.4
계	1,315	100.0

삶의 질이 급격히 떨어지는 길을 열어준 셈이다.

2) 정리해고의 결과

(1) 경제적 문제

2009년 정리해고 이후 현재까지 노동자들을 가장 힘들게 하고 있는 것은 무엇일까? 이들의 삶을 단지 설문조사나 몇 가지 질문을 통해 종합적으로 이해할 수는 없다. 그럼에도 불구하고 2011년 생활실태조사 결과를 통해 그 일면을 엿볼 수는 있을 것이다.

구조조정에 따른 정리해고 과정에서 가장 힘들었던 점에 대해 많은 사람이 경제적인 부분(30.0%)이라고 응답했으며, 취업에 대한 희망 없음(16.4%), 가족들 보기 힘듬(16.1%), 주위 시선이 편하지 않아 힘듬(10.8%)이라고 대답했다. 그 외에 세상이 나의 처지에 대해 관심이 없다는 생각이 들어서, 자신은 직장이 없는데 동료 직원들이 아직 직장을 다니고 있는 현실 자체가, 창업과 같은 다른 길을 찾으려 해도 자본 조달방법이 없어서 힘든 생활을 하고 있다는 등의 답변이 있었다. 개인과 가족 모두 다양한 삶의 고통에 노출되어 있음을 알 수 있다.

이미 예측했지만 해고자들은 정리해고로 인한 경제적 어려움을 가장 크게 호소했다. 조사대상자의 70%가 기혼이었고 주요 생계부양자였다는 점을 감안해본다면, 주요 생계부양자의 일자리 상실은 본인뿐 아니라 가족의 경제적 어려움으로 이어질 수밖에 없다. 신문기사에 나온 한 해고자의 사례를 보면 현실을 짐작할 수 있다.

> 박씨는 2001년 첫 직장인 쌍용자동차에 입사해 조립 파트에서 8년간 일했다. 그때까진 지극히 평범한 직장인이었다. 2007년 봄, 지인의 소개로 만난 여성과 사랑을 했고 아기가 생겼다. 둘은 결혼식은 미루더라도 일단 아이를 낳고 함께 살기로 했다. 2008년 2월, 예쁜 딸을 얻고 행복한 신혼생활을 시작했다. 그런데 성격 차이로 종종 다투다 싸움이 잦아지면서 부부 사이는 점점 멀어져갔다. 게다가 아이가 7개월 때 집안의 화분에 있는 공깃돌을 삼켜 돌이 폐로 들어가는 바람에 이를 꺼내는 큰 수술을 받았다. 이런저런 악재가 겹치면서 부부 간 갈등의 골은 깊어졌다. 둘은 끝내 성격차이를 이기고 못하고 2009년 5월 헤어졌다. 2년간의 짧은 사랑 끝엔 딸아이만 박씨 곁에 남았다.
>
> 당시는 회사 안에서 정리해고설이 나돌아 뒤숭숭하던 시절이었다. '회사 차를 사면 인사고과에 반영되어 해고대상자에서 빠질 수 있다'는 등 온갖 소문이 돌았다. 박씨는 '별일 있겠나' 싶어 그저 열심히 일했다. 그리고 두 달 뒤, 이른바 '살생부'가 나왔다. 해고자 명단에 박씨 이름이 포함됐다. 같은 회사에 다니던 매제는 이른바 '산 자'가 됐다. 어린 딸을 혼자 키워야 하는 박씨는 앞이 막막했다. 명단이 나오기 전에는 '혹시라도 해고되면 다른 일 못하겠나' 싶었는데 당하고 보니 억울함을 견딜 수

없었다. 박씨는 결국 동료들과 함께 총파업 투쟁에 들어갔다.

그해 여름, 77일간의 투쟁으로 쌍용차 노사는 큰 상처를 입었다. 박씨도 끝내 복직하지 못했다. 파업 이후에도 동료 해고자들과 지금까지 복직투쟁을 하고 있다. 일반회사는 취직이 안돼 건설현장에서 일용직으로 일하거나 공공근로를 하면서 지금까지 생계를 이어 나가고 있다.

정리해고 이후 박씨의 삶은 곤두박질쳤다. 퇴직금으로 받은 돈과 회사에 다닐 때 결혼자금으로 쓰려고 직장인대출을 받은 돈이 모두 7,000만 원 정도 됐지만, 3년간 아이를 키우느라 바닥이 났다. 보증금 500만 원짜리 월셋집에 살다가, 지난해 4월 보증금 300만 원짜리 집으로 옮겼다.

신용상태가 나빠져 박씨는 결국 두 달 전부터 개인회생절차를 밟고 있다. 매달 법정분할상환금 20만 원과 대출상환금 30만 원, 월세 30만 원까지 한 달에 80만원이 고정적으로 나간다. 여기에 아이 양육비와 생계비까지 지출해야 하니 아무리 일을 해도 적자가 쌓이는 상황을 면치 못하고 있다.

박씨는 정부에서 주는 차상위계층 지원혜택을 받으려고도 했지만, 2005년에 구입한 크레도스 차량을 소유하고 있다는 이유로 거절당했다. 시각장애인인 아버지의 이동을 위해서는 차가 꼭 필요해서, 차상위계층 지원혜택을 받으려고 차를 처분할 수도 없는 노릇이다.

박씨에게 당면한 문제는 쌍용차 복직과 변변한 일자리를 구하는 것, 그리고 아이 교육 세 가지다. 형편 때문에 네 살 된 딸을 어린이집에도 못 보내고 있다. 박씨는 "아이 양육 때문에 출퇴근을 안정적으로 할 수 있는 일을 구하려고 하는데, 인터넷이나 취업정보지를 뒤져봐도 나이제한에 걸리는 경우가 많다"며 한숨을 내쉬었다. 그나마 구할 수 있는 일

> 용직 일자리는 겨울이라 일감이 많지 않다. 그는 "날 풀리면 일거리가 좀 많아지지 않겠느냐"며 "빨리 딸을 어린이집에 보내고 싶다"고 했다.
>
> 부모님이나 동생은 힘들게 복직투쟁을 하고 있는 박씨를 걱정한다. 그래도 박씨는 희망의 끈을 놓지 않는다. "가끔 딸과 회사 근처를 지나가면 '저기가 아빠가 일했던 곳'이라고 말해주곤 하죠. 꼭 복직해서 아이에게도 당당한 아빠가 되고 싶어요."[22]

경제적 어려움에 대한 1차 조사에서 대상자의 86%인 158명이 현재 갚아야 할 가구 빚이 있다고 응답했는데, 정리해고 이후 월 평균수입과 가구 총수입이 50%가량 감소되어 가족생계에 위협을 받고 있었다. 2008년에 비해 2009년의 한 달 평균수입(연장, 특근, 야간수당 등 포함)이 약 54% 정도 감소한 것으로 파악되었다. 조사대상자의 2008년 한 달 평균수입은 244만 원이었고, 2009년에는 110만 원으로 감소했다.

가구원의 수에 따라 소득별 경제적 어려움의 체감도가 다를 수 있는데, 조사대상자의 2008년 월평균 가구원 수를 보정한 가구소득은[23] 152

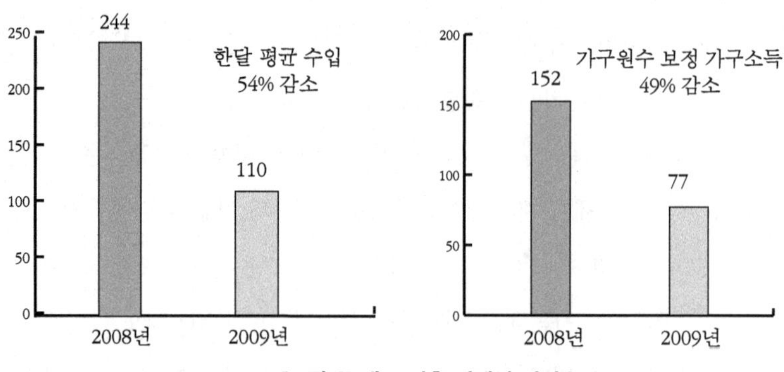

[그림 2] 해고 이후 경제적 어려움

만 원인데 반해 2009년에는 77만 원으로 49%가 감소했다. 조사대상자의 대부분이 가장으로서 가구소득의 대부분을 책임지고 있기 때문에, 조사대상자의 임금감소가 전체 가구소득의 감소로 직결되었다. 즉 조사대상자의 실직은 본인뿐 아니라 가족의 생계에도 큰 영향을 미치는 사건이었다.

이런 경제상황은 정리해고가 장기화되면서 더 악화되었다. 구조조정 전 쌍용차 노동자의 한 달 평균수입은 320.59만 원이었고, 가구원 수입을 더한 총 가족수입은 335.76만 원이었다. 구조조정 이후 해고자의 평균수입은 82.28만 원으로 해고 전보다 약 74% 정도 줄었으며, 총 가족수입은 117.31만 원으로 해고 전보다 약 65% 정도 줄었다. 더욱 심각한 것은 구조조정 이후 수입이 전혀 없다는 노동자가 40명(20.7%)이나 되었으며, 수입이 전혀 없다는 가구도 24가구(12.4%)나 되었다는 점이다. 2011년의 3차 조사에 따르면 63.3%가 정리해고 이후 자녀의 사교육비가 감소했다고 응답했다. 노동자의 경제적 위기가 기본적인 생활비를 위해 아이들의 교육비에도 영향을 미침을 알 수 있다.

[표 2] 해고 전후의 수입 비교

	응답자 수	최소값	최대값	평균	표준편차
해고 전 수입	187	100	550	320.59	86.55
해고 후 수입	173	0	280	82.28	61.63
해고 전 가족 수입	184	0	650	335.76	112.22
해고 후 가족 수입	176	0	350	117.31	76.30

2011년 4월까지의 상황을 보면 구조조정의 형태와 현재 수입의 관계에서 정리해고 노동자의 수입이 가장 낮았으며, 그 다음이 강제해고, 무

급휴직, 희망퇴직 순이었다($p<0.05$). 그렇지만 이들은 모두 보건복지부 고시 2011년 최저생계비나 고용노동부 고시 2011년 최저임금 수준에도 미치지 못하고 있었다.

[표 3] 구조조정 형태별 수입 비교

해고형태	평균	N	표준편차
무급휴직	93.15	75	53.43
정리해고	65.25	59	60.25
희망퇴직	99.42	19	62.16
강제해고	75.50	20	82.56
합계	82.28	173	61.63

* 보건복지부 고시 2011년 최저생계비 : 1,173,121원
* 고용노동부 고시 2011년 최저임금 : 902,880원

2011년 4월 조사에서 대상자의 86.2%가 현재 빚을 가지고 있다고 응답했으며, 83.96%는 구조조정 이후 빚이 늘었다고 응답했다. 조사 당시 가구당 빚은 평균 4,919만 원이었으며, 구조조정 이후 3,060만 원의 빚이 증가했다. 당장의 경제적 어려움을 넘어서 빚을 통해 생계를 유지하고 빚을 내서 빚을 갚는 상황이 짐작되는 대목이다.

[표 4] 설문 응답자의 채무상태

	채무상태	구성비(%)	채무 증가	구성비(%)
없다	26	13.76	30	16.04
있다	163	86.24	157	83.96
합계	189	100	187	100

한편 무급휴직자 및 퇴직자 중 미취업자를 대상으로 실시한 생활실태 조사는 가족 구성원 모두의 한 달 총수입을 조사했는데, 그 결과 100~

200만 원 사이라고 응답한 비율이 47.9%로 가장 높게 나타났다. 다음은 100만원 미만이라는 대답으로, 현재 쌍용자동차의 무급휴직자와 해직자의 한 달간 가구수입이 상당히 낮음을 쉽게 파악할 수 있다. 특히 가족원 수 3명이 19.9%, 4명이 49.2%, 5명이 13.3%였음을 감안하면 이 정도의 월수입은 매우 부족한 수준이다. 2011년 4월 실시된 3차 조사에서 약 83%가 빚을 지고 있다고 답한 현실이 설명되는 부분이다.

[표 5] 가계 월수입

문항	빈도	퍼센트
100만 원 미만	109	23.9
200만 원 미만	219	47.9
300만 원 미만	96	21.0
400만 원 미만	11	2.4
400만 원 이상	8	1.8
무응답	14	3.1
합계	457	100.0

대다수가 200만 원 이하의 가계수입을 올리는 상황에서 생활비 지출 정도는 어떠한가? 대체적으로 150~250만 원 범위인 것으로 조사되었는데, 앞의 질문인 한 달간 가족 구성원의 가구수입을 합산한 금액과 비교하면 상대적으로 지출금액이 높음을 알 수 있다.

[표 6] 생활비 지출 정도

문항	빈도	퍼센트
100만 원 미만	31	6.8
150만 원 미만	91	19.9
200만 원 미만	109	23.9
250만 원 미만	113	24.7

300만 원 미만	59	12.9
350만 원 미만	32	7.0
400만 원 미만	11	2.4
400만 원 이상	6	1.3
무응답	5	1.1
합계	457	100.0

수입이 감소하고 수입 대비 지출이 많은 상황에서 생활비는 어떻게 충당하고 있는가? 본인이 아르바이트를 해서 해결하고 있다고 응답한 비율이 가장 높았으며, 배우자가 아르바이트를 하고 있다고 응답한 비율도 높게 나타났지만, 특히 빚을 내 생활하는 비율이 높은 것으로 나타났다. 이 문항은 복수응답을 하도록 했으므로 대부분의 무급휴직자와 해직자들이 어렵게 생활하고 있음을 쉽게 알 수 있다.

[표 7] 생활비 해결방안(복수응답)

	빈도	비율
일자리를 구했음	124	18.6
본인이 아르바이트를 통해 해결	151	22.6
배우자가 아르바이트	144	21.6
최저생계비 지원을 받음	6	0.9
가족의 도움에 의존	59	8.8
빚을 내 생활	146	21.9
기타	37	5.6
합계	667	100.0

(2) 정신건강

정리해고라는 사건, 그리고 정리해고 이후의 과정은 노동자의 건강에 많은 영향을 미쳤다. 이는 이미 기존 연구에서 실업과 건강악화가 매우 밀접한 관련을 가지고 있음을 보여준 것과 일치한다.

건강은 삶의 제반 환경적 요인(social determinants of health)과 밀접한 관련을 맺고 있어, 개인과 집단이 처한 사회적 환경의 변화가 주요한 건강 결정요인이 된다. 역으로, 건강은 일자리를 잡을 수 있는 기본적인 자본이자 삶의 기본 권리이므로 건강의 이상 여부는 노동자의 미래의 삶의 질과 현재의 일자리 갖기의 중요한 결정요인이 될 수 있다.

일단 정리해고 이후 노동자의 건강이 어떤 변화를 겪어왔는지 알아보자. 세 번의 실태조사에서 공통적으로 포함된 설문항목이 건강상태이지만, 특히 정신건강을 측정하는 공통항목을 사용하지 않아 3번의 실태조사 결과의 시계열적 변화는 보기가 어렵다. 따라서 시기적으로 노동자의 건강상태가 어떻게 나타나고 있는지를 중심으로 살펴보기로 한다.

① 파업과 정신건강

쌍용자동차 노동자의 정리해고 과정이 외국은 물론 한국 사회의 여타 정리해고 과정과 다른 특징 중 하나는 77일간의 파업을 거쳤다는 것이다. 2009년 5월 22일부터 2009년 8월 6일까지 고립된 곳에서 정리해고의 부당성을 외치고 싸운 77일과 이후의 과정은 매우 폭력적이고 쉽지 않은 과정이었다. 극심한 충격과 스트레스 사건을 거치면서 나타난 정신건강의 문제는 외상후 스트레스 장애이다.

외상후 스트레스 장애는 사람이 전쟁, 고문, 자연재해, 사고 등의 심각한 사건을 경험한 뒤 그 사건에 공포감을 느끼고 사건 이후에도 계속적인 재경험을 통해 고통을 느끼며 거기서 벗어나기 위해 에너지를 소비하게 되는 질환으로, 환자는 해리 현상이나 공황발작을 경험할 수도 있고 환청 등의 지각 이상을 경험할 수도 있다. 연관 증상으로는 공격적 성향, 충동조절 장애, 우울증, 약물남용 등이 나타날 수 있고, 집중력 및 기억력 저하 등의 인지기능 문제가 나타날 수도 있는 질환이다.

파업 종료 이후 쌍용차 노동자의 외상후 스트레스 장애 유병율은 42.8%였고, 2011년 조사에서는 52.3%로 더 높아졌다. 시간이 흐르면서 외상후 스트레스 장애가 사라지는 것이 아니라, 구조조정 이후 지금까지 스트레스를 감소시킬 만한 상황변화가 없었기 때문에 유병율이 높아졌다고 볼 수 있다. 이러한 증상수준은 인명사고를 자주 경험하여 외상후 스트레스 장애 발생율이 높기로 유명한 열차 기관사들보다 6~7배 높은 수치이다.

[표 8] 외상후 스트레스 장애 유병율 비교

외상후 스트레스 장애	쌍용차 노동자 (2011. 4)	쌍용차 노동자 (파업 종료 직후)	기관사
있음	52.3%	42.8%	6.5%

현재까지도 외상후 스트레스 장애로 고생하고 있는 노동자가 많아 정신건강이 문제가 되고 있다. 2009년 공장에서 농성 중인 쌍용자동차 노동자들이 경찰과 회사에게 당한 일은 '방사능 피폭'과 마찬가지였다고 전해진다. 방사능에 쏘이면 DNA와 세포가 변형되듯, 쌍용자동차 노동자에게 가해진 폭력은 정신과 삶을 망가뜨렸다.

정리해고 노동자들의 힘겨운 삶에 아무런 변화가 없는 가운데, 2012년 3월 11일 경찰은 '경찰수사 베스트 사건 10'에서 '평택 쌍용자동차 점거농성 사태 조기해결', 즉 쌍용차 노동자 진압을 모범사례 5위로 뽑았다. 집회 진압에 사용할 수 없는 테이저건(전기충격총, 얼굴에는 겨냥할 수 없는 규정 있음) 사용, 헬기로 최루액(발암물질로 논란이 된 CS최루액) 다량 공중살포, 장기간 단전단수로 생명위협, 응급치료 방해, 토끼몰이 진압 등으로 논란의 중심에 있었고, 현재까지도 많은 정리해고 노동자들이 그 휴유증으로 고생하고 있는데 '경찰수사 베스트 사건 10'에 선정된 것은 해고 노동자에게 다시 한 번 비수를 꽂은 격이다. 이에 맞서 노동계와 시민사회의 100여 개 단체가 함께 '쌍용자동차 진압은 우수사례가 아니라 공권력 동원에 의한 인권유린'이라고 거세게 항의하기도 했다.

② 정리해고와 정신건강

정리해고에 따른 정신건강상 영향은 다양하게 나타날 수 있다. 실태조사에서 주로 고찰해본 정신건강 영역은 스트레스, 우울증, 심리상태였으므로 실태조사 자료를 근거로 이를 살펴보기로 한다.

1차 조사에서는 스트레스 수준을 파악했는데,[24] 스트레스 수준이 매우 높은 고위험군에 속하는 경우가 114명으로 66%에 해당되었다. 쌍용자동차 조합원의 평균 스트레스 점수는 31.9점으로 매우 높은 수준의 스트레스를 보이는 것으로 파악되었다. 고상백[25] 등이 1,713명의 정규직 및 비정규직 노동자를 대상으로 동일한 설문도구를 이용하여 스트레스를 측정했을 때, 정규직 노동자의 평균값은 19.6점, 비정규직 노동자의 평균값은 21.8점이었던 것과 비교해보면 얼마나 높은 수준인지 알 수 있다.

[표 9] 사회심리적 상태의 고위험군

스트레스	빈도	백분율
건강군	33명	11.6%
잠재적 스트레스군	61명	21.5%
고위험군	190명	66.9%

또한 세 번의 실태조사에서 시기별로 우울증 증세가 어떻게 변화했는지 알아보았다.[26] 1차 조사대상인 파업 노동자의 우울증상 수준을 평가하기 위해, 다른 업종에서 동일한 설문도구를 이용하여 평가한 우울증상 결과와 비교해보았다. 비교대상 업종은 스트레스 수준이 높아 정신건강 수준이 낮을 것으로 예상되는 노동조합의 상근자, 공무원 해직자, 상용직 노동자, 미군사격장 주변 주민이다. 심리상담이 필요한 중등도 이상의 우울증상을 보이는 경우는 쌍용차가 80.0%로 노조 상근자 23%, 해직자 공무원 28%, 미군사격장 주변 주민 26.5%보다 3배 이상 높았다. 2차 조사 이후 3차 조사결과를 보면 4.2%는 정상수준의 우울증상을 보였고, 15.8%는 경한 수준의 우울증상을 보였다. 30.0%는 중등도 수준의 우울증상을 보였으며, 50.0%는 고도의 우울증상을 보였다.

[표 10] 쌍용자동차 노동자 우울증상 시계열 비교 및 타직종 비교

우울증상	쌍용차 3차	쌍용차 2차	쌍용차 1차	사격장 주민	해직 공무원	노조 상근자
정상	4.2%	7.0%	14.9%	46.0%	44.4%	44.9%
경한 우울증상	15.8%	21.8%	30.2%	27.5%	31.9%	26.5%
중등도 우울증상	30.0%	30.1%	21.1%	18.7%	18.1%	22.4%
고도 우울증상	50.0%	41.0%	33.8%	7.8%	5.6%	6.1%

우울증 관련하여 특히 주목해야 할 것은 동일한 설문으로 파업기간 중 조사한 결과(1차)와, 파업 이후 조사한 2차·3차 결과의 비교이다. 파업기간 중 이루어진 1차 조사의 경우 심리상담이 필요한 중등도 이상의 우울증상은 54.9%였는데, 파업 이후 2차 조사에서는 이전보다 증가하여 71.1%를 나타냈다. 1년 이상 경과 후 시행된 3차 조사에서는 중등도

이상의 우울증상이 80.0%로, 시간이 갈수록 우울증상이 심해졌다. 물론 세 번에 걸쳐 실시된 조사의 설문대상자가 다르긴 하지만 우울증이 감소하지 않고 있다는 증거가 될 수 있다. 이는 정리해고자의 생활이 변화되지 않거나 악화되었고, 현재의 상황을 노동자가 개인적으로 해결할 수 없는 데서 나온 결과로 여겨진다.

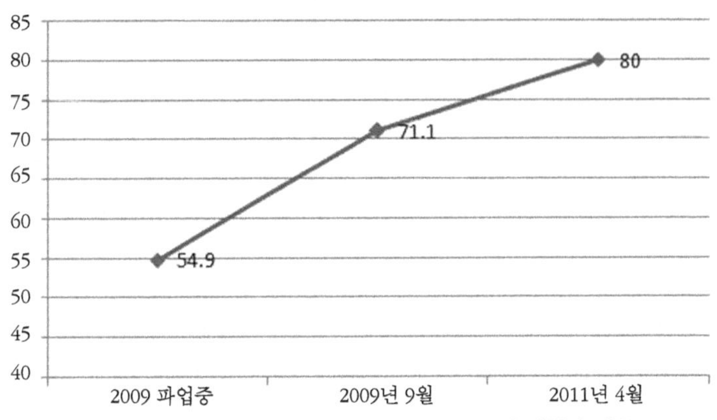

[그림 3] 치료가 필요한 중증도 이상 우울증상 발현자 비율

높은 우울증상과 심한 스트레스는 수면의 양과 질을 감소시킬 수 있다. 1차 조사에서는 수면장애 양상을 ① 잠이 들 때까지 걸리는 시간, ② 수면 중 잠에서 깨는 횟수, ③ 이른 새벽에 깨어 다시 잠들지 못하는 횟수를 통해 파악했다. 세 가지 항목 가운데 하나라도 해당되는 사람은 수면장애를 의심할 수 있는데, 조사대상자 중 133명인 81%가 수면장애 의심자였다.

잠이 들 때까지 걸리는 시간이 30분을 초과하는 경우에는 수면의 양과 질이 감소될 수 있다. 이 조사에서는 82명인 51%가 잠이 들 때까지 걸리는 시간이 30분을 초과한다고 응답했다. 이는 운수업종(화물, 택시,

지하철) 노동자들을 조사한 결과와 비슷한 수준이었다. 비교대상인 운수업종 노동자들은 교대근무 등의 직업적 요인으로 수면장애 유병율이 높은 집단으로 알려져 있다.

수면 중 잠에서 깨는 횟수가 평균 3회 이상인 경우에도 수면의 양과 질이 감소될 수 있다. 이 조사에서는 70명인 43%가 수면 중 잠에서 깨는 횟수가 평균 3회 이상이라고 응답했고 이는 운수업종(화물, 택시, 지하철) 노동자들을 조사한 결과에 비해 매우 높은 수준이다.

이른 새벽에 깨어 다시 잠들지 못하는 횟수가 일주일에 평균 2회 이상인 경우에도 수면의 양과 질이 감소될 수 있다. 이 조사에서는 108명인 66%가 이른 새벽에 깨어 다시 잠들지 못하는 횟수가 일주일에 평균 2회 이상이라고 응답했고, 이는 운수업종(화물, 택시, 지하철) 노동자들을 조사한 결과에 비해 매우 높은 수준이다. 이후 비교할 만한 수면장애 조사가 없어 지속적인 추가조사를 하지는 못했지만, 해고 노동자의 삶이 변화되지 않는 한 이러한 높은 수준은 유지되거나 증가할 확률이 높다.

[표 11] 수면장애 유형별 분포 및 타직종과의 비교

	쌍용차 노동자	화물 운전자	지하철 노동자	택시 노동자
누워서 잠이 들 때 까지 걸리는 시간이 30분 이상	51%	46%	42%	51.6%
수면 중 잠에서 깨는 평균 횟수가 3회 이상	43%	8%	10%	19%
수면 중 잠에서 깨어 다시 잠들지 못하는 횟수가 일주일 평균 2회 이상	66%	25%	17%	28%

정리해고자의 정신건강이 좋지 않다면 그 원인은 무엇일까? 1차 조사에서 최근 가장 힘든 점은 무엇인지 두 가지를 선택하도록 했는데 조사대상자의 79%인 131명이 1순위로 경제적 고통이 가장 힘들다고 응답했

고, 2순위는 불투명한 미래였다. 이 외에도 사측/관리자의 태도와 동료와의 관계, 그리고 가족과의 관계가 최근 가장 힘든 점이라고 답했다.

[표 12] 정신건강에 영향을 미치는 요인

	1순위		2순위	
경제적 고통	131명	79.9%	10명	6.5%
사측/관리자의 태도	10명	6.1%	19명	12.3%
동료와의 관계	5명	3.1%	18명	11.6%
가족과의 관계	2명	1.2%	7명	4.5%
불투명한 미래	16명	9.7%	94명	60.7%
건강상태	0명	0%	7명	4.5%

1차 조사와 간격을 두고 시행된 2차 실태조사에서도 정신건강에 영향을 미치는 요인을 알아보았다. 교차분석과 분산분석을 실시한 결과 통계적으로 의미 있는 변수만을 정리한 결과($p<0.05$)는 아래와 같다. 채무상태와 파업 중 채무의 증가가 외상후 스트레스 장애와 우울증에 영향을 주었다. 채무가 많을수록, 파업 중 채무의 증가가 많을수록 정신건강은 악화되었다.

[표 13] 채무상태와 정신건강

채무상태		외상후 스트레스 장애			우울증				
		없음	있음	전체	정상	경한 우울	중등도 우울	고도 우울	전체
빚이 없다	빈도	22	12	34	4	15	11	10	40
	%	64.70	35.30	100	10.00	37.50	27.50	25.00	100
빚이 있다	빈도	75	96	171	12	35	57	81	185
	%	43.90	56.10	100	6.50	18.90	30.80	43.80	100
계	빈도	97	108	205	16	50	68	91	225
	%	47.30	52.70	100	7.10	22.20	30.20	40.50	100

[표 14] 채무 증가와 정신건강

파업기간 중 채무 증가		외상후 스트레스 장애			우울증				
		없음	있음	전체	정상	경한 우울	중등도 우울	고도 우울	전체
없다	빈도	22	12	34	4	15	11	10	40
	%	64.70	35.30	100	10.00	37.50	27.50	25.00	100
있다	빈도	75	96	171	12	35	57	81	185
	%	43.90	56.10	100	6.50	18.90	30.80	43.80	100
계	빈도	97	108	205	16	50	68	91	225
	%	47.30	52.70	100	7.10	22.20	30.20	40.40	100

또한 파업기간 중 회사의 회유와 협박, 노사합의사항이 지켜지지 않을 것 같은 불안감도 외상후 스트레스 장애와 우울증에 영향을 주었다.

[표 15] 파업기간 중 회사의 회유·협박과 정신건강

파업기간 중 회사의 회유와 협박		외상후 스트레스 장애			우울증				
		없음	있음	전체	정상	경한 우울	중등도 우울	고도 우울	전체
없었다	빈도	55	45	100	12	30	27	37	106
	%	55.00	45.00	100	11.30	28.30	25.50	34.90	100
있었다	빈도	40	60	100	4	17	41	51	113
	%	40.00	60.00	100	3.50	15.00	36.30	45.10	100
계	빈도	95	105	200	16	47	68	88	219
	%	47.50	52.50	100	7.3	21.50	31.10	40.20	100

결국 정리해고 노동자의 정신건강은 파업 중 스트레스와 파업 이후의 삶의 변화로부터 큰 영향을 받고 있었다. 정신건강에 영향을 미치는 원인을 설문지로만 파악하는 것은 제한적이다. 왜냐하면 설문지의 항목이 일상에 배어 있는 심층적이고 깊은 내용을 보여주는 데 한계가 있기 때문이다. 따라서 각종 설문지의 수치로 파악되지 못한 정리해고 노동자

의 정신건강과 삶을 더 알아볼 필요가 있다. 아래의 진술은 해고자의 정신건강을 잘 보여준다.

> 저는 어느 한 순간부터… 저번 주도 그렇고 아무 생각이 없어요. 3차 포위의 날에는 연대 동지들이 도로를 걸어오는데, 설레더라고요. 그리고는 아무 생각이 없더라고요. 금속 위주로 한 희망버스였는데, 아무것도 한 게 없는 것 같고, 해고자들 바람만 넣고 가는 것 같더라고요. 예전에는 돌아가셨다는 얘기 들으면 가슴이 꽉 막혔는데, 이제는 '1명 또 죽었구나…' 이번에 가족여행을 갔다 왔는데, 가족들과 재밌게 노는 게 아니라 갔다 오면 한동안 와이프가 바가지 긁지 않겠구나… 제가 이상하게 변해가는 것 같아요. 그냥 가는 것 같아요.

"방금 전에 쓴 물건을 찾지 못해 쩔쩔매거나 몇 번 들은 이야기를 기억하지 못해 가족들에게 핀잔을 듣기도 한다"는 이들도 많다. 집중력 및 기억력 저하가 많은 노동자에게 나타나고 있는 것이다. 정리해고 노동자의 심리치료를 하고 있는 와락의 정혜신 박사에 따르면, 이 역시 해결되지 않은 스트레스 레벨이 전체적으로 높은 쌍용자동차 지부의 집단적 문제라고 한다. "해소되지 않은 스트레스가 계속 누적되면서 정신적 에너지를 갉아먹고, 누수되듯이 이들의 에너지가 계속 빠져나간다는 거다. 보통 사람이 10개의 정신 에너지로 기억하고 일을 하고 집중을 한다면, 이들의 경우 7개 정도가 어딘가로 누수된다. 이들에게는 늘 해결되지 않은 스트레스가 안에 있기 때문에 3~4개의 에너지로 일상생활을 한다. 따라서 집이나 아이와의 관계에서도 실제 쓸 수 있는 에너지가 적고, 집단갈등도 많이 발생한다." 또 희망퇴직자의 경우 대화상대가 없고, 관심도 못 받고 늘 혼자 있으니 술에 의존하고 우울증을 겪게 된다. 그러다 보니 퇴직 후 집에서 은둔생활을 하는 사람이 많다고 한다.

③ 정리해고와 자살: 사회적 타살

정리해고 이후의 과정에서 언론에 가장 자주 등장하고 극명하게 보도된 것은 자살자의 증가이다. 정리해고 이후 정부와 회사의 대응과 법적 문제, 해고 노동자가 겪어온 개인적인 생활의 변화, 개인을 둘러싼 관계 및 공동체의 변형이 매우 중요한 문제임에도 불구하고, 보다 자극적인 기사를 싣는 경향이 있는 언론의 생리상(?) 자살의 문제만 크게 부각된 면이 있다. 따라서 정리해고가 죽음의 문제로 제한되어 설명되는 것은 아닌가 하는 지적도 있지만, 그럼에도 자살은 사회적 책임이 부재한 상황에서 발생한 타살이라는 면에서 중요한 의미를 갖는다.

파업 이후 1년간 자살한 쌍용차 노동자는 4명이었고, 심근경색으로 사망한 노동자는 3명이었다. 이를 일반인구 자살률, 사망률과 비교하면 쌍용차 노동자 자살률은 10만 명당 151.2명으로 일반인구의 자살률보다 3.74배 높은 수치이다. 이처럼 자살률이 높은 이유는 구조조정의 고통과 더불어 파업 당시 감당할 수 없는 극심한 정신적 외상(trauma)이 있었기 때문으로 추정된다.

심근경색 역시 스트레스로 인해 나타나는 대표적인 질환으로, 심장에 혈액을 공급하는 혈관이 막혀 빨리 치료받지 못하면 사망하게 되는 무

최근 1년간 쌍용차 노동자 자살률	= 4명 / 총 구조조정 인원 2,646명	
	= 151.2명 / 10만명	**3.74배**
30~40대 일반인구 자살률	= 40.4명 / 10만명	
최근 1년간 쌍용차 노동자 심근경색 사망률	= 3명 / 2,646명	
	= 113.4명 / 10만명	**18.3배**
30~40대 일반인구 심근경색 사망률	= 6.2명/10만명	

서운 질환이다. 심근경색은 일반적으로 30~40대의 젊은 연령대에는 잘 발생하지 않는다. 그러나 쌍용차의 경우 구조조정의 스트레스로 인해 무려 일반인구의 18.3배에 이르는 높은 심근경색 사망률이 나타나게 되었다.

시간이 갈수록 사망자와 자살자가 증가하면서 이들에게 무슨 일이 일어났는지에 대한 자세한 설명과 이해보다는 "○○번째 자살"이라는 식으로 신문기사를 장식하곤 했다. 정리해고 이후 어려운 상황으로 인해 자살을 선택하거나 사망으로 이어진 경우가 많았지만, 여기서는 정리해고 이후 불러들여 일을 시키다 다시 해고를 시킨 사례와, 관제데모에 나서지 못하게 회사가 회유하면서 내적 고통을 겪다 사망한 경우를 소개해보고자 한다.

[사례 1] 두 번 해고와 사망

강○○ 씨(53)는 쌍용자동차 평택공장 프레스생산팀의 조장이었다. 프레스생산팀은 감아놓은 철판을 펴서 규정된 치수만큼 정확하게 잘라 기계에 넣어주는 작업을 한다. 이 팀의 직원 가운데 일본에서 갓 들여온 기계를 다룰 줄 아는 사람은 강씨를 포함해 두 명이었다. 동료들은 그를 "일 하나는 정말 잘하는 사람"이라고 평가했다. 그러나 2009년 강씨는 25년간 몸담아왔던 직장을 떠나야 했다. 회사가 밝힌 2,646명의 구조조정 대상자 중 976명 해고자 명단에 포함됐기 때문이다. 희망퇴직을 선택한 그는 회사를 떠났다.

프레스생산팀에서 해고되지 않고 살아남은 사람은 두 명에 불과했다. 그러나 기계를 다룰 줄 아는 강씨가 떠나자 생산라인은 제대로 돌아가지 않았다. 쌍용자동차는 강씨에게 연락했다. 기계를 다루는 법을 잘 모르니 나와서 다른 직원들에게 가르쳐달라는 것이었다. 강씨의 가슴에는 희망이 부풀었다. 그러나 장비가 고장 나면 밤낮을 가리지 않고 출근했던 고인의 장비 운영방법을 다 터득한 회사는 다시 계약해지(해고)를 통고했다. 이로 인해 고인은 엄청난 정신적 충격을 받았으며 심각한 우울증에 시달렸다. 고인은 날품팔이로 생계를 유지할 수밖에 없었다. 정신적 충격으로 심신이 약해진 고인은 민족의 명절인 설날 연휴를 하루 앞두고 잠을 자던 중 심장마비로 사망했다. 결국 두 번 해고로 인한 심각한 건강상의 문제가 닥친 것이다.[27]

[사례 2] 구조조정 압박과 사망

1996년 입사하여 쌍용자동차 정비지회에서 일하던 고인(47)은 2009년 6월 10일 자살했다. 고인은 노동조합 조합원으로서 역할을 충실히 했던 분입니다. 파업이 시작되자 사측은 온갖 회유와 협박으로 파업에 참가하지 못하게 했고, 2009년 6월 10일 평택 공설운동장에서 진행된 사측의 관제데모에 직원들을 강제로 동원했고, 고故 김영훈 조합원도 부산에서 직원들과 함께 버스를 타고 참석했습니다. 관제데모가 끝난 후 부산으로 돌아온 고인은 친구와 함께 저녁식사를 하던 중 사망했습니다.

고인은 친구와 식사하던 중 "회사 측의 지속적인 압박과 회유, 나아가 노-노 분열을 부추기는 관제데모 동원 같은 행태가 정상적인 생활을 하지 못할 정도로 심각한 스트레스다"라는 토로를 수차례에 걸쳐 밝히면서 괴로운 심경을 호소했다고 합니다. 사측은 관제데모에 참석하지 않을 시 징계위원회에 회부하겠다면서 고인을 협박하여 강제로 동원을 시켜 파업에 참여하지 못해 미안해하던 고인에게 정신적인 압박을 줘 사망하게 만든 것입니다.[28]

정리해고 이후 사망과 자살에 이른 쌍용자동차 노동자는 24명에 이른다. 정리해고자 본인뿐 아니라 가족들도 포함되어 있어, 정리해고가 해고자 본인만의 상황이 아니라는 것을 단적으로 보여준다. ○○○ 지부장은 원직복직투쟁을 하고 있는데, "이렇게 동지들이 계속 죽어나가는 상황에서 원직복직투쟁을 하다 하나둘 동지들의 장례를 치르다가 우리가 그 대상자가 되는 거 아닌가 하는 걱정을 많이 하고 있다"고[29] 말했다. 그는 "공장에서 쫓겨나 거리로 내몰린 노동자는 공권력이라는 가해자 대신에 자신과 가족과 동료들을 미워하게 된다. 차츰 주변과 관계가 끊어지고 끝내는 죽음을 선택하게 된다. 유독 쌍용자동차 노동자들 중에 희생자가 많은 이유는 여기에서 비롯한다"고 보고 있다.

국가 공권력이 훑고 지나간 살인적인 진압. 이 경험은 적군과 아군을 구별하지 못한 채 싸워야 했던 '베트남전쟁'과 같은 경험이었고, 시간이 지나면서 사회적 이슈로 전환되지 못하자 희망의 끈을 놓게 되었다. 정리해고자 상담을 맡고 있는 정혜신 박사의 말에 의하면, 말기 암 환자보다 에이즈 환자에게 자살이 높은 이유는 에이즈 환자에게는 "관계의 소멸이 일어나기" 때문이라고 한다. 관계의 소멸은 "사람에게 죽음"과 같은 것이고, "나는 이렇게 처절히 고통스러운데 세상은 내 고통과 아무런 관계가 없다. 완전히 끈이 끊어졌다. 차라리 죽는 게 낫겠다"고 생각하게 되면 자살로 이어진다는 것이다.

④ 사회적 관계의 침습: 가족·친구·동료관계의 변형

가. 가족생활

정리해고는 일터에서 쫓겨나는 것만을 의미하지 않는다. 앞서 기술한 바와 같이 경제적 생활, 육체적·정신적 건강 등에 영향을 미치고, 더 나아가 해고자 주변인물과의 관계에도 영향을 미친다. 정리해고자의 개인적 변화는 함께 사는 가족들에게 가장 먼저 그 여파가 미친다.

아래에 기술된 사례를 보면 파업 참가와 정리해고 이후의 삶이 잘 드러난다. [사례 3]은 정리해고 이후 우울증에 걸린 정리해고자의 부인이 결국 자살을 선택한 경우로, 가족관계가 매우 어려워지고 있음을 보여준다. 반면 [사례 4]에서 주부로 있던 이씨는 정리해고에 대응해 남편과 함께 싸우고 난 뒤 온 가족이 함께 파업 후유증을 겪고 경제적으로도 힘들어졌지만, "상처를 보듬고" 살아가면서 "작업복 입고 출근하는" 남편과 "따스한 햇살" 아래서 지내고 싶다는 희망을 보여준다.

[사례 3] 차○○ 노동자의 아내 고故 ○○○ 씨

41살의 노동자가 있었다. 2009년 쌍용차 파업을 미련하게도 '끝까지' 했다. 그는 파업 이후 '희망퇴직' 이외 선택지가 없는 답안의 시험지를 받아든 수험생처럼 강제적 '오답'을 적었다. 퇴직하면 이웃과의 관계가 서먹해진다. 그 서먹함으로 인해 속절없는 시간 속에 단절과 고립으로 내몰리는 과거의 사례들을 숱하게 봐온 터라 희망퇴직자에게 이사는 가능하면 선택해야 하는 필수사항이었다. 그래서 그는 일감을 찾아 낯선 타지 떠돌이 신세를 전전하는 쌍용자동차 희망퇴직자들의 일반적 삶의 궤적을 따르게 된다. 아이는 어렸고, 카드 영업을 하는 아내의 고단함이야 미뤄 짐작할 수 있었다.

어느 날 엄마가 아팠고 아이들은 아빠에게 전화를 한다. 때마침 아빠 핸드폰은 고장이 났고 아이들의 심장은 오그라들어 생각을 마비시켰다. 올무에 걸린 짐승들이 올무를 벗으려 발목이 부러지는 것도 모르는 것처럼, 아이들은 '미련하게도' 아빠에게만 전화를 했다.

핸드폰이 이틀씩이나 고장이 나도 사는 것에 지장이 없을 정도의 앙상한 관계만을 가진 아빠였기에 "왜 전화를 안 받았냐"는 타박은 잠시 접어두자. 전화기를 부숴버리고 싶은 그이의 마음을 조금이라도 느낀다면 말이다.

엄마는 폐렴 증상이 있었다. 언제부터였을까. 환절기 흔하디 흔한 폐렴기가 죽음으로 이르는 문이 되었다니, 믿을 수 없겠지만 어찌하겠는가 사실인 것을. 사회안전망의 부실함을 탓한들, "왜, 가까운 병원에라도 가보시지"라는 말도 공중으로 날아가는 허망한 연기가 아닐까.

장례식장에 흐르던 망자의 친척들의 쓸쓸한 눈빛과 조문객의 애처로운 마음으로 이 땅에 남겨진 아이들의 미래는 겨우겨우 자리를 잡아가야 한다. 그런 아이들이 "또" 발생한 것이다. 언제까지 사회적 부조금의 형태로 이 아이들의 살아가는 밑천이 마련되고, 죽은 쌍용차 노동자 아이들이라는 '역규정'에 얽매여야 하는가. 엄마의 죽음 이후 이 아이들의 삶은 온전한 채로 살아질 수 있겠는가.[30)]

[사례 4] ○○○ 부인의 이야기

이씨(39)는 2009년 8월 쌍용자동차 파업사태 때 그 중심에 서 있었다. 해고노동자가족대책위원회 대표를 맡으면서 주부에서 투쟁가로 변신한 것도 이때였다. 파업 당시 쌍용차 평택공장 정문 앞에서 노숙투쟁을 벌이며 경찰들과 몸싸움을 하다 수차례 연행되기도 했다. 파업이 끝나고 일상으로 돌아온 지도 벌써 4년째다. 이씨는 아직도 끔찍했던 기억에 덧입혀진 생활고로 잠 못 드는 나날을 살고 있다고 말했다.

"그동안요? 그날의 상처를 보듬어 안느라 힘들었죠 뭐." 이씨는 "남편 없이 아이들을 키우는 것이 가장 힘들었다"고 말했다. 이씨 남편인 ○

○○ 씨(38)는 파업사태가 벌어지기 전인 2009년 5월 정리해고된 쌍용차 노조 간부다. 파업이 마무리되면서 남편은 경찰에 구속됐고 이씨는 한동안 자식 셋을 홀로 키웠다.

막내 ○○○(3)도 남편이 구속됐을 때 낳았다. 산후조리도 혼자 했다. 이씨는 자신은 물론이고 큰딸(10)과 둘째아들(8)까지 모두 한동안 '파업 후유증'을 앓았다고 했다. 아이들이 갑자기 큰소리를 내며 울고, 조그만 일에도 분노하며 숨이 넘어갈 정도로 화를 내기 일쑤였다. 아이들은 아빠가 집에 없자 엄마까지 없어질지 모른다는 불안감에 화장실도 못 가게 했었다고 말했다.

"어떻게 일상으로 돌아오나요. 애 아빠가 여전히 일이 없는데…." 이씨 남편은 지금도 복직투쟁을 하느라 가장 노릇을 제대로 못하고 있다. 집에 있는 시간도 거의 없다. 아이들도 옷을 갈아입으려고 이따금 들어오는 아빠 얼굴을 보는 것이 전부다.

외식은 고사하고 아이들이 좋아하는 간식거리도 사주지 못할 정도로 이씨의 생활은 뒤틀렸다. 장 보러 가서도 아이들이 사달라고 조르는 요구르트나 과일을 만지작거리다가 발길을 돌리기 일쑤였다고 이씨는 말했다. 아들이 태권도 학원을 보내달라고 보채는 것도 매로 다스려야 할 때가 있었다. 학원비 20만 원이면 한 달치 식비가 되기 때문이었다. (…)

이씨는 파업이 끝나면서 3,200만 원을 주고 살던 전셋집을 내놓고 시골 작은 집으로 이사 갔다. 아직까지 은행 거래도 마음대로 못해 공과금은 지급 날짜에 맞춰 그때그때 필요한 금액을 통장에 입금시켜 처리하고 있다. 쌍용차 회사 측과 경찰이 당시 파업에 참가한 해고 노동자들을 상대로 손해배상을 청구했기 때문이다. 소송 금액은 125억 원이다. 이씨 남편을 포함해 파업 참가자 가운데 절반은 이미 퇴직금을 가압류당한 상태다. 이 소송은 현재도 진행 중이다. (…)

이씨는 다른 해고자 가족에 비해 그나마 가계 형편이 나은 편이다. 지난해 10월부터 쌍용차 해고 노동자와 가족들을 위한 심리치유센터 '와락'에서 공공근로자로 일하며 매월 97만 원을 받고 있다. 이씨는 이 와락에서 아이들 간식거리 마련, 화장실 청소 등을 포함해 사무실 서류정리까지 허드렛일을 도맡아 하고 있다. (…)

"쌍용차 작업복 입고 출근하는 모습을 보고 싶어요. 공원에서 아이들에게 고기를 구워 먹이고, 남편과 함께 햇볕 내리쬐는 따뜻한 곳에서 낮잠도 자고 싶고요." 이씨가 말하는 소박하지만 멀게만 느껴지는 '꿈'이다.[31)]

정리해고 이후 가족관계의 변화는 3차 조사에 잘 나와 있다. 구조조정 이후 노동자들의 부부관계·친지관계에 대해 조사한 결과, 부부관계는 구조조정 당시 '악화되었다'로 응답한 경우가 70.1%였고, 약 30% 정도의 노동자들은 오히려 배우자와의 관계가 좋아졌다고 응답했다. 하지만 현재는 95.9%가 악화되었고, 오히려 좋아졌다는 경우는 4.1%밖에 되지 않았다. 부모·친지와의 관계에서도 구조조정 당시보다 '매우 악화'되

[표 16] 구조조정 이후 가족·친지관계

	구조조정 당시 부부관계(%)	2011년 부부관계(%)	구조조정 당시 부모·친지관계(%)	2011년 부모·친지관계(%)
매우 악화됨	57(26.6)	64(37.2)	29(12.5)	49(26.2)
약간 악화됨	93(43.5)	101(58.7)	135(58.2)	129(69.0)
약간 좋아짐	36(16.8)	5(2.9)	55(23.7)	7(3.7)
매우 좋아짐	28(13.1)	2(1.2)	13(5.6)	2(1.1)
합계	172(100)	172(100)	233(100)	187(100)

거나 '약간 악화'된 경우가 70.7%였다가 2011년 95.2%로 크게 증가하여, 전반적으로 배우자 및 부모·친지관계가 악화되었음을 알 수 있다.

아이가 있는 경우는 어떻게 지내고 있을까? 3차 조사에 따르면 자녀 문제도 심각한 상황이었다. 경제활동을 하지 못하거나 비정규직으로 장시간 일하다 보니 자녀에 대한 관심도는 71.5%가 떨어졌다고 응답했고, 자녀와의 관계는 79.0%가 나빠졌다고 응답했다. 구조조정 직후 시행한 조사에서는 응답자의 45.0%가 자녀와의 관계가 좋아졌다고 했으나 1년이 지난 지금은 8.4%만이 좋아졌다고 응답하여, 자녀와의 관계가 점점 나빠지고 있음을 알 수 있었다. 보다 문제가 되는 것은 응답자의 78.5%가 자녀의 성격이 나빠졌다고 답한 부분이다. 이러한 성격변화는 아이들의 사회화 과정, 미래에 대한 동기부여, 학습태도 등에도 영향을 미칠 가능성이 있다. 이는 자녀 개인의 문제가 아니라 정리해고를 경험하는 과정에서 가족의 보살핌 기능이 제대로 작동되지 못했고, 가족을 대체할 사회적 지원도 없었기 때문이다.

[표 17] 구조조정 이후 자녀관계

	자녀에 대한 관심도(%)	자녀와의 관계(%)	자녀 성격의 변화(%)
매우 나빠짐	46(31.9)	27(18.9)	27(18.8)
조금 나빠짐	57(39.6)	86(60.1)	86(59.7)
변화 없음	10(6.9)	18(12.6)	31(21.5)
약간 좋아짐	17(11.8)	10(7.0)	0(0)
많이 좋아짐	14(9.7)	2(1.4)	0(0)
합계	144(100.0)	143(100.0)	144(100.0)

한편, 신문기사에 따르면 해고자 아내 대부분이 심리적 불안감을 겪고 있는 것으로 보인다. "어쩌다 집에 들어오는 남편은 이유 없이 짜증을

내고 아이들에게도 버럭 화내기 일쑤다. 그래서 대부분의 아내들은 남편과 입을 닫고 산다"고 했다. 정리해고라는 커다란 사건으로 인해 가족 간 대화가 줄어들고, 서로 상처가 커 말을 아낄 수밖에 없는 상황이 연출된다. "남편의 투쟁을 지지하고 응원을 해도 가끔은 그런다고 과연 복직할 수 있을까 하는 생각이 든다"면서 "나 역시 그것을 고집스럽게 붙잡고 있는 남편을 보면 화가 날 때가 많다"고 말한다. 남편의 실직, 앞이 보이지 않는 미래와 싸워야 하는 현실로 인해 가족 구성원이 어려움을 겪고 있음을 알 수 있다.

남편의 해고로 인해 일자리를 구하러 나선 아내들도 있다. 남편이 해고되기 전까지 육아와 가사노동에만 종사하던 아내들도 사회로 나가 직장을 구했다. 오랜 파업기간 동안 홀로 집안을 감당하느라 지친 그들은 일자리를 찾기 위해 전단지를 뒤졌다. 그들을 힘들게 하는 것은 벌이가 줄어들었다는 사실 자체보다 '가장'이 직장을 잃었다는 불안감이었다. "먹고살기가 힘들다 보니 동료들 엄마들 만나는 것도 쉽지 않다"고 한다. 파업 당시 100여 명에 달했던 가족대책위 '엄마'들도 지금은 거의 연락이 되지 않는다. 적지 않은 세월이 흐르며 복직투쟁도 시들해지면서 뿔뿔이 흩어진 것이다.

선처해주겠다는 약속만 믿고 옥쇄파업에 참가했던 아들을 설득해서 파업을 그만두게 했던 한 아버지는, 나중에 희망퇴직을 한 아들을 보고 괴로워하다 스스로 목숨을 끊었다. 자주 방치되곤 하는 해고 노동자 아이들은 심리적으로 약해진 상태이고, 정리해고자의 고통이 가족에게 전달돼 가족 내 폭력으로 이어지기도 했다. 이러한 상황을 보듬기 위해 만들어진 곳이 '와락'이며 현재 참가자들을 중심으로 정신건강 및 가족관계 향상을 위한 프로그램을 진행 중이다.

나. 동료·이웃관계

정리해고 이후 어려워진 것은 경제적인 생활만이 아니다. 해고자에게 상처로 남은 건 파업이라는 아픈 기억이며, 그것은 소외감, 배신감, 패배감 등 다양한 이름이 되어 해고자와 그 가족들을 괴롭히고 있다. 이러한 감정은 당사자인 개인에게만 영향을 끼치는 것이 아니라 다양한 주변 동료나 친구와의 감정상태 및 관계의 변화까지 불러왔다.

더욱이 3차 조사에서 밝혀진 바에 따르면 동료와의 관계, 이웃과의 관계도 파업 전과 비교하여 매우 악화되었다. 동료와의 관계에서는 96.2%, 이웃과의 관계는 94.2%가 그동안 악화되었다고 응답했다.

[표 18] 구조조정 이후 사회관계

	동료관계(%)	이웃관계(%)
매우 악화되었다	64(33.5)	51(27.0)
약간 악화되었다	120(62.7)	127(67.2)
약간 좋아졌다	5(2.8)	8(4.2)
매우 좋아졌다	2(1.0)	3(1.6)
합계	191(100)	189(100)

사회적 관계의 변화는 다양한 양상으로 나타났다. 파업에 참가한 사람뿐만 아니라 파업투쟁에 참여하지 않거나 도중에 이탈한 희망퇴직자의 경우 동료들에 대한 죄책감과 고립감을 느껴 자살하는 사례도 늘고 있다. 여러 형태의 해고자들 중에서도 희망퇴직자는 해고된 동료들에 대한 죄책감 때문에 스스로 고립되고 세상과 담을 쌓고 사는 경우가 많은 것으로 전해지고 있다. 한 사례에 따르면, 무급휴직자는 연락 자체가 안돼 만나지 못하고 있다. 현재 투쟁하는 사람은 자주 만나지만 사적인 이야기는 잘 하지 않는다고 한다. 정리해고에서 살아남은 현장 노동자

도 말수가 줄은 사람이 많다. "서로 간에 마음속 이야기를 잘 하지 않게 됐다"고 한다.[32)]

주변 동료나 이웃과의 관계가 부정적인 양상으로 변화하는 가운데, 최근에는 정리해고의 실마리가 풀리지 않으면서 동료들 간의 관계에서도 새로운 심리상태가 나타나고 있다. "대상이 바뀌어요. 나쁜 놈이 사측 관리자에서 우리 쪽 대상으로 좁혀져요. 대상이 좁아지는 게 무서워요" 라는 진술이 명확하게 이를 보여준다.

> 쌍용자동차 공장 안에서 77일간 싸우는 동안 물도 끊기고, 전기도 끊기고, 너무나 날카롭고 극단적인 일이 벌어졌어요. 밤에 자지 못하게 계속 방패를 두들겨 공포를 일으키고, 정상적인 형태가 아니었죠. 노동자들이 싸우는 것은 계란으로 바위를 치는 거죠. 하지만 국가 공권력은 그 실체가 명확하지 않고 가공할 만한 힘을 가지고 있죠. 이 힘이 와장창 깨놓고 싹 빠지면 사람의 심리가 어떻게 되냐면 가해자는 보이지 않는데 피해자만 남아 있는 상황인 거예요.[33)]

> 요즘은 사람들 [투쟁을] 못하는 게 눈에 보여요. 예전엔 안 그랬는데, 요즘은 그런 게 많이 보여요. 옆에 사람 못하는 거… 가끔 무서워요. 내가 진짜 살아가는 건지, 뭔 의미로 살아가는 건지… 사람들이 나눠져 있어요. 하는 사람은 열심히 하고, 안 하는 사람은 안 하고. 그게 화가 나요. 관두지도 못해요. 어디 가면 지부가 생각나서 다음 날 와요…. 나도 안 하는 동지들처럼 해도 되는데, 왜 하나? 집에 가버릴까?[34)]

왜 '적보다 동지가 더 밉고, 힘든 상황' 상황이 연출되는 것일까? 쌍용자동차 해고자의 정신 지원을 담당했던 정혜신 박사의 상담내용을 보면 그 설명이 가능하다.

> 여러분만 남으면서 피해자끼리 상대적 가해자를 찾기 시작하는 겁니다. 한마디 한마디가 비수가 되는 거죠. 그렇게 주변 사람한테 원한을 품기 때문에 주변 관계가 파괴되고, 그것 때문에 고통에 빠지게 됩니다. 멀리 있는 사람은 안 보면 그만이지만, 동료나 자신을 이해 못하는 아내에게는 화가 나기 시작합니다. ○○ 씨가 무섭다고 했는데, 그건 ○○ 씨 탓이 아닙니다. 내 문제가 아니라 집단이 겪는 문제인 거죠. 서로 비난하고 공격하면 같이 붕괴될 수 있습니다. 이럴 때, 이것이 공통으로 겪는 심리현상이라는 걸 여러분이 알고 계시는 게 중요합니다. 여러분의 마음은 너무 정상입니다. 옆에 있는 또 다른 나에 대해 인간적인 연민을 갖고, 가엾게 봐주어야 합니다. 본성과 다르게 되는 나를 탓하지 말고, 가엾게… '재도 그래서 그런 거구나.' 가엾게 봐주면 좋겠습니다.[35]

그렇기 때문에 "참아라, 인내해라" 하는 것보다 동료끼리 왜 이런 상황에 왔는지 공유하고 공감하고 심리적 거리를 두면서 봐주는 것이 중요하다. '와락'에서는 이런 부분에 집중하면서 동료 간의 공감을 유지하는 한편 심리적 거리두기 및 문제 발생 원인을 제대로 찾는 것에 주안점을 두고 있다.

⑤ 정리해고와 공동체 와해

정리해고 이후 쌍용자동차 노동자는 복직을 요구하며 대항해왔다. 77

일간 옥쇄파업, 노숙, 거리농성, 3보 1배, 도보순례, 희망뚜벅이 등 동원 가능한 수단은 모두 활용되었다. 이런 과정에서 쌍용자동차가 있던 지역공동체는 어떻게 변화되었을까?

평택의 한 초등학교에서 교사가 학생들에게 "'아빠가 쌍용 다녔던 분 있으면 손을 들라'고 했다고 한다. 아이들은 손을 들지 못했다. 교사는 '우리 반엔 빨갱이가 없어서 다행'이라고 했단다. 또 다시 아이들이 받았을 마음의 상처를 생각하니 가슴이 아프다."[36] 지역주민들이 모두 이 교사처럼 생각하는 건 아니겠지만, 이미 지역공동체는 정리해고의 변화를 겪으면서 분리되고 와해되었다고 볼 수 있다. 지역공동체에서 쌍용자동차 정리해고자 및 가족이 과거에 공동체의 일원으로서 누렸던 평온한 일상은 사라지고, 투쟁의 경험 속에서 공동체와 정리해고자 간의 긴장이 발생한 것이다.

더 나아가 생활비가 부족한 상황에서 일자리를 잡으려 해도 쌍용자동차 해고자라는 신분으로 인해 지역에서 일자리를 잡기가 어렵다는 게 문제다. 쌍용차 출신이라는 '낙인'이 워낙 강해서 일자리를 가질 수 없도록 사회적으로 매장되어버린 상황이다. 대기업에서 추락했다는 무기력증과 사회적으로 봉쇄됐다는 생각이 겹쳐 이중고통을 안겨주는 가운데 "쌍용자동차 다녔다는 경력을 말하지 않고 취업을 하지만 사업주가 그걸 알면 또 쫓겨나는 상황이 반복되고 있다."[37] "쌍용차 출신은 좀 그러네요 [그러는데]… 억울하고 화가 났지만 어쩔 도리가 없었다. 결국 일반 회사에는 취직이 안되겠다 싶어 단념하고 있었는데, 최근에 아는 형님이 일자리를 소개해준다고 해서 다시 한 번 용기를 내 이력서를 넣었던 것이다. 역시나 그쪽에서 돌아오는 대답은 똑같았다. 정말 다들 너무하다"는[38] 생각만 들었다고 한다. 해고의 원인이 노동자 자신에게 있는 것이 아니라 기업과 정부에 있음에도 지역사회 내에서 생계를 위해 일자리를 얻기조차 힘든 상황이 되었다.

일자리가 있어야 지역공동체와 정리해고자 개인 및 가족공동체가 모두 살 수 있지만, 현재 정리해고자에게 이런 희망은 보이지 않는다. 정리해고자 대부분은 어느덧 마흔을 넘어섰다. 다시 기술을 배워 새로운 직장에 들어가는 건 쉬운 일이 아니다. 게다가 '쌍용'이라는 두 글자가 들어간 이력서는 어느 곳에서도 받아주지 않는다. 강성노조로 찍혔기 때문이다. 이들이 할 수 있는 일은 건설 일용직, 대리운전기사와 같은 임시직밖에 없고, 이런 임시직으로는 경제적 어려움과 삶의 불안정성을 극복하기가 어렵다.

상황이 이렇다 보니 정리해고자의 사회와 국가에 대한 신뢰는 매우 악화되었다. 사회와 국가에 대한 인식은 개인의 경험에 근거할 수밖에 없는데, 회사에 대한 신뢰는 무려 99.5%의 노동자가 악화되었다고 응답했고, 국가에 대한 신뢰는 98.4%가 악화되었다고 응답했다. 정리해고의 원인이 회사와 국가에 있고, 회사와 국가는 정리해고 이후 악화된 해고자의 삶에 대해 아무런 관심이 없으며, 삶의 복원 노력도 전혀 하지 않는다고 판단했기 때문이리라.

[표 19] 국가신뢰 및 회사신뢰

	국가신뢰(%)	회사신뢰(%)
매우 악화되었다	161(84.3)	180(93.8)
약간 악화되었다	27(14.1)	11(5.7)
약간 좋아졌다	2(1.0)	1(0.5)
매우 좋아졌다	1(0.5)	0(0.0)
합계	191(100)	192(100)

정리해고자들은 재취업을 위해 국가의 책임이 가장 중요하다고 인식하고 있다. 재취업을 위해 어느 기관의 노력이 필요한가라는 질문에[39] 국가라고 응답한 사람이 50.8%, 쌍용차 내의 노력이 필요하다는 응답은 26%로 높게 나왔으며 평택시 차원의 노력 10.3%, 경기도 차원의 노력 6.1%로 나타났다.

[표 20] 재취업을 위해 필요한 기관의 노력

	빈도(%)
경기도 차원의 노력	28(6.1)
평택시 차원의 노력	47(10.3)
쌍용차 내의 노력	119(26.0)
국가 차원의 노력	232(50.8)
기타	20(4.4)
무응답	11(2.4)
합계	457(100.0)

결국 해고자와 가족은 정리해고라는 사건을 통해 엄청난 고통을 경험하게 되었지만, 공동체에서 일자리를 잡기도 어렵고, 국가·기업의 책임은 사라지면서 공동체에 대한 불신과 갈등만 커졌다. 정리해고 이후의 다양한 사회적 배제 양상과 삶의 고통은 기업과 국가에 대한 신뢰를 무너뜨리면서 사회통합에 저해요인으로 작동하고 있다.

4. 결론: 희망과 통합으로

이 글은 쌍용자동차의 정리해고 과정에서 노동자의 삶이 사회적 배제를 통해 어떻게 파괴되어갔는지를 다루고자 했다. 기존에 실시된 실태

조사, 노동자의 인터뷰, 신문기사, 쌍용차의 자료 등을 종합적으로 재정리한 결과, 기업의 구조조정과 정부의 방관 및 폭력하에 실시된 정리해고는 단지 해고만을 야기한 것이 아니었다.

정리해고 이후 노동자와 그 가족들은 심각한 경제적 어려움을 겪고 있었다. 정리해고자의 약 70% 정도가 기혼자이며 주요 생계부양자이기 때문에 일자리 상실은 곧바로 경제적 어려움으로 이어질 수밖에 없었다. 시간이 지나면서 정리해고의 문제는 해결되지 않고, 가족 내 수입은 감소하며, 빚은 증가하고, 기초적인 생계를 꾸리기도 벅차 최소한의 생활을 하고 있음을 알 수 있었다.

경제적 어려움뿐만 아니라 건강상태도 악화되고 있었다. 정리해고라는 사건이 주는 충격, 그리고 정리해고 이후의 과정이 해고자의 건강에 영향을 미쳤다. 특히 파업 참가자의 경우 전쟁, 고문, 자연재해, 사고 등의 심각한 사건을 경험하면서 느끼는 외상후 스트레스 장애를 겪고 있었으며, 많은 시간이 흘렀음에도 외상후 스트레스 장애에서 탈출하지 못하고 있는 것으로 나타났다. 정리해고 노동자는 스트레스 수준도 높아 고위험군에 속하는 노동자가 60% 이상이었고 우울증도 심각했다. 특히 우울증 관련하여 주목해야 할 부분은 파업기간 중, 파업 이후 이루어진 두 번의 조사에서 그 비율이 54.9%에서 80%로 계속 증가하고 있다는 점이다. 이는 정리해고자의 생활이 변화되지 않거나 악화되고 있고, 현재의 상황이 개별 노동자가 해결할 수 없는 차원이라는 무력감 때문에 나온 결과로 여겨진다. 높은 우울증상과 스트레스로 수면의 양과 질이 감소해 43~66%까지 수면장애를 경험하고 있었다. 이러한 수면장애 비율은 수면장애를 많이 경험하고 있는 교대제나 야간근무 노동자(화물 운전자, 지하철 노동자, 택시 노동자)보다도 더 높은 수준으로, 매우 심각한 상황이다. 나빠진 정신건강에 영향을 주는 원인은 경제적 고통과 불투명한 미래가 가장 주요했다.

정리해고는 해고 노동자 개인뿐만 아니라 사회적 관계에도 영향을 미쳤다. 설문조사에서 해고 이후 부부관계나 부모·친지와의 관계가 나빠지고 있다고 응답한 사람이 증가했다. 해고 이후 심한 우울증으로 고생하던 노동자의 부인이 사망한 사건도 있었다. 자녀에 대한 관심도가 저하되거나 관계가 악화되어 자녀의 성격이 나빠지고 있다고 응답한 비율도 매우 높았다. 정리해고로 인해 가족 내 결집력이 약화되고 있음을 알 수 있다. 가족뿐 아니라 파업에 참가했던 사람, 참가하지 못했던 사람 간의 동료관계가 죄책감과 고립감으로 인해 악화되는 사례도 많았다. 더 나아가 정리해고의 문제가 풀리지 않으면서 해고의 책임은 실체가 명확하지 않아 같은 해고자끼리 공격하는 성향도 보이고 있었다. 즉 가족·친구·동료관계가 다양한 방식으로 악화되고 있음을 알 수 있었다.

상황이 이렇다 보니 파악된 자살자와 사망자만 현재 24명에 이른다. 더 나아가 쌍용차 출신이라는 사실로 인한 지역사회 내 갈등이 존재하며, 일자리 얻는 것으로부터의 배제가 일상화되고 있었다. 해고자들은 정리해고에 대한 국가와 기업의 책임이 크다고 인식하고 있는데, 문제가 해결되지 않으면서 국가, 기업, 지역사회에 대한 신뢰가 크게 떨어진 것으로 나타났다.

결국 정리해고는 해고자 가족의 빈곤화, 신체적·정신적 불건강, 자살의 증가, 가족·동료·이웃과의 관계의 어려움, 공동체의 파괴 등으로 이어진다. 해고에 따른 빈곤은 직접적으로 물품과 서비스(적당한 영양, 주거, 의료서비스 등)를 구입할 능력을 감소시키고, 사회참여를 감소시키며, 심리적 스트레스로 인해 직·간접적으로 건강을 악화시킨다고 하는데, 한국의 경우 적절한 사회보장체계가 부재하기 때문에 그 영향은 더욱 크게 나타난다. 구조조정 과정의 해고에 따른 사회심리적 영향은 건강의 문제를 넘어 정체감 상실, 낮은 자존감, 사회로부터의 주변화와 소외, 가족 불화합, 감소된 사회적 접촉과 지원, 네트워크 상실, 사회적 낙인 등을 포함한다.

해고가 해고 노동자의 정신건강과 복리에 미치는 영향은 사회가 해고 및 실업을 어떤 식으로 바라보는지에 따라 달라질 수 있다. 유럽위원회(European Commission)는 해고 및 실업이 정신건강에 부정적인 영향을 미치고 있다는 점을 직시하고, 2년에 걸친 광대한 프로젝트를 시작했다. 이 위원회는 실업이 발생하고 있는 사회가 다음과 같이 실업을 볼 경우 정신건강에 부정적인 영향을 미칠 수 있음을 전제했다. ① 사소화(trivialization): 해고 및 실업이 그 사회에서 문제가 아니라고 볼 경우 실업은 개인의 문제로 여겨진다. 이는 개인의 정신건강에 부정적인 영향을 미친다. ② 개별화(individualization): 해고 및 실업은 개인의 문제라는 견해로, 이럴 경우 해고자 및 실업자는 죄의식을 느낄 것이다. 이러한 사회는 새로운 직장을 얻는 것도 개인이 노력해서 이루어야 하는 목표로 볼 것이다. 직장을 구하는 것이 개인의 노력으로 어려울 경우 해고자 및 실업자의 정신건강에 영향을 미치게 된다. ③ 자연화(naturalization): 해고 및 실업은 어쩔 수 없는 삶의 한 부분이다. 만약 실업자가 이 상황을 수용하지 못하면 해고 및 실업을 큰 사건이 아닌 사소한 문제로 볼 때와 마찬가지의 문제가 발생할 것이다. ④ 낙인(stigmatization): 해고 및 실업이 사회성원에 의해 낙인찍히는 것을 말한다. 해고자 및 실업자는 그 사회에서 가치가 없는 사람으로 평가된다. 다시 말해 해고나 실업이 중대한 사안으로 간주되지 않고 개인의 책임으로 돌려지며 개인에게 낙인을 찍는 결과가 되면 정신건강이 나빠질 뿐만 아니라 그 사회에서 실업자의 위치가 매우 취약해질 수밖에 없다. 이런 이유로 무엇보다 한국 사회에 만연한 해고 및 실업에 대한 사회적 통찰과 사회구성원의 지지가 필요하다.

한편 2007년에 유럽연합의 고용사회기회균등위원회는 '구조조정에서의 노동자 건강(Health in Restructuring Innovative Approaches and Policy Recommendations)'에 대한 보고서에서 이들의 생명을 보호하기 위한 3가지 원칙을 밝혔다. 첫째, 좀 더 나은 직업을 가질 수 있게 해야 하며, 둘째, 양질의 교육, 사회의 보호, 건강 서비스가 제공되어야 하고, 셋째, 사회적인 연대와 지원이 있어야 한다는 것이다. 또한 법적·경제적 지원, 새로운 노동시장의 창출, 그리고 노동자와의 소통이 정부와 지자체의 가장 중요한 역할이라고 강조했다. 하지만 한국에서 이러한 사항은 매우 미비하다.

해고자의 삶의 질과 건강이 해고로 인해 훼손되었다면 우리는 어떠한 대안을 마련할 수 있을 것인가? 무엇보다도 해고에 따르는 상황을 개인적인 책임으로 떠넘기지 말고 모든 사회구성원이 사회적 책임을 지고 해고자의 삶의 질을 높일 수 있는 방안을 마련해야 한다. 사회적 책임이란 한 사회에서 발생하는 문제에 대해 당사자, 즉 정부·기업·노동자와 시민이 함께 문제를 해결하기 위한 구조를 마련하고, 모두가 그 구조에 참여하여 재정 지원을 포함한 구체적인 대안을 실행하는 것을 말한다. 해고의 책임을 개인에게 둘 것인지, 사회에 두고 대안을 마련해갈 것인지는, 해고자가 사회 속에서 경험하는 주변화와 낙인의 정도에 영향을 미칠 수 있는 기제이기도 하다.

요컨대 쌍용자동차 정리해고자 문제의 해결을 위해서는 사회적 책임의 구조하에서 일자리를 제공하고 다양한 사회서비스를 제공하는 일이 시급히 요구된다. 그중에서도 무엇보다 먼저 고용안정책이 제시되고 일자리가 주어져야 한다. 현재의 삶에 부정적 영향을 끼친 가장 근본적인 이유는 일자리의 상실이므로 이 부분이 선결되어야 하고, 전 사회적인 부문에서 해고와 실업에 대한 대책이 강구되어야 한다. 이제 정리해고에 대한 대법원의 판결만 남아 있는 상황이지만, 항소심에서 정리해고 요건이 충족되지 않았다는 판결이 내려진 만큼 양심 있는 판결이 내려져 해고자들을 일자리로 복귀시켜야 할 것이다.

둘째, 쌍용자동차의 사례에서 나타난 것처럼 정리해고는 사회보장제도의 수준이 매우 낮은 한국 사회에서 그 영향이 더 극대화될 수밖에 없다. 따라서 복지국가 건설을 통한 사회보장제도의 확충과 정비가 필요하다. 사회보장의 확충과 정비는 개별 노동자의 고용 문제 해결에도 중요하지만, 장기적인 차원으로 해고 및 실업 문제에 대한 보편적인 해결방식을 찾아야 한다는 점에서 더 이상 미룰 수 없는 대안이다.

셋째, 대공장 노동자 문화에 대한 성찰과 다른 부문 노동자와의 연대가 필요하다. 한국 사회에서 구성원의 삶은 무엇에 의해 어떻게 흘러가고 있는지, 우리의 지금 모습은 어떠하고, 우리는 어떤 생각을 가지고 살아야 하는지 등의 질문을 제기하고 답을 찾아가는 모습이 필요할 것이다. 이러한 성찰은 자신만의 문제를 넘어 다른 부문 노동자와의 연대 및 배려가 깃든 실제 활동으로 나아갈 것이다. 또한 신문기사에 나온 어느 노동자의 말처럼 과거의 노동과 삶에 대한 성찰이 함께 이루어져야 할 것이다.

대공장 정규직 노동자 생활이라는 게 그런 대로 안정적이잖아요. 그래서 멀쩡하게 살아왔다고 생각했는데 그렇지가 않더라는 거죠. 어떻게 웰빙을 즐길 건지가 아니라 내가 일하며 어떻게 살 건지 아이 교육은 어떻게 할 건지 이런 게 전혀 없더라는 거죠. 교육 문제만 해도 만약 우리가 공동체적인 활동을 하면서 사교육에 의존하지 않는 교육을 고민하고 시도해왔다면 똑같이 맞아도 데미지가 달랐을 거예요. 노동자들, 특히 대공장에서 컨베이어 타는 사람들의 문화라는 게 정말 앙상해요. 일하고 마치면 술 먹고 노래방 가고. 우리 이야기는 언론에서 안 다루어준다고 투덜대면서 신문도 잘 안 보고 책도 안 보고. 아까도 이야기했지만 이런 상태론 위기가 닥치면 큰일일 뿐 아니라 늘 해오던 싸움도 밀릴 수밖에 없어요.[40)]

넷째, 한국 사회 성장의 패러다임에 대한 진지한 고민이 필요하다. 생산위주, 개발지향, 소비수준 상향으로 흘러가는 사회에서 이러한 주류의 삶을 무작정 따라가려 하는 것은 아닌지 진정성 있는 통찰이 필요한 시점이다. 우리는 얼마나 더 일해야 하며, 무엇을 위해 일하는지, 어떻게 일하는 것이 나와 사회의 성장에 바람직한 것인지, 나와 내 가족만을 위한 삶이 아닌 상호 돌보는 사회로 가기 위해 어떤 실천을 해야 하는지 등에 대한 논의가 진정으로 시작되어야 한다. 『그의 기쁨과 슬픔—쌍용자동차 해고자와의 대담』(2014)에 나온 정리해고자의 다음과 같은 진술은, 이미 과거의 고통이 새로운 미래와 연계되기 시작했음을 보여주는 것은 아닐까?

분노나 모멸감이나 무력감이 주된 동기였을 때는 목적의식을 갖고 싸웠던 것 같아요. 지금은 분노나 무력감이 동기가 아니니까 목적의식도 오히려 흐릿해요. 내일도 이렇게 해야 하는 건가, 매일 물어요. 쌍용차 돌아가면 뭐할 건데. 갈등이 많고 목적이 불분명해졌어요. 정말 내가 원하는 것은 무엇인가, 무엇을 하고 싶어 하는가, 나 스스로에게 질문을 던지게 돼요.

우리가 기계처럼 여겨지는 그런 삶을 더 살고 싶지 않아요. 만약 어느 날 정말로 돌아가게 되면 그때는 다른 삶을 꿈꾸면서 살겠지만, 오늘만 버티면 장땡이다, 그렇게 살고 싶지 않아요. 5년이 지났는데도 한 치의 변화도 없는 그런 공장에 들어가고 싶지 않아요.

학교를 떠나는 아이들
—공교육의 폭력성이 남긴 상처

김원석 _ 워릭대학교 박사과정, 사회학

1. '골병'든 학교교육

골-병[1)]

1. 겉으로 드러나지 아니하고 속으로 깊이 든 병.

2. 심한 타격을 받아 입은 손해를 비유적으로 이르는 말.

교육, 특히 학교교육은 그 자체로 골병이 들어 있고 우리를 골병들게 한다. 지나친 비유와 비관일지도 모른다. 그러나 한번 살펴보자. 통계에 의하면 13~19세의 청소년 가운데 64.5%가 자신들의 전반적인 생활에 대해 스트레스를 느낀다고 보고하고 있으며,[2)] 중고생 천 명을 대상으로 한 설문조사에서도 절반이 넘는(51.6%) 아이들이 '살아 있지 않는 게 낫다는 생각을 해본 적 있다'고 밝혔다.[3)] 이를 반영하듯, 청소년 사망원인 부동의 1위는 자살(13.0%)이고, 불과 14살 소녀가 '이제 죽어도 여한이 없다'는 유서와[4)] 함께 목숨을 끊고 있다. 그리고 우리는 매년 '알몸 졸업식'이나 '친족살해'와 같은 아이들의 극단적인 행동을 목격한다. 국제적으로 학생들의 학업성취도는 우수할지 몰라도 학교에 대한 만족도, 교과과목에 대한 흥미도는 경제협력개발기구(OECD) 국가 가운데 밑바닥에 머물러 있다. 교사라고 다를 것 없다. 교육의 목적이 대학입시를 위한 학생 및 교사들의 기능적 관리에 철저하게 종속된 상황에서, 교육이라는 이름 아래 끊임없이 평가 받고 평가해야 하는 '교사들도 학교가 두렵긴 마찬가지다.'[5] 그런 가운데 '명퇴대란'[6] 속 운 좋게(?) 기회를 얻었거나 아니면 이런저런 이유로 교육현장을 떠나는 교사들은 계속 급증하고 있다.

통계가 보여주는 '병든 현실'은 빙산의 일각이다. 오히려 더욱 문제인 것은 이러한 통계수치가 너무도 '진부한' 이야기가 되어버린 '골병든 현실'에 있다. 좀 더 쉽게 말해보자. 대한민국에 살고 있는 국민 가운데 학교교육이 문제라고 느끼지 않는 사람은 손에 꼽을 정도로 적다. 연일 쏟아져 나오는 우울한 통계와 뉴스, 그리고 저마다 마주한 현실 속에서 사람들은 교육을 한국 사회에서 시급히 고쳐야 할 병 가운데 하나로 느낀다. 그러나 많은 경우 도대체 어디서부터 무엇이 잘못된 것인지 알기 어렵고, 종종 더 많은 '노력'과 '투자'를 하지 못한 자신에게 병의 원인이 있는 듯 느껴진다. 그래서 괴롭지만 더 견디고 노력해야 한다고 다짐하며, 그에 걸맞은 보상에 대한 막연한 '기대'가 이를 지탱하는 유일한 힘이 되어준다. 세계에서 가장 높은 진학률, 세계 최장의 공부시간, 엄청난 사교육비 지출은 이러한 현실의 한 단면이다. 그러나 그러면 그럴수록 병든 현실에 대한 관심은 뒷전으로 밀려나고, 개인과 학교교육은 언제, 어디서부터 무엇이 잘못된 것인지도 모른 채 골병이 들어간다. 고통스런 현실을 외면하는 개인들을 비난할 의도는 전혀 없다. 오히려 필자가 지금부터 하고 싶은 이야기는 현재 우리의 학교교육에 내재한 고유한 메커니즘이 의도적으로 우리로 하여금 병을 제때 발견하고 치료할 수 없게 만들고, 병의 원인을 모호하게 하며, 그래서 우리를 골병들게 하고 있다는 사실이다. 그래서 학교교육은 '폭력적'으로 작동하고 있다고 말할 것이다. 이러한 시도는 '고통당하는 자들로 하여금 고통의 책임을 사회적 원인에서 찾을 수 있게 함으로써 그들의 무죄를 입증할 수 있게 해주고, 또한 내밀하고 비밀스러운 형태를 포함하여 온갖 모습으로 나타나는 불행들의 출처, 즉 집단적으로 은폐되어온 사회적 출처를 널리 드러내려는 시도'이기도[7] 하다.

그런데 마치 '전쟁'과 같이 그 자체로 분명한 고통과 피해를 야기하는 어떤 실체적 폭력행위에 기반을 두지 않고 있음에도, 학교교육이 폭력적으로 작동한다고 말할 수 있을까. 이를 위해, 폭력이 단순히 물리적 힘을 행사하는 것 이상을 의미한다는 사실을 살펴볼 필요가 있다. 이것은 우리가 마치 태권도의 겨루기를 폭력이라고 얘기하지 않는 것과 같다. 오히려 폭력은 힘의 행사와 더불어 그것이 정당화 혹은 정당화되지 않는 방식과 필연적인 관계를 맺고 있다.[8] 즉, 우리가 폭력에 관해 이야기할 때, 수없이 존재하는 다양한 강제력의 행사 속에서 무엇이—나쁜 의미의 혹은 필요한—폭력인지 규정짓기 위한 다양한 전제와 논의들이 존재한다는 것이다. 이 폭력의 정당화 '방식', 그리고 그 '수준'의 차이에 따라 폭력이 이해되는 범위는 달라질 수 있다.

그렇다면 폭력은 어떻게 정당성을 획득하는가? 먼저, 독일의 사회학자 막스 베버(Max Weber)가 국가를 이해하는 방식은 폭력이 근대사회에서 어떻게 작동하는지 중요한 시사점을 제공해준다. 그에 의하면 국가는 일정한 영역에 걸쳐 물리적 강제력을 합법적으로 독점하고 있는 유일한 기구인데, 우리가 소위 말하는—군대나 경찰에 의한—공권력의 사용에서 알 수 있듯이, 국가란 '폭력의 권리'의 원천으로, 합법적으로 보유한 폭력을 이용해 사람들의 행위가 가능한 범위를 설정하는 폭력의 운동에 다름 아니라고 얘기할 수 있다.[9] 그러나 현실 속에서 국가 혹은 개인적 수준에서 이루어지는 폭력에 어떤 본질적인 것은 존재하지 않으며, 따라서 폭력이 그 정당성을 인정받는 방식과 정도도 시대적·사회적 맥락에 따라 여러 차이를 보인다. 예컨대, 한국 사회에서 과거 식민지 혹은 군사정권 시기에 폭력은 노골적이고 직접적으로 사용되었으며, 그 정당성 역시 국가로부터 일방적으로 부여되었다. 하지만 최소한의 형식적 민주주의가 보장된 오늘날, 폭력의 작동과 그 정당화 과정은 이탈리아 사상가 안토니오 그람시(Antonio Gramsci)의 표현을 빌리자면 일정한 '동의(consent)'에 기반하지 않고 이루어질 수 없다. 특히 오늘날 폭력은 일상적인 상황에서 이루어지는 고도의 상징적·형식적 통제 및 공식화(officialisation) 작업을 통해 길러진 육체적·사회적 성향과 어우러져 작동된다. 왜냐하면 무엇보다도 '힘의 임의성'에 동의를 줄 수밖에 없는 사람들의 강요된 지지 속에서 폭력이 '합법적 권력'으로 효과적으로 행사될 수 있기 때문이다.[10]

여기에서 학교교육이 중요한 의미를 갖는 것은 그것이 한 사회에서 정당한 것 혹은 정당하지 못한 것으로 여겨지는 다양한 행위들, 그리고 그 이면에서 작동하는 가치와 지식들에 관한 것이기 때문이다. 특히 많은 비판적 교육학자들이 지적하듯이, 학교교육 그 자체가 이미 고도로 상징화되고 공식화된 내용(지식)과 시스템, 그리고 불평등한 사회적 힘들에 의존하며 그것들을 적극적으로 (재)생산하는 차원이 존재하기 때문이다. 그러나 학교교육 현장에 존재하는 이와 같은 자의적·임의적·비가시적 폭력성은 잘 부각되지 않는데, 이는 학교교육이 직접적이고 노골적인 폭력에 의존하는 것이 아니라 갖은 상징적·이데올로기적 정당화수단을 동원하기 때문이다. 하지만 우리가 오늘날 신문이나 뉴스를 통해 접할 수 있듯이, 아무리 감추어지고 정당화된 폭력이라 할지라도 그 상처마저 지울 수는 없다. 폭력은 언제나 흔적을 남긴다. 특히 아이들에게서 쉽게 보이는 각종 '트라우마(Trauma, 복합성 외상후 스트레스 장애)'적 증상들[11]—지속적인 침울, 만성적 자살, 자해, 일시적 해리성 삽화, 이인증/비현실감, 무력감 혹은 주도성의 마비, 수치심, 죄책감, 자기비난, 고립과 회피, 친밀관계의 장애, 신념의 상실, 무망감과 절망감 등—은 학교교육에 내재된, 그러나 오랫동안 감추어져왔던 폭력성에 대한 이해를 시급하게 요청한다.

필자는 이하에서 프랑스 사회학자 피에르 부르디외(Pierre Bourdieu)가 주장한 '상징폭력(symbolic violence)'이라는 개념을 적극 수용하여, '폭력의 연속(a continuum of violence)'이라는[12] 메커니즘 속에서 학교교육이 어떻게 폭력적으로 작동되고 경험되며 학교 안팎에서 또 다른 가시적·비가시적 폭력으로 이어질 수 있는지, 그리고 그것들은 어떤 상흔들을 남기는지 밝혀보고자 한다. 이를 위해 탈학교 아이들, 특히 소위 '문제아'로 일컬어지는 학교로부터 추방된 아이들의 삶에 주목하고자 하는데, 이는 개인적으로 탈학교 아이들을 위해 마련된 정부산하기관 및 시민단체에서의 활동을 통해 그러한 상황에 놓인 아이들을 지켜보며 학교교육에 내재된 폭력성이 전이(transference)되고 변이(transformation)되며 폭력이 재생산(reproduction)되는 과정을 가까이서 살펴볼 수 있었기 때문이다. 보다 제도적인 차원에서는 2013년 취임한 박근혜 정부가 '4대 악(학교폭력, 성폭력, 가정폭력, 불량식품)' 가운데 하나로 선정하기도 한 '학교폭력'의 문제를 이해하는 데 있어 단순히 '사건' 중심이 아닌 아이들의 삶과 교육현실을 총체적으로 들여다보려는 노력이 필요하다는 것을 주장하기 위해서이다. 물론 여기서 학교폭력은 학교교육의 폭력성을 지칭하는 것이 아니라 학교에서 발생한 물리적 폭력이라는 점에서 다르게 이해될 수 있지만, 학교폭력이 발생하는 맥락과 그것이 다루어지는 방식은 우리가 앞으로 살펴보고자 하는 학교교육에 내재된 폭력성과 긴밀한 관련을 갖는다. 요컨대, 단순히 아이들을 악마화(demonisation)하지도, 희생자화(scapegoating)하지도 않으면서 학교교육의 폭력성이 어떻게 차별적으로 작동하는지, 또 어떻게 스스로를 정당화하는지, 그리고 그러한 폭력성을 아이들이 어떻게 내면화(internalisation)하고 외화(externalization)하는지 살펴보고자 한다.

2. 상징폭력으로서 학교교육: 이론적 접근

'싸이코 교실(psycho classroom)'이라 불리기도 한 재밌는 실험으로[13] 이야기를 시작하자. 영국의 한 대학에서 행해진 이 실험은 우리가 일반적으로 지니고 있는 교육공간에 대한 관습적 사고들을 가차 없이 뒤집는다. 이제는 더 이상 사용하지 않는 학교 내 술집(bar)을 학생, 연구자, 건축가들이 함께 모여 교육공간으로 만든 것부터, 그곳에는 일반적인 교탁과 책걸상도, 그리고 전자칠판 같이 교실 전면에 고정된 최신식의 전자기계도 없다. 대신 학생과 교사들이 마음껏 자유롭게 움직일 수 있는 빨갛고 파란 벤치와 소파들이 자리하고 있으며, 바닥은 고무바닥이라 언제든 눕거나 앉을 수 있게 되어 있다. 120제곱미터 규모의 이 교실에서는 여러 교육활동이 동시에 진행되기도 하는데, 이곳에는 교사의 말을 교실 전체에 전할 수 있는 일반적인 마이크가 없고, 대신 서로의 활동과 이야기들이 동시에 보이고 또 들릴 수 있게 디자인되었다. 이 사례를 통해 필자가 강조하고 싶은 것은, 아주 작은 학교공간과 물리적 환경들 속에, 그리고 우리가 일반적으로 교육적인 것 혹은 비교육적인 것으로 생각하는 수많은 전제와 관계들 속에 의도적·비의도적으로 지나쳐버리고 있는, 그래서 사실상 효과적으로 작동할 수 있는 차별적 사회관계, 나아가 권력관계가 내포되어 있다는 사실이다. 특히 학교교육은 이러한 차별적인 사회적 힘들이 고도로 상징화된 '지식체계'와 각종 '제도적 장치'들을 통한 표면상 '합리적'으로 보이는 '의사소통'에 상당히 의존하고 있어 덜 가시화되고, 그래서 더 정당화 혹은 정상화(normalisation)되며 큰 힘을 발휘한다. 상징폭력을 통해 학교교육을 이해하려는 필자의 시도는 이러한 사실에서 출발한다.

> 지식과 소통의 도구로써 '상징구조들'은 바로 그것들 자체가 구조화되어 있기 때문에 구조화시키는 권력을 행사할 수 있는 것이다. 상징폭력은 실재를 구성시키는 권력으로, 전문적이며 신비화된 지식에 기초한 질서를 수립한다.[14)]

보다 구체적으로 살펴보자. 부르디외는 교육행위가 '자의적인 권력'을 통해 '문화적 자의성'을 주입한다는 점에서 상징폭력이라고 주장한다. 예컨대, 교육행위의 활동영역은 그것이 스스로 재생산할 만하다고 생각한 것을 선택하고 그렇지 않은 것은 배제하면서 특정한 의미체계를 제공하고 주입하는 것에 다름 아니고, 이는 결국 특정한 집단이나 계급이 문화적 자의성 내부에서, 그리고 그것을 통해서 객관적으로 작동되는 자의적인 선택기준을—선택과 배제라는 두 가지 의미에서—재생산하는 것이다.[15)]

> 사회구성체를 형성하는 집단이나 계급들 사이에 권력관계가 존재하는데, 이 관계는 자의적인 권력의 토대 기능을 하면서 교육영역에 독자적인 의사소통관계를 확립시킬 수 있는 조건이다. 다시 말해서 이 권력관계는 자의적인 주입양식(교육양식)에 따라 문화적 자의성을 제공하고 주입할 수 있는 조건이다. 이러한 의미에서 교육행위는 상당히 객관적인 내용을 지닌 상징폭력(symbolic violence)이다.[16)]

물론 학교교육에서 다루어져야 할 지식과 교육방식들, 그리고 교육주체들에 관한 수많은 논의들을 단순히 권력의 재생산 메커니즘으로만 이해하기는 어렵다. 그러나 교사와 학생 간, 교사와 교사(특히 교장) 간의 관계를 생각해보면 쉽게 알 수 있듯이, 한국 사회의 학교교육은 여전히, 그리고 오랫동안 교육행위자의 자율성이 극도로 제약된 채 교육행위 역시 특정한 행위들을 '임의적'인 기준과 방식 아래 '규제'하거나 '장려'하는 데 초점이 맞추어져 있다는 점에서 상징폭력론은 적합한 설명력을 가질 수 있다. 더욱이 '학벌사회'라는 교육현실에서 '학교' 그 자체가 점하고 있는 무소불위의 막강한 권력을 고려해볼 때 위와 같은 부르디외의 주장은 의미 있게 고려될 수 있다. 아래의 사례는 한국의 학교교육에 내재된 문화적 자의성, 그리고 '교육적 권위'에 기반한 그것의 적극적 승인이라는 상징폭력의 프로세스를 여실히 드러내준다.

> 지난 9월 경기도 안산시의 한 고등학교에 다니는 남학생과 여학생이 택시를 타려고 함께 길가에 서 있었다. 마침 근처를 지나던 이 학교 교감이 즐거운 표정의 두 학생을 유심히 지켜봤다. 다음 날 두 학생에게 '3일 교내봉사'의 징계가 내려졌다. 왜일까. '죄명'은 '윤리거리 위반'이었다. 이 학교에는 남녀가 50센티미터 이상 거리를 유지해야 한다는 '윤리거리' 규칙이 있다.[17]

한편, 자의적인 권력이 학교교육을 통해 주입되고 재생산되기 위해서는 다양한 상징체계들이 '공식화'되어야 하고 이를 통해 정당한 것으로 인식되어야 한다. 위의 사례에서 보듯 학생들의 학교에서의 삶을 특정한 목적 아래 특정한 방식으로 규제 혹은 장려함으로써 차별적 배제를 정당한 이름 아래 가능케 하는—한국이라는 현실 속에서 특히—'학칙'은 상징폭력으로 기능하는 학교교육을 보여주는 하나의 사례이다.[18] 물론 이와 같은 공식화 작업은 끊임없이 개인들로 하여금 그 정당성을 '스스로' 인정하도록 만드는 담론적(discursive)·이데올로기적(ideological) 공세들 속에서 이루어지며, 그것을 통해 임의는 오인(misrecognition)과 승인(recognition) 속에 적극적으로 정당화되고 그 과정에서 발생되는 문제들은 철저히 개인화된다.

> 상징적 폭력은 피지배자가 지배자에게 (따라서 지배에) 동의한다는 사실을 매개로 제도화되는데, 피지배자가 그렇게 생각하고 사고하며 더 나은 지배자와의 관계를 생각하기 위해서 지배자와 공유하고 있고, 지배관계의 합체된 형태로서만 이러한 관계를 자연적인 것으로 보이게 하는 지식의 도구들을 사용할 때에만 그러하다.[19]

예컨대 오늘날 많은 아이들이 학업에 실패했을 경우 과거보다 훨씬 더 뚜렷하게 실패자의 낙인을 받게 되며, 더욱 전적인 축출을 당하게 된다. 더 뚜렷한 낙인을 받게 되는 것은, 어쨌든 겉보기에는 그들도 '기회'를 가지고 있었으나 그 기회를 놓쳤다는 사실 때문이며, 또한 사람들의 사회적 신분이 학교에 의해 정의되는 경향이 점점 더 짙어지고 있는 현실 때문이다.[20] 보다 구체적으로 말해, 급변하는 사회 속에서 기회가 현실화되는 데는 여러 제약이 있음에도 불구하고 형식적 기회와 자유로운 선택만 부각되며 문제들을 왜곡하고 책임을 개인화시키고 있다.[21] 실제로 1995년 소위 말하는 '5·31 교육개혁' 조치 이후 정부는 창의성, 다양성, 자율성 등을 언급하며 고등학교체제를 수없이 많은 방식들로 개편해왔는데, 이러한 제도적 변화들은 "교육제도가 자신의 교육행위에 대한 객관적 진실을 드러내지 않으면서 이 행위를 명시적으로 펼쳐 보일 수 있도록 만드는 제도적 조치"에[22] 불과하다. 2011년 전문계 특성화고로 지정된 수도권의 한 고등학교 사례는 선택의 다양성과 자유를 보장한다는 수사가 얼마나 허울뿐인지 여실히 드러내준다.[23]

> 입학 뒤 첫 실습시간에 이건 아니다 싶더라고요. 내가 태어나기도 전에 나온 엘란트라라는 차에 수십 명이 붙어 실습을 했어요.

> 현대차, 기아차가 생긴 이래 지난해 가장 많은 차를 팔았다는데 그게 맞느냐? [취업이 안되는 건] 공고 나왔기 때문이죠? 왜 국가는 우리를 필요에 의해 만들어놓고 내버려두는 거죠?

'평가'는 다양한 선택과 기회라는 이데올로기적 공세를 완벽하게 객관적(중립적)이고 그래서 정당한 것으로 둔갑시킴으로써 교육이 상징폭력으로 작동할 수 있게 하는 중요한 정당화 메커니즘이다. 전성은에[24] 의하면 경쟁의 학교교육 정책을 유지하는 수단은 크게 네 가지 ① 설립의 허가제, ② 교과서 독점, ③ 교육과정 독점, ④ 평가 독점으로 나뉠 수 있다. 교과서의 내용을 독점한다는 것은 곧 정답을 독점한다는 것을 의미하며, 이러한 정답의 독점은 암기식 수업을 낳고, 암기식 수업은 주입식 교습방법을 가져올 수밖에 없으며, 주입식 수업은 교사의 학생에 대한 지배권위—존경권위가 아닌—를 필요로 하고, 학생에 대한 교사의 권위주의는 상명하복의 학교문화를 만든다고 주장한다. 나아가 상명하복의 학교문화는 상명하복의 정치, 경제, 사회, 문화를 낳으며 악순환을 되풀이하는데, 이 악순환의 되풀이는 통치집단에게 절대로 유리한 문화라고 주장한다. 그리고 이러한 시험제도는 학교 간의 시장경쟁과 긴밀하게 연관되어 있는데, 무엇보다 시험결과는 학교평가일람표와 같은 형태의 공표를 통해 학부모들이 자기 자녀들을 보낼 학교를 '선택'할 수 있게 만들고, 이것이 반복되면 될수록 시험은 하나의 목적에만 사용되는 게 아니라 다양한 목적을 위해 사용되며, 학교는 점차 시험기술을 훈련시키게 되고, 이를 통해 학교가 시험에 의해 정해지는 목표와 교육기준에 도달하는 한 이러한 정책결합은 논박의 여지가 없을 정도로 확고한 지지를 얻게 된다.[25]

이렇듯 상징폭력으로서 학교교육은 오랜 시간에 걸쳐 다양한 관계와 공식화 작업들 속에서 '능력주의(meritocracy)',[26] '선택과 기회(choice and opportunity)', 그리고 그에 따른 '책무성(accountability)'과 같이 정당화된 혹은 신화화된 믿음체계를 형성시키고 그 기반 위에서 작동한다. 선택의 가능성이 주어졌고, 선택할 자유가 주어졌으며, 선택이 이루어졌고, 그것을 공정한 방식으로 평가했다고 판단하는 일련의 과정은 받아들이는 이로 하여금 상당부분 그것을 당연시하고 모든 것을 선택한 개인의 문제로 환원시키도록 만든다. 그럴수록 그 속에 숨어 있는 자의적인 권력관계는 더욱 철저히 감추어지고 그래서 더욱 철저하게 재생산되며 고통은 오롯이 개인이 감당해야 할 어떤 것이 되어버린다. 청소년들이 "제 머리가 심장을 갉아먹는"[27] 고통을 호소하며, 이젠 서울대에 가지 못했다는 이유만으로 자살할 정도로 학문은 더 이상 학문이, 학교는 더 이상 학교가 아니라 '권력'으로 작동하게 된다는 것이다.[28]

3. 상징폭력으로서 학교교육 : 학교로부터 추방된 아이들의 현실

학교교육이 지니는 이론적·현실적 순기능 모두를 부정하려는 것은 아니다. 다만 오늘날 우리가 경험하고 있는 학교교육의 현실은 그러한 순기능을 압도하고 남을 부정적 모습과 결과들로 가득한데, 필자는 그것들을 굳이 공허한 희망적 수사들(rhetoric)과 장치들을 통해 축소시키거나 왜곡시켜서는 안 되며, 문제를 오롯이 드러내야 한다고 본다. 한국 사회에서 학교교육은 분명히 상징폭력론의 관점에서 또 폭력적 현실과의 관계 속에서 다양한 폭력적 결과들을 생산해내고 있고, 그 속에서 많은 이들이 신음하고 있다. 이하에서는 탈학교 아이들의 삶을 통해 상징폭력으로서 학교교육의 현실을 살펴보고자 한다. '왜', '어떤' 아이들이 '어떻게' 학교교육으로부터 배제되어가고 있는가? 그 배제는 어떻게 스스로를 정당화하고 아이들은 그것을 어떻게 받아들이고 있는가? 나아가 학교로부터 배제된 아이들이 마주하는 폭력적 현실들은 또 어떻게 폭력의 재생산에 기여하는가?

> '실패' 혹은 학교생활 부적응이라는 용어들은, 현재의 교육현장에서 가장 다루기 힘든 학생들로 분류된 아이들이 학습에 있어서(이들은 점점 더 학습에 흥미를 잃어가고 있다) '우둔한' 아이들로 치부되고 있다는 사실을 상기시켜주는 단어들이다. 이런 상황은 그들로 하여금 자신의 열등성('공부 잘하는 아이들'이라고 불리는 학생들에 비해서)을 인정하는 수동적인 입장에서 서든지, 아니면 물리적 폭력(예를 들면 '힘없는 아이'이기보다는 '다루기 힘든 아이'가 되고 싶어 한다)과 같이 다른 영역에서 자신의 자리를 찾든지 양단간의 결정을 하도록 만드는 경향이 있다.[29]

먼저 탈학교 아이들의 현실을 살펴보자. 탈학교, 즉 학교 밖에 있는 아이들을 정의하는 공식용어는 '학업중단자'이다.[30] 그러나 학업중단자라는 개념은 실제 탈학교 아이들을 담아내기에는 많은 한계와 문제를 지닌다.[31] 이는 학업중단의 요인이 대단히 협소하게 설정되어 있기 때문인데, 초등학교와 중학교의 경우 유예 및 면제자, 고등학교는 자퇴(질병, 가사, 부적응, 해외출국, 기타)와 퇴학(품행)만을 학업중단의 사유로[32] 보고 있다. 이에 의하면, 사실상 현재 학교를 벗어나 있는 아이들인 가출 청소년, 미진학자, 사망자 등은 포함되지 않는다. 특히 초·중등생의 경우 의무교육으로 인하여 유예와 면제로만 학업중단자가 구분될 뿐 그 실제적이고 구체적인 사유가 파악되지 않아 많은 문제를 안고 있다.[33] 이 밖에 학업중단자라는 개념이 지니는 의미상의 문제도 지적될 수 있다. 학교를 벗어난다는 것이 곧 학업의 중단을 의미한다고 볼 수 없기 때문이다. 이는 학업이라는 것을 학교가 독점하고 있음을 전제하고 있는 것이며, 달리 말하면 학교 밖에서도 충분히 학업이 이루어질 수 있음을 염두에 두지 않은 것이라 볼 수 있다. 이런 이유 때문에 학업중단자가 비록 공식적인 용어이기는 하지만 많은 연구들에서 학업중단자 대신에 '학교중퇴(중도탈락)',[34) '학교거부', '위기 청소년', '부등교'와 같은 다양한 용어들이 사용된다. 필자는 이 글에서 특별한 경우를 제외하고는 학생들이 학교를 벗어나고 있는 현상에 초점을 맞추어 '탈학교'라는 용어를 사용하고자 한다.

교육부에 의하면 2012학년도 초·중·고등학교 학업중단 학생의 수는 총 68,188명으로 재적학생 수 기준 1.01%의 학생들이 학교를 그만두고 있다. 그 사유로는 의무교육단계인 초·중등학교의 경우 해외출국에 의한 면제나 미인정 유학(유예)이 가장 주요한 원인으로 조사되었고, 고등학교의 경우에는 학교부적응에 의한 자퇴가 49.96%로 가장 큰 비중을 차지했다. 학교부적응의 이유로는 학업 문제(28.30%)와 학교규칙(2.92%)이 가장 심각한 것으로 조사되었다.[35)] 물론 탈학교 아이들의 문제가 더욱 심각하고 중요한 것은 단순히 학교를 벗어나는 아이들의 숫자와 이유에만 있지 않다. 권영길의 분석에[36)] 의하면 실업계고 학생은 특목고에 비해 3.3배, 고교 전체에 비해 2배 더 많이 학업을 마치지 못한 채 그만두고 있는데, 실업계고 학생일수록 저소득층인 경우가 많다는 점에서 저소득층일수록 학업중단율이 높다는 것을 의미한다고 본다. 뿐만 아니라 집값을 기준으로 살펴보아도, 집값 하위 10개 지역이 집값 상위 10개 지역보다 고등학생 학업중단자가 2.54배나 많음을 지적하고 있다. 학교를 벗어난 이후도 문제이다. 실제로 많은 연구에서 학업을 중단한 학교 밖에 있는 학생들이 자신의 불안전한 현실을 극복하기 위해 각종 범죄

환경과 부당한 취업환경에[37] 노출되어 있는 것으로 드러난다. 이하에서는 오늘날 학교를 중심으로 벌어지는 상징폭력의 작동 과정 속에서, 대안적인 고민과 계획을 가지고 학교를 벗어나는 적극적이고 의식적인 학교거부자들이 아니라 학교로부터 의도적·비의도적인 방식으로 배제되고 축출된 아이들의 삶을 살펴볼 것이다. 이들의 경우 상징폭력으로 작동하는 학교교육의 현실에서 가장 적극적으로 '정당하게' 배제되고, 그래서 또 다른 폭력에 무방비로 노출되며, 폭력이 지속적으로 재생산되는 과정의 한복판에 있기 때문이다.

1) 유년시절 폭력의 경험과 그 상흔들

탈학교 아이들은 어렸을 때부터 지속적으로 폭력적 환경에 노출되고, 그로 인하여 본인 스스로 폭력을 빈번하게 사용하게 되거나 가출과 부등교가 잦아지며 결국 학교를 떠나게 되는 경우가 많다. 많은 연구조사들에 의하면 학교를 그만두는 주된 이유로 학교에 대한 흥미 상실이나 학교부적응을 들고 있는데, 그것은 현재적 관점에서 드러나는 표면적인 이유에 대한 아이들의 응답으로 이해할 수 있으며, 오히려 항상 그 다음의 이유로 지적되곤 하는 가정에서의 불만과 불안에 대한 응답들을 주목할 필요가 있다([표 1] 참조).[38] 왜냐하면 가정에서의 폭력적 경험들은 아이들의 정체성을 형성하는 데 크게 영향을 미치고, 그러한 정체성을 지닌 아이들이 결국 학교라는 제도적 공간 속에 담겨지고 그 안에서 보호받지 못한 채 학교를 떠나는 경우가 상당하기 때문이다. 더욱 중요한 것은, 이 아이들이 그러한 폭력적 경험에 대한 치유 없이 학교 밖으로 내몰린 뒤 또 다른 폭력에 상대적으로 더욱 쉽게 유인될 수밖에 없다는 점이다. 실제로 학업중단 고민을 경험한 비율을 살펴보면 빈곤층이

[표 1] 교사들이 생각하는 학교 중퇴 이유

(단위: %)

	1순위	2순위	3순위
가정사정	40.8	31.9	17.8
문란한 성생활	21.4	37.2	27.4
학교부적응	17.3	17.0	21.9
가출	14.3	3.2	4.1
성적불량	5.1	3.2	12.3
사고	1.0	2.1	1.4
본인의 성격	-	4.3	9.6
기타	-	1.1	5.5
계	100.0	100.0	100.0

* 자료: 송복 외, 『학업중퇴자 연구—실태와 대책』, 연세대학교 사회발전연구소, 1996.

51.1%에 달했으며 중간층을 포함할 경우 64.7%에 이르렀다.[39]

반복되는 일상의 폭력적 경험은 그것을 극복해내는 자신들만의 과정 속에서 특별한 정체성을 형성하도록 만든다. 성인기에 반복적인 외상을 경험할 경우 이미 형성된 성격구조가 파괴되지만, 아동기에 반복적인 외상을 경험하게 되면 성격이 단지 파괴되는 것만이 아니다. 이것은 성격을 만들어낸다.[40] 그러나 이렇게 만들어지는 성격이 일관된 형태를 보이는 것은 또 아니다. 아이들은 주위, 특히 어른들로부터 보호받지 못하는 자신의 현실에 극도의 무기력함을 느끼거나 반대로 폭력의 행위(자)에 대한 두려움에서 비롯되는 병리적 애착을 보이기도 한다. 혹은 폭력적 환경으로부터 자신을 보호하기 위해 오히려 자신의 현실을 애써 의식적으로 정당화하는 일종의 모순된 심리적 방어체계를 사용하기도 한다.

엄마 혼자서 나를 키우잖아요. 그니까 엄마가 오냐오냐 받아줄 수가 없단 말

이에요. 그러니까 뭐든지 그때는 매로 다스리는, 그러니까 무섭죠. 당연히. 맨날 매를 드니까.[41)]

물론 아이들이 이러한 모순된 심리적 방어체계만으로 자신에게 주어진 현실을 완전하게 수용하고 이해할 수는 없으며, 아이들은 끊임없는 내적 혼란을 반복한다. 그러나 이러한 심리적 혼란에도 불구하고 많은 아이들이 보이는 특징 가운데 하나는 '공격성'이다. 이것은 아이들이 자신들의 체험을 이해하고 받아들이며 표현해낼 마땅한 도구를 지니고 있지 않기 때문이기도 하며, 더불어 자신들의 경험에 의해 관계를 긍정적으로 형성하고 이해하는 데 어려움을 느끼기 때문이다. 뿐만 아니라 관계의 형성에서 폭력이 가져다주는 경제적 효과, 즉 관계형성을 위해 쏟아야 할 노력에 비해 손쉽게 자신들이 원하는 것을 얻을 수 있음을 직접 체험하며 느꼈기 때문이다. 더욱이 이러한 공격성은 또 다른 공격적이고 폭력적인 상황에 마주쳤을 때 스스로를 그것에 대해 둔감하게 만들거나, 이어지는 자신들의 폭력을 정당화하는 요인이 되기도 하는데, 이는 아이들이 폭력의 굴레에 지속적으로 종속될 수밖에 없는 중요한 이유이다. 즉, 아이들이 보이는 폭력성은 그들이 처한 폭력적 환경이 낳은 결과이자 그러한 과정 속에서 그들의 몸에 각인된 생존전략으로, 자신들을 지배하는 중요한 행위의 준거로 작동하고 있음을 인식할 필요가 있다.

우리 아빠한테 하나 배운 게 있다면, (웃음) 친구 일에는 뭐 퇴학을 당하든 말든 간에 무조건 싸우라 이거예요. 아빠가요, 막 학교에서 난동을 피워도 상관없대요. (…) 내 진짜 그런 적 있어요. 친구들 일 때문에 학교에

서 짜증 나가지고 의자를요, 선생님한테 집어던졌어요.[42]

문제는 사회적으로 극심한 양극화와 그로 인한 빈곤화가 지속되면서 아이들을 보호해야 할 가정이 붕괴되고 폭력의 근원지가 되어가고 있는 현실 속에서, 학교가 과연 이런 아이들과 어떤 교육을 어떻게 진행할 수 있는가에 관한 고민이 완전히 부재하고 심지어는 적극적으로 회피되고 있다는 사실이다. 나아가 이와 같이 학교로부터 배제당하는 아이들이 치유되지 않은 상처나 치유되지 않은 자기를 그대로 안고 사회현실에 내몰리면서, 그러한 폭력성은 더욱 폐쇄적인 방식으로 타인을 향하고 심지어 자신을 향하게 된다는 것이다. 오늘날 아이들의 삶 전반을 규정하는 가정과 학교 모두에서 자신들이 배제되었다는 그 상실감이 아이들을 극단적인 상황으로 몰아넣고 있다. 폭력이 폭력을 낳고 치유되지 못한 상처가 더 깊어져 또 다시 폭력으로 이어질 수밖에 없는 것이다.

2) '돌봄' 없는 학교의 폭력성

벨 훅스(Bell Hooks)에 의하면 교육은 자유의 실천(the practice of freedom)이고 그러한 과정 속에서 다양한 경계들을 넘어서며(transgress) 자신과 타자를 이해하는 활동이다.[43] 이를 위해 학교교육은 아이들이 교육 과정에서 보이는 다양한 '실패'들을 심판하기보다 실패의 맥락을 이해하고, 실패 그 자체를 적극적으로 보장하며, 그 실패들이 새로운 시도와 이해로 이어질 수 있도록 기능하고 노력해야 한다. 아이들이 자라온 환경을 비롯하여 각자가 지니고 있는 모든 것에서 발견되는 차이들은 존중되어야 하고 학교교육에 의해 돌봐져야 한다. 오늘날 학교의 역할을 단순히 지식을 둘러싼 학습이라는 관점이 아니라 아이들의 삶에 대한 관점으로까지 확장시켜 이해해야 할 필요성은 여기서 제기될 수 있다. "돌봄은 배움이 가능하기 위한 조건으로서 존중과 배려의 관계가 내면화된 것인데, 그래서 돌봄은 교육하는 공간으로서의 학교에 교육 이외의 사업을 부가한 어떤 것이 아니다. 학교가 잘 가르쳐야 하는 곳이라면, 학생들이 잘 배우기 위한 필요조건이 돌봄이다. 그래서 돌보는 것은 교육하는 것이다. 돌봄의 대상이 모든 학생인 것을 전제로 하되, 돌봄의 에너지는 가장 취약한 학생들로 집중될 필요가 있다."[44] 그러나 한국 사회에서 학교교육은 정반대로 작동한다. 아이들이 지니고 있는 서로 다른 삶이 만나고 이해될 수 있는 공간은 전무하다. 성적표의 점수만이 교육적인 것을 나타내는 '객관적 지표'로 확고부동하게 작동한다. 그 결과 학교교육에서 실패와 성공이 뚜렷하게 나뉘고 강조되며, 실패에 대한 가차 없는 낙인은 주변뿐만 아니라 그와 같은 현실을 내면화한 자기 자신에 의해서도 이루어진다. 그리고 두말할 필요도 없이, 앞서 살펴본 폭력적 환경이 익숙한 아이들에게 이러한 학교교육은 더욱 가혹하게 작동한다.

> 점점 지쳐갔어요. 집에 있을 때 아버지는 사소한 것에도 예민하게 반응하시고 엄마한테 연락이 있는 거 아니냐며 의심하면서 나를 구타하셨고, 친가 쪽 식구들도 대놓고 구박을 했어요. (…) 나는 아버지가 있는 집에서 벗어날 수 있었어요. 가출은 나에게 더 이상 학교를 다닐 수 없음을 의미했죠. 선생님 말씀대로 교육청에 엄마가 비밀리에 전학을 갈 수 있는 방법을 알아봤지만 아버지가 양육자로 되어 있어 아버지의 동의 없이는 불가능하다는 답변만 들었죠. 결국 2학년 2월달과 3학년 3월달 내내 무단결석을 하게 되었죠. 고등학교 1학년 때 가출했을 때도 학교는 나갔었는데…. 결국 장기 무단결석으로 인해 보호자인 아버지의 동의(?)하에 자퇴 처리가 되었죠.

자퇴 처리가 되었다는 얘기를 친구로부터 듣는 순간—친구가 전화를 해줬거든요—눈물이 나고 억울하기도 하고 내 인생에 이보다 슬픈 날은 없었어요. 아쉽게 1년을 남기고 포기하는 고등학교 생활…. 교복에 미련이 남고 앨범에 내 사진이 박히지 못한다는 게 서러웠죠. 다시 학교로 돌아가고 싶지만 그럴 수는….[45)]

학교를 다니고 싶지만 자신의 희망이나 의지와는 상관없이 아버지의 잦은 폭력 속에서 부득이하게 학교를 다니기 힘든 상태에 놓인 학생에 관한 위 사례에서 학교의 학생에 대한 돌봄의 관점은 전무하다. 특히 이와 같은 아이들에 대한 돌봄의 문제는 늘 어떤 문제가 발생한 이후에, 그 문제를 마치 교육적인 활동과는 관계없는 것으로 별도로 '관리'하려는 데 있다. 학교에서 발생한 문제를 학교 안에서 교육적인 방식으로 다루지 못하고 별도의 관리 프로그램이나 학교 밖 복지기관에만 의존해 해결하려는 시도들 그 자체가 아이들을 여타의 '정상적인' 학생들과 다른 존재로 인식하도록 만드는 데 일조하기도 한다. 즉, 문제적 행위만큼이나 중요한 것은 문제가 아이들의 삶의 궤적 속에 어떻게 놓일 수 있는가이다. 여기서 한 가지 중요한 것은 이와 같은 돌봄의 부재를 학교현장의 몇몇 교사들의 책임만으로 돌릴 수도 없다는 것이다. 오늘날 교사들 역시 업무의 파편화(fragmentisation), 임시화(casualisation), 그로 인한 탈전문화(deprofessionalisation)[46)] 속에서 '교육 불가능성'을[47)] 호소하고 있다. 교육의 총체적 위기 속에서 교사들에게 과도한 헌신만 요구하는 것은 부당하다. 오히려 출발점은 학교가 '학교화된 언어', '학교화된 내적 체계'를 가지고 있지 못한 학생들을 어떻게 받아들여 함께 교육해 나갈 수 있을지에 대한 커다란, 그러나 매우 구체적인 고민이며, 그렇지 않을 경우

자기의 언어를 혐오의 언어로 지니고 있는 아이들을[48] 지속적으로 배제하는 방법을 채택할 수밖에 없다는 것이다. 뿐만 아니라 이러한 과정 속에서 아이들은 학교가 요구하는 경쟁에서 이기기 위해 '악바리'가 되거나 생각 없이 시간을 보내는 데 익숙한 '멍청이'가 될 수밖에 없고,[49] 그렇지 않은 소위 '문제유발' 학생들은 언제나 학교로부터 '배제'되는 운명에 처한다. 그리고 이렇게 학교가 학생들을, 특히 학교 내에서 '문제'를 일으킨 학생들을 적극적으로 배제하는 방식은 학생 간, 학교 간의 경쟁이 극심해지며 더욱 심화된다. 또 이와 같은 배제들은 학교라는 제도 속에서 학칙을 비롯한 다양한 형식을 빌려 이루어지기 때문에 그 과정은 부당하게 인식되지 않는다. 자신의 문제적 행위에 대한 이해/설명의 부재와 그에 대한 과도한 사회적/개인적 낙인, 그리고 그것들에 대한 부정적 자기내면화는 상처 입은 아이들이 또 다른 상처 속에서 학교를 벗어나고 탈학교 이후에도 여전히 학교와 사회에 적응하기 어렵게 만든다.

> 정말 열심히 학교에서 하다가 가출을 한번 나갔다 오니까 학교에서도 그렇고 친구들도 다 좋은 시선으로 안 보고, 갔다 오면, 쟤는 그런 애야, 실장이면 뭐해, 지가 나갔다 왔는데, 이런 식으로 소문이 이상하게 퍼졌어요. 쟤가 돈 벌러 나갔다. (…) 헛소문이 많이 돌았어요. 그러니까 더 학교 나가기 싫어서 학교 나갔다, 다음 날 학교 안 나가던지, 아니면 다음 날 또 안 가던지, 가끔 그렇게 한 번씩 그랬어요.[50]

> 다시 학교로 돌아가도 그래요. 그잖아요? 의무교육이니까. 중졸이라도 돼야 된다고 하잖아요? 담임이 다른 선생님 앞에서는 진짜 잘해주는

데…. 막상 둘만 있으면 선생님은 눈빛이 달라져요. (찡그림) 귀찮아하는 표정을 지어요. 그 눈빛 보면 다시 학교 가기 싫어요. 그냥 자퇴하는 편이 나아요.[51)]

이제 아이들은 가정에서도 학교에서도 어떠한 안정감과 보호감을 얻지 못하고, 나아가 다양한 정체성들로 구성된 존재로 자신을 느끼기보다 뿌리 깊은 자기보호의 결함만을 느낄 뿐이다. 이는 아이들에게 가정, 학교, 또래 등과 맺는 실질적인 관계의 단절을 가져오기도 하고, 자신과 유사한 환경에 놓인 아이들과의 일종의 '차별적 교제' 및 그들에 대한 애착을 유발하기도 한다. 그러나 기본적으로 탈학교 청소년들이 지닌 박탈감과 고립감은 자신을 둘러싼 관계들을 이해하는 방식의 폭을 제한시키고 왜곡시킨다. 그리고 이것은 상징폭력이라는 비가시적인 폭력의 직접적인 폭력적 결과의 형태로 드러나게 된다. 요즘의 아이들에게서 보이는 각종의 병리적 증상들은 아이들이 상징폭력으로 기능하는 학교교육의 과정 속에서 자신들의 삶에 대한 어떤 유의미한 해석체계를 제공받지 못한 채 전적으로 배제되고 있다는 사실에 기인한다. 심할 경우 아이들은 자신과 자신의 행위를 일종의 '악'으로 동일시하기도 하며 학교 밖에서 자신들이 접하는 폭력적 환경 속에서 이를 점차 확신해 나간다.

3) 학교화된 사회, 갈 곳 없는 아이들: 연애와 성매매의 모호한 경계

중고등학교 진학률이 100%에 가깝고 대학 진학률도 70%를 넘어서는 사회, '대학수학능력시험' 때면 경찰이 동원되고 나라 전체가 요란인 철저하게 학교화된 한국 사회에, 학교 밖 아이들을 위한 공간은 전무하다. 그러니 '당연히' 학교에 있어야 할 시간에 길 위에 있는 아이들은 자신들을 향해 쏟아지는 따가운 눈총을 피해 음지를 찾아들어갈 수밖에 없고, 학교 밖 자신들이 처한 차별과 폭력적 현실을 일방적으로 수용할 수밖에 없다. 예컨대 가출-중퇴로 이어지는 학업중단 청소년의 경우 생활비 마련을 위한 아르바이트가 불가피한데, 우리 사회에는 10대 청소년들이 건전하게 아르바이트할 수 있는 기회와 직종이 매우 제한되어 있다. 그리고 이러한 요인이 청소년 근로의 음성화와 고용주에 의한 부당한 대우 등과 같은 인권침해를 발생시키고 있다.[52)]

> 다른 도시에서 알바할 때인데 가출했다고 하니까 돈을 제대로 못 받았어요. 가출한 티가 나니까 그때부터 무시했어요. 함부로 해도 된다고 생각했나 봐요. 한 달 죽어라 일했는데도 30만 원밖에 못 받았어요. 그럴 때 진짜 업소라도 나가고 싶어져요.[53)]

문제는 단순한 차별을 넘어서 아이들 스스로 종종 자신들에게 행해지는 임의적 폭력들을 정당화한다는 것이다. 아이들이 폭력적 상황에 지속적으로 노출될 경우 아이들은 그 폭력성에 무감각해지거나 자기 자신을 지속적으로 부정적으로 인식, 자신을 '그럴 수밖에 없는', '그래도 되는' 존재로 정당화하는 등 잘못된 인식을 갖게 된다. 이러한 모습은 최근 급증하고 있는 탈학교 아이들의 성매매 현실을 통해 극명하게 드러난다.

> [○○ 하고 같이 살다가 돈이 없어서 원조해보자고 작정을 한 거야?] 그때는 솔직히 우리가 망가졌잖아요. 처음에 ○○ 하고 나는 돈 받고 한 거는 아니고, 또래 애들하고 놀다가 술 먹고 한방에서 자면서 하고, 옆

에 친구들이 있어도 하고 그랬으니까, '망가질 대로 망가졌다'고 생각할 때죠. 그래서 이왕이면 돈을 벌자고 생각한 거예요.[54]

통계를 살펴보면, 지속적인 경기침체에 따라 저소득층 가정의 청소년 가출이 해마다 증가했으며 이러한 가출은 청소년 성매매로 연결되는 주요 경로임을 알 수 있다.[55] 또한 [표 2]를 보면 인터넷의 확산으로 손쉽게 성매매 파트너를 구할 수 있게 되면서 위기 청소년뿐만 아니라 일반 청소년에 이르기까지 청소년 대상 성매매 사건이 급격하게 증가했음을 알 수 있다.[56]

[표 2] 청소년 대상 성매수 범죄자와 청소년 만남방법

단위: 명(%)

범죄자와 청소년 만남방법	사건연도				
	2002년	2003년	2004년	2005년	2006년
인터넷	953(68.2)	1,204(80.8)	1,370(86.2)	1,155(86,3)	836(90.9)
전화방	99	18	17	37	8
이동통신	31	15	8	3	2
거리 헌팅	43	28	39	14	10
아는 사람 소개	68	58	53	43	31
업소(티켓다방 등)	141	109	79	25	13
기타	62	59	24	62	20
계	1,397	1,491	1,590	1,339	920

* 자료: 보건복지가족부, 「청소년 대상 성범죄의 발생추세와 동향 분석」, 2008.

[표 3]에서는 자퇴나 퇴학에 의한 탈학교 아이들이 이러한 성매매 경험이 상대적으로 많음을 알 수 있다. 이는 탈학교 아이들의 생활이 극히 유동적이며 불규칙하다는 사실에서 기인한다. 탈학교 아이들은 생계를 위한 돈벌이나 주거공간 등의 현실적 필요, 무엇보다도 학교에서 소

위 '문제'를 일으키고 정당한 방식으로 배제된 자신에 대한 낮은 자존감과 죄책감 때문에 쉽게 성매매와 같은 부당한 환경에 빠지곤 한다.

[표 3] 청소년 대상 알선·강요범죄 피해자 학력

(단위: 명)

피해 청소년의 학력	사건연도			
	2002년	2003년	2004년	2005년
미취학			2	
초등학교 재학			1	
중학교 재학	6	12	9	
고등학교 재학	7	20	16	5
대학교 재학	1			2
초등학교 졸업	2	1		
중학교 졸업	2	2	5	1
고등학교 졸업		1	1	
중학교 자퇴·퇴학	**24**	**21**	**26**	**9**
고등학교 자퇴·퇴학	**13**	**19**	**32**	**4**
계	55	76	92	21

* 자료: 보건복지가족부, 「청소년 대상 성범죄의 발생추세와 동향 분석」, 2008.

한편, 성매매의 급증은 소비사회의 도래라는 사회적 맥락과도 연관된다. 우리 사회의 청소년들은 소규모 가족에서, 또 입시준비로 바빠서 다양한 사람들과 상호작용하는 경험을 갖지 못하고 있다. 학교와 가정에서 보내는 시간을 빼면 또래집단과 어울리거나 대중문화와 접하는 것이 문화생활의 전부이다. 이들은 짧은 여가시간을 가능한 한 어른이 없는 곳에서 하고 싶은 것만 하면서 지내려 하는데, 예컨대 노래방이나 당구장에 가면 자기들만의 공간에서 차별받지 않고 즐겁게 놀 수 있다. 그래서 이들은 자신들을 연령차별 없이 왕처럼 대우하는 상업주의 공간을 좋아한다. 소비자본이 형성되지 않은 시대를 산 구세대에 비해 요즘 아이들은 '유혹'이 많은 시대를 살고 있으며, 부모가 모아둔 돈을 대신 쓰면서 소비주체로서의 자신을 형성해왔다.[57]

> 업소에 있을 때는 돈 없으니깐 화장품, 옷 그런 거 다 사야 해요. 저는 옷이나 치장하는 데만 돈 써요. 맺혀서 그런가 봐요. 학교 다닐 때 애들한테 왕따 당해서…. 잘 입고 다니고 싶어요. 거기에 있으면 비싼 거 사게 돼요. 화장품도 다 외판원이 나와요. 사라고. 그런 거 사야 돼요.[58]

그러나 이는 억압 대신 유혹을, 공권력 대신 공적 관계를, 권위 대신 선전을, 강경수단 대신 온건한 수단을 내세움으로써, 규범을 주입하기보다는 욕구를 부과함으로써 피지배계급의 상징적 통합을 추구하는 지배양식의 변화에 불과하다.[59] 그럼에도 불구하고 가정과 학교로부터의 배제와 그로 인한 고립 속에서 탈학교 아이들은 자신의 고립감을 손쉽게 해결하는 방식으로[60] 자신이 직면한 폭력적 상황이나 상업주의와 타협하며 그 속에서 자신을 발견하고 자신을 잊는다.

> 저 원조할 때 드라이브만 50 받고 이랬는데요? 손 하나 깜짝도 안 하고. [드라이브만 하고 뭐해?] 아니, 그냥 드라이브만 하고 50만 원 받고 그래요. [그 안에서 특별히 요구하는 거 없구?] 네, 기술이죠! 강남 애들을 꼬셔야 돼요. 어쩌다 잘 걸리는 애들이래요.[61]

이렇듯 아이들이 자신이 지닌 유일한 교환가치로서의 몸을 소비시장에서 하나의 상품으로 거래하면서 돈을 벌고, 또 그렇게 번 돈을 무분별한 소비로 해소하는 방식은, 탈학교 아이들이 처한 물리적 환경의 열악함, 즉 거주지가 불안정하고 당장 먹을 것, 입을 것, 씻을 곳이 없다는 이유에 상당부분 기인한다. 그러나 한편으로 아이들의 이러한 일종의 사물(돈)과 사람에 대한 병리적 애착은 가정과 학교에서 입었을 폭력의 상처들이 트라우마의 형태로 나타나는 심리적 과정이라는 차원에서 접근해볼 수도 있다. 즉, 가정과 학교에서 아이들이 안전하고 일관된 양육자의 내적 표상을 형성하지 못하고 배제되어 사회로 내몰리면서, 아이들은 위안과 위로를 찾기 위해 외적인 자원에 의존하는 면이 다른 아이들에 비해 커진다. 그리하여 아이들은 확고한 독립성을 발달시키지 못하면서 절박하고 무분별하게, 의존할 만한 누군가를 계속 찾으려 한다. 낯선 사람에 대한 빠른 애착 형성은 학대받은 아이들에게서 반복적으로 나타나는 현상이다.[62] 이는 아이들이 성매매(혹은 성폭행)에 이르기까지의 과정이 반드시 [표 2]에 나타나는 목적과 수단으로만 이루어지는 것이 아니라 주위 친구들과의 자연스러운 연애 과정이나 놀이 과정 속에서 발생·반복되는 것을 통해서도 알 수 있다. 무엇보다도 탈학교 아이들은 초기에 사회로 내몰릴 경우 믿고 의지할 만한 대상으로서 유사한 환경에 놓인 또래나 선배들과 자연스럽게 친해지며 정보도 교환하고 자신들의 삶을 모색한다. 그러나 이 과정 역시 지속적·안정적으로 이루어지는 것이 아니라 일시적일 뿐 또 다시 폭력적 상황으로 내몰리게 되며, 심할 경우 자신들이 믿고 의지한 사람들에 의해 성매매에 빠지게 된다. 필자가 관찰한 바에 의하면, 탈학교 아이들은 탈학교 초기에 주로 자신들과 유사한 환경에 놓인, 그리고 그러한 환경을 먼저 경험한 이들을 일종의 보호자로 받아들이곤 한다. 더욱이 아이들의 성적 호기심을 제재하는 직접적인 억압이 사라지며 이러한 보호의 역할은 주로 이성의 존재가 담당한다. 그러나 그 과정에서 아이들은 성폭행을 비롯한 또 다른 폭력의 위험에 처하게 된다. 하지만 초기에는 이를 단순한 놀이의 과정으로 인식하기도 하는데, 이후 폭력이 지속될 경우 아이들은 보호자의 존재를 동성으로 돌리게 되며 이것이 동성애로 발전하기도 한다. 한 가지 특이한 것은 아이들이 이전에 만났던 사람들에 대해 강한 관심과 애착을 보인다는 점이다. 그 대상은 전에 만났던 남자친구 혹은 여자친구일 수도 있고, 심지어 자신을 괴롭혔던 사람일 수도 있다. 이것은 아마도 아이들이 낯선 사람들과 새로이 관계를 맺으면서 발생하는 불안감보다 기존에 아는 사람들과의 관계 속에서 가질 수 있는 안정감이 더 크게 작용하기 때문일 수도 있고, 한편으로는 관계의 상실을 경험한 아이들이 더 이상 관계들을 잃고 싶지 않은 마음 때문일 수도 있다.

> 성매매의 형태가 다양하잖아요. 그래서 본인들 스스로가 성매매가 아니라고 생각하는 경우도 많아요. 번개팅이라는 게 있는데, 처음부터 성매매를 작정하고 만나는 게 아니라 그냥 술 한 잔 사줄 사람, 오늘 하룻밤 놀 사람을 만나는 것이죠. 그런데 밤새 놀다 보면 잘 데가 없으니까 잠자리 해결한다는 마음으로 같이 모텔에 가서 잠을 자줘요. 딱 돈은 받지 않더라도 술 얻어먹고 밥 얻어먹고 잠자리 해결하는 건데 그것을 성매매라고 생각하지 않는 것이죠. 엄밀한 의미에서 성매매인데.
>
> 애들이 가출하면 패밀리를 구성하잖아요. 남자애들이 포주가 되어서 여자애들 내보내는데 조건사기를 쳐요. 조건만남 10번 하겠다고 하면서 3번은 나가고 7번은 돈만 받고 안 나가는 거예요. 이런 조건사기는 그냥 놀이라고 생각하더라고요.[63]

이 과정에서 더욱 중요한 것은 아이들에게 행해지는, 또 아이들이 놓이는 상황이 명확하게 폭력 그 자체임에도 불구하고 아이들은 그것을 표현할 수 없거나 혹은 자신의 잘못으로만 생각하고, 심하면 인지조차 못한다는 것이다. 폭력에 지속적으로 노출되는 아이들이 학교라는 공간 속에서 자신들에게 주어진 폭력을 어떻게 이해하고 받아들여야 하는지 고민하고 도움을 받기도 전에 학교와 사회로부터 낙인과 함께 배제되는 상황. 그리고 이제 더 이상 학생이라는 신분조차 유지할 수 없는 경계에서 있는 아이들은 어쩔 수 없는 현실이라고 판단하면서 자신들을 기꺼이 폭력의 장소로 내맡기며 그것을 그들이 짊어져야 할 일상으로 인식, 내면화하고 있다.

[성폭행 당한 적은 없었니?] 당한 적은 없어요. 아! 당한 적 있어요. 근데 술이 너무 취해서 어쩔 수가 없는 거예요. 아는 오빠였는데, 내가 못 움직이게 하려고 그랬는지 허리 밑에다가 라이터를 깔아놓고 하니까 너무 아프고, 손도 이렇게 잡고 하니까 도망치지도 못했죠. 그래서 끝나고 바로 씻으러 갔죠. [그때 내가 당한 거라는 생각했어?] 당한 거라고 생각은 했죠. 근데 이미 나는 망가진 몸이고, 왜냐면 그 전에도 나는 해왔던 일이고 당했을 때 기분은 나빠도 그냥 잊었어요.[64]

그러나 이러한 폭력의 굴레는 아이들에게 심각한 상처를 남긴다. 실제 성매매 피해 청소년 106명에 대한 한국여성인권진흥원의 보고서에 따르면, 64%의 아이들이 자살충동을 경험했으며 이는 우리나라 국민 자살충동의 두 배에 가까운 수치다. 뿐만 아니라 이러한 자살충동이 실제 시도로 이어지고 있어 더 큰 문제인데, 자살충동자의 절반이 넘는 수(62%)가 자살을 실제 시도해본 경험이 있었으며 80%의 아이들에게서 트

라우마 증상이 나타났다.[65]

4) 애증의 학교교육

폭력에 지속적으로 노출된, 폭력을 자기의 언어로 받아들일 수밖에 없는, 그래서 학교를 떠나온 아이들은 학교 밖에서 학교를 어떻게 생각하고 있을까. 비록 그들에게 학교는 여전히 "그냥 시간되면 가는 곳일 뿐 별다른 매력을 주지 못하지만",[66] 그럼에도 불구하고 많은 탈학교 아이들이 학교를 일종의 '애증의 대상'처럼 받아들이고 있기도 하다.

> 교복 입은 애들 보면 부러워요. 지금은. 예전에는 안 그랬는데. [그때는 왜 안 그랬어?] 그게 지겨웠어요. 학교에 있다는 그 자체가 지겨웠는데, 지금은 막 걔네들이 학교가 싫다고 그러면 "그렇게 배우고 싶을 때 배워라" 이 말을 해주고 싶어요. [어떤 점에서?] 나와서 이렇게 겪고 나면은 어떤 점이 아니라 그 자체가 다 부러운 거예요. 교복을 입은 걸 보면 나도 저렇게 입고 학교 다니고 싶고 내가 지금 공부, 검정고시 준비하는데 그게 힘드니까.[67]

여기에는 학교를 졸업하지 않고는 할 수 있는 게 아무것도 없다는 아이들의 현실적 판단이 작용하기도 하지만, 또 한편으로 반복되고 장기화되는 가출과 폭력의 경험으로부터 벗어나 (학생신분이 가져다주는) 소속감과 안정감을 찾고 싶기 때문이기도 하다. '검정고시'에 대한 탈학교 아이들의 관심도 유사한 맥락에서 이해될 수 있다. 학교를 그만둔 이후 향후 하고 싶은 일에 대한 한 설문조사에 따르면, 40.1%의 학생들이 검정고시 준비를 택했다. 또 아이들이 받고 싶은 도움의 내용으로는 검정

고시 준비가 40.3%로 취업소개(29.5%)보다 높게 나왔다.[68)]

[학교를 계속 다니고 싶어 하는 이유는 무엇이니?] 걍(그냥)…. 커서 먹고도 살아야 되고…. [다른 사람들이 학교를 그만두지 않는 이유는 뭘까?] 미래를 위해서 그렇죠. [네가 학교를 다닌 이유는 뭐니?] 사회가 학교를 나오지 않으면 보는 눈이 달라요. 솔직히 먹고 사는 데는 더하기, 빼기만 할 줄 알면 돼요. 학교서 배운 거, 쓸 일이 없어요.[69)]

이런 이유로 일부 아이들은 학교교육을 다시 받길 원하기도 하는데, 그러나 동시에 탈학교 아이들은 다시 학교로 돌아가는 것에 대해 불안을 느끼며 현실적인 장벽에 신음하고 있다. 예를 들어, 아이들은—그들에게 매우 예민한 문제인—연령 차이, 학업수준의 차이, 삶의 경로 차이, 시선의 차이 등 수많은 차이와 그로 인한 차별들을 온전히 견뎌내야 하며, 그 차이들을 학교질서에 대한 순응으로 대체시켜야만 한다. 그리고 그것에 실패할 경우에는—'그럴 줄 알았다'와 같은—온갖 낙인을 가슴에 새긴 채 그들이 돌아갈 수밖에 없고 또 돌아가야만 한다고 생각하는 폭력적 환경으로 다시 돌아간다.

[학부모] 안 그래도 학교에서 추천서 받으려고 가니까 교감 선생님이 '좀 다니다가 다른 학교로 전학가라'고 하더라구요. 무슨 말씀인지 이해가 안 간다고 하니까 '다른 애들까지 물드니까'라고 하대요.[70)]

미혼모 시설 사회복지사로 미혼모를 대신해 상담합니다. 피해자는 고등학교 1학년을 자퇴한 학생입니다. 중단된 학업을 계속하기 위해 미혼모라는 사실을 알리고 학교를 알아보다 어렵게 한 사립학교의 허락을 받았습니다. 이틀이나 학교에 나가 수업을 받았는데 교장 선생님이 "미혼모는 안 된다"며 못 다니게 합니다.[71)]

학교로부터 배제된 아이들이 학교 밖에서 경험한 학교화된 사회, 즉 학교가 아니면 아무 곳도 갈 수 없고, 아무것도 할 수 없을 것 같은 현실, 그러나 다시금 학교로 돌아가기도 어려운 현실은 아이들에게 일종의 딜레마(dilemma)이며, 한 번 학교를 나오게 되면 잦은 복교와 탈학교가 반복되는 이유이기도 하다. 그리고 앞서 말했듯이 이 과정 속에서 충분히 고민되고 준비되지 않은 형식적인 상담과 치유 프로그램은 오히려 낙인의 기제로 작동하기도 하며, 담당교사들에게는 또 다른 업무부담만 가중시킬 뿐이다. 이는 최근 사회적으로 문제시되고 있는 학교폭력을 비롯하여 학교교육에서 발생하는 일련의 문제들이 단순히 '학교'에서 벌어지는 '사건'들로만 이해될 수 없음을 드러낸다. 오히려 오늘날 아이들이 처한 '삶'과 그 삶이 놓여 있는 '사회', 그리고 그것을 아이들이 어떻게 받아들이고 있는지, 나아가 학교교육이 어떻게 그들과 함께 교육할 수 있는지를 보다 면밀하게 고민해야 한다. 그러나 교육이 학교교육에 전적으로 의존하고 있고, 학교교육이 획일화된 입시경쟁의 전장(battlefield)이 되어버린 현실 속에서, 아이들은 자신들이 경험한 복잡한 삶에 대한 이해를 구할 수 있는 기회를 거의 박탈당한 채 사실상 다시 '방치'되고 있는 것이 현실이다.

원인이 무엇이든 일반학교에선 용납하지 않는 문제이다. 그래서 떠밀려 다닌다. ○○(3년)는 ㅇ고교(원주)에서 부적응해 다른 도시 ㅈ고교로 전학 갔다가 자퇴했다. 그래도 "학교를 가야 할 것 같은 기분이 들어" 또 다른 ㅇ고교(원주)를 두드렸지만 거부당했다. YMCA고로 온 이유이다. ○○(3년)은 ㅅ고교에서 말썽을 피우고 권고전학 조처에 따라 군인인 아버지의 근무지인 타 지역 ○고교로 갔다가 다시 전학을 권고 받아 YMCA고로 왔다. YMCA 원주고 쪽은 "정부에서 충실히 지원받는 공교육기관이 제 책임을 저버리는 경우가 많다"며 "일단 마찰이 생기면 아이들을 무조건 우리 학교에 떠넘기려 해 서운할 때도 많다"고 말한다.[72]

4. '앎의 행위'로서 학교교육

아만다 리플리(Amanda Ripley)의 묘사처럼 한국의 학교교육은 여전히 '압력밥솥(the pressure cooker)'처럼 권위적, 억압적, 그리고 극심한 경쟁적 모습을 보이고 있다.[73] 그 속에서 아이들뿐 아니라 가족, 교사, 학교 모두가 고통 받고 있음은 글의 서두에 제시한 각종 통계수치나 매일의 일상적인 경험을 통해 알 수 있다. 특히 그와 같은 학교교육 시스템에 순응할 수 없는 아이들이 일종의 '방해꾼'처럼 적극적으로 학교교육으로부터 배제당하며 폭력적 현실에 무방비로 노출되고 있음은 앞서 살펴본 바와 같다. 그리고 이 과정은 마치 공평무사해 보이는 학교교육이 사실상 특정한 권력과 권위에 기반하여 갖은 정당화된 구별과 배제를 시도하는, 그래서 눈에 잘 보이지 않는 (상징)폭력의 과정임을 주장하고자 했다. 이렇듯, 한국 사회에서 학교교육은 분명 더 이상 '해방하는 힘'으로 작동하기보다는 '보수적인 힘'으로 기능하고 있다.[74] 물론 학교교육현장에서 벌어지고 있는 다양한 시도와 노력들, 또 'Wee 프로젝트'를[75] 비롯하여 위기학생들을 위해 마련된 각종 제도적 노력들을 단순히 무의미한 것으로 치부할 수는 없다. 그러나 그와 같은 노력들이 일회성 프로그램으로 '해소'되어버리지 않기 위해서는, 오늘날 발생하고 있는 학교교육의 문제 혹은 위기에 대한 근본적인 성격규정과 학교교육이 나아가야 할 방향에 대한 고민이 필수적으로 전제되어야 한다.

필자가 상징폭력의 관점에서 특히 탈학교 아이들의 삶을 통해 학교교육을 이해하고자 했던 것은, 어찌 보면 한국의 학교교육이 지니고 있는 잔인한 맨얼굴을 적나라하게 보여주기 위함이기도 했다. 그리고 글을 맺기 전 지면의 한계와 그로 인한 단순화의 위험에도 불구하고 '비판적 교육학(critical pedagogy)'의 문제의식을 공유하고자 하는 것은, 학교교육의 '냉혹한' 맨얼굴을 어떠한 '지향' 속에서 바꾸어 나갈 것인가에 관한 중요한 문제들을 제기하고 있기 때문이다.

비판적 교육학자들이 주장하는 바에 의하면,[76] 교육은 오직 구체적인 사회현실 속에서 그것들과 관계 맺으며 개인과 사회를 변화시키는 쉼 없는 (재)창조(re-invention)의 과정이어야 한다. 저마다의 세계를 짊어지고 살아가는 개인에게 교육은 그 삶의 이야기들을 나누고 또 이를 통해 자신의 삶과 사회에 대한 이해와 변화를 야기하는 실천적·변혁적 활동이어야 한다는 것이다.

여기서 지식은 권위적 해석과 인정에 의존하는 죽은 정보가 아니라 구체적인 삶과의 역동적인 관련 속에서 끊임없이 그 의미가 재창조되어야 한다. 결국 교육은 결코 중립적인(neutral) 기계적 활동일 수 없으며, 단순히 글을 읽는 것(read the word)을 넘어 세상을 읽는(read the world) 역동적 활동이어야 한다.[77] 그러나 한국 사회의 학교교육에서 아이들, 그리고 교사들의 '삶'은 소위 말하는 '객관적', '과학적', 그래서 '교육적'인 것으로 여겨지는 활동과 표상들 틈 속에서 '주관적'이며 '사적인', 그래서 '교육적이지 않은 것'으로 이해되고 적극적으로 배제되고 있다. 나아가 삶이 제거된 공허한 지식만을 추구하는 과정 속에 '앎의 행위(acts of knowing)'로서[78] 교육이 지니는 활동적 차원은 대단히 제약되고 획일화되고 있다. 교육행위는 오로지 '효율적인' 학습(시험) '기술'을 연마하고 평가를 통해 그것을 인정받는 방식에 제한되어 있다. 학교교육이 보다 '자유로운 분위기(in an atmosphere of freedom)' 속에서 학생들의 필요와 활동을 적극적으로 이끌어내고 실현시킴으로써 학교 자체가 하나의 거대한 '작업장'이 되도록 해야 하지만,[79] 한국의 학교교육, 아이들의 교육활동은 아주 작은 한 칸의 책상에서 거의 모든 것이 이루어진다.

각자의 삶이 제거되고 배움의 역동성을 잃어버린 학교교육, 그래서 단순히 참아내야 할 뿐 아무런 의미를 지니지 못하는 괴물이 된 학교교육에 '삶의 활기'를 불어넣어야 한다. 학교교육을 통해 아이들과 교사들이 자신의 삶에 대한 다양한 이해와 그로 인한 삶의 변화를 경험할 수 있어야 한다. 그리고 그 변화는—마치 대학을 가면 이루어질 것 같지만—나중에 이루어지는 것이 아니라 지금 당장의 교육 과정 속에서 지속적으로 이루어지는 것이어야만 한다.

그러기 위해서는 더 많은 시도와 더 많은 실패들이 학교교육에서만큼은 보장되어야 한다. 아이들의 '수행성(performativity)'을 높이기 위한 학습전략들을 개발하고 시도하자는 것이 아니라, 학교교육이 아이들에게 제공할 수 있는 것들에 대한 상상을 훨씬 더 확대시켜 나가야 한다는 것이다.[80] 아이들 각자가 지니고 있는 무수히 많은 다양성들이 평등하고 자유로운 조건 속에서 끊임없이 마주칠 수 있도록 해야 한다. 그리고 서로의 경계를 넘어서는 이런 활동들 속에서야 비로소 기존의 지식들은 아이들에게, 또 교사에게 새로운 의미들로 재창조될 수 있다. 이것이야말로 우리의 학교교육이 놓치지 말아야 할 지점이며 가장 심각하게 놓치고 있는 지점이다.

엄마에게 아이를 빼앗는 사회
―미혼모와 해외입양인의 사회적 죽음과 인권

김재민 _ 연구협동조합 데모스, 사회학

1. 들어가며

2014년 5월 11일 한국미혼모가족협회와 진실과 화해를 위한 해외입양인 모임(TRACK)을 중심으로 제4회 싱글맘의 날을 맞이하여 '싱글맘도 부모다! 아이를 버리게 만드는 사회에서 키울 수 있는 사회로'라는 주제로 휴먼라이브러리(인간도서관) 행사를 개최했다. '싱글맘의 날'은 2006년부터 입양의 날을 기념하고 있는 데 대한 해외입양인 모임의 대응으로서, 입양을 권유하는 사회를 비판하고 입양구조의 대부분을 차지하고 있는 미혼모의 인권에 대한 관심을 촉구하기 위해 2011년부터 대체 기획된 것이다. 특히 2013년 싱글맘의 날에 열린 국제컨퍼런스에서는 '과거에 대한 책임과 미래에 대한 권리'를 주제로 현재 직면하고 있는 미혼모의 고통스러운 삶과 여전히 지속되고 있는 입양구조의 비판을 통해 인권이 존중될 수 있는 사회로 전환될 가능성을 모색했다.

한국 사회는 전통적 가족질서와 그것을 안정적으로 유지할 수 있는 규범 준수를 중요한 사회적 가치로 전제한다. 근대 국민국가의 성립이 외부세력에 의해 정초되면서 특히 가족질서에 대한 배타성은 더욱 숭고한 가치가 되었고, 유교적 가부장제의 강력한 힘이 사회를 지배하는 논리가 되었다. 가부장제를 중심으로 한 가족규범은 특히 여성에게 도덕적 순결을 강요함으로써 여성을 억압하는 기제로 작동했다. 결혼이라는 의례를 통과하지 않고 임신과 출산을 한다는 것은 사회가 규정하는 인간 유형에서 벗어나는 일이다. 다시 말해 한국 사회에서 인간으로 인정받지 못하는 '비인간'으로 규정되는 것이다. 호주제가 폐지된 현재까지도 이런 전통적 질서가 은밀하게 작동함으로써 이로 인해 차별받는 개인이 존재하고 있다는 사실은 한국 사회의 모순적인 현실을 적나라하게 드러내고 있다.

미혼모는 자신의 자녀를 빼앗기고, 그 자녀는 어머니의 존재를 모른 채 살아간다. 입양구조에서 주도적인 역할을 담당하는 입양기관은 친모에게 자녀의 포기를 강요하고, 친생관계의 완전한 단절을 통해 소멸된 존재로 잊혀져야 한다는 이유를 들어 입양아동의 출생기록을 왜곡하고 방조하는 경우가 많았다. 이는 출생기록이 인간으로서의 기본권임을 인지하지 못하고 있는 현실을 반증하는 것이다. 미혼모라는 이유로 자신의 자녀를 잃는 슬픔을 겪을 뿐 아니라 일상적인 차별의 대상이 되는 것은 그 사회의 인권 감수성이 현저히 떨어진다는 것을 보여주는 지표이다. 또한 그 자녀 역시 사회적 편견과 차별을 피해 다른 가족으로 보내질 수밖에 없는 현실은 인간 존엄성의 심각한 침해라고 할 수 있다. 미혼모는 친자녀에 대한 상실감으로 인해 고통스러운 삶에 직면하고, 입양인은 친모의 부재로 인한 상실감뿐 아니라 부모로부터 버려졌다는 트라우마를 안고 살아가야 하는 것이다.

한국 사회에서 미혼모와 해외입양인은 국민국가를 구성하는 역사 과정에서부터 철저히 은폐되고 망각되어 숨겨진 존재로 살아갈 수밖에 없는 운명이었다. 따라서 그들의 상실의 고통은 관심대상이 될 수 없었다. 왜 숨겨져야 했는가에 대한 성찰 없이 단지 잘못된 행실과 그 행실로 나타난 결과라는 이유로 존재를 부정당한 채 살아가야 했던 것이다. 현재까지 미혼모와 해외입양인은 사회의 구성원으로 함께 살아가고 있음에도 편견과 차별의 대상이 되고 있으며, 그에 따른 고통을 감춘 채 살아가고 있다. 미혼모는 사회가 변화하더라도 어떤 형태로든 발생할 가능성이 존재하며, 입양 역시 계속 발생할 수밖에 없다. 문제는 미혼모와 해외입양인의 삶이 비가시적이고 주변적인 존재로 치부되는 것을 넘어서 동등한 인간으로 살아갈 수 있는 사회적 인식을 모색하는 것이다.

미혼모와 해외입양인에 대한 한국 사회의 인식은 점차 개선되고 있지만, 여전히 그들에 대한 차별과 편견이 곳곳에서 드러나고 있다. 은폐되고 숨겨져야 했던 미혼모와 해외입양인의 목소리가 점점 드러나는 현실의 변화는, 과거와 달리 그들도 이 사회를 함께 살아가고 있는 구성원으로서 비가시적인 주변적 존재에서 가시적인 존재로 변화하고 있음을 말해준다. 따라서 구체적인 현실에서 발생하는 차별에 대한 올바른 인식과 정당한 지위의 보장이 요구된다. 존재의 부정으로 인한 상실을 완전히 치유할 수 있는 방법은 없지만, 상실로 인한 차별이 발생하는 사회가 되어서는 안 되기 때문이다. 이를 위해 미혼모와 입양인에 대한 심리적이고 사회적인 맥락의 접근이 필요하다. '모든 엄마는 자기가 낳은 아이를 키울 권리'가 있으며 '모든 아기는 친생부모의 품에서 자랄 권리'가 있다는 상식이 한국 사회에서 실현될 수 있도록 사회의 적극적인 노력이 필요하다. 그것은 이 땅에 태어난 모든 아동은 사랑과 보호를 받으며 행복을 누릴 권리가 있으며, 이 땅의 모든 어머니의 모성은 결혼의 여부, 가정의 형태와 관계없이 아이와 함께 행복을 누릴 수 있도록 보호받아야[1] 한다는 정언명령으로 볼 수 있다. 미혼모와 해외입양 문제를 당사자들의 문제로만 보지 않고 사회가 시급하게 해결해야 하는 이유는 여기에 있다. '세상의 모든 어머니는 자신의 아이를 키울 권리가 있습니다. 입양 보내지는 아이 뒤에는 고통 속에 양육을 포기하는 엄마가 있습니다'라는[2] 사실을 기억해야 하기 때문이다.

인간의 가장 깊은 내면의 상처를 경험할 수밖에 없는 미혼모와 해외입양인이 현재에도 지속적으로 발생하는 원인은 어디에 있을까? '완전한' 민주주의사회로 평가받고 있는 현실에서 과연 존재 자체를 부정당하고 사회적으로 '죽음'에 내몰리는 개인을 어떻게 바라보는 것이 정당한지에 대한 근원적인 성찰이 필요하다. 배제된 존재의 삶에 관한 근원적인 질문에 답할 수 있는 사회로 전환되지 않는다면 민주주의는 한낱 허상에 불과할 뿐이다.

2. 미혼모

한국 사회에 존재하는 미혼모의 수는 정확히 파악하기 힘들다. 입양인의 수를 근거로 대략 추정할 뿐이다. 이는 달리 말하면 입양의 발생은 미혼모에 의해 전적으로 이루어지고 있음을 반증하고 있는 것이다. 또한 미혼모의 자료가 존재하지 않는다는 것은 미혼모가 한국 사회의 구성원으로 인정받을 수 없는 존재라는 것을 말한다. 즉 미혼모는 사회규범을 어지럽히는 존재이기 때문에 당위적으로 축출되어야만 한다고 인식되는 것과 맥을 같이한다. 존재해서는 안 될 존재를 파악하는 것은 사회의 치부를 드러낼 뿐이기 때문이다. 그럼에도 불구하고 미혼모의 존재를 인정해야 하는 이유는 어디에 있을까?

미혼모는 자녀를 포기하지 않고 양육하기를 원하는 경우에도 대부분 입양을 선택할 수밖에 없는 어려운 상황에 직면한다. 사회의 압력에 의해 반강제적으로 자녀의 포기를 강요당하기 때문이다. 한국 사회에서 미혼모의 출산은 모든 책임을 당사자 개인에게 부과하기 때문에, 본인을 둘러싼 복잡하게 얽힌 개인적·사회적 관계로 인해 임신 과정부터 친밀감을 형성한 아이를 포기하거나 유기해야 하는 상황이 초래된다. 이 문제는 미혼모 개인에게 원인이 있는 것이 아니라, 미혼모에 대해 부정적인 사회구조에 의해 극단으로 내몰리는 현실에서 선택이 강요되고 있음을 인식하는 것에서 출발해야 한다. 미혼모의 현실을 있는 그대로 직시함으로써 입양의 인식틀 전환을 모색해야 한다.

1) 미혼모란 누구인가?

미혼모는 합법적이고 정당한 결혼이 아닌 상태에서 아이를 임신하거나 출산한 여성을 의미한다. 즉 사회가 인정하는 결혼제도를 벗어나 있는 여성으로서 '비정상적'인 행동을 통해 임신과 출산을 한 일탈행위자를 뜻한다. 임신과 출산이라는 개인적인 사건이 사회관념에 의해 비정상적이고 나쁜 행위로 간주되면서 그 자체를 '범법'행위로 전환시킨 것이라 할 수 있다. 따라서 여성이 결혼을 하지 않은 상태에서 불가피하게 임신을 할 경우, 사회규범을 어긴 일탈의 주체가 되기 때문에 정신적·육체적으로 보호받지 못한다. 한국에서 미혼모라는 단어가 갖는 의미는 특히 부정적인 측면이 부각되면서 도덕적 단죄의 대상이 되고 있다. 이러한 오인을 통해, 성적으로 타락한 개인은 도덕적 관념의 부재로 인해 인간의 자격을 행사할 수 없다고 인식된다. 그리하여 미혼모의 임신과 출산에 대한 단죄는 가장 긴밀한 관계를 맺어야만 하는 존재를 빼앗는 것으로 귀결되고 있다. 이러한 부정적인 인식의 흐름은 미혼모 관련 담론이 등장하기 시작한[3] 해방 이후로 거슬러 올라간다. 이 접근은 미혼모의 인권을 보장하는 방식이 아니라 미혼모를 사회에서 축출해야 할 대상으로 인식하고 있다는 점에서 부정적 관념을 고착화시키는 요인으로 볼 수 있다. 다시 말해 한국전쟁 전후 기지촌 여성, 즉 윤락 여성의 출산이 증가했는데, 이것은 전통적 규범에서 벗어난 미혼상태의 출산을 의미하며, 결국 미혼모와 윤락 여성을 동일한 선상에서 바라보게 되는 것이다. 도덕적·성적으로 타락한 여성이라는 편견이 지배적인 미혼모는 '윤락 여성'에게 가해지는 사회적 판단과도 동일한 구조를 갖는다. 한국사회에서 여성의 역할은 '좋은 어머니'가 되는 것이라는 점에서, 결혼하지 않은 여성, 특히 성매매 여성과 미혼모는 어머니가 될 자격이 없는 존재로 규정되고, '윤락'이라는 낙인이 덧붙여지게 된다. 또한 윤락 여성을 바라보는 일반적 시각은 '존재이기를 포기한 타락한 인간'이기 때문에 '비-인간'에 대한 사회의 책임은 사라진다. 따라서 '성性의 순결'을 강조하면서 정신교육을 실시하고 미혼모 발생을 예방하기 위한 조치를 강조하는 것만으로 사회의 책임을 방기하게 된다. 이러한 기조는 여성정책에 가장 큰 관심을 갖고 개입하면서 미혼모 인권을 위한 인식의 변화를 끌어낼 단초를 제공했던 김대중 정부까지 지속되었다. 이후 참여정부가 들어서면서 미혼모에 대한 인식을 부정적으로 재생산하는 데 큰 영향을 미쳤던 호주제가 폐지됨으로써 미혼모의 사회적 지위 향상과 양육 미혼모의 삶의 증진을 위한 형식적인 제도의 기초가 마련되었다.[4] 그러나 호주제가 폐지된 뒤에도 미혼모는 임신과 출산으로 인해 신체적·심리적 변화를 경험하고 학업과 직업의 단절, 가족관계 및 사회관계의 변화, 사회의 편견에 노출되면서 사회 재적응의 어려움을 겪고 있다. 즉 미혼모에게 가해지는 '주홍글씨'는 지워지지 않고 있는 것이다. 최근에는 아동 유기의 주범으로[5] 낙인찍히면서 여전히 사회적 차별의 심각한 사각지대에 놓여 있다.

2) 미혼모의 상징성: 일상에서 나타나는 미혼모의 표상

한국 사회에서는 1960년대 이후 산업화와 도시화가 급속히 진행되면서 성에 대한 전통적 가치관의 균열이 발생했다. 이러한 균열이 성의 이중적 규범이 더욱 강화되는, 특히 여성에게 강력하게 강요되는 방향으로 전개되면서 전통적 성문화와 성개방의 흐름으로 성적 자율성이 증가하는 문화 사이에 혼란과 갈등이 촉발되고 있다. 이러한 갈등은 사회규범을 해치는 것으로 표상되는 미혼모의 차별을 지속시키는 요인이 되었다. 왜냐하면 남성과 여성의 권력관계에서 여성의 종속적 지위를 유지하기 위해서는 사회규범을 파괴하는 행위자로서 여성을 호명해야 하기 때문이다. 그 결과 미혼모는 사회의 위험요인을 증가시키는 '마녀'로 표상된다. 이것은 결국 미혼모에 대한 사회적 편견과 차별이 재생산되는 동력으로 작동한다. 성적 주체성에 대한 인식이 낮은 현실에서 미혼모는 '해서는 안 될 행위'를 통해 초래한 결과의 책임자임과 동시에 사회질서의 저항자로 규정된다. 사회를 안정적으로 재생산하기 위해서 질서를 깨뜨리는 저항자는 추방의 대상이 된다. 기존의 사회질서와 가족을 해체하는 존재로 표상되는 미혼모는 성 개방으로 여성의 성 주체성이 향상되는 환경에 대한 일종의 경고의 의미를[6] 갖는다고 할 수 있다.

성에 대한 강력한 억압과 규제는 미혼모에게 더욱 가혹한 형태를 취하는데, 일반적으로 임신과 출산이 허락된 여성이 아닌 경우 임신은 타락하고 방종한 성관계의 결과로 인식되기 때문이다. 사회문제적 행위자로서의 미혼모는 규제 대상이 될 뿐이다. 이러한 인식틀에서 미혼모가 될 경우, 부정不淨한 행위에 대해 전적인 책임을 져야 하는 험난한 삶의 경로를 밟을 수밖에 없다. 결국 부정의 결과 생겨난 자녀를 어머니로부터 분리하는 것은 정당한 행위로 간주되는 것이다. 한국 사회에서 여성은 기본적으로 독립적 주체로 취급되지 않고, 남성과의 관계에서 바라보기 때문에, 결혼 여부가 매우 중요하게 상정된다.[7] 여성을 주체적인 존재로 보지 않는 사회적 인식체계는 결혼관계에 있지 않은 여성을 '미성숙한 여성'이거나 결핍된 존재로 표상한다. 따라서 여성에 대한 국가 정책 역시 기혼 여성의 범주에 포함되지 않은 존재를 배제하는 방식으로 작동하고[8] 있다.

사회에서 일반적으로 통용되는 성관계는 합법적인 부부 간에 이루어지는 것뿐이다. 법적으로 혼인관계가 아닌 상태의 성은 사회적·도덕적으로 용인되지 않는다. 특히 미혼모의 경우 남성이 부재한다는 점에서 도덕적 기준은 냉정하다. 성 개방이 이루어지면서 성의 자율성이 어느 정도 인정되는 사회 분위기가 만들어졌음에도 불구하고, 미혼 여성의 성경험은 숨겨야 할 개인의 치부로 인식되는 것이 일반적이다. 관습적으로 남성과 다르게 순결 이데올로기의 강한 적용을 암묵적으로 강요받는 사회 분위기에서, 순결해야 할 미혼 여성의 성관계는 용인되지 않는 행동이다. 따라서 미혼 여성의 임신은 사회적으로 용납될 수 없는 잘못된 행동으로 간주된다. 또한 사회적으로 미혼인 상황에서 임신을 경험한 사람은 성적으로 문란紊亂한 부류, 일탈을 일삼는 존재로 추측되기 때문에, 그에 따른 사회적 차별은 당연한 귀결로 간주된다. 즉 타락한 성관념을 가진 존재는 자신의 성의 소중함을 간과할 것이라는 고정관념이 사회적으로 형성되어 있다. 결국 '혼전순결'의 강한 도덕적 기준이 적용됨으로써 성관계의 결과 발생하는 미혼모의 임신은 허락될 수 없는 것이다. 그러나 대부분의 미혼모 임신의 요인은 도덕적 타락의 결과가 아니다. 한국 사회에서 성(sexuality) 관념은 성관계로 집중되어 있고, 성관계에 대한 이중적 잣대로 미혼모는 차별의 대상이 될 뿐이다.[9] 이러한 차별에는 '마녀사냥'을 통한 사회규범의 안정적 재생산이라는 의도가 숨겨져 있다고 볼 수 있다. 결국 여성의 성적 자율성을 저해하는 방식으로 작동하는 모순적인 관념은 성관계에서 주체적인 결합을 통한 동등성의 실현을 어렵게 하며, 지속적으로 여성이 남성에게 종속될 수밖에 없는 상황을 초래한다. 그 결과 불가피하게 임신하게 되었을 때 모든 책임을 여성에게 돌릴 수 있는 것이다. 여성은 이러한 책임을 떠안고 두려움과 죄책감으로 혼란스러운 상황에 빠지게 되고, 지금껏 맺어왔던 모든 관계가 균열되는 파국적 결과를 맞이하게 된다. 가족과 친구뿐 아니라 사회적 관계에서도 죄인이 되고, 죄인이기 때문에 출산과 양육의 결정에서 외부의 압력에 따를 수밖에 없으며, 본인의 가장 사랑스러운 아이 역시—죄인이 될 수밖에 없는 굴레를 벗어나게 해준다는 명목이지만—빼앗기게 되는 것이다. 이것은 미혼모와 자녀에게 가해지는 사회적 낙인, 즉 사회의 부정적인 시선의 일상화로 모성을 포기하는 것이 정당하다는 일반적 인식에 의해 이루어지는 것으로 볼 수 있다.

10대 미혼모의 수기를 엮은 책 『별을 보내다』(2009)에는 미혼모를 바라보는 사회적 시선이 그대로 투영되어 있다. 왜 미혼모가 될 수밖에 없었을까에 대한 성찰의 부재는 당사자의 슬픔과 상처를 배가시키는 요인이 된다. 성문화, 특히 청소년의 성에 대한 편협한 시선은 미혼모에게 돌이킬 수 없는 외상으로 작동하여, 스스로를 결여된 존재로 인식하면서 살아가도록 만든다. '미혼모는 돌이킬 수 없는 잘못을 저지른' 존재로 묘사되고,[10] 따라서 자신의 잘못을 뉘우치고 속죄하는 삶을 살아가는 것이 당연하다고 생각하게 되는 것이다. 또한 이렇게 돌이킬 수 없는 잘못을 저지른 미혼모가 되지 않도록 예방하기 위해서는 보다 강력한 도덕적 성 관념이 필요하다는 결론에 도달하게 된다. 그러면서 자녀와의 분리로 인한 상실감은 개인이 감내해야 할 속죄의 방식으로 정당화된다. 그러나 가족 유형이 다양해지고 있는 지금, 미혼모에게 자녀와의 분리를 권유하는 것이 아니라 미혼모가 인간다운 삶을 살아갈 수 있도록 인식의 전환과 함께 현실적인 접근이 필요하다.

3) 사회적 죽음으로 내몰리는 미혼모: 생모증후군

출산은 여성의 생애주기에서 가장 중요한 사건이다. 임신을 결정한 여성에게만 허락되는 출산의 경험은 다른 경험과는 비교할 수 없이 특수하고 특별하다. 그러나 모든 인간에게 허락되지 않는 특별한 경험이 미혼모의 경우에는 사회적 규제대상이 된다. 때문에 미혼모는 자녀를 잃어버린 감정의 지속으로 생모증후군(birth mother syndrome)이라는 정신적 외상을 겪게 된다. 미혼모에게 강요되는 가족상실(family loss)의 경험은 대체적으로 강제적인 분리에 의해 이루어진다. 미혼모 개인의 선택에 의해 단절이 이루어지는 경우에도 강요에 의한 강제성을 띤 가족상실의 성격이 근본적으로 공유되어 있다. 미혼모는 10개월간 자신과 함께 살아 숨쉬고, 엄청난 고통을 통해 태어난 본인의 자녀와 분리되어야 하는 상황에 내몰린다는 점에서 인간으로서 처절한 슬픔을 경험하게 된다. 왜 미혼모는 자녀와 온전한 가족을 구성할 수 없을까? 이 극단적이고 폭력적인 현실은 개인이 해결할 수 없는 슬픔의 지속을 야기하고, 죽음과 맞먹는 고통을 수반한다.

모든 어머니는 아이를 잃을 때 엄청난 감정적 고통을 경험하게 되는데, 입양으로 아이를 잃을 경우 아이를 죽음으로 잃은 것보다 더 큰 정신적 충격을 받게 된다. 죽음에 의한 상실 역시 끔찍하지만 그것은 끝이 있고 그 슬픔은 표현할 수 있다. 그러나 아이를 입양 보낸 어머니는 위로받지 못하고 아이가 있었다는 사실 자체를 망각해야 할 뿐만 아니라 자녀의 생사 여부는 물론 양육환경과 조건, 성장 과정 등을 영원히 알 수 없게 된다. 어머니가 아이를 잃고서 상처 받지 않는 것은 불가능하다. 사회는 입양구조의 당사자인 '입양 삼자' 모두에게 입양을 긍정적인 것으로 홍보한다. 그러나 실제로 입양은 관련된 사람들에게 커다란 상실로 시작된다. 어머니는 아이를 잃고, 조부모는 손자를 잃고, 아이는 어머니와 조부모를 잃고, 아이를 입양하는 부부는 자신의 유전적 아이를 잃는다.[11)]

생모증후군은 미혼모의 외상후 스트레스적 성격을 갖는데, 출산과 동시에 자녀와 분리되어야 하는 상황에서 겪는 스트레스가 생애 과정에서 평생 지고 가야 할 심적 고통으로 다가오기 때문이다. 입양이 어머니와 자녀에게 최선의 선택지로 강요되지만, 입양으로 자녀를 포기한 어머니는 외상후 스트레스인 생모증후군에 시달리게 된다. 미혼모가 경험하는 고통은 다양하다. 임신으로 인해 가족과 주변의 관계에서 갈등을 겪게 되고, 사회적 지지가 부재한 상황에서 미혼모라는 낙인에 대한 두려움과 차별은 출산 이후 자녀와의 관계를 단절할 수밖에 없도록 만든다. 이는 상실감과 절망으로 연결되면서 스트레스 상황의 극대화로 심리적 장애를 불러온다. 미혼모의 외상후 스트레스 증상은 자녀를 포기한 뒤 전 생애 과정에 걸쳐 지속된다.[12)] 존스(Merry. B. Jones, 1993)에 따르면 생모증후군은 친모에게서 나타나는 우울증, 슬픔, 심인성 기억상실, 죄책감 등의 외상후 트라우마 증상 외에도 친권 포기를 경험한 친모만의 독특한 감정과 행동을 뜻한다. 생모증후군의 증상은 해결되지 않는 심리적 고통으로, 계속해서 부인하고 분노하며 혹은 우울증을 동반하기도 한다. 또한 자존심의 상실과 수동성(passivity)으로 인해 이전에 세웠던 목적을 포기하며, 무력감과 가치상실감을 느끼고, 피동적인 자세를 취하는 등의 증상이 나타난다.[13)]

미혼모는 정도의 차이는 있지만 자녀를 포기한 결과 생모증후군으로 인해 고통스러운 삶에 필연적으로 직면하게 된다. 사회의 무관심과 차별 때문에 자녀를 포기할 수밖에 없었고, 자기 결정으로 인해 자녀와 단절되었다는 자괴감으로 강한 스트레스 상황에서 일상을 살아가게 된다. 미혼모의 임신은 본래적으로 잘못된 행동의 결과이기 때문에 임신 과정에서 아이를 포기하거나 애착관계를 맺으면 안 된다는 강요를 받게 되고, 자녀를 위해서라도 분리되어야 한다는 압력을 받는다. 미혼모에게는 대안적인 삶에 대한 결정권이 인정되지 않기 때문에, 결국 입양을 결정하거나 상황이 여의치 않을 경우 유기라는 극단적 선택을 하게 된다. 미혼모에 대한 이러한 사회적 인식은 친모로서의 단절의 경험이 초래한 강한 상실감과 심리적 고통에 대해 아무도 관심을 갖지 않게 만든다.[14)] 이것은 친권 포기로 인한 상실감을 치유할 과정이 부재한 현실에서 미혼모가 힘든 일상을 살아갈 수밖에 없으며 아이와의 단절로 인한 고통을 회복할 수 없는 상처로 남기는 원인이 된다.

미혼모가 겪는 트라우마가 얼마나 큰 고통을 수반하고 있는지 이해하기란 불가능하다. 한 미혼모는 그 경험을 절대 사라지지 않는 '블랙홀'이라는 비유를 통해 고백한다.

> 나는 나의 아들을 입양으로 잃었다. 왜냐하면 나는 당시 17세의 나이로 나에게는 선택의 여지가 없었기 때문이다. 모든 것은 나의 부모님과 정부의 사회복지사가 처리해버렸다. 심지어 그 사회복지사는 나의 약혼자가 그의 새로 태어난 아이를 보는 것조차 못하게 했다. 내 주위의 모든 사람들은 '극복할 수 있을 것'이라고 말했고 '모든 것을 잊을 수 있을 것'이라고, 그리고 '내 인생을 살라고' 말했다. (…) 나의 고통을 완화시켜주지 못했다. 술로 그 고통을 잊어보려고 했던 또 다른 일 년과 인생을 끝내려는 몇 번의 시도 후에야 정신과에 가기 시작했고 (…) 치유할 수 없다는 것을 깨달았다. (…) 입양은 너무나 가혹한 것이기 때문에 내 자신이 슬픔과 상실로 심각하게 황폐해질 수 있다는 것을 말한 사람은 아무도 없었다. (…) 아이가 죽었다면, 그 슬픔은 해결될 수 있을 것이다. 그것은 시간의 문제이다. 아이를 입양으로 잃었을 경우에 우리의 아이가 여전히 살아 있는 동안 그곳에 슬픔을 해결할 수 있는 가능한 해결책은 없다. 그리고 살아 있는 슬픔과, 피할 수 없는 고통과 상실은 매일 매일이 살아 있는 악몽이다. 이것이 바로 입양기관과 입양을 원하는 사람들이 절대 인정하지 않는 입양의 현실이다.[15)]

해결할 수 없는 상처는 죽음과 다름없는 상황이고 심각한 고통을 영원히 수반한다. 그들의 트라우마를 해결할 수 있는 방법은 없다. 그럼에도 불구하고 현실적으로 그들의 인권을 어떻게 보장할 수 있을까에 대한 문제는 제기되어야 한다. 즉 미혼모의 자기결정권을 존중하고 생모증후군에 대한 사회적 인식을 바꿔 문제를 해결하고자 하는 의지를 통해 변화를 이끌어내야 한다.

3. 해외입양

해외입양은 전쟁으로 인해 요보호상태에 처하게 된 기아와 고아를 구호하는 수단으로 시작되었다. 한국 역시 6·25전쟁으로 발생한 요보호 아동의 해결을 위해 국가의 승인 아래 해외입양을 추진했다.[16] 그러나 해외입양의 실태를 보면 이것이 산업의 형태를 띠면서 증가해왔고 현재에는 미혼모의 자녀가 해외입양의 주요 대상이 되고 있음을 알 수 있다.

1) 해외입양인은 누구인가?

입양은 오래된 역사적 사건으로 혈통의 계승이라는 측면에서 은밀하게 이루어져왔다. 원가족과의 절연을 통해 새로운 가족의 구성원으로 편입되지만, 비밀보장이라는 주요 원칙을 통해 당사자 간 이루어진 일종의 거래양식이라고 할 수 있다. 해외입양은 이러한 전통을 기반으로 요보호 아동의 건전한 성장을 위한 선택이라는 미명하에 선진사회로 이동시키는 것이다. 여기에는 전쟁과 기근 같은 심각한 상황에서 버려진 아동들의 구호 차원이라는 자선행위의 성격이 강하게 작동하고 있다. 그러나 해외입양은 타인종 간 교환이 이루어지는 구조이기 때문에, 입양아동은 성장하면서 정체성 혼란과 인종차별 등의 어려움에 노출될 수밖에 없다. 어머니와의 분리로 인한 근본적인 상처뿐 아니라 문화적 차이로 인한 인종차별로 더욱 힘든 상황에서 살아가야 하는 운명이다. 사회에서 인정받을 수 있도록 최선의 양육조건을 제공해준다는 입양구조가 실상은 민주주의사회에서 배제되는 존재만 양산하고 있는 구조인 것이다.

해외입양인은 어느 곳에서도 자신의 정체성을 인정받을 수 없다는 점을 경험을 통해 인지하고 있다. 그럼에도 불구하고 성장 과정을 보낸 좀 더 익숙하고 친밀한 공간을 떠나 모국으로 돌아오고자 하는 이유는 무엇일까. 해외입양인은 출생 지역에서 추방되면서 근본적인 정체성 혼란의 과정을 겪게 된다. 그들은 생존을 위해 자신을 둘러싸고 있는 '본질'인 자신의 신체를 표준으로부터 벗어난 것으로 규정해야만 하고, 끊임없이 그 사회에 동화되기 위해 노력해야만 한다. 결코 동화될 수 없는 이방인의 삶의 노정을 겪을 수밖에 없는 운명인 것이다. 완전히 발가벗겨진 채로 버려진 인간의 처참한 고통의 상황을 경험하는 해외입양인은 자기결정권이 인정되지 않고 영원히 '결핍된' 존재로 남아 있게 된다. 출생에서부터 타인에 의해 조작되고 결정되었다는 트라우마는 인권의 박탈이라는 개인의 근본적인 결여로 남는다. 완전한 인간으로서 갖추어야 할 자격이 부재한 그들은 어느 곳에도 속하지 못하는 '경계인'의 전형적인 정체성 혼란을 겪을 수밖에 없는 운명인 것이다.[17)]

2) 한국 사회에서 해외입양의 사회적 의미

순혈주의적 가부장제의 전통이 강력하게 자리 잡고 있는 한국의 현실에서 미혼모의 자녀는 탄생과 동시에 원죄를 지닌 존재로 표상된다. 이 원죄를 씻기 위해서는 자신의 어머니와 단절되어야만 한다고 인식된다. 잘못된 존재가 아님에도 불구하고, 마치 원죄를 갖고 태어난 존재인 것처럼 인식되면서 어머니로부터 격리되고 사회로부터 추방당할 수밖에 없는 현실은 기본적인 인간의 존엄성이 상실된 사회의 전형적 형태이다. 단절의 시도는 존재 자체를 망각할 수 있도록 머나먼 타국으로 이동하는 것이 최선의 방법이 된다. 국내의 다른 가족으로 이동하는 것보다 해외로의 이동을 종용하는 이유는 미혼모와 그 자녀가 같은 공간에 살고 있다는 것을 부정하고 망각하는 편이 새로운 삶을 시작하는 데 좀 더 도움이 된다는 근거 없는 믿음 때문이다. 한국 사회는 이러한 믿음에 기초해서 원죄를 범한 미혼모와 아동의 분리를 성공적으로 지속시키고 있다.

입양은 친생가정에서 성장하고 보호받을 권리를 잃은 아동에게 사회적·법적인 과정을 통해 권리를 회복시켜주고 복지를 제공할 수 있도록 새로운 가정을 구성해주는 서비스라고 할 수 있다. 하지만 한국 사회의 입양구조는 미혼모와 본질적으로 관련되어 있다는 점에서 입양에 대한 근본적인 성찰이 요구된다. 입양은 아동의 이익을 최우선으로 고려하는 것을 원칙으로 한다. 여기에서 아동의 최우선적 이익이 무엇인가에 따라 입장의 차이가 발생한다.[18] 한국의 입양구조는 서구의 입양과 다른 독특한 특성을 지니는데, 자국의 요보호 아동을 외국으로 해외입양을 보내면서 입양이 활성화되어왔다는 것이다. 강한 혈통주의의 기반은 입양을 더욱 비밀스럽고 은밀하게 만드는 원인으로 지목된다. 따라서 여전히 비밀입양이 선호되고 국내입양보다는 해외입양을 통해 요보호 아동의 문제를 해결하는 경향이 강하다.[19] 이렇듯 은밀하게 진행되는 입양은 요보호 아동의 문제를 해결하는 손쉬운 방법으로 선택되고 있다. 또한 요보호 아동의 구호라는 미명하에 미혼모와 같이 '정상가족'을 구성하지 못하는 자녀를 가족으로부터 분리시키고, 정상가족이 '아동의 최선의 이익'이라는 강조를 통해 사회적 규범을 강화하는 방식으로 구조화되고 있다. 이는 사회규범의 안정적 지속을 위해 주변적이고 은폐되어 있으며 배제된 존재를 해외입양을 통해 추방하고 내부결속을 공고히 하는 의도로 볼 수 있다. 그런 의미에서 해외입양인은 전통적인 규범과 가족윤리를 붕괴시킨 결과 발생한 것으로 인식되고, 공공질서를 수호하기 위해 척결해야 할 대상으로 간주되고 있다고도 볼 수 있다. 즉 용인될 수 없는 존재인 미혼모에 의해 출생한 자녀 역시 사회에서 받아들일 수 없기 때문에 해외입양을 통해 외부로 송출하는 것이다. 불가피하게 발생하는 요보호 아동을 위해 사회안전망을 구축하는 방식이 아니라 해외입양을 적극 권유하는 이유는, 사회의 전통적 가치를 훼손하는 개인에게는 불관용의 원칙을 고수하겠다는 의미로 받아들여질 수 있다. 결국 한국 사회에서 해외입양이 갖는 사회적 의미는 요보호 아동의 최선의 이익을 위한 선택이 아니라 사회의 표준적 질서를 수호하기 위해 주변적인 존재를 해결하기 위한 수단인 것이다. 세계경제를 주도하고 있는 현실에서도 해외로 보내지는 아동이 지속적으로 발생하고 있는 상황은 입양이 내포하고 있는 의미를 증명하고 있다.

3) 해외입양인의 상징적 죽음과 민주주의: 해외입양인 인권 실현

해외입양인은 본원적 상처를 경험하고 전 생애에 걸쳐 그 상처를 치유하고자 부단히 노력한다. 해외입양인은 성장하면서 정체성에 대한 의문과 친모에 대한 궁금증을 해결하기 위해 나서게 된다. 개인의 정체성 형성에 근간이 되는 원초적 뿌리가 친모라는 점에서 해외입양인은 '어머니 찾기'를 시도하게 된다. 물론 친모를 찾으려는 시도는 현실적 장벽에 의해 성사되기 쉽지 않다. 그럼에도 많은 입양인이 귀환하는 원인은 '내가 어디로부터 왔는가' 하는 근본적인 자아에 대한 질문의 답을 찾기 위함이다.

낸시 베리어(Nancy. N. Verrier)에 따르면 아이는 낳아준 어머니를 오감으로 알게 마련이다. 어머니와 결별한 아이는 슬픔과 혼란 속에서 앞으로 또 있을지 모를 결별에 즉각 대비하기 시작한다. 이런 정신적 트라우마 경험은 아이들로 하여금 이 감정을 두 가지 방식으로 표출하게 한다. 즉 실수하기를 두려워하며 고분고분하게 굴고 매달리는 모습을 보이거나, 또는 모든 사람들과 거리를 두려고 하는 것이다. 전 세계 어디를 가든, 입양인은 한결같이 "우리가 느끼는 상실감을 부모님들이 인정하고 이해해주셨으면 좋겠습니다"라고 말한다.[20] 아이는 출생을 기억하고 친생모와의 이별을 생생하게 기억하기에 무의식 깊은 곳에 근원적 상처를 입게 된다. 낸시 베리어는 '원초적 상처'라는 개념을 통해 그 상처의 징후를 제대로 포착하여 적절히 대응해야 할 필요성과 방법을 제시하고 있다.[21] 아이는 입양을 통해 자신의 어머니와 분리될 때 죽음보다 더 아픈 경험을 겪게 된다. 아이가 입양으로 인해 아무런 영향을 받지 않았을 것이라고 추측하는 것은 인간의 가장 큰 아픔을 부정하는 것이다. 어머니가 겪었던 상실의 고통처럼 그 자녀 역시 어머니를 잃고서 심하게 상처받지 않는 것은 불가능하다.[22]

친모와의 단절의 경험은 평생 상처로 남게 된다. 가장 내밀하게 형성된 관계의 어긋남은 정체성 형성에 영향을 미칠 수밖에 없다. 즉 존재의 상실과 정체성의 상실을 통해 '나는 누구인가'라는 질문을 평생 떠안고 살아갈 운명인 것이다. 이러한 해외입양인의 심각한 정신적 충격과 고통은 일반인보다 훨씬 높은 자살율을 보이는 원인으로 작동한다.[23] 정체성에 대한 혼란과 성장 과정에서 받는 차별과 편견의 고통에서 벗어나기 위해 극단적 선택을 하는 것이다. 그러나 일반적으로 자살을 선택한 해외입양인은 양부모와의 관계가 좋지 않아 성장 과정이 순탄하지 않았을 것이라고 치부되어버린다. 하지만 극단적 선택을 하는 입양인에게 양부모와의 관계가 중요한 원인으로 작용하지 않는다. 미국으로 입양되어 이른바 양부모의 '사랑'을 받으며 긍정적 유대감을 형성하고 건전하게 성장한 후 대학교육까지 마친 한 입양인의 자살은[24] 해외입양인이 단순히 양부모와의 부정적 관계로 인해 죽음을 선택하는 것이 아님을 말해준다. 많은 해외입양인은 정신적 외상후 스트레스 증후군에 시달린다고 보고된다. '훌륭한' 부모를 만나게 해준 것으로 사회의 역할을 다했다고 인식하면서 정신적 외상에 시달리고 있는 해외입양인의 현실을 외면하고 있는 것이 한국 사회가 갖고 있는 모순이다.

4. '가족상실'의 트라우마 : 해결할 수 없는 슬픔의 지속

한국의 역사는 고난과 질곡으로 점철된 역사이다. 봉건사회에서 근대국가로의 이행이 외부의 압력에 의해 이식되면서 시민에 의한 변화가 아닌 위로부터 만들어진 근대화 과정을 겪었다. 시민에 의한 자발적 변화의 열망이 부재함으로써 국가 주도로 권력이 집중될 수밖에 없었던 한계가 존재한다. 따라서 개인의 자율성은 인정되지 않고 국가에 의한 표준적 질서가 체계적으로 강요되어왔다. 이러한 흐름 속에서 국가권력의 강력한 실행으로 인해 개인은 만들어진 틀 안에 맞추어 살아갈 수밖에 없었다. 주조된 틀을 벗어날 경우 차별의 대상이 되거나 배제된 삶을 살아갈 운명에 처했다. 미혼모의 경우도 한국 사회가 갖는 구조적 모순에 의해 만들어진 것으로 볼 수 있다. 이것은 국가에 의해 가족상실의 트라우마를 겪을 수밖에 없는 추방당한 존재가 발생하고 있다는 것이다.

가족이데올로기가 공고한 한국 사회에서 가족을 구성하지 못한 개인은 '결핍된' 존재로 인식되며, 무엇인가를 성취하지 못한 인간으로 일반적으로 받아들여진다. 따라서 가족을 구성한다는 것은 곧 '성인'으로 인정받는 것을 의미하며, 그렇지 못한 경우 주체로 인정받지 못하는 '비-성인'으로 취급받는 경우가 발생한다. 호주제 폐지로 인해 가부장적 전통이 일부분 퇴색해가고 있지만, 그럼에도 한국 사회에서 한 개인의 생애 과정에서 가장 중요한 부분은 결혼을 통해 '정상적'인 가족을 구성하는 것이다.

한국 사회가 갖고 있는 특성 중 하나는 '비정상'적인 행위에 대한 편견이 강하다는 점이다. 사회 관습에 맞는 표준적인 질서에서 벗어나는 행위에 대해서는 무조건반사(autonomic reflex)처럼 불신을 갖고 터부시하는 경향이 강하다.

1) 미혼모와 해외입양의 관계

미혼모는 임신과 출산, 그리고 이후 입양의 과정을 거치면서 쓰라린 단절의 고통을 경험하게 된다. 해외입양의 구조는 미혼모와 그 자녀에게 가족을 상실하는 원초적인 상처를 갖게 한다. 인간으로서 가장 내밀하고 밀접한 관계인 모자母子관계를 강제적으로 박탈당하게 된다. 즉 근원적인 관계의 박탈로 인해 원초적 상처가 남는 것이다. 원초적 상처는 전적으로 개인의 책임으로 치부되고 있다. 따라서 상처의 회복은 사실상 불가능하다.

미혼모와 해외입양은 낙인과 차별의 순환관계이다. 미혼모는 사회적 낙인이 두려워 입양을 선택하지만, 평생 떠안고 갈 생모증후군이라는 트라우마를 갖게 된다. 또한 그 자녀 역시 사회적 차별에 일상적으로 노출되면서 성장할 수밖에 없다. 그리고 성장 후 어머니와의 재회를 위한 노력은 한국 사회의 모순으로 인해 낙인과 차별의 영속적인 상황만을 재확인할 뿐이다. 달리 말하면 한국 사회의 미혼모와 해외입양이 개인적 관계에 의해 이루어지는 것이 아닌 사회구조, 국가권력에 의해 발생하고 있다는 것이다. 그들이 평생 겪어야만 하는 외상후 스트레스 장애(PTSD)는 '상징적' 죽음에 다름 아니며, 평생 그러한 상황에 직면하면서 고통 속에서 살아가야만 한다. 친권 포기는 '살아 있는 죽음'과도 같은데, 이러한 사회적 죽음은 친모와 그 자녀를 일상적 고통의 늪에 빠지게 한다.

전쟁과 기근으로 인한 고통이 없는 한국 사회의 현실에서 미혼모 양육 포기 비율이 높은 것은 제도 밖 '모성'에 대한 전면적인 부인을 극명하게 보여주는 지표이다. 또한 '가슴으로 낳은 사랑'이라는 홍보를 통해 사랑의 실천을 부각시키는 입양의 긍정적인 측면 강조는 미혼모 자녀가 대부분을 이루고 있는 현실을 왜곡할 가능성이 높다. 이러한 왜곡은 입양 대기 아동에게 '고아'라는 표현을 즐겨 사용하면서, '어머니'가 존재하고 있지만 마치 없는 것처럼 은폐해버린다. 이는 입양이라는 맥락에서 어머니가 철저히 비가시화되고 있으며, 제도 밖의 모성은 '포기되는 것이 당연'하다는 암묵적 동의가 작동하고 있다는 반증이다. 따라서 미혼모는 임신과 출산의 과정을 경험하지만 양육의 과정이 포기됨으로써 어머니가 되어가는 과정에서 심각한 단절을 경험하게 된다.[25)]

최근 입양특례법 재개정의 필요성을 제기하는 이들은, 엄격해진 입양

절차로 인해 아동유기와 같은 사회적 문제가 급증하는 상황에서 요보호 아동을 신속하게 입양가족의 품에 안겨 그들의 사랑 안에서 안정적인 양육을 받을 권리를 보장해야 한다는 논리를 펴고 있다. 개정된 입양특례법이 미혼모로 하여금 본인의 자녀를 죽음으로 내몰게 함으로써 결국 범죄자를 양산하고 있기 때문에 미혼모 범죄 예방과 아동의 최선의 이익을 위해 입양특례법을 재개정해야 한다는 주장이다. 그런데 미혼모가 자신의 삶을 위해 자녀를 기아에 내몰고, 혹은 유기를 통해 아동이 죽음에 직면할 것임을 인지하면서도 자녀를 포기하고 있는가? 미혼모에 대한 사회의 부정적이고 피상적인 편견은 그들을 '못된' 개인의 이기적인 행동으로 자녀를 살해하는 파렴치한 인간으로 표상하곤 한다. 개정된 입양특례법은 입양절차의 강화를 통해 아동의 권리 보호를 증진하는 데 목적이 있다. 이를 위해 모든 아동의 출생신고를 의무화했다. 그러나 재개정을 주장하는 이들은 출생신고의 의무화가 미혼모로 하여금 자녀를 유기하게 만들고 있다고 주장한다. 이러한 문제제기에서 유추할 수 있는 것은, 입양절차의 간소화를 통해 미혼모와 자녀의 단절을 더욱 쉽게 처리하는 것이 미혼모와 그 자녀에게 도움이 된다는 인식이 깔려 있다는 점이다. 즉 미혼모의 모성은 관심의 대상이 되지 못하고, 결국 미혼모는 자녀를 포기할 수밖에 없는 구조에 놓이게 된다.[26] 이러한 인식은 좋은 부모로 구성되는 이른바 '정상가족' 이데올로기에 의해 형성된 것으로 볼 수 있다. 부모와 자녀로 구성된 정상가족이 아닌 경우 비정상으로, 결핍된 존재로 인식되는 것이다. 따라서 비정상적인 인간에 의해 양육된 자녀 역시 건전하지 못한 일탈적 개인으로 성장할 수밖에 없다는 가정을 전제하고 있음을 드러낼 뿐이다.

2) 현모양처 이데올로기 위반으로 인한 가족해체: 미혼모의 단죄

한국 사회는 성역할의 구분이 뚜렷하다. 전통적으로 여성의 성장 과정은 좋은 어머니, 즉 현모양처가 되기 위한 교육과 훈련을 중심으로 이루어지고 있다. 가족에서부터 사회에 이르기까지 '여성다움'이 강요되고, '여성스럽지 못하다'는 말은 수치스러운 것으로 받아들여졌다. 여성에게 최고의 가치는 '착하고 현명한 아내이자 인자하고 어진 어머니'상의 재생산이었다. 그러나 이러한 가치를 깨뜨리는 미혼모는 도덕적 낙인의 대상으로서 개인의 심각한 결함이 있는 존재라는 점에서 '마녀'로 표상된다. 개인의 결함으로 인해 한국 사회의 전통적 가족관이 요구하는 현모양처가 될 수 없으며, 좋은 어머니가 될 자격이 없기 때문에 자녀와의 분리가 강요된다. 여성의 역할을 위반한 미혼모에게 강제되는 사회적 압박은 본인과 자녀를 위한 최선의 방법으로 아동을 포기하는 것 외에는 생각할 수 없게 한다. 모성을 포기하는 것이 미혼모의 자연스러운 선택이라는 사회적 정서가 암묵적으로 인정되고 있으며, 미혼모를 위한 제도적 장치가 전무한 상황에서 자녀를 포기하는 단절을 겪게 된다. 이 단절은 미혼모뿐 아니라 자녀에게도 본원적 상실감을 안긴다.[27] 그렇지만 본원적 상실감이라는 상처를 이해하려는 사회적 인식은 결여된 채, 미혼모라는 이유 때문에 상처는 자신의 행위에 대해 치러야 하는 대가로 치부하는 경향이 있다. 즉 미혼모와 자녀의 분리는 단죄의 성격을 갖고 있는 것이다.

미혼모의 상실감은 자녀 포기 이후 더욱 분명해지고 깊어진다. 자녀와 단절된 미혼모는 다시 사회로 돌아와 적응하며 살아가야 한다. 표면상으로는 자기정체성을 찾아가면서 생활하는 것처럼 보이기도 하지만, 친권 포기로 인한 상실감을 효과적으로 극복할 기회를 갖지 못했기 때문에 매우 힘든 일상을 겪게 된다. 자녀와의 이별 과정이 본인과는 무관하게 진행되었기 때문에 친모의 상실감은 매우 고통스럽다.[28)]

미혼모와 그 자녀는 항상적으로 결핍된 존재로 표상되며, 따라서 결핍된 부분을 충족시켜주거나 보완하면 해결된다는 인식이 깔려 있다. 그러나 그 결핍의 해결은 미혼모와 그 자녀가 원하는 방식이 아니라 사회규범을 유지하기 위한 '정상가족'을 구성할 방법을 모색하는 형태를 취한다. 즉 미혼모에게는 자녀와 분리되어 새로운 가족을 구성하면 상실감과 같은 상처는 치유가 된다고 충고한다. 그리고 그 자녀 또한 잘못된 어머니와의 관계를 단절하고 새로운 부모와의 만남을 통해 정상적인 가족과 함께 건전한 환경에서 성장하는 것이 최선의 방법이 된다. 결국 현모양처 이데올로기를 파괴한 행위자로서의 미혼모는 자신이 행한 죄를 용서받기 위해 좋은 어머니가 될 수 있는 가족을 구성할 길을 찾아 나가야 하며, 그 자녀에게는 좋은 어머니를 찾아주는 것이 결핍을 메워줄 유일한 방법으로 제시되는 것이다.

3) '정상가족'으로부터의 이탈: 가족의 재구성?

사회의 가장 기초단위로서 역할을 하고 있는 가족은 다른 조직과 달리 혈연이라는 연결고리를 통해 구성되었다는 점에서 특수성을 갖는다. 이러한 특성으로 인해 가족은 은밀하면서도 내밀한 사적 관계를 통해 우애와 연대를 형성하게 된다. 다시 말해 가족은 사회의 기초단위이지만 독립적인 공동체로서 국가의 개입을 통해 균열이 발생하면 안 되는 영역인 것이다. 가족의 의사결정에는 가족 구성원의 선택이 최우선이 되어야 한다. 그러나 미혼모와 해외입양의 경우 가족 구성원에 의해 선택되는 것처럼 치부되지만, 입양구조의 본질은 가족에 의한 선택이 아닌 국가와 사회의 강제에 의해 이루어지는 파괴적인 성격을 보여준다. 국가권력에 의해 강제된 '가족상실'의 트라우마를 겪는 미혼모와 그 자녀의 단절은 기본적으로 자유로운 개인의 선택이 아닌 외부의 '보이지 않는 힘'에 의해 이루어진 것이라는 점에서 심각한 인권침해적 요소를 내포하고 있다.

여성은 임신과 출산의 경험을 통해 어머니가 된다. 하지만 그 임신과 출산에도 불구하고 어머니가 될 수 없었던 제도 밖의 여성이 존재한다. 한국 사회에서 미혼모는 성적·도덕적 관점에서 비난과 낙인의 대상이었거나, 피해자적 관점에서 보호 및 시혜의 대상으로 간주되어왔다.[29] 차별의 대상이나 시혜의 대상으로 보는 이중적 시각은 공통적으로 '표준적인' 인간이 아닌 결핍되거나 문제 있는 존재임을 전제한다. 왜냐하면 그들은 정상적인 가족을 구성할 자격이 없기 때문이다.

낸시 베리어는 아이가 입양부모와 아주 어려서부터 함께해왔다면 결별의 트라우마를 겪지 않을 것이라는 일반적 통념에 문제를 제기한다. 태아기의 유대의 중요성, 어머니의 생리적·심리적 출산 준비, 출산 시 유아의 놀라운 의식, 그리고 산후 초기의 유대관계와 각인경험의 중요성은 친모와 아이 사이의 원초적 관계이다. 또 다른 통념은 입양부모가 아이를 충분히 사랑해주면 아이에게는 문제가 없을 것이라는 생각이다. 이것은 사랑이 의사소통의 한 형태로 주고받아진다는 것을 무시한다는 점에서 입양부모와 아이 둘 다에게 큰 기대감을 지우게 된다. 그에 따르면 무조건적인 사랑을 기대할 수 있었던 이 세상의 단 한 사람에게 버림받은 아이는 다른 사람에게 받는 사랑을 신뢰할 능력이 손상되어 있기 때문이다.[30] 이것은 일반적인 인식과 달리 열악한 상황에 처해 있을지라도 건전한 인간으로의 성장은 친모와의 긴밀한 관계를 토대로 형성될 수 있음을 말해준다. 따라서 이른바 정상가족 유형을 넘어 다양한 가족 유형의 인정이 필요한 것이다.

한국의 혼외출생 비율은 서구 사회와 비교하면 매우 낮다.[31] 서구 사회는 혼외출생의 비율이 50%에 육박한다. 이는 출산이 더 이상 결혼이라는 조건에서만 가능한 것은 아니며, 다른 유형의 출산과 양육, 즉 대안적 가족모델이 가능함을 보여주는 것이다. 그러나 한국의 경우 여전히 결혼제도의 틀 내에서만 출산이 인정된다. 이는 결혼제도 밖에서 태어난 아동에 대한 불관용과 혼외출산율의 상관성에서도 쉽게 알 수 있다. '아동의 권리에 관한 협약'은 아동의 복리를 위해 아동이 원가족의 보호를 받고 자국에서 자랄 수 있도록 사회적 지원을 극대화해야 한다고 권고하고 있다. 친생모와 자녀가 함께 살도록 가능한 모든 권리를 보장하고 법적·제도적 장치를 구축하는 것은 기본적 인권이고 인륜이다.[32] 저출산 고령화시대에 진입하고 있는 한국 사회가 전통적인 가족모델을 고수하고 있는 현실은 미혼모와 입양인의 권리에 대한 인식 전환이 쉽게 이루어지지 않고 있는 점에서도 역설적이다. 미혼모라는 용어에는 도덕적 단죄가 포함되어 있다. 자녀출산은 결혼제도 내에서 이루어져야 하는데, 그것을 위반한 데 대한 비난이다. 미혼모에 대한 사회적 비난으로 인하여 많은 미혼모는 양육을 포기하고 자녀를 해외로 입양 보내는 선택을 할 수밖에 없다. 그러나 최근 호주제 폐지와 같은 일련의 사회적 변화는 여성이 의존하지 않고 독립적으로 생계수단을 확보할 수 있는 가능성을 증가시키고 있고, 개인별 신분등록제가 도입되면서 자녀의 법적 지위를 확보하기 위해 남성에게 크게 의지하던 경향이 감소되면서 미혼모의 지위에도 영향을 미치고 있다.[33] 여성의 지위 향상을 통해 사회적 인식의 변화를 이끌어낸 것은 긍정적이다. 그러나 미혼모 문제를 바라볼 때, 이른바 '싱글맘'으로[34] 대변되는 경제적·사회적으로 성공한 여성에 의해 양육되는 부분만 강조하는 것은, 대다수 미혼모의 현실을 외면하고 미혼모에게 또 다른 차별을 가하는 요인으로 작동할 가능성을 내포하고 있다는 점에서 근본적이고 깊이 있게 성찰되어야 한다.

5. 결론을 대신하며: '원초적 상처'의[35] 회복

인권은 인간이라는 이유만으로 보장받아야 하는 권리를 통칭한다. 인간이기 때문에 타인과 동등한 존재의 가치를 갖는 것이다. 그러나 인류 역사는 차별과 편견을 통해 '다름'을 재생산하면서 사회를 유지하고 있다. 이처럼 불평등한 현실로 인해 선험적으로 보장받아야 하는 인권에 대한 문제제기가 발생한다. 즉 인권 담론이 생산되는 것 자체가 사회의 불평등이 일상적으로 발생하고 있는 현실을 반증하는 것이다. 사회구성은 이러한 불평등을 해소하는 지속적인 과정으로도 볼 수 있으며, 이러한 과정을 통해 민주주의라는 정체가 정당성을 갖게 된 것으로 해석할 수 있다.

한국 사회에서 입양은 아름다운 행위의 미담으로 회자되었을 뿐, 입양으로 인해 발생하는 상처와 고통은 외면되었다. 현재까지 가족의 단절을 방치하는 해외입양이 지속되고 있는 것도 사랑의 실천이라는 인식틀에 기반하고 있다고 할 수 있다. 그러나 '사랑의 실천' 이면에는 평생 고통 속에서 살아가야 하는 어머니와 그 자녀가 존재한다. 더 좋은 환경에서 양육되는 것이 친모와 힘겹게 살아가는 것보다 최선의 방법이라는 정당성을 확보하고 그러한 강요를 통해 헤어짐을 선택한 결과, 한국 사회는 백만 명 이상이 강제적으로 가족상실의 고통을 겪으며 살아가는 결과를 낳았다. 가족을 구성할 자격을 충족하지 못한 미혼모의 출산은 사회규범에서 벗어난 것이라는 강한 인식은 미혼모가 자녀를 양육하면서 살아갈 수 있는 제도적 장치를 구축하는 것을 어렵게 하는 요인이다. 이것은 경제대국의 반열에 진입한 현재에도 한국이 해외입양의 선도적 역할을 담당하는 것과 연결된다.

한국 사회의 미혼모는 원초적 상처를 평생 가슴에 묻어두고 살면서도 행실이 바르지 않은 존재라는 사회적 낙인으로 인해 상실을 경험해야 하는 원죄를 범한 존재였다. 원죄를 저지른 어머니의 자녀 역시 그 원죄에서 자유롭지 못하다. 따라서 함께 살아가는 경우에는 사회적 낙인의 대상이 되고 낙인을 피하기 위해서는 다른 인간으로 재탄생되는 하나의 방법으로서 입양이 선택된다. 브래즐턴(T. B. Brazelton)은 태아가 엄마와의 관계에서 얻은 놀라운 잠재적 능력이 외면당하고 있음을 지적한다.

> 신생아들을 접할 때 우리는 항상 그들이 이제 막 새로 생겨난 것처럼 대한다. 우리는 이 갓난아기가 사실은 40주 동안 경이로운 경험들을 쌓은 끝에 나왔다는 점을 무시한다. 신생아들을 마치 갑자기 모든 것을 갖추고 제우스의 머리에서 튀어나온 듯 대한다면 우리는 태아였던 아이들의 경험이 제공하는 기회를 놓치게 된다.[36)]

미혼모와 해외입양인은 한국 사회에 존재하고 있는 수많은 소수자의 유형 중 하나이다. 한국에서 소수자의 삶은 대부분 상징적 죽음에 내몰려 있다. 시민의 권리를 행사하지 못하고 자율성을 담보하지 못하면서 힘겨운 삶을 살아가고 있다. 동등한 인간의 자격을 상실할 경우, 선택할 수 있는 것은 무엇일까? 저항할 동력이 없거나 그들만의 자율적인 공간을 확보할 수 없다면 비참한 삶을 영위해갈 수밖에 없다. 그러한 삶이 과연 활력이 넘치는 인간으로서의 생존이라고 할 수 있을까? 죽음에 내몰린 상황과 동일한 조건이라면 생명을 유지하고 있는 것이 어떤 의미를 가질 수 있을 것인가에 대한 고민이 심각하게 제기된다. 살아 숨쉬는 것 자체로 인간으로 살아가는 의미를 가질 수 있다는 담론은 그들에게는 배부른 사람들의 수사에 불과할 뿐이다. 죽음과도 같은 삶이지만 죽음을 선택할 수도 없는 상황에 처해 있다는 것은 자살을 선택한 사람들보다 더 비참한 삶일 수도 있다.

이렇듯 한국 사회에서 소수자는 목소리를 낼 기회조차 박탈되었다. 미혼모와 해외입양인 역시 존재를 인정받을 기회를 허락받지 못했다. 그러나 모든 인간은 인간으로서 인정받을 권리와 의무가 있다. 미혼모와 해외입양인들은 채워지지 않고 채울 수 없는 근원적인 텅 빈 공간을 간직하면서 살아가야 할 운명에 놓여 있다. 이것은 사회가 규범을 강조하면서 미혼모와 해외입양인에게 가한 폭력이다. 정신적 외상을 평생 안고 살아간다는 의미는 무엇일까. 그것도 자기 의지가 아닌 사회가 강제한 질서에 의한 결과라면, 내면의 상처를 깊이 간직하면서 살아갈 운명에 처한 개인이 인간의 존엄성을 회복할 수 있도록 사회구성원 모두 인식의 기초를 재구성해야 할 것이다.

식민주의와 트라우마 정당화 과정이 미군계 혼혈인에게 미친 영향

곽사진 _ 성공회대학교 사회학과 석사과정 수료

1. 들어가며

남한은 일본과 미국의 식민폭력, 피비린내 나는 내전, 독재정권을 통해 탄생했다. 이 중 하나의 사건만으로도 사회를 무력화시킬 수 있는 법인데, 남한 사회는 세 가지 사건을 연속으로 겪으면서 격변할 수밖에 없었다. 이는 남한 사회에 깊은 트라우마를 남겼다. 남한 최초의 소수인종이라 할 수 있는 미군계 혼혈인 실태를 통해, 아직 해결되지 않은 트라우마와 계속되는 억압의 문제를 살펴볼 수 있다.

미군계 혼혈인은 현대판 위안부인 미군 대상 성매매의 결과물이다. 미군의 성폭력에 의해 생겨난 이들은 근본적인 사회적 모순으로 남한 식민지 트라우마의 중심에 자리한다. 결과적으로 7만여 명이 출생했지만 약 3백 명 정도만 남아 있다. 남한 내 미군계 혼혈인의 99% 이상이 사라진 것이다.

미군계 혼혈인 실태는 남한 사회 전반에 영향을 미치는 병적이고 파괴적인 불관용을 가장 잘 나타내는 하나의 증상이다. 이 불관용은 일본과 미국에 의한 연이은 식민지화와 직접 관련되어 있다. 일본과 미국 정권은 폭력과 강제를 통해 남한에서 패권을 잡음으로써, 남한 사회 전반에 영향을 미쳤다. 하지만 이 통치 과정에서 한국인도 필수적인 역할을 했다. 즉, 남한 사람들은 식민폭력의 피해자일 뿐만 아니라 가해자 및 공모자로서 식민통치 정당화를 내면화했다.

피해자이자 공모자의 역할을 동시에 수행하게 된 엄청난 사회적 모순은 남한의 불관용을 심화시켰다. 그러므로 이것은 미군계 혼혈인의 체계적인 제거와 직결되어 있다. 남한의 국가건설 과정에서 남한 사람들은 기지촌 여성과 미군계 혼혈인의 희생에 대한 공모자, 가해자인 동시에 수혜자이기도 했다. 기지촌 여성과 미군계 혼혈인에 대한 폭력에 가담하는 것이 남한 사람이 되는 하나의 방법이었던 것이다. 공범관계에 두려움과 죄책감이 더해지면서, 남한 사람들은 기지촌 여성과 미군계 혼혈인의 희생을 정당화하고 부인하게 되었다.

이 글은 미군계 혼혈인 실태를 이해하기 위해 남한의 트라우마와 사회화 과정을 살펴보고자 한다. 특히 비가시화非可視化, 정체성의 정치, 인종차별의 단계를 통해 트라우마가 어떻게 정당화되는지 보여줄 것이다. 또한 미군계 혼혈인에 대한 남한 사회 포용의 기반이자 차별의 기반이 된 이 과정이 모순된 식민지화의 생물정치학적 논리에 대한 대응이었다는 점을 살펴보겠다. 이 글은 남한의 미군계 혼혈인 실태를 맥락화하고 여러 자료로부터 다양한 개념을 종합하여 미군계 혼혈인에 대한 편견 형성의 메커니즘을 설명하고자 한다. 이를 위해 2003년 국가인권위원회 미군계 혼혈인 실태조사가 주요 자료 출처로 사용되었다. 10년에 걸친 직접적 현장조사와 면접이 이루어졌고, 미군 기지촌과 기지촌 내 성매매에 대한 문헌을 보충자료로 이용했다.

또한 이 글은 그레이스 조의 저서 *Haunting of Korean Diaspora: Shame, Secrecy, and the Forgotten War*(2008)의 핵심 개념을 바탕으로 하고 있다. 특히 그레이스 조의 트라우마와 비가시화 개념을 기반으로 이를 부연한다. 그레이스 조는 기지촌 성매매 여성의 희생 및 비가시화와 남한 사회의 트라우마의 관계를 잘 보여준다. 이 글에서는 남한 사회의 정체성 정치와 인종차별이 비가시화와 어떤 관계가 있는지, 그리고 그 과정이 미군계 혼혈인에게 어떤 영향을 미쳤는지 살펴볼 것이다. 또한 이 연구는 존 다워의 저서 *War Without Mercy: Race and Power in the Pacific War*(1987)와 코시로 유키코의 일본 내 미국인에 대한 인종차별 연구인 *Transpacific Racisms and the US Occupation of Japan*(1999)을 기반으로, 남한 내의 미군 인종차별 메커니즘을 설명한다. 문승숙이 쓴 기사 "Begetting the Nation: The Androcentric Discourse of National History and Tradition in South Korea"(1998)는 정체성 정치를 통한 민중동원과 관련하여 중요한 정보를 제공해주었다. 이러한 연구결과들을 통해, 이 연구에서는 트라우마가 피해자로서의 경험뿐 아니라 공모자 및 가해자로서의 경험도 포함한다는 사실을 보여줄 것이다. 마지막으로 헬렌 조페의 저서 *Risk and the Other*(1999)를 통해 남한의 인종 병리학에 대한 통찰을 제공하고자 한다.

2. 분석

1) 비가시화

미군계 혼혈인들이 겪은 폭력은 미군 기지촌 내의 폭력 및 남한 여성에 대한 성폭력과 직접적인 관계가 있으며, 백 년에 걸친 식민지생활과 전후 폭력 및 트라우마와도 직결된다. 그동안 남한 사람들은 폭력의 피해자인 동시에 가해자였다. 지난 백 년 동안 한국인은 집단학살, 강간, 고문, 노예화, 정치적 억압의 피해자이자 가해자이기도 했다.

이 모든 폭력을 연결하는 개념이 '비가시화非可視化'이다. 그레이스 조는 자신의 저서에서 미군과 결혼한 남한 여성이 경험한 차별을 조사해 비가시화와 폭력의 연결고리를 찾는다.[1] 비가시화는 트라우마가 부인되고 사라지고 숨겨지는 사회적 과정이다. 비가시화는 식민지화와 내전에서 비롯된 해결되지 않은 트라우마에 대한 집단적 반응이다. 그레이스 조는 비가시화란 합리화되고 존재론적인 폭력이며, 이러한 폭력은 기지촌 여성에게 국한된 특징이 아니라 남한 사회 전반에 해당됨을 보여준다.

'진실과화해를위한과거사정리위원회'의 전 상임위원 김동춘은 한국전쟁 이전과 전쟁 중에 일어난 민간인학살에 관한 비가시화 과정을 아래와 같이 설명했다.

> 미국과 한국 내 공공의 무관심과 침묵은 단순히 시간 경과의 결과만은 아니다. 그것은 국가에 의해 사회에 부과된 집단적 기억상실에 기인한 것이기도 하다.
>
> 이런 은폐로 남한당국이 세 차례에 걸쳐 희생자들을 학살했다는 관점이 등장했다. 피해자들은 대량학살에 의해 첫 번째로 희생당했고(1948~1953), 유가족들의 조사 요청이 당국에 의해 무시됨으로써 다시 한 번 살해당했다. 마지막으로 연좌제에 의해 유가족들이 "공산주의자"라는 낙인이 찍혔을 때 그들은 세 번째로 살해당한 것이다.
>
> 계속되는 군사정권하에서 강요된 기억상실은 생존자 및 피해자 유가

족들로 하여금 오랜 시간 숨겨진 이야기를 하지 못하도록 침묵시켰다. 반세기가 흘렀지만 생존자들은 트라우마에서 완전히 회복되지 못했다. 생존자들에 대한 비인도적인 처우는 계속해서 그들을 괴롭혔고, 사건에 대한 기억은 그들의 가슴에 깊이 각인되었다.[2)]

김동춘의 이 발언은 전쟁 초기 미국의 감독하에 남한 사람들의 손으로 직접 자행된 약 20만~120만 명의 보도연맹 학살 사건에 대한 것이다. 이 기간 동안 좌파로 의심받은 수많은 남한 사람들이 다른 남한 사람들에 의해 학살당했다. 뿐만 아니라 무차별적인 융단폭격, 네이팜을 이용한 민간인과 피난민에 대한 공격, 빨치산과 가족 고문 등 미군에 의한 잔학행위도 있었다.[3)]

이런 만행 때문에 남한 '민주'정부의 합법성이 의심받자, 정부 이익 보전의 한 방편으로 비가시화가 진행되었다. 결과적으로 모든 개인이 미군의 피해자가 된 것은 아니었지만, 이 이슈에 관한 엄격한 침묵이 요구되었으므로 모든 사람들이 영향을 받았다고 볼 수 있다.

남한 사람들은 사회화 과정을 통해 국가폭력의 공모자가 되었다. 직접적인 폭력과 폭력의 위협은 많은 시민을 침묵시켰다. 이러한 비가시화를 정당화하기 위해 국가에 의한 억압뿐만 아니라 개인의 안전과 번영, 애국심 등의 제도적 수사(institutional rhetoric)가 만연했다.

그것은 예를 들어, '남한 사람들에 대한 미군의 범죄와 같이 민감한 주제를 피함으로써 남한을 공산주의로부터 지켜낼 수 있다', '미래의 번영을 위해 공장의 착취와 강제이주를 눈감아주어야 한다', '밝은 미래를 위해서는 일제시대에 대한 의문을 제기하지 말아야 한다' 같은 식이었다. 캐서린 문은 이런 분위기를 '우려문화'[4)] 또는 '피포위의식', '병영국가'적 사고방식이라고 일컫는다. 외부에 큰 위협이 있으면 거의 모든 내부의 억압이 정당화될 수 있다는 것이다.

국가폭력의 위협 속에서 개인들이 점점 사회적으로 용인되는 '안전한' 선택만 하게 되면서, 개인 입장과 정부 정책 사이의 차이도 사라져갔다. 이런 식으로 정부의 폭력은 정당화·내면화되었고, 개인 차원에서 재생산되었다.

이런 맥락에서 그레이스 조는 과거·현재·미래의 억압 트라우마가 기지촌으로 수렴한다고 말한다. 미군이 시민사회를 떠나고 독재정부가 들어서자 사망자들은 부인되고 잊혀졌다. 잔학행위에 대한 침묵은 사회 곳곳에 스며들었으며, 미군의 폭력은 쉽게 눈에 띄지 않았다. 국가건설 과정과 비가시화 과정이 함께 시작된 것이다.

하지만 남한 사회의 초석을 형성한 부인(denial)과는 극명하게 대조적으로, 기지촌은 남한을 향한 미국의 폭력과 억압이 계속 존재하는 지역으로 남아 있었다. 따라서 기지촌은 과거와 현재의 트라우마가 수렴되는 남한 사회의 주변부에 위치하게 되었다.

미국과 남한에 의한 잔학행위 희생자의 경험을 지워버리려 했던 것과 같이, 남한 사회는 성매매 여성과 그 혼혈 자녀의 경험을 지우려 했다. 비가시화를 위한 이런 노력에도 불구하고 성매매 여성과 특히 미군계 혼혈 자녀들은 가시적으로, 뚜렷하게 구분되어 남아 있다. 그들은 남한 사회에서 언급해서는 안 되는 '금기'의 강력한 상징이 되어갔다.

트라우마, 부인, 비가시화는 미군과 관련될 뿐 아니라 논란의 소지가 가장 많은 식민지시대 이슈인 '위안부' 문제와도 중첩된다. 기지촌은 일제강점기에 시작되었다. 당시 위문부대가 창설되어 약 20만 명의 여성이 성노예 또는 '위안부'로 강제 복무하게 되었다. 조선인들은 이와 관련하여 학교 및 농촌 지역의 여성 동원 및 이송, 달아난 '위안부' 여성 반환, 수용소 관리 등의 중추적 역할을 맡았으며, 일본군에 소속된 조선인은 '위안부' 여성에게 성폭력을 자행하기도 했다.

조선의 '직업소개소'는 여성들이 위문부대로 징집되는 주요 장치였다.[5] 이들은 여성들에게 공장이나 일본군부대에서 군복 재봉 또는 간호 등의 일을 하게 될 것이라고 약속했다. 하지만 이들은 외딴 지역으로 이송되어 검진 후 폭행과 강간을 당하고 일본 군대로 보내졌다.

위안부체계에서 한국인이 중요한 역할을 했기 때문에, 2차 세계대전의 종전으로 일본인들이 떠난 뒤에도 이 체계가 유지됐다. 1945년 9월 8일 미군이 남한에 들어왔을 때, 권력에 협력했던 친일파를 복권시켰고 위안부 또한 복원했다.[6] 어린 여성을 일본인에게 제공하던 사회제도는 끊임없이 지속되었으며, 그 대상이 미군으로 바뀌었을 뿐이다.

뿐만 아니라 직업소개소는 2차 세계대전 이후 남한 여성을 외국 군대에 보내면서 활동을 지속했다. 2차 세계대전 도중에 강제로 일본군의 위안부가 되었던 수많은 여성들이 전후에는 강제로 미군에게 보내졌다.[7] 미군과 남한군에게 보내진 여성들 또한 마찬가지로 '위안부'라는 이름으로 불렸다.[8]

그 후 한국전쟁 중의 파괴로 인해 더욱 취약계층이 된 수많은 빈곤 여성이 이러한 미군 대상 성매매구조에 들어갈 수밖에 없게 됐다. 이와 같이 식민지시대, 미군 점령기, 한국전쟁기의 성폭력은 기지촌을 중심으로 이루어졌다.

이때부터 기지촌은 수십 년 동안 남한과 미국 관계의 주요 접점이 되었다. 백만 명 이상의 남한 여성이 미군을 상대로 성매매를 했으며,[9] 약 10만 명의 여성이 GI와 결혼했다.[10] 이 성매매 시스템을 규제·유지·지원함으로써 남한 정부는 수십억 달러를 벌어들였다.[11] 1998년 『대한매일』 기사에 의하면 대략 7만여 명의 혼혈아가 한국인 어머니와 미국인 아버지 사이에서 태어났다.[12] 이 과정 전반에 걸쳐, 남한 정부와 사회는 성폭력의 희생자들과 그 아이들, 즉 혼혈아들을 부인하고 무시했다.

예를 들어 1952년 『조선일보』의 한 기사는 혼혈인 어머니들을 "양부인"이라 표현했고, 1946년 『조선일보』 기사는 혼혈인을 "부도덕과 허영의 결과물"이라 칭했다. 1990년대까지도 기지촌에 대한 대부분의 신문 기사에서 성매매나 성폭력에 대한 언급은 찾을 수 없었다. 이는 남한 정부, 남한의 포주들, 미군이 책임을 면하게 된 반면, 미군 성폭력 피해자들이 부도덕한 범죄자로 변형되어온 과정을 보여준다.

> 기지촌 여성을 군대 성매매의 희생자이자 현대판 '위안부'로 간주하는 것은 미국에 대한 환상을 깨뜨렸을 것이다. 그러나 주류 한국인들은 이 여성들을 창녀라고 비난할 필요가 있었다. 그래야만 미국과 남한 관계의 실태를 무시하고 부인할 수 있으며, 따라서 남한의 주권과 미국의 자비에 대한 공식적인 믿음이 지배적으로 유지될 수 있었다.[13]

혼혈인들도 이와 유사한 비가시화 과정을 경험했다. 그들은 미군 점령의 불운하지만 불가피한 결과로 표상되었다. 미군 성매매를 통해 태어난 수만 명의 혼혈아들은 미디어에서 거의 다루어지지 않았고, 대다수 남한 사람들의 불관용과 차별도 거의 논의되지 않는다.

혼혈인들에 대한 미디어의 보도 역시 1990년대까지 이런 형태를 따랐다. 미디어 보도를 억압하는 법이 1990년대에 폐지되었음에도, 낡은 선입견과 관념들은 여전히 남아 있었다. 때문에 2006년 미국 NFL 슈퍼볼

MVP이자 혼혈인인 하인스 워드가 등장했을 때, 또 2012년 UFC 챔피언이자 혼혈인인 벤 헨더슨이 등장했을 때, 기지촌이나 군 성매매를 언급한 기사는 하나도 없었다. 한국을 향한 혼혈인들의 사랑과 소속감만이 강조되었다. 미국에서 태어난 그들은 한복을 입은 남한 출신 어머니와 함께 미디어에 노출되었고, 그 어머니들은 헌신적이고 자애롭고 부지런한 이상적인 한국의 어머니로 변형되었다. 흑인계 미군과 결혼한 그 여성들에 대한 다른 남한 사람들의 배척은 거의 언급되지 않았다. 미국에서 거주하는 이 혼혈 스타들이 만일 남한에서 성장했다면 어떤 대우를 받았을지에 대한 논의는 거의 없었다.

혼혈인과 그 어머니들의 삶에서 사회적 인식은 강력한 역할을 한다. 캐서린 문,[14] 그레이스 조, 여지연 등은 이런 인식들이 어떻게 기지촌 여성을 인종 배반자 및 악인으로 변형시켰는지에 대해 많이 저술해왔다. 그들은 기지촌 여성에 대한 사회적 차별이 너무 심하기 때문에 평범한 삶으로 돌아가는 것은 불가능하다고 말한다.[15] 기지촌 안에서의 삶은 빈곤, 빚, 폭력, 강간의 위협에 끊임없이 노출된 위험한 삶이었다. 성매매 여성이 기지촌을 벗어나는 길은 두 가지밖에 없었다. 그것은 바로 국제결혼 또는 죽음이다.

혼혈인들도 일련의 유사한 상황에 직면한다. 그들은 오직 해외입양, 이민, 국제결혼(2세대 성노동자의 경우), 죽음을 통해서만 기지촌을 벗어날 수 있었다. 결과적으로 남한 내의 미군계 혼혈인에게 주어진 운명은 실제적 죽음 또는 존재론적 죽음, 둘 중 하나였다.

2) 정체성

캐서린 문은 1960년대와 70년대에 박정희가 독재를 정당화하기 위해

"병영국가" 또는 "피포위적 사고방식'을 창출했다고 말한다.[16] 이러한 위기의식은 다양한 방식으로 강화되었다. 북한의 공격 위협 및 공산주의자에 대한 대중매체의 끊임없는 선전은 공포를 불러왔다. 전국적으로 실시된 통행금지 등의 일상은 남한이 여전히 전쟁 중임을 상기시켰다. 반체제 학생들과 노동운동가의 규칙적인 실종과 같은 국가폭력은 대중을 복종하게 만들었다.

'병영국가'의 세뇌와 민족주의의 융합은 독재에 대한 복종을 이끌어냈다. 문승숙은 그의 글 "Begetting Nation"에서 "남한 정부는 1960년대 초부터 억압과 착취를 정당화하기 위해 민족주의를 이용했다"고 말하면서, 민족주의적이고 가부장적인 담론이 정부의 이익 추구를 도왔다고 설명했다. 문승숙에 따르면, 박정희는 "한국 교육의 목표는 학자를 양성하는 것뿐만 아니라 한국 국민을 만드는 것"이라고 선언했다.[17] 박정희는 '피포위적 사고방식'이 남한 사람의 정체성의 근간이 되기를 바랐고, 이를 위해 1963년, 1973년, 1981년, 1987년의 독재적 교육개혁을 통해 반공산주의적·권위적 전통주의 교재를 반공도덕, 바른생활, 국민윤리, 국사와 국어 등의 필수 과목 수업에서 사용하도록 했다.[18]

이 같은 공포와 지배의 정치와 남한 정체성은 가장 근본적인 개념인 '피'를 통해 서로 연결되어 있다. 단일민족單一民族의 순혈주의적 사고방식은 남한의 건국신화와도 관계되어 있으며, 한국 정체성의 중추라고 할 수 있다. 단일민족설에 의하면 한국은 주변 강대국에 휘둘리는 작고 힘없는 국가("고래 싸움의 새우")이지만, 5천 년 이상 이어져 내려온 순수한 혈통 덕분에 고난을 딛고 생존할 수 있었다는 것이다.

단일민족설은 유전학적·언어적·역사적 반증 외에도 여러 가지 문제점을 갖고 있다.[19] 먼저, 순혈주의를 기반으로 한 정체성은 생물학과 시민권을 융합한다.[20] 하지만 가장 큰 문제는 단일민족정신이 피해자로서의 정체성을 중심으로 사회를 응집시킨다는 점이다. 단일민족정신은 피해의식을 중심으로 남한 정체성을 응집시켰다. 학교에서의 국사 수업은 여러 외국의 침략에 의한 한국인의 희생에 집중되어 있다. 그 결과 사대주의事大主義가 생존을 위한 불가피한 선택으로 그려진다.

'고통을 피할 수 없었던 한국인'이라는 개념은 '한恨'의 정서로 표출된다. 남한 민족주의에 의하면, 외국의 침략과 억압으로 한국인만큼 고통받은 민족이 없기 때문에, 한국인만이 한의 정서를 이해할 수 있다고 한다. 한국은 아득한 옛날부터 고통 받으며 생존을 위해 사대주의라는 값을 치를 수밖에 없었기 때문에, 미국·일본·중국의 통치로 고통 받는 것이 자연스러웠다는 것이다.

문승숙은 "민주주의의 도전과제를 해결하는 방법은 한국의 전통을 다시 만드는 것"이라고 말한다.[21] 단일민족, 사대주의, 한 등의 내러티브를 통해 역사와 전통을 만드는 것은 억압적인 현상태를 정당화한다. 강대국에 대한 한국의 복종과 고통은 투쟁해야 할 부당한 일이 아니라는 것이다. 이런 틀 속에서 사대주의와 한은 '바뀌지 않는 사실'이므로 그에 대한 투쟁은 한국인의 본질에 대한 투쟁과 같은 것으로 여겨진다.

박근혜가 박정희 정권의 잔학에 대해 "비극적이지만 불가피했다"라고 말한 것에서 알 수 있듯, 피해자로서의 정체성은 아직도 강하게 남아 있다.[22] 하인스 워드의 어머니에 대한 기사들은 미국에서의 역경에 집중했을 뿐, 다른 남한 사람들에 의한 차별에 대해서는 언급하지 않았다. 2006년 올림픽 동메달리스트이자 입양인인 토비 도슨에 관해서도 마찬가지였다. 그의 남한인 가족의 고통은 관심의 대상이 되었지만, 어떤 기사도 해외입양아들이 겪는 어려움이나 토비 도슨의 입양을 둘러싼 의심스러운 상황은 언급하지 않았다.

모든 사례에서 다수만이 고통을 겪은 것으로 그려지고, 소수자들의 입장은 어떠한 관심도 받지 못한다. 그러므로 '위안부'나 기지촌 여성의 가장 큰 비극은 한국인들이 자신의 딸이나 아내를 강제로 팔아넘겼다는 사실이다. 미군계 혼혈인의 탄생은 외국의 침략에 의한 한국인의 고통에 대한 비극적 증거다. 다수의 남한 사람들이 해외입양으로 자녀와 헤어져야 했기 때문에 가장 큰 고통을 받았다. 이 세 경우 모두에서, 한국인이 어떻게 한국인을 배반했는가에 대해서는 언급되지 않았다. 기지촌 여성, 미군계 혼혈인, 해외입양아의 관점은 고려되지 않는다.

정체성은 기지촌 여성을 소외시키고 미군계 혼혈인에 대한 적대감을 고조시키는 메커니즘이다. 공통의 정체성은 남한 사람이 다른 남한 사람의 신체적 '텍스트'를 해석하는 '언어'라고 할 수 있다. 위에서 지적했듯 이런 해석은 오직 주류의 관점만을 반영할 뿐이다. 그 결과, 공유된 정체성이라는 가상의 친밀함을 통해 남한 사회는 기지촌 여성에게 '양갈보(yankee whore)', '양신부(yankee bride)', '양공주(yankee princess)', '양부인(Western whore)' 등의 꼬리표를 붙인다. 공유된 정체성은 남한 사람들에게 미군 성매매 여성의 경험에 대한 가상의 접근과 통찰을 공유하도록 한다. 기지촌 여성의 경우, 공유된 정체성은 비가시화를 촉진시킨다.

혼혈인의 경우, 남한 사람들은 외모의 차이 때문에 자신과 그들이 같은 정체성을 가졌다는 점을 인식하지 못한다. 남한 사람들은 혼혈인의 신체적 텍스트나 경험을 해석할 언어를 갖고 있지 않다. 따라서 다수의 남한 사람들은 불평등과 폭력의 상징물인 혼혈인을 만났을 때 대처할 방어기제가 없는 셈이다. 게다가 혼혈인은 외모는 달라도 언어와 행동은 분명한 남한 사람이라는 사실이 단일민족의 개념과 모순되기 때문에, 남한 사람들의 정체성에 대한 위협으로 작용한다.

결과적으로 다수의 남한 사람들은 안정감을 되찾기 위해 미군계 혼혈인을 억압하려 한다. 혼혈인들은 비하발언과 농담으로 혼혈인에 대한 우위를 주장하는 일들을 매일같이 겪어야 한다. 때로는 정당한 이유 없는 폭력이나 말싸움으로 우위를 차지하려는 일이 빚어지기도 한다. 심지어 "당신은 진정한 한국인입니다"와 같이 겉으로는 관대해 보이는 말조차 '진정한' 남한 사람을 결정하는 한국인성(Koreaness)을 판단할 권위가 자신들에게 있음을 드러내는 것이다.

미군계 혼혈인들은 남한의 피해자 정체성에 본질적인 위협이 된다. 남한 사람들이 미군계 혼혈인과의 관계에서 피해자가 아니라면 곧 가해자가 될 가능성이 있다는 의미이다. 남한 사람들이 혼혈인에게 가해자일 가능성이 있다면, 부인되거나 비가시화된 다른 상황에서도 가해자일 수 있었다는 말이 된다. 결국 미군계 혼혈인들은 남한의 개인과 사회 전체의 정체성에 위협을 가한다.

3) 인종차별

주한미군은 '해방'이라는 미명하에 남한에 왔지만, 그들의 행위는 '정복'에 더 가까웠다. 남한 상륙 이후 미군 지도자였던 하지 장군은 "남한은 미국의 적이며 그에 맞는 대우를 해야 한다"고 말했다.[23] 1946년 10월 대구항쟁 당시, 마크 게인(Mark Gayn) 기자는 주한미군의 언행 불일치에 대해 다음과 같이 말했다.

> 해방을 위해 남한을 찾은 우리 미군은 군중에게 총포를 쏘고 집단체포를 감행하며, 용의자 수색을 위해 산림을 뒤지고, 한국의 우익단체와

경찰력을 동원해 집단폭행을 가했다.[24]

미국은 남한의 대리인을 통해 남한을 지배했다. 미국과 그 대리인들은 민주주의체제를 폐지하고 친일파를 복권시켰으며[25] 노동조합을 불법화했다. 또한 히틀러 유겐트를 참고로[26] 우익단체에 자금을 지원하고[27] 좌익 용의자를 체포·고문했으며 우파와[28] 중도파[29] 및 좌파 지도자를 암살하는 등, 철권통치로 남한을 다스렸다. 모순적이게도 미국은 이런 야만적인 행위를 남한 사람들 탓으로 돌렸다. 남한의 대리인들에 의해 만연했던 고문에 대해, 한 미국인 관계자는 "동양인들은 백인들이 역겨워할 만한 야만적인 행위에 익숙하다"고 말했다.[30]

한국전쟁이 시작되자 백인 우월주의적 태도는 더 분명해졌다. 미군은 난민을 공격하고 난민들이 건너고 있는 교량을 폭파했으며 민간인에게 무차별적인 네이팜 폭격을 가했다.[31] 미국인 기자단 내에서조차 한국인에 대한 살인이 일종의 '스포츠'가 되었다.

> 대부분의 종군기자들은 무기를 소지했으며, 한국인을 살인하는 게 소원인 것처럼 보일 정도였다. 많은 기자들이 무기를 손에 들고 "오늘은 한국인을 하나 죽일 거야"라고 말했다.[32]

미국과 동맹군들은 민간인에 대한 의도적인 공격을 부인하면서 "미개한 보통의 한국인은 현대 전쟁도구로는 대규모 파괴가 불가피하다는 점을 이해하기 어려울 것"이라고 덧붙였다.[33]

전쟁의 폐허 속에서 미국은 "미군부대를 중심으로 남한 경제 재건을 도왔다." 나디아 킴은"한국전쟁 직전 및 전쟁 중에 아버지는 미군부대

식당 밖에서 다른 한국인들과 함께 부대에서 일자리를 달라고 요구하거나 GI들이 버리는 뼈다귀, 지방, 스팸 등을 주워다가 가족들과 함께 먹기 위해 기다리곤 했다"고 한다.[34]

기지촌은 미군의 휴양 및 휴가공간이 되었다. 미국식 식당, 주점, 점포가 들어서고 성매매, 마약, 범죄가 성행했다. 미군은 1948년 법적 인종분리를 폐지했으나 사회적 인종분리는 지속되었다. 주점, 식당, 점포 등은 미국식으로 지어졌고, 미군에게 인종차별적 서비스를 제공했다.[35]

경제적·정치적 권력 차이 때문에 남한인은 미군의 인종분리에 도덕적인 문제를 제기하거나 비판할 수 없었다. 미군은 백인 우월주의와 '인종적/사업적 논리'에 따라 인종분리를 유지해야 한다는 전제하에 점포, 주점, 식당 등을 지었다. 기지촌 내 남한인 사업가들은 생존전략의 일환으로 미군의 인종차별 문화를 따르고 관련 가치를 내면화했다.

하지만 미군 인종주의의 내면화는 백인 우월주의의 내면화를 의미했다. 백인 우월주의는 한국인을 흑인과 같은 수준으로 폄하했다. 남한 사람들은 권력이 없고 빈곤했으며, 미군 통치의 불공정한 성격상 남한 사람은 백인 우월주의의 위계에 도전할 수 없었다. 그리고 백인에 대한 열등감을 보상받기 위해 기지촌 내 남한 사람들은 흑인을 무시하게 되었다.

남한 사람들은 흑인을 차별함으로써 남한에서 가장 힘 있는 권력집단인 백인 미국인과 자신을 동일시했다. 기지촌 내에서 일하던 남한인들에게서 흑인을 멸시하는 태도는 명백했다. 백인 대상 점포 주인들은 흑인 대상 점포 주인에게 우월감을 느꼈고, 성매매 여성들도 마찬가지였다. "대부분 기지촌 성매매 여성에게 흑인에 대한 차별은 얼마 남지 않은 선택의 자유와 존엄성을 보전하는 방법이었다."[36]

백인 우월주의와 단일민족 정신이 결합되어 인종차별이 정당화되었다. 남한 사람은 백인과 동등하지는 않지만, 순수한 혈통이 있으므로 다른 유색인보다 상위계층에 있다는 것이었다. 대부분의 미군들이 기지촌 안에 분리되어 있었으므로 남한 사람들은 인종차별 문제를 크게 인식할 수 없었다. 다시 말해 남한 사람들은 백인 우월주의의 피해자로서 백인 우월주의적 태도를 내면화하고 있었으면서도 남한을 인종차별로부터 자유로운 '안전지대'로 상상했던 것이다.

하지만 미군계 혼혈인은 이 논리와 모순된다. 백인 우월주의의 결함 있는 논리에 따르자면, 백인계 혼혈인은 남한인보다 상위계층이다. 이 모순은 단일민족 개념을 통해 어느 정도 완화될 수 있지만, 나머지 혼혈인은 남한 사회에서 받아들일 수 없을 만큼 지나치게 많은 모순을 내포하고 있다. 이들은 비민주적인 권위주의 정권의 설립과도 직결되어 있고, 미군의 압제와 남한에 대한 배반의 상징이며, 이들의 존재에 의해 남한의 민주주의와 정체성이 의심을 받게 된다. 이들은 또한 미군에 의한 인종 억압의 상징이기도 하다. 미군에게 거세게 저항할 권력이 없었던 남한 사람들은 인종 억압에 대한 분노를 혼혈인에게 돌리게 되었다. 결국 혼혈인의 비참한 상황은 미군의 인종 억압에 대한 반감의 표출 대상이 잘못 설정되었음을 보여준다.

3. 결론을 대신하여

헬렌 조페의 저서 *Risk and the Other*에 의하면, 인간은 새로운 위험을 심리적으로 통제하기 위해 본능적으로 내집단(ingroup)과 외집단

(outgroup)을 구별한다. 내집단, 즉 '우리'라는 집단은 친근하고 우호적인 것으로 구성되고 외집단, 즉 '타자'라는 집단은 위협이 되는 모든 것들을 포함한다. 일상생활이 평범하게 이어지면서도 위협에 대한 인식이 높아지는 시기에 '타자화'가 규칙적으로 발생한다. 조페는 후천성 면역결핍증(AIDS) 발생 당시 미국의 매체들이 히스테리를 유발하자 그 결과 흑인과 동성애자가 타자화됐음을 지적한다. 조페에 의하면 개인들은 평범한 일상과 계속되는 위험에 대한 뉴스 사이에서 모순을 느낀다. 결국 이에 대응하여 '타자'에게 이 위험을 투영함으로써 모순을 해결하려고 한다.

조페의 패러다임이 남한의 상황을 완벽히 설명할 수는 없지만, 일정 정도 남한 사회에서 일어나는 독특한 '타자화'를 이해할 수 있게 해준다. 한국인은 신체적 차이가 있는 타자에 의해 실제적 위기를 겪었다. 미군은 한국인에게 엄청난 잔학행위를 자행했으며 그들은 문화적·언어적·신체적으로 남한 사람들과 차이가 있었다. 독재정권의 억압으로 인해 남한 사람들은 남한 사회에 대한 외부의 위협을 인식하지 못했다. 하지만 남한 사회에서 '타자화' 메커니즘이 사라진 것은 아니다. 오히려 '타자화'는 부인 또는 비가시화 등의 과정으로 전환되었다. 신체적 차이가 있는 미국인들은 존중을 받은 반면, 신체적으로 유사한 이북인, 사회주의자, 민주주의운동가, 노동운동가, 기지촌 여성 등은 '타자화'되었다. 이렇게 사회적 타자가 된 내부인들은 미군계 혼혈인만큼은 아니지만 사회적 지탄의 대상이 되었다.

문화적·언어적으로 동질한 사람들 사이에서 '타자'를 찾는 것은 어려운 일이다. 하지만 미군계 혼혈인들은 신체적 차이가 있으므로 타자화하기가 더 쉬웠다. 게다가 미군에게 적극적으로 저항할 권력이 없던 남한 사람들에게, 혼혈인은 반미 감정을 쉽게 드러낼 수 있는 대상이 되었다. 혼혈인에 대한 조롱, 폭력, 차별 등에는 보복의 두려움이 따르지 않았기 때문이다.

개인의 차원에서 볼 때, 남한의 왜곡된 타자화 과정은 아주 병적이다. 자신에 대한 가해자를 수용하고 친근한 사람을 타자화하는 과정은 '스톡홀름증후군'이라고 불린다. 향후 연구에서는 한미관계와 스톡홀름증후군을 비교할 것이다.

미군계 혼혈인들은 남한 내전의 심각한 피해자이다. 이미 줄어들고 있는 미군계 혼혈인이 완전히 자취를 감추기 전에 다음 연구를 통해서 남한 내 미군계 혼혈인 실태를 UN '대량학살 범죄의 처벌과 방지를 위한 협약'에 비추어보아야 한다.

누가 역사를 부인하는가
—5·18 과거청산 부인의 논리와 양상*

김보경 _ 성공회대학교 NGO대학원, 비정부기구학

1. 들어가며

최근 논란이 되고 있는 일베의 5·18 민주화운동 폄훼 발언은 한국 사회에서 유럽의 홀로코스트 부인과 같은 과거청산에 대한 부인 문화가 형성되어 있음을 의미한다. 5·18 민주화운동은 전두환 세력의 잔인성, 폭력성, 반민중성을 여실히 드러낸 민중항쟁으로, 전두환이 집권한 뒤에도 정권의 존립기반을 위협한 사건이었다. 그리고 진상규명, 가해자 처벌, 피해자 명예회복 및 배상, 국가 기념일 제정과 기념재단 설립 등 과거청산의 원칙들이 실현된 한국 사회 과거청산의 대표적인 사례이다. 그러나 발포 책임자, 명령계통과 지휘체계의 이원화 배경, 미국의 역할 등 핵심적인 사안들이 진상규명되지 못했고, 사건의 최고 책임자인 전두환, 노태우가 사면되는 등 사회정의를 세우는 과정으로는 이어지지 못한 한계가 있다. 이러한 한계는 우리사회에서 5·18 민주화운동에 대한 부인의 토대로 작용하고 있으며, 과거청산 작업이 단순히 사건과 가해행위에 대한 처벌적 차원을 넘어 국가폭력이 가능한 사회구조에 대한 통찰과 개혁으로 이어져야 함을 보여준다. 이 글은 우리 사회에서 발생하고 있는 5·18 민주화운동에 대한 부인내용과 과거청산 부인의 사회심리학적 기제, 과거청산 부인구조와 부인의 원인을 분석하고, 이러한 과거청산 부인이 피해자의 사회적 고통과 트라우마에 어떤 영향을 미치고 있는지 살펴보고자 한다.

가해자의 부인내용은 1988년 13대 국회 광주청문회 회의록, 1995년 이후 5·18 수사기록을 분석했고, 과거청산 이후의 부인구조는 〈역사학도의 시사토론 글방〉, 〈지만원의 시스템클럽〉, 〈조갑제닷컴〉, 『한국논단』, 〈올인코리아〉 등의 매체를 조사하고, 지만원·자유북한군인연합 등이 저술한 문헌을 분석하여 연구했다. 분석대상 기간은 전두환·노태우 등 신군부 구속 이듬해인 1996년 1월 1일부터 2011년 12월 31일까지이다.

부인의 분석틀은 스탠리 코언이 제시한 문자적·해석적·함축적 부인을 기본구조로 하고 그 하위에 보다 세분화된 부인기법을 분류·정리하여 이를 5·18 민주화운동에 대한 부인에 적용했다.[1] '문자적 부인'은 가장 단순한 부인방법으로 사실관계 자체를 부정하는 것이다. 방관자, 피해자, 증인, 언론인, 인권감시단을 반박하는 것도 은연중에 문자적 부인의 효과를 낳는다. '해석적 부인'은 사실관계가 밝혀져 부인이 어려워질 경우, 기본 사실은 인정하되 거기에 적용되는 해석을 달리하여 사건을 새로운 범주에 포함시키는 것이다. 해석적 부인에는 잔인한 행위에 중립적 지위를 부여하고 현실을 가리며 무해해 보이도록 하는 '완곡어법의 사용', 공인된 인권 담론에서 도출된 법률용어를 사용하여 변명하는 '법형식주의', 위계질서상의 부인·순응·필요성·분할로 구분되는 '책임의 부인',[2] '예외적 사건의 주장'이 있다. '함축적 부인'은 사건의 존재는 인정하지만 이를 정당화·합리화 하는 것으로 정의의 주장, 필요성, 피해자 존재의 부인, 손해의 부인, 맥락화, 유리한 방식으로의 비교가 있다.[3] 이 내용을 정리하면 [그림 1]과 같다.

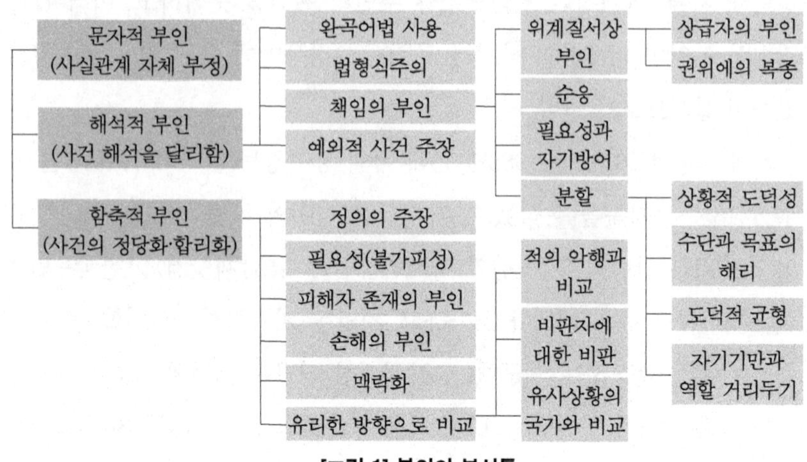

[그림 1] 부인의 분석틀

수구세력의 정체성 투쟁은 악셀 호네트의 사회적 인정관계구조를 토대로 접근했다. 악셀 호네트는 사회적 인정형태를 원초적 관계, 권리관계, 가치공동체로 구분하고 이에 대응하는 무시의 형태를 각각 학대 및 폭행, 권리부정 및 제외, 존엄성 부정 및 모욕으로 제시했다. 그리고 주체는 사회적 인정을 통해 자기믿음, 자기존중, 자기가치부여라는 실천적 자기관계에 도달함으로써 정체성을 형성하게 된다.[4] 이 중 한국 수구세력의 정체성 투쟁과 관련된 무시 및 인정형태, 실천적 자기관계는 존엄성 부정과 가치공동체, 자기가치부여이다. 즉, 수구세력은 자신들의 역사적 성과와 도덕성, 가치관이 김대중-노무현 정부의 국정운영 및 과거청산을 통해 무시당했다고 판단하고 있으며, 이러한 굴욕감을 극복하고 긍정적인 자기관계에 도달하기 위해 인정투쟁을 벌이고 있는 것이다. 이 글에서는 과거청산 부인의 원인을 분석하기 위해 한국의 보수·수구 세력의 정체성이 무엇이고, 과거청산이 본격화된 김대중-노무현 정부를 거치면서 이러한 정체성이 어떻게 해체되었으며, 해체되는 정체성을 회복하기 위해 수구세력이 어떤 노력을 했는지 고찰해볼 것이다.

인정방식	사회적 가치부여
인정형태	가치공동체
실천적 자기관계	집단적 자부심 또는 자기가치부여
무시의 형태	사회적 가치 부정, 존엄성 부정, 모욕

⇨

무시형태	수구세력의 도덕성, 가치관 및 역사적 성과의 정당성 부정
인정투쟁	5·18 민주화운동 과거청산 부인
인정형태	성장을 위한 반공공동체

[그림 2] 과거청산 부인을 통한 인정투쟁의 구조

2. 5·18 민주화운동 과거청산 과정에서의 가해자 부인

5·18 민주화운동 과거청산 과정에서 가해자들이 부인한 내용은 5·17 비상계엄 확대와 관련해 주로 비상계엄 확대조치가 포함되어 있는 시국수습방안 수립 참여 및 공유, 비상계엄의 확대 이유, 비상계엄 확대 과정에서 중요한 의미를 지닌 신군부 주도하 전군주요지휘관회의 개최, 국무회의 장소인 중앙청 병력배치에 대한 사항이고, 5·18 민주화운동과 관련해서는 5·18 민주화운동의 발생 이유, 충정훈련의 책임 소재, 계엄군의 이동 관련 신군부 내 협의, 계엄군의 과잉진압, 지휘권 이원화, 계엄군 실탄지급 경위, 계엄군의 발포명령 및 그 경위, 양민학살 및 상무

충정작전 경위, 광주학살의 희생자 규모와 관련한 것이다. 이들의 부인 내용은 진술의 회피, 문자적 부인, 그리고 해석적 부인기법인 책임의 부인, 완곡어법 및 법형식주의, 함축적 부인기법인 안보의 필요성, 피해자 존재 부인이라고 할 수 있다.

1) 진술의 회피

진술의 회피는 질문에 대해 '기억나지 않는다', '잘 모른다'고 답하는 것으로, 인권침해 사건이 발생하고 오랜 시간이 지난 뒤에 과거청산을 시도하는 경우, 예민한 질문에 대한 답변을 회피하기 위해 가해자들이 가장 많이 사용하는 방법이다. 또한 노태우, 이학봉과 같이 공식적인 역할이 인권침해 사건과 직접적인 연관이 없을 때도 이렇게 진술을 회피한다.

> [5월 초 전두환이 권정달 정보처장에게 시국수습방안을 수립하도록 지시했나.] 기억나지 않습니다. [피의자와 정호용, 유학성, 황영시, 차규헌 등 신군부 세력이 전두환으로부터 시국수습방안을 듣고 지지하기로 결의했나.] 기억이 없습니다.[5]

2) 문자적 부인

진술의 회피와 함께 가장 많이 사용되는 부인은 문자적 부인이다. 5·18 민주화운동의 가해자들은 5월 17일 국무회의장 병력배치, 비상계엄 확대 이전 계엄군의 이동, 전남도청 앞 집단발포가 이미 알려진 사건들이기 때문에 사건의 발생 자체는 인정하는 모습을 보였다. 대신 전두환·노태우·정호용 등 신군부가 시국수습방안을 수립하고 전군주요지휘관회의, 국무회의장 병력배치, 계엄군 병력이동, 광주에서의 과잉진압 및 집단발포, 상무충정작전에 개입했는지에 대해서는 문자적 부인을 했다. 이는 그들이 광주학살에 대해 책임이 있다는 것을 회피하기 위해 사실관계를 부인하는 것이다.

> [5월 초경 전두환이 보안사 핵심 참모에게 군이 전면에 나서 정국을 장악할 수 있는 방안 검토 지시를 했나] 그런 것을 지시한 사실은 없습니다.[6]

> [국무회의장 주변에 무장병력을 배치, 국무위원들을 위협해 비상계엄 확대 선포안에 대한 의결을 강제하기로 모의한] 그런 사실이 없습니다. [무장병력 배치와 관련] 전두환 사령관과 상의한 사실은 없고, 수경사령관이 일반적인 경호, 경비 차원에서 지시한 것입니다.[7]

> 전두환 당시 중앙정보부장서리 겸 보안사령관은 광주사태 기간 중 출동 계엄군에 대한 작전지휘를 한 바도 없고 발포명령을 내린 사실도 없었음. 자위권 보유 천명은 계엄사령관의 조치사항이며 자위권 발동 문제에 전두환 당시 중앙정보부장서리 겸 보안사령관이 관여하거나 협의를 받은 사실이 없음. 보안사령부는 5월 20일 자위권 발동사태, 5월 21일 자위권 발동사태에 대하여 보고를 받거나 상황을 인지한 사실이 없음.[8]

이와 함께 주로 광주에 투입된 지휘관들은 과잉진압 보고, 발포 건의·명령·보고, 실탄수령·지급과 같이 폭력 및 학살이 진행된 과정, 그리고 총검 사용 및 헬기 난사 등 일부 구체적인 가혹행위에 대해서 문자적 부인을 했다. 이처럼 문자적 부인은 사건 자체 또는 사건에 대한 개입 여부를 부인하기 위해 주로 사용된다.

[5월 18일 학생 체포나 귀가시키는 과정에서 구타, 가혹행위 사례는] 확인은 했는데 그런 사실이 없었습니다. 제가 보고받은 것은 없는 것으로 보고를 받았습니다.[9)]

상급 부대로부터 사격을 하라는 명령을 받은 바 없으며, 여단장에게 발포 승인요청을 하지도 않았음.[10)] 또한 사후보고 역시 한 일이 없음.[11)]

3) 해석적 부인: 책임의 부인

문자적 부인 다음으로 빈번히 사용된 부인방법은 해석적 부인의 하나인 책임의 부인이다. 이것은 주로 하나의 사건에 여러 이해관계자들이 개입되어 있을 때 사용되며, 주로 조직 내 행위주체의 위치에 의거하여 책임을 부인하는 경향이 강하다. 첫 번째는 위계서열의 하부에 위치한 가해자들이 상부 권위에 복종하는 것이다. 이는 상부의 정책적 결정에 따라 업무를 처리하는 것으로, 11여단장 최웅은 자신이 현장지휘관, 야전지휘관이기 때문에 명령에 따라 움직였을 뿐이라고 말했다.

[전두환 그룹이 정권을 잡기 위해서 불법적으로 포고령을 발동한 것이라는데] 아 그러니까 그것은 그쪽이고 저는 그 현장에 나갔던 현장지휘관입니다. 야전지휘관이고 하니까 저는 명령에 움직이는 것에 불과합니다.[12)]

두 번째는 위계서열의 상부에 위치한 가해자들이 명령하달을 부인하고 하부의 주도적인 업무처리 등을 주장하는 것으로, 이는 자신의 책임을 부인하고 하급자의 책임을 강조하는 것이다. 수도경비사령관 노태우는 국무회의장 병력배치와 관련하여 기본적인 명령하달은 인정하지만 공무원 감금, 전화선 절단 등 구체적 지시는 하지 않았다고 부인했다. 충정훈련에 대해서 주영복은 국방부장관으로서 자신이 직접 명령하는 위치가 아니라고 했으며, 계엄사령관 이희성은 충정훈련 강화명령을 하달한 기억이 없다고 명령하달 자체를 부정했다. 이희성은 계엄사의 지휘권 일원화 명령하달에 대해서도 자신은 지시를 하지 않았고 육군 작전참모부장이 그런 지시를 내려 보낸 것으로 안다고 책임을 부인했고, 집단발포의 자세한 경위 역시 조그마한 말단부대의 사건이므로 자신은 모른다고 진술했다. 최웅도 상부의 발포명령은 없었고 현장 간부들에 의해 발포가 이루어졌다고 책임을 부인했다.

> [5월 17일 17시경 340여 명의 병력을 출동시켜 광화문 앞에 전차 4대와 장갑차 배치, 중앙청을 에워싸고, 250여 명의 헌병을 출동시켜 중앙청 현관에서 국무회의장 입구까지, 2층 올라가는 계단에 배치시켰으며 공무원들을 5층에 있는 방에 감금하고, 전화선을 절단한 것에 대해] 제가 수경사령관으로서 중앙청 경호 경비를 지시한 것은 사실이나, 구체적인 내용까지 지시한 사실은 없습니다. [중앙청 전화선 절단 관련] 저는 그런 지시를 할 이유도 없고, 지시한 사실도 없습니다.[13)]

> [계엄사에서 광주에 투입된 부대에 지휘체계를 일원화하라는 지시를 하달한 것에 대하여] 육본 작전참모부장 김재명 소장이 그런 지시를 내

려 보낸 것으로 알고 있는데, 당시 광주에 소속이 다른 여러 부대가 출동해 있어 노파심에서 그와 같이 지시를 한 것으로 짐작합니다.[14)]

[어느 부대가 언제 어디에서 발포를 했는가] 그와 같은 세부사항은 제가 파악할 수 없는 조그만 말단부대의 사건입니다. 그렇기 때문에 제가 언제 제일 먼저 발포가 있었다 하는 것도 그 당시도 모르고 있었습니다.[15)]

4) 해석적 부인: 행위의 실체를 은폐하는 완곡어법, 법형식주의

행위의 실체 또는 잔혹성을 은폐하기 위해 완곡어법도 자주 사용되었다. 5·18 민주화운동 초기 과잉진압에 대해 권승만·김일옥 등 현장 지휘관은 "교육", "심한 몸싸움"이라고 표현하여 잔혹성을 은폐하는 완곡어법을 구사했다.

버스에서 야유와 소리를 질러 보초를 서던 초병이 몇 명을 끌어내 몇 대 때리고 무릎 꿇게 하여 지역대장이 교육을 시켜 돌려보냈다는 말을 들었습니다.[16)]

연행 과정에서 좀 다소 심한 몸싸움이 있었다 할지언정 그것을 과잉진압이라고 저는 절대 생각하지를 않습니다.[17)]

법형식주의 역시 행위의 실체를 은폐하기 위해 법률용어를 사용한다는 점에서 완곡어법과 비슷하다. 대표적인 사례는 5·18 민주화운동 당시 이희성이 자위권 보유를 천명하고 집단발포를 자위권의 발동이라고 부인한 것이다. 이희성을 비롯하여 신군부 핵심들은 자위권을 병사들의 정당방위라고 설명하면서 내란목적 살인에 대한 자신들의 명령책임을 은폐했으며, 그 결과 발포 책임자는 여전히 밝혀지지 않았다.

> 자위권은 군대에서 실시하는 하나의 정당방위권과 같은 것입니다. 그래서 우리 국민이 정당방위권을 행사하는데 누구의 지시를 받고 명령을 받고 합니까? [5월 21일 집단발포에 대한 상부지시가 있었는지] 저는 광주에 있었던 대부분의 사격행위는 자위권 범위 내라고 생각합니다.[18]

5) 함축적 부인: 안보의 필요성, 피해자 존재의 부인

안보의 필요성은 자신의 행위를 정당화하는 함축적 부인의 대표적 방법이다. 한국의 국가폭력은 거의 대부분 안보를 명분으로 이루어졌으며, 5·18 민주화운동의 경우에도 광주학살의 책임자인 신군부 세력은 5·17 비상계엄 확대가 북괴의 남침위협에 대응하기 위한 것이었다고 주장했다. 이러한 안보의 필요성은 반북, 반공 이데올로기를 토대로 한 것인데, 두 적대적인 체제가 남북으로 대치하고 있는 상황에서 북한 공산세력이 사회혼란을 틈타 남침할 수 있다는 것은 상당히 효과적인 설득논리였다.

> 북한이 대남 간첩 지령을 통하여 (…) 시위 군중이 폭도로 변질되도록 점화 기폭조를 잠입시키라고 남한 내 간첩들에게 지시하고, 재야 세력 중 중요인사를 암살함으로써 국민의 우발적 반감을 일으켜 대대적인 민중봉기의 계기를 조성하라고 조총련에 지령을 내렸다.[19]

당시의 혼란한 국내 상황, 수차례에 걸친 간첩 침투기도 등 북한의 남침위협 징후가 있었던 것은 사실이라고 생각하며 (…).[20]

국가적인 위기를 구하기 위해서 [비상계엄을 확대하였다.][21]

5·18 민주화운동 과거청산에 대한 함축적 부인 중 많은 비중을 차지하는 것으로 피해자 존재의 부인이 있다. 이것은 피해자가 사실상의 가해자였고, 가해자의 행위는 피해자의 급박한 공격을 막기 위한 불가피한 조치였다는 것이다. 이런 논리는 5·17 비상계엄 확대의 이유를 설명하는 허화평의 진술에서 확인된다. 허화평은 학생, 재야, 정치권 등이 최규하 정권을 접수하겠다고 덤비는 바람에 사회혼란이 초래되었고 이 혼란을 수습하기 위해 비상계엄의 확대가 필요했다고 말했다. 또한 계엄군 및 신군부 세력은 5·18 민주화운동 발생원인 역시 광주시민의 투석전 등 폭동행위와 광주시민이 유포한 유언비어에 있다고 주장했다. 과잉진압은 광주시민들이 포고령을 어기고 경찰행위를 하는 군대를 먼저 공격하여 계엄군이 흥분하는 바람에 발생한 것이고, 전남도청 앞 집단발포 역시 공수부대를 향해 진격하는 버스와 장갑차, 그리고 시위대의 사격에 대한 자위권 발동이었다고 이들은 주장했다. 이러한 피해자 존재의 부인은 국가폭력 사건에서 언제나 나타날 수 있는데, 대립과 충돌의 과정에서 국가권력을 소유하고 인권을 침해하는 가해자들은 대립하는 상대방의 폭력을 저지하는 과정에서 정당하게 공권력을 집행했다고 주장할 수 있는 것이다.

결국 광주시민들이 한계를 넘어 무리하게 저항한 것이 원인이라고 생각합니다. 엄밀히 말하면 공권력과 폭도의 대결이었지요. 광주사태는 엄연히 폭동입니다. 광주사태는 조직적인 선동과 정치적인 상황 등이 복잡하게 얽혀 죽기 아니면 살기로 나오는 바람에 공권력이 마비될 지경의 폭동으로 비화된 것입니다. 그 이면에는 김대중 씨가 상당한 역할을 했던 것이 사실입니다.[22)]

시위대 장갑차와 5톤 트럭이 계엄군 쪽을 향해 돌진해 들어왔습니다. 다행히 장갑차 1대만 빠른 속력으로 도망가는 계엄군을 향해 돌진하여 계엄군 1명이 깔려 죽었습니다. 시위대 장갑차가 돌진해 들어옴과 동시에 시위대 쪽에서 총소리가 연발로 났습니다. (…) 순전히 급박한 상황에서 부대원들이 조건반사적인 사격, 그러니까 돌진하는 시위대의 차량에 압사당할지도 모른다는 심한 공포감으로 인해 실탄을 삽입하여 발사한 것이 아닌가하고 생각합니다.[23)]

지금까지 5·18 민주화운동 과거청산 당시 가해자들의 핵심적인 다섯 가지 부인방법을 살펴보았는데, 이들은 모든 국가폭력 사건에 동일한 비중과 방식으로 적용되지는 않을 것이다. 국가폭력의 유형이나 부인방법의 종류가 매우 다양하여 상황에 맞는 다른 부인방법들이 이용될 수 있기 때문이다. 그러나 5·18 민주화운동은 한국의 가장 대표적인 인권침해 사건이고, 사건 전개 과정에서 보안사, 군대, 검찰, 경찰 등 수많은 권력기관이 동원되어 준비·실행되었으며, 가해자들의 신분이 대통령, 장관, 군 사령관에서부터 말단군인들까지 폭넓게 망라되었다는 점에서 가해자들의 부인논리는 다른 어떤 인권침해 사건 못지않게 치밀하다고 할 수 있다. 따라서 이런 부인기법들은 국가폭력과 인권침해를 은폐하기 위해 향후에도 보편적으로 활용될 수 있다는 점에 주목해야 한다.

3. 5·18 민주화운동 과거청산 이후 가해자 측 지지자의 부인구조

1) 부인의 내용과 사회심리학적 기법

지지자들의 과거청산 부인에서 가장 핵심적인 것은 문자적 부인이다. '5·18 광주에 북한군 특수부대가 내려와 개입했다'는 주장과 5·18의 쟁점과 관련된 사실관계 부정은 부인주체들이 생산하는 주요한 내용이고, 이 내용을 토대로 부인논리가 재생산되고 확산되었다. 함축적 부인으로는 사건 발생의 불가피성과 가해자들의 업적을 강조하여 인권침해를 정당화 하는 것, 피해자들의 북한 연관성 및 폭력성을 강조하는 '피해자 존재의 부인', 비판자인 김영삼, 권정달, 5·18 판검사들을 비판하는 '비판자에 대한 비판', 해석적 부인의 경우 5·18 특별법과 '광주민주화운동' 담론 부정 등 '법형식주의'로 나타나는데, 이를 정리해보면 다음과 같다.

(1) 5·18 역사바로세우기 재판 비판 및 전두환 변론 : 함축적 부인과 해석적 부인

5·18 민주화운동 과거청산에 대해 가해자 측 지지자들은 5·18 역사바로세우기 재판이 김영삼의 정치적 동기로 시작되었고, 재판에 결정적인 증거가 된 권정달의 증언은 동료들을 배신한 것이며, 5·18 판검사들이 당시 북한의 대규모 도발 가능성이 있었다는 CIA 보고서를 무시하고

수사 및 판결을 내렸다고 비판자에 대한 비판을 했고, 전두환·노태우 두 전직 대통령이 경제성장, 북방정책 등 청산 불가능한 업적을 쌓았다고 정당화하는 함축적 부인을 했다. 또한 역사바로세우기 재판이 일사부재리 원칙에 위배되고, 공소시효를 연장 소급적용하여 헌법을 위반했다고 법형식주의적인 해석적 부인을 했다.

> 검찰이 1994년 11월에 12·12 사건에 대해서 기소유예처분을 내리고 1995년 5월에 5·18 사건에 대해 '공소권 없음' 결정을 했을 때에는 김영삼이 이를 묵인했다가, 이후 자신이 노태우 비자금을 받았다는 의혹이 제기되자 이를 차단하고자 5·18 특별법 제정 및 관련자 처벌을 지시한 것임.[24)]

> 5·18 수사와 재판은 일사부재리의 원칙에 위배됨. 이미 1980년에 정승화와 5·18 광주 사건에 대한 판결이 있었기 때문에, 여기에 대한 재심 없이 다시 5·18 재판을 하는 것은 헌법에 위배됨.[25)]

> 김영삼 정부가 15년 공소시효가 지난 사건을 특별법을 제정하여 공소시효를 연장 소급적용하였으며 이것은 위헌임.[26)]

(2) 5·18 민주화운동의 주요 쟁점에 대한 왜곡 : 문자적 부인과 함축적 부인

'역사학도'는 문자적 부인과 함축적 부인을 사용하여 5·18 민주화운동의 주요 쟁점들에 대해 왜곡된 결론을 제시했다. 그는 우선 5·18의 원인이 윤상원의 폭동, 한민전의 선동, 각종 유언비어라고 함축적 부인을 했다. 이것은 광주학살의 피해자인 광주시민들을 북한과 연계된 폭도로 규정하는 '피해자 존재의 부인' 기법이다. 이 과정에서 나주경찰서 무기 탈취 시기, 윤상원의 유언비어 제조 등 사실관계를 왜곡하는 '문자적 부인'이 같이 사용되었다. 공수부대의 과잉진압과 관련해서는 공수부대원들이 시위대를 맨손으로 해산시켰다는 등 과잉진압 자체를 부정하는 문자적 부인을 했다. '역사학도'는 5월 21일 계엄군의 도청 앞 집단발포 시 시민군이 먼저 발포했는지에 대해서도 안부웅 공수부대 61대대장의 검찰 피의자 신문조서 중 일부만 인용해서, 시민들이 카빈소총으로 먼저 계엄군에게 사격한 것처럼 문자적 부인을 했다. 이 주장은 나주경찰서 무기탈취 시기를 5월 21일 도청 앞 집단발포 이전인 5월 19일로 왜곡하는 것과 연관이 있다. 김동문과 '역사학도'는 나주경찰서 앞 5·18 사적지에 무기탈취 시기가 5월 21일 계엄군 발포 뒤라고 명시되어 있음에도 불구하고 이 사적비가 5월 19일에 무기고가 습격당했다는 증거라고 근거 없는 자의적인 해석을 했다. 한편 '역사학도'는 광주민주화운동 최초 사망자 역시 시민이 아니라 계엄군이라고 왜곡하고, 광주에 투입된 공수부대원 숫자가 200명이라고 축소하는 문자적 부인을 행했다.[27] 그는 이렇게 공수부대원 숫자를 축소함으로써 '압도적인 규모의 시민들이 사전에 탈취한 무기로 무장한 채 소수의 계엄군을 공격했다'는 것을 나타내고자 했는데, 이는 함축적 부인의 일환으로서 피해자가 실제로는 가해자라고 주장하는 '피해자 존재의 부인' 기법이다. 초기 시위대의 폭력성을 강조하기 위한 방법으로 '역사학도'는 최초의 사망자도 시민이 아닌 공수부대원이었다고 주장한다. 그러나 이 역시 사실관계를 왜곡하는 문자적 부인이다. 당시 가장 먼저 사망한 사람은 5월 18일 점심에 공수부대원에게 무차별 구타를 당하고 5월 19일 새벽 3시에 사망한 청각

장애인 김경철이며, 계엄군이 처음 사망한 날은 5월 20일이었다.[28)]

만약 그[윤상원]가 군부 쿠데타설이 유언비어였다는 것을 알았더라면 아마도 그는 결코 광주사태라는 어마어마한 산불을 발화하지 않았을 것이다. 당시 유언비어에는 네 가지 출처가 있었다. 하나는 서울대 운동권에서 날아온 전두환 쿠데타 유언비어요, 다른 하나는 윤상원이 광주시민들을 유혈폭동에 참여하게 하기 위하여 제조하였던 유언비어요, 다른 하나는 김대중의 전국적 민중봉기를 도우려던 자들이 퍼뜨린 유언비어요, 다른 하나는 남한에 1975년 4월 월남에 있었던 것과 똑같은 사회주의 혁명을 일으키라는 지령을 받은 남파 공작원들과 자생 간첩들이 퍼뜨린 유언비어였다.[29)]

정웅 31사단장이 5월 18일 17:40분에 공수부대에 폭동진압 명령을 내렸으며, 그 이전에는 7명의 공수부대 경비병들이 전남대 정문에 부동자세로 서 있기만 했음.[30)]

[1980년 5월 19일에 광주사태 최초로 무기고가 탈취된 곳이 나주 예비군 대대임. 그 앞에 세워진 5·18 민중항쟁] 사적비가 밝힌 무기고 탈취 시간대가 시민군이 진압군에 앞서 무장을 했음을 스스로 증명한 셈. [무기가] 탈취된 시간은 5월 19일 오후 1시~3시 사이이며, 무기고 피탈 시간대를 이틀 후인 21일 계엄군 발포로 시민학살이 되고 있어 무기를 든 것으로 기록해놓았다.[31)]

5·18 측의 문서에도 그날[5월 20일] 시민군의 수가 이십만 명을 넘는

다고 하였으니 실제로는 그 수가 훨씬 더 많았을 것이다. 이에 비해 여러 대학교와 형무소 및 주요 공공시설에 분산된 계엄군 수를 다 합하여도 이백 명이 안되었다. 아직 계엄군에는 공포탄조차 지급되지 않았으나 시민군은 전원이 실탄이 장착된 총으로 무장하고 있었다.[32)]

첫 사망자가 5월 19일 광주공원 앞에서 광주천변으로 떨어진 공수부대원으로서, '폭도'들이 돌로 머리를 찍어 으깨어 죽였음. 시민군 김현채와 최종북의 증언이 이를 입증함.[33)]

(3) **북한군 특수부대의 광주 침투: 문자적 부인과 함축적 부인**

자유북한군인연합, 지만원 등은 북한군 특수부대가 광주에 침투하여 사건에 개입했다고 주장하고 있다.

[자유북한군인연합 기자회견] 신천보구여단 300명을 포함하여 남파된 특수부대 인원 총 600명이 남포에서 출발하였다고 부분적으로 기록이 있으나 광주에 침투되었던 증인들의 자료에 따르면 신천복수여단 외 타 여단들에서 차출된 300명의 인원은 동해안의 루트를 이용했으며 함경남도 신포시 마양도 잠수함기지에서 출발한 것으로 확인되고 있다. (…) 1980년 5월 25일 부상 인원을 포함한 약 400명 정도의 남파되었던 인원들이 1차로 남포항으로 도착했고 나머지 인원 70여 명은 광주에서 죽은 40여 명의 시신에서 일부 부위만을 채취하여 중부전선인 강원도 철원군 상요리 일대의 전선을 넘어 귀대하였다.[34)]

이들의 주장은 북한군 특수부대의 광주 개입이라는 사실관계에 맞지 않는 주장을 한다는 점에서 문자적 부인이며, 5월 17일 비상계엄 확대와 계엄군의 과잉진압 및 살상행위를 안보적 위기를 극복하기 위한 것으로 정당화한다는 점에서 함축적 부인이다. 부인주체들은 북한군 특수부대 침입을 의심하게 하는 구체적인 의혹사항으로 신원미상 시체들의 정체, 카빈소총에 의한 사망자가 시민 총사자들의 70%를 차지한다는 점, 무장 시위대의 광주교도소 습격, 38개 무기고의 사전 파악, 시민군에서 주도적 역할을 한 윤기권의 월북, 복면부대의 정체를 제기했으나,[35] 이러한 주장 중 앞의 네 가지는 사실이 아니며, 뒤의 두 가지는 논리적인 비약이 있다.

자유북한군인연합은 주민등록법이 발달한 한국에서 5·18 사망자 중 일부의 신분이 밝혀지지 않았는데 이것은 사망자들 북한군이기 때문이라고 주장한다.[36] 그러나 5·18 당시 발생한 신원불상자 11명 중 6명은 2001년에 구묘역에서 신묘역으로 이장하는 과정에서 유전자 조사를 통해 신원이 밝혀져, 현재 5명만 신원불상의 상태에 있다.[37] 오히려 소수의 신원불상자는 임천용의 증언과 모순된다. 그의 증언에 의하면 130~300여 명이 북한으로 돌아가지 못했으며, 귀대한 북한군들은 광주에서 사망한 40여 명의 북한군 시신 일부를 채취했다고 한다. 이 주장이 맞는다면 광주에 투입되었다가 사망한 북한군 시신은 5명이 훨씬 넘을 텐데, 아직까지 그 시신들은 발견되지 않았다.

다음 의혹은 5·18 당시 총상으로 사망한 시민들의 약 70%가 시민들이 예비군 대대 무기고 등에서 탈취한 카빈, M1 등에 의해 죽었으며, 당시 계엄군이 사용하던 M16에 의해 사망한 시민들은 30% 정도 밖에 안된다는 것이다. 이것은 광주시민이 광주시민을 쏜 자작극이 아니라면, 북한 특수군이 소요를 일으키고자 시민군으로 위장하여 같은 시민군을 사살했음을 의미한다고 자유북한군인연합 등은 주장한다.

> 북한에서 내려간 특수요원이 양쪽 진영에 포진해서 말하자면 이것은 내부교란 내지 배후교란이지요. 양쪽에서 소요를 일으켜 싸움을 붙이고 당사자들은 모르니까 말이지요. 봉기군 쪽에 가담하고 있는 사람들은 혼란상황을 이용해서 사상자를 내고 그러면 거기서 나는 사상자는 무조건 진압군 쪽에 원인이 있는 것이 되니까….[38]

이러한 주장은 두 가지 오류가 있다. 첫 번째는 논리적 오류이다. 시민군에 투입된 북한 특수부대가 계엄군과 시민군 간에 싸움을 붙이려고 시민군을 사살했다면 계엄군이 사용하는 M16을 사용하는 것이 타당하다. 당시 시민군들은 M16을 탈취하여 1,235정을 보유하고 있었다고 한다.[39] 두 번째는 사실관계의 오류이다. 자유북한군인연합, 지만원, '역사학도' 등 수구세력들이 카빈, M1 등에 의한 사망자 숫자를 제시하는 근거자료는 육군본부의 『계엄사』와 국가안전기획부의 「상황일지 및 피해현황」이지만, 당시 이들 기관은 직접 사체 검시를 하지 않았다. 사체 검시는 보안사와 광주지검이 맡아서 했다. 보안사는 폭도와 비폭도를 구분하여 위로금 지급 대상자를 선정하기 위한 목적으로 사체 검안을 했는데, 당시 사체검안위원회에 참석한 의사와 목사는 사망자 가족들이 위로금을 지급받을 수 있도록 사망 원인을 최대한 카빈, M1, 기타 소총으로 분류했다고 한다.[40] 그 결과 카빈소총 사망자가 94명으로 높게 나타났는데, 이 자료가 계엄사와 안기부의 자료원이 된 것으로 추정되어 자료의 신빙성이 떨어진다. 반면에 광주지검 검시조서는 사망 후 며칠 이내에 의사, 군 검찰, 경찰, 군의관이 참여한 가운데 검사가 사인규명을 위해 시신 검시를 한 결과이므로 보다 객관성이 높다고 판단할 수 있다. 광주지검의 「5·18 관련 사망자 검시 내용」에 의하면, 민간인 사망자 165명 중에서 131명이 총을 맞아 사망했으며, 이 중 M16 총상 96명, 카빈소총 총상 26명, 기타 총상이 9명으로 나타난다.[41] 또한 검시 결과 카빈소총 사망자로 밝혀진 고규석, 임은택은 광주교도소 앞에서 계엄군에 의해 사망한 것이 밝혀져 카빈소총 사망자라는 검시결과가 시민군에 의한 사망을 입증하는 증거라고 받아들이는 것도 무리가 있다.[42]

자유북한군인연합 등은 무장시위대의 광주교도소 습격 사건이 있었으며 이것은 민주화가 목적인 사람의 소행이라고 볼 수 없기 때문에, 북한군 특수부대의 소행이라고 주장한다.

> 민주화가 목적이었던 사람들이 무슨 이유로 교도소에 대한 습격을 여섯 차례나 시도했으며 죄수들을 구출해서 어떤 목적에, 어떤 수단으로 이용하려고 했었는지 (…).[43]

그러나 서울지검의 1995년 12월 28일 광주교도소 현장조사 결과, 광주교도소 앞 총격 사건은 교도소가 광주-담양 간 국도와 순천행 고속도로 사이에 위치해서 시 외곽으로 빠져나가려던 시민군과 이를 막으려던 계엄군 사이에 총격이 벌어졌던 것이고, 그 과정에서 시위와 무관한 시민들까지 사망한 것으로 밝혀졌으며,[44] 당시 광주교도소장 한도희 역시 사망자와 부상자들이 담양으로 가는 도로상에 있었다면서 시민군의 교도소 습격을 부정했다.[45]

지만원은 시민군이 5월 21일 12시부터 16시까지 불과 4시간 만에 17개 시·군에 꼭꼭 숨어 있는 38개 무기고에서 총기를 탈취했는데, 이는 사전에 무기고 위치를 파악하고 약도를 38개 조에 나눠준 사람이 있었기 때문이라고 주장한다.[46] 그러나 당시 예비군 무기가 보관되어 있던 장소는 경찰서, 파출소, 예비군 대대 무기고로 시민들의 위치 확인이 용이했고, 예비군 출신들은 무기 보관장소를 자연스럽게 알 수 있기 때문에 지만원의 주장은 설득력이 없다.

또한 시민군에서 주도적 역할을 한 공로로 2억 원의 보상금을 받은 윤기권이 월북을 했는데, 이것을 보았을 때 광주 현장에 북한 특수군 또는 간첩이 있었다는 주장은[47] 논리적 비약에 근거한 문자적 부인이다. 윤기권은 5·18 민주화운동 당시 고등학생으로 시위대의 핵심이 아니었으며, 윤기권 개인의 월북을 근거로 5·18 민주화운동 전체와 북한과의 연계성, 또는 북한 특수군이나 간첩의 광주 침투를 주장하는 것은 설득력이 없다.

5·18 당시 복면을 한 사람들(소위 '복면부대')이 정체를 숨긴 북한군이라는 주장 역시 논리적 비약이다. '역사학도' 등은 당시 5월 22일부터 다수의 복면부대가 나타났다는 『동아일보』 김영택 기자의 1989년 국회 청문회 증언을[48] 자기식대로 해석하여 300명의 1개 대대 규모의 북한군이 광주에 침투해 복면을 쓰고 활동했다고 주장하고 있다.[49] 그러나 일반적으로 시위대는 경찰의 채증을 피하기 위해 복면을 착용하곤 하는데, 당시에도 채증을 피하기 위한 예방책으로 복면을 했다고 생각할 수 있다.

(4) 영화 〈화려한 휴가〉 개봉 비판: 문자적 부인과 함축적 부인

2007년 영화 〈화려한 휴가〉가 개봉하고 흥행에 성공하자 박근혜, 정동영 등 대권주자들이 영화를 관람하는 등 정치적 이슈가 되었다. 그러자 조갑제를 비롯하여 공수부대 출신 예비역, 우파단체인 국민행동본부,

수구 인터넷 언론매체들은 영화를 비판하며 5·18 민주화운동에 대해 부인했다. 이들은 도청 앞에서 계엄군의 집단발포가 없었다는 문자적 부인과 함께 시민들의 폭력성·불법성을 강조하여 피해자 존재를 부인했다.

> 첫째, 영화에서는 공수부대가 누군가로부터 사격명령을 받고 탄창을 M-16소총에 일제히 끼운 뒤 무릎쏴 자세를 취한 다음 애국가를 부르는 시민들을 향하여 아무런 경고도 없이 일제히 사격한다. 이것은 완전히 조작이다. 그날 전남도청 앞에서는 그런 사격도, 그런 사격명령을 내린 장교도 없었다. 둘째, 공수부대의 발포는 시위대가 탈취한 장갑차를 몰고 군인들을 향하여 돌진, 공수부대원을 깔아 사망하게 한 사건을 계기로 자위적, 그리고 조건반사적 대응 차원에서 이뤄졌다고 검찰은 밝히고 있다. 이때도 공수부대 중대장들에게만 10발씩 지급되고 일반 사병들에겐 실탄이 거의 지급되지 않은 상태였다.[50]

> 광주 진압 초기에 공수부대는 최루탄과 방패도 없이 투입되었다. 그들은 시민들의 투석과 차량 공격을 받는 상황에서도 실탄을 휴대하지 않고 오로지 곤봉으로써만 진압했다. 계엄령하에서 민간인이 군대에 대해 투석과 차량 돌진으로 대항할 때 어느 정도의 진압이라야 적정한가. 민간인이 무기고를 습격하여 소총, 기관총으로 중무장하고 헬기에 대해서도 사격하고 광주교도소도 습격했다.[51]

(5) 2007년 대선정국에서 '광주민주화운동' 담론 부인: 해석적 부인

2007년 대선정국 당시 이명박 한나라당 대선후보는 5·18 민주화운동을 '광주사태'라고 발언하여 정치적 논란을 일으켰으며, 이에 대해 수구세력들은 '광주민주화운동'은 정부의 개념, 호남의 지역정서 및 김대중이라는 특정 정치세력과 연관된 정치적 개념으로 5·18 민주화운동에 대한 역사적 평가는 내려지지 않았다고 주장했다. 그리고 '객관적 용어'로 '광주사태'의 사용을 선호한다면서 5·18에 대한 '다른' 해석을 하고 있는데, 이것은 담론투쟁의 형태로 나타난 해석적 부인으로 이해할 수 있다. 그러나 5·18이 '광주민주화운동'이라고 공식 인정을 받은 것은 노태우 정부 당시인 1988년이고, 5·18 민주화운동 기념일 역시 1997년 김영삼 정부 때 제정되었기 때문에, '광주민주화운동'이 김대중-노무현 세력의 전유물이라는 것은 타당한 주장이 아니다. 또한 설문조사 결과 76%의 국민들이 5·18을 '민주화운동', '민중항쟁'으로 인식하고 있어서,[52] 국민적 합의도 상당히 이루어져 있다고 볼 수 있다.

> 광주민주화운동은 정부의 개념규정으로, 광주사태라고 부르지 말라는 법은 없음. 역사적 사건에 대한 용어는 후에 역사적 평가를 통해서 정착됨.[53]

(6) 5·18 민주화운동 참여자 부인: 함축적 부인

수구세력들은 5·18 민주화운동 참여자들을 북한과 내통하거나 폭행을 일삼는 사람으로 비판함으로써 피해자 존재를 부인하는 함축적 부인을 하고 있다. 지만원은 윤이상·황석영이 북한의 '앞잡이' 역할을 했고, 김대중·문익환·서경원이 북한에 충성했으며, '5·18 최고의 공로자' 윤기권이 방북하여 강연을 하고 있다면서, 5·18세력이 "북한과 내통하여 북한과 함께 반미-반정부-적화통일을 위한 행동"을 했고, "5·18 단체의 정신적 조국은 북한"이라고 사실관계를 왜곡했다.[54] 또한 2010년 7월 9일 광주에서 수구단체인 5·18실체규명위원회 주최로 실시하려던 '5·18 실체규명 촉구대회'가 5·18 단체들의 '테러'에 의해 무산되었다면서 5·18 단체들의 폭력성을 강조하기도 했다.[55] 이것은 은연중에 5·18이 5·18 단체를 구성하는 사람들의 폭력적 행위에 의해 촉발되었다는 인상을 주려는 것이다.

2) 과거청산 부인의 주체

5·18 민주화운동 과거청산에 대한 부인주체로는 『한국논단』, 〈독립신문〉, 〈프리존뉴스〉, 〈올인코리아〉 등 수구매체와 공수부대 출신 예비역, 시민단체인 자유북한군인연합, 국민행동본부, 5·18실체규명위원회, 인터넷 카페인 전두환 전 대통령을 사랑하는 모임(전사모), 수구 논객인 조갑제, 지만원, '역사학도', 김동문, 정창인, 조영환 등이 있다.

이들은 박정희, 전두환, 노태우로 이어지는 군사정권이 생산해낸 반공주의, 반북주의 이데올로기를 기반으로 하고 있으며, 한국논단·독립신문 등 수구 언론매체들이 과거청산에 대한 비판기사를 다루고 있다. 그리고 5·18 민주화운동 과거청산이 전두환이라는 전직 대통령에 대한 비판으로 작용하고 있다는 점에서 전사모(http://cafe.daum.net/leejongpirl)와 같이 개인을 기리는 카페들이 부인주체로 활동하고 있다. 또 한 가지 특징은 사건의 당사자이거나 당사자라고 주장하는 사람들이 양심선언, 증언의 형태로 부인을 하고 있다는 것이다. 1980년 5월 광주에 투입되었던 공수부대원들과 공수부대 출신 예비역들은 당시 집단발포가 없었고 공수부대도 피해자라면서 부인을 했다.[56] 자유북한군인연합은 자신들이 속해 있던 북한군도 광주에 파견되어 '광주폭동'을 일으키는 역할을 했

다고 증언했다.[57)]

한편 5·18 민주화운동 과거청산 부인주체들에게서 두드러지는 것은 군인 출신자들과 일부 기독교 종교인들이 반공적 시각에서 5·18 민주화운동을 부인하며 여론 형성활동을 하고 있다는 것이다. 실제로 부인 담론 생산의 중심 역할을 하는 지만원, 정창인, 김동문, '역사학도' 등은 육군 장교 출신, 월남전 참전 군인이거나 목사이다. 공수부대원들과 국민행동본부 역시 군인 출신이라는 정체성을 갖고서 5·18 민주화운동을 부인하고 있다.[58)] 김진홍, 이종윤, 김성광, 김진철 등 기독교 목사들은 강연과 설교, 수구적 인터넷 언론매체 운영(신보수주의를 지향하는 구국기도) 및 반북주의적 원고 기고(구국기도) 등 다양한 방법으로 과거청산 부인 담론을 확산시켜 민주화운동의 성과를 무화시키려 하고 있다.[59)]

3) 과거청산 부인의 시점

과거청산의 부인은 과거청산이 이루어지고 나서 특정한 정치적 계기가 형성되었을 때 일어난다. 과거청산 부인이 시작된 정치적 환경을 보면, 주로 2004년 초 노무현 대통령 탄핵, 2004년 7월 의문사위에 대한 색깔논쟁, 2004년 17대 국회 구성 이후 지속된 4대 개혁입법으로 인하여 진보-보수 대립이 본격화되면서 부인 담론 형성의 조건이 마련되었다. 또한 대선과 같은 정치일정에 따라서도 과거청산 부인 담론이 생산된다. 2007년 대선정국에서는 영화 〈화려한 휴가〉의 개봉, 이명박 후보 '광주사태' 발언으로 5·18 민주화운동 과거청산에 대한 부인이 거세게 제기되었다. 마지막으로 특정 부인주체가 제기한 문제가 전체 부인주체의 호응을 받아 부인 담론이 확산되는 경우가 있다. 대표적 사례는 2006년 말 자유북한군인연합의 북한 특수부대 광주 개입 증언 이후 몇 년간

5·18 민주화운동 과거청산에 대한 부인이 확산된 것이다.

4) 과거청산 부인활동과 채널

5·18 민주화운동 과거청산에 대한 부인활동은 온라인과 오프라인 채널을 병행하여 이루어졌다. 온라인 채널은 담론을 생산하고 확산하는 과거청산 부인의 핵심적 기능을 했고, 오프라인 채널은 온라인 공간에서 확산되는 담론을 현실 속에서 외화하는 부차적 기능을 했다.

온라인 채널에서 대표적인 담론 생산 장소는 〈조갑제닷컴〉, 〈지만원의 시스템클럽〉, 〈역사학도의 시사토론 글방카페〉, 뉴스타운의 〈김동문의 세상바로세우기〉 칼럼 코너이다. 조갑제닷컴의 경우 영화 〈화려한 휴가〉를 비판하면서 가장 먼저 집단발포 문제를 제기했다.[60] 시스템클럽은 북한 특수부대의 5·18 침입과 북한의 연계와 관련하여 가장 주도적으로 담론을 생산했고, 역사학도의 시사토론 글방은 5·18의 각종 쟁점들에 대한 부인 담론을 생산하는 동시에 사진, 영상자료를 활용하여 사실관계를 교묘히 뒤틀었다. 한편 『한국논단』은 오프라인 매체로서는 유일하게 담론 생성 기능을 했다. 『한국논단』은 2006년 11월 탈북자 임천용과 심주일 인터뷰 기사를 단독으로 보도했고, 이후 2006년 12월호, 2007년 2월호, 3월호에 임천용의 글과 자유북한군인연합의 성명서를 수록하여 북한 특수부대의 광주 개입 담론 형성에 중심적 역할을 했다.[61]

이렇게 형성된 담론은 기본적으로 온라인을 통해 확산되었다. 똑같은 글이 여러 사이트에 게재되기도 하고, 최초로 담론을 생성한 글과 유사한 글들이 작성되어 여러 사이트에 게시되기도 했다. 개인들은 블로그와 카페 등에 '역사학도'나 지만원의 글을 옮겨 전파했다. 담론의 확산은 또 한편 설교와 강연 등 대중들을 향한 오프라인 채널에서의 활동을 통해서도 이루어진다. 서울교회 이종윤 목사의 북한 특수부대 광주 개입을 내용으로 한 설교,[62] 안병직의 명지대학교 강연이[63] 여기에 해당된다.

한편 수구세력들은 기자회견, 고소고발 등을 통해 온라인 속 부인 담론을 오프라인에서 외화시킨다. 5·18 민주화운동의 경우 자유북한군인연합의 기자회견,[64] 공수부대 예비역들의 〈화려한 휴가〉 제작진 고소,[65] 5·18실체규명위원회 출범 및 광주 기자회견[66] 등이 있다.

[표 1] 과거청산 부인 채널과 기능

구분	영향력	채널	기능
온라인	대	수구 인터넷 웹사이트	부인 담론 생산
		수구 인터넷 웹사이트 및 댓글	부인 담론 확산
오프라인	소	기자회견, 재판, 고소 등 소규모 행위	부인 담론 외화
		대중설교 및 강연 등 대규모 행위	부인 담론 확산

5·18 민주화운동에 대한 보수진영의 문제제기와 확산은 '문제제기 및 부인 담론 생산→온라인을 통한 부인 담론 확산→수구단체의 행동을 통한 부인 담론의 외화'라는 흐름으로 이루어지고 있다.

영화 〈화려한 휴가〉의 경우 조갑제가 조갑제닷컴을 통하여 계엄군의 발포가 자위적 대응이고 집단발포는 왜곡이라고 가장 먼저 문제제기했다. 그러자 다른 수구 인터넷 언론들이 뒤이어서 같은 논조의 〈화려한 휴가〉 비판 글을 연달아 생산했다. 그리고 공수부대 출신 예비역들과 서정갑 대령이 대표인 국민행동본부에서 〈화려한 휴가〉를 비판하는 기자회견을 하고 제작진을 고소하는 직접행동을 했다.

북한 특수부대의 광주 개입 주장 역시 같은 방식으로 진행되었다. 우선 지만원이 『한국논단』 2006년 4월호를 통해 북한군의 광주 개입 이야기를 했고,[67] 이어서 『한국논단』 2006년 11월호에서 임천용 등 북한 인민군 출신의 탈북자들을 인터뷰하여 북한 특수부대의 광주 개입을 강력히 주장했다. 그러자 프리존뉴스, 독립신문, 구국기도, 선진한국연합회, 재향군인회 등에서 이 내용을 보도하여 전파했고, 이어서 탈북자들로 구성된 자유북한군인연합에서 2006년 12월 20일에 기자회견을 열었다. 이후 온라인에서 북한군의 광주 개입과 관련된 수많은 의혹과 부인 담론이 재생산되어 확산되었으며, 자유북한군인연합은 2009년 『화려한 사기극의 실체 5·18』이라는 증언집을 출판했다. 이 흐름은 계속 이어져 4년이 지난 2010년에는 5·18실체규명위가 결성되어 관련 의혹들을 규명할 것을 주장하는 촉구대회를 개최했다.

한편 보수언론의 담론이 인터넷 댓글 등을 통해 확산되는 모습도 보였다. 대표적인 예가 〈화려한 휴가〉인데, 조갑제가 2007년 9월 7일에 「화려한 휴가의 화려한 왜곡」이라는 글을 쓰고 나서 9월 9일 『뉴데일리』에서 조갑제의 글에 대한 인터넷 논쟁이 일고 있다는 기사를 보도했다.[68] 이어서 9월 18일에는 조갑제닷컴에서 조갑제의 글에 대한 네티즌들의 찬성과 반대 비율을 분석하고 조갑제의 논리에 찬성하는 이유가 무엇인지 분류하여 제시하기도 했다.[69] 이것은 인터넷 보수언론의 문제제기가 네티즌들의 댓글을 통해 확산되었음을 보여주는 것이다. 또한 이주천의 글을 보면 조선닷컴에서 2003년에 실시한 5·18 여론조사에서 5·18은 민주화운동이 아니라는 비율이 93.88%로 나왔다고 밝히고 있는데,[70] 이는 수구세력이 자신들의 논리를 정당화하기 위해 인터넷 여론조사를 활용하고 있다는 것을 의미한다.

5) 과거청산 부인의 원인

인권침해에 대한 가해자들의 부인은 자기방어, 자기보호의 성격이 강하다. 가해자들에게 인권침해의 시인은 사회적 지위, 업적, 재산, 가족, 인간관계 등 자신이 일평생 쌓아올린 성과와 세계관에 대한 부정이 될 수 있기 때문이다. 그러나 가해자를 지지하는 사람들의 과거청산에 대한 부인 동기는 이데올로기적이며 더 복잡하다. 그들은 민주정부 수립 이후 보수적 헤게모니의 공백상태에서 과거청산을 경험하게 되고, 그 과정에서 자신의 정치적 견해, 자신이 지지하는 지도자, 과거 정부의 '정당한' 행위들이 부도덕하고 반인권적인 것으로 규정되는 상황에 처한다. 이들은 과거청산을 통해 지위, 직업, 재산, 가족, 인간관계 등에서 직접적인 피해를 입지는 않지만, 자신들의 정체성과 사회적 가치가 부정되는 위협을 느끼게 되고, 과거청산의 결과를 적극적으로 부인하면서 정체성을 복원하려 하는 것이다.

지지자들의 과거청산 부인은 국민의정부와 참여정부를 거치면서 해체되고 있는 자신들의 정체성을 회복하기 위한 인정투쟁으로 이해할 수 있다. 이들은 8·15 해방 이후 반세기 동안의 보수정권 집권 기간에 반공주의, 성장주의, 국가주의, 근본주의라는 보수·수구적 정체성을 형성했다.[71] 1960~1980년대는 대한민국 전체가 '성장을 위한 거대한 반공공동체'였으며, 가치공동체의 구성원들은 정부를 중심으로 연대하고 정부 시책을 따름으로써 공동체의 재생산에 기여했다. 당시 가치공동체의 핵심적인 속성은 국가주의로서, 구성원들의 실천적 자기관계는 국가적 자부심, 국가적 명예감이었다. 즉 개인은 자신이 이룩한 성과의 사회적 가치로 인해 인정을 받지만, 또한 자신을 국가의 일부로 이해하여 국가의 안보와 발전에 자신이 얼마나 기여했는지를 중심으로 실천적 자기관계를 형성하는 것이다.

그러나 민주정부의 등장, 사회 민주화, 지식경제의 발전, 정보의 개방과 공유의 확대, 개인의 자유와 개성의 우선시와 같은 정치·경제·사회적 변화 속에서 수구세력의 정체성은 사회의 가치부여 기준이 되지 못했고, 이들의 가치공동체인 '성장을 위한 반공공동체'는 더 이상 인정형태로 기능하지 못했다. 이것은 악셀 호네트가 구분한 사회적 인정관계의 구조에서 세 번째 인정방식인 사회적 가치부여에 대응하는 무시형태로서, 이를 통해 수구세력은 자신들의 존엄성이 부정되는 위협감을 느끼게 되는 것이다. 또한 김대중-노무현 정부에서 이루어진 과거청산으로 자신들이 의존하던 권위주의 정권의 도덕성과 역사적 성과들이 부정당하자 사회적으로 주변화되어 있는 그들에게는 큰 충격으로 받아들여졌을 것이다. 왜냐하면 수구세력은 자신을 국가의 일부로 보고, 자신의 성과를 국가의 성과로, 국가와 정권의 업적을 자신이 참여하여 만든 공동의 업적으로 생각하고 있기 때문이다.

한국의 수구세력들은 반공주의, 성장주의, 국가주의, 근본주의라는 자신의 정체성이 더 이상 사회의 가치부여 기준이 되지 못하자, 자신들의 가치를 인정받고자 과거청산 부인이라는 방법으로 5·18 민주화운동에 대한 재해석을 시도했다. 수구세력들은 5·18 민주화운동 당시 북한군 특수부대의 광주 침투, 5·18 주역들과 북한과의 연계, 북한의 기획에 의한 '광주사태' 발생을 주장하여 반공주의의 가치를 회복하려 했다. 또한 개신교 목사들은 5·18에 대한 자유북한군인연합의 주장을 그대로 되풀이하여 반공주의를 통해 근본주의적 신앙을 유지하고자 했으며, 보수주의자인 안병직은 80년 광주학살이 근대화를 위한 불가피한 정치적 희생이라고 주장하여 성장주의 가치를 상기시켰다.[72] 이러한 과거청산 부인들은 결국 당시 정권과 인권침해의 최종 책임자이자 국가주의의 상징인 전두환의 가치를 복원시키려는 시도와 불가분의 관계에 있다. 전두환 전 대통령을 사랑하는 모임이 5·18 민주화운동 과거청산에 부정적인 이유는 이 사건이 전두환의 도덕성과 가치를 부정하기 때문이다.

이들의 과거청산 부인은 수구적 정체성의 회복을 통해 민주화 이행기의 혼란을 극복하고 자신들을 대한민국의 정통성을 지키는 세력으로 정립하여 집단적 자부심과 명예감을 얻고자 하는 시도이다. 탈근대의 시기에 가치부여의 인정방식이 개성화되었고, 주체의 자기 자신에 대한 실천적 자기관계도 자기가치를 부여하는 방식으로 바뀌고 있다.[73] 그러나 수구세력은 국가주의적 사고방식으로 인해 여전히 자신의 능력에 부과되는 존중을 전체 집단에 귀속시키는 실천적 자기관계를 추구하고 있다. 이들은 과거의 가치공동체, 즉 '성장을 위한 반공공동체'라는 인정형태를 회복하고자 하며, 현재는 존재하지 않는 이러한 가치공동체를 가상 속에서 유지하면서 자신을 귀속시키고 있는 것이다.

그러나 이와 같은 수구세력의 인정투쟁은 역사와 시대의 진보를 무시하고 잃어버린 것의 회복을 도모한다는 점에서 퇴행적이며, 군사독재정권 치하에서 발생한 양민학살이라는 인권침해 사건을 부인한다는 점에서 도덕적 측면에서도 정당성이 없다.

4. 가해자의 인권침해 부인구조와 지지자의 과거청산 부인구조 비교분석

가해자들과 지지자들은 인권침해 행위와 과거청산 과정을 모두 부정하고 있고, 가해자들이 생산한 부인 담론은 과거청산 이후 가해자 측 지지자들이 주장하는 부인 내용의 기초가 됨을 알 수 있다. 그리고 가해자들이 인권침해 당시 생산한 부인 담론은 과거청산 과정에서 보다 정교해지고, 과거청산 이후에는 가해자의 지지자들에 의해 확대 재생산된다. 그러나 가해자와 지지자의 부인은 다르다고 할 수 있다.

부인주체의 측면에서 보면, 가해자는 직접 인권침해 행위를 실행한 사람이고 지지자는 인권침해 행위를 방조하거나 지켜본 사람이다. 따라서 가해자는 주로 자신의 행위를 방어하는 데 노력을 집중하지만, 지지자는 자기방어보다는 사건을 들춰내서 재구성하고 재해석하는 데 집중한다.

부인 시점을 비교해보면, 가해자가 인권침해를 부인하는 시점은 보통 권위주의 정권이 무너지고 민주적 정부가 들어서는 이행기로서, 과거사 입법을 통해 과거청산 기구가 운영되고 과거청산 주체들이 과거청산의 의제를 설정한다는 점에서 가해자의 운신의 폭이 별로 크지 않다. 반면 지지자가 과거청산을 부인하는 시점은 민주정부 운영 중에 구세력이 다시 사회적으로 유의미한 힘을 갖게 되는 시기로서, 부인 세력이 제기하는 의제를 중심으로 과거청산 논쟁이 형성되면서 부인주체가 더 역동적으로 담론을 생산하고 확산시킬 수 있는 상황이 전개된다.

부인 대상의 차이 역시 존재한다. 가해자는 사건 당시 인권침해, 그리고 인권침해와 자신의 행위와의 연관성 등을 부인한다. '그런 일은 없었다', '나는 그런 일을 하지 않았다', '그건 내가 했지만 책임이 없다', '국가안보, 경제성장을 위해 꼭 필요한 일이었다' 등 인권침해 사실 자체, 인권침해 행위 여부, 행위의 필요성과 책임성 등이 부인의 대상이 되는 것이다. 그러나 지지자들은 인권침해 행위보다는 인권침해 사건에 대한 과거청산을 주요 부인 대상으로 여긴다. 이들은 과거청산 주체들의 편향성, 증거 처리의 미숙함, 법적 해석의 오류 등을 지적하여 과거청산의 신뢰성을 공격한다. 아울러 기존 자료를 검토하고 새로운 근거를 찾아내 과거 인권침해 사건을 재구성한다. 북한 특수부대의 광주 개입 증언은 극단적인 사례에 해당한다. 지지자들은 과거청산 내용을 해체하고 새로운 사실관계를 만들어내거나, 가해자들이 처음에 만들어놓았던 사실관계로 되돌아가려 한다.

사회심리학적으로 보면 가해자나 지지자 모두 문자적 부인이 많고 필요성, 피해자 존재의 부인과 같은 함축적 부인도 공통적으로 나타난다. 다만 차이가 나는 것은 해석적 부인인데, 가해자의 부인에서는 해석적 부인 중 책임의 부인이 많이 사용되었으나, 지지자는 스스로 책임질 것이 없으므로 책임의 부인은 거의 사용하지 않았다. 대신 지지자에게서는 법형식주의가 주로 나타나는데, 이것은 과거청산 결정의 오류를 지적하기 위해 법률적 검토를 하는 것이다.

가해자들은 과거청산 과정에서 자신들의 주장을 드러낼 수 있는 별다른 부인 채널을 보유하지 못했고, 그에 따라 부인활동도 특별히 나타나지 않았다. 일반적으로 보면 정치적·사회적 세력관계에 따라서 부인주체들이 과거청산 구도를 뒤엎을 수도 있지만, 한국의 경우 인권침해 가해자들은 과거청산 시기에 부인논리를 암암리에 공유하는 것 이상의 부인활동을 할 수 없었다. 그러나 과거청산 이후 부인주체인 지지자들은 온라인과 오프라인 채널을 병행하면서 부인활동을 전개했다. 5·18 민주화운동 과거청산 부인의 경우 온라인이 부인 담론의 생산과 확산의 주요 공간으로 기능했고, 오프라인 활동은 이를 보조하는 역할을 했다. 그러나 사회세력관계의 변화에 따라 오프라인에서의 군중활동이 주도적인 부인활동이 될 수도 있을 것이다.

가해자와 지지자의 부인 원인에도 큰 차이점이 있었다. 가해자는 그동안 기득권을 유지하면서 구축했던 사회적 신망, 경제적 성과, 가족과의 유대 등을 잃을 수 있기 때문에 자기방어적인 성격이 강했다. 과거청산 이전까지는 가해자의 '진실'과 '정의'가 사회적으로 통용되고 있었고 과거청산을 통해 숨겨진 진실이 처음으로 드러났기 때문에, 가해자들은 자신에게 다가올 실질적인 피해를 최소화하기 위하여 진실을 부인해야 했다. 이와 달리 지지자들은 직접 인권침해를 하지 않았기 때문에 과거청산으로 인한 실질적인 피해는 입지 않는다. 그러나 과거청산과 함께 자신들의 정체성이 해체되고 사회적 가치가 부정되는 '무시'를 경험하게 된다. 그리고 계속되는 정치·경제·사회적 환경의 변화와 함께 이러한 무시가 심화되면서 지지자들은 자신들의 정체성과 실천적 자기관계를 회복하려는 시도로 과거청산을 부인하는 것이다.

5. 과거청산 부인과 트라우마

1) 한국 사회 과거청산의 한계와 과거청산 부인

과거청산에 대한 집단적 부인은 과거청산 부인에 대한 공감대가 형성되고 이를 집단적으로 표출할 수 있는 정치사회적 여건이 마련되어야 가능하다. 이것은 그동안 진행되어온 과거청산이 과거사에 대한 국가와 시민사회 전체의 반성으로, 반인륜적 행위 및 범죄에 대한 사회적 정의의 확립으로 이어지지 못했음을 의미한다. 철저하지 못한 과거청산은 부인의 토양이자 자양분이 된다는 점에서, 과거청산의 한계를 분석하여 부인의 배경과 향후 과제를 검토하는 것이 필요하다.

과거청산은 현재적인 권력관계라는 거시적 규정성의 영향을 받는다. 민중의 힘에 의해 혁명적으로 구체제가 전복되지 않고 정치권의 타협을 통해 구체제가 신체제로 이행된다면, 구세력이 주도권을 잡고 체제개혁을 하거나 신세력의 혁신에 지속적인 영향을 미치게 되기 때문에 과거청산도 불완전하게 전개된다.[74] 한국은 1987년 6월항쟁의 형식적 민주화로의 귀결 및 노태우의 당선, 3당 합당으로 인한 보수적인 문민정부 탄생, 자민련과의 연합을 통한 김대중 정부의 등장과 같이 '위로부터의 보수적 민주화'[75] 과정을 밟았고, 그 결과 과거청산 역시 거시적 한계 속에서 진행되었다. 노태우 정부와 김영삼 정부하에서 전개된 5·18 민주화운동 과거청산, 김대중 정부 이후 전개된 다양한 과거청산 운동들은 민주화운동 세력이 과거청산의 거시적 한계를 극복하고 '위로부터의 보수적 민주화'를 통해 형성된 최소 공간을 확대하기 위해 벌인 투쟁의 결과였다. 그러나 보수·수구세력이 사회 기득권을 유지하고 있는 거시적 규정성으로 인해 과거청산의 한계가 발생했고, 그 한계는 집단적 과거청산 부인으로 이어졌다. 이러한 맥락에서 과거청산의 한계를 정리하면 다음과 같다.

첫째, 과거청산이 기득권 내에서의 인적 청산, 반인권적 제도와 관행의 청산, 정부권력 및 시민사회 내 인권 원칙의 확립과 같은 총체적인 관점이 결여된 채, 과거의 개별적 인권침해 사건의 진상규명, 명예회복, 배상·보상 위주로 전개되었다. 따라서 5·18청문회, 5·18특별법 제정, 의문사위 조사 당시 몇 차례 사회적 충격은 있었으나 과거청산이 진정한 정치사회적 개혁으로 이어지지 못했다. 둘째, 그나마 진행되었던 개별사건 위주 과거청산도 법적 수사 권한의 부재, 국정원, 기무사, 경찰 등 정부기관의 비협조 등으로 인하여 진실에 접근하는 데 어려움을 겪었다. 셋째, 진실의 규명, 국민화합에 과거청산의 초점이 맞춰지면서 정의를 확립하지 못하는 치명적인 한계를 보였다. "중대한 범죄가 처벌되지 않으면 사회적으로 죄의 개념이 수립될 수 없고, 피해자들에 대해 가해자들이 책임지지 않으면 사회가 유지될 수 없다."[76] 넷째, 과거청산을 통해 폭력과 부인의 문화를 청산하고 반성과 시인의 문화를 형성하지 못했다. 그동안 과거청산 작업이 이루어졌지만 국가폭력의 가해자들, 지지자들, 가해 현장의 방관자들이 자신들의 잘못을 시인하고 사과하며 반성한 일은 없다. 다섯째, 국가폭력과 관련된 고통과 트라우마의 치료를 통한 진정한 화해와 화합의 모델을 구축하지 못했다. 그동안 당위적인 국민화합의 주장으로 가해자와 지지자들은 면죄부를 부여받았지만 이들은 자신의 행위를 반성하지 않고 있다. 그리고 국가폭력의 피해자들은 질병과 경제적 곤란, 가족의 해체 등으로 고통을 겪으면서 트라우마 증상에서 벗어나지 못하는 경우가 많다.[77]

2) 과거청산 부인과 트라우마의 강화

트라우마는 '외상'으로서 '과도한 위험과 공포, 스트레스 상황에 대한 심각한 심리적 충격'을 일컫는다.[78] 이러한 트라우마 증상은 과도한 각성상태인 '과각성', 외상의 원인이 되는 사건을 반복적으로 재경험하는 '침투', '회피' 증상, 둔감화 반응인 '억제'로 구분된다.[79]

이러한 트라우마는 국가폭력의 피해자들에게 광범위하게 나타나고 있으며, 과거청산 부인은 피해자의 트라우마를 가중시킨다. 과거청산 작업으로 진상규명과 명예회복, 배상·보상 등이 이루어졌음에도 가해자와 지지자들에 의해 집단적으로 과거청산이 부인되는 경우 그리고 법적 권위가 있는 기관이나 유력인사에 의해 부인되는 경우 피해자들은 다시 상처를 입게 된다. 이러한 부인으로 피해자들은 과거의 고통을 다시 상기하게 되고, 이를 회피하고자 하는 침투와 억제 현상을 경험할 수 있다. 또한 과거청산 조치의 후퇴, 사회적 기억의 왜곡, 명예에 대한 침해 우려 등으로 주변에 민감하게 반응하는 과각성도 발생할 수 있다.

실제로 5·18 민주화운동에 대한 수구세력의 집단적인 왜곡 담론 형성 및 유포로 인하여 피해자의 트라우마가 강화되었음을 알 수 있다. 지만원, '역사학도', 자유북한군인연합 등 수구세력은 5·18 민주화운동 과거청산 결과를 부인하고 북한 특수부대의 광주 침투에 의해 '5·18 폭동'이 발생했다고 주장해왔다. 이들의 주장은 내용이 구체적이고 다양한 사진, 영상, 증언, 문헌 등을 근거로 제시하고 있으며 온라인 공간에서 대량유포 되고 있다는 점에서, 5·18의 구체적인 진행경과를 모르는 네티즌들에게 대단히 부정적인 영향을 미칠 수 있다. 상황이 이렇다 보니, 수구세력의 5·18 왜곡 담론 생성, 유포행위는 5·18 민주화운동 당시 부상자, 구속자, 유족들의 사회적 고통과 트라우마를 가중시키는 2차 가해로 작용하고 있다. 2008년 9월 28일 서울교회 이종윤 목사가 설교 시간에 자유북한군인연합의 주장을 되풀이한 것에 대하여 5·18 관련자들은 자유게시판을 통해 울분을 토하는 글을 여러 건 올렸으며,[80] 서울교회를 항의방문하여 공식사과를 요구하는 집회를 열었다.[81] 또한 지만원 등에 대한 5·18 명예훼손 재판 당시 5·18 단체 회원들의 분노로 재판이 중지되기도 했다.[82] 2010년 7월 9일에는 자유북한군인연합 등 수구세력으로 구성된 5·18실체규명위원회의 광주 기자회견을 막기 위해 5·18 단체들이 물리력을 사용한 일도 있었다.[83] 재판정에서의 이런 소란행위나 수구세력에 대한 신체적 가해는 5·18 민주화운동의 진실 왜곡에 대한 분노가 발현된 것으로서, 과거청산 부인으로 인한 5·18 부상자, 구속자, 유족들의 상처가 얼마나 큰지 알 수 있는 사례들이다.

6. 맺으며

개인과 조직의 부인, 더 나아가 부인의 문화는 국가폭력이 재생산될 수 있는 전제조건이다. 국가의 인권침해는 방관자와 지지자들의 침묵과 무관심 없이는 은폐될 수 없기 때문이다. 따라서 부인하는 사회의 시인하는 사회로의 전환은 인권침해의 재발방지 및 온전한 과거청산을 위해 중요한 과제가 된다. 최근 몇 년간 발생한 쌍용자동차 노동자 폭력진압, 용산참사, 제주 강정마을 폭력사태 등 국가폭력 사건에서도 조직과 사회의 부인구조는 은폐와 정당화에 핵심적인 역할을 했으며 경찰 등 부인주체들이 사용한 부인방법도 5·18 민주화운동 과거청산 부인과 유사한 패턴으로 반복되고 있다. 이런 점에서 5·18 민주화운동 과거청산 부인에 대한 분석은 수구세력의 5·18 왜곡에 대한 대응뿐만 아니라 현재 우리 사회의 부인구조를 분석하는 데도 도움이 될 것이다. 그러나 국내 과거청산 부인 연구가 아직 초기단계라는 점에서 향후 해결해야 하는 과제들이 많다. 이에 몇 가지 추가적인 연구를 제안하며 이 글을 마치고자 한다.

첫째, 국가폭력의 방관자에 대한 부인 연구가 필요하다. 국가폭력이 발생하는 이유는 침묵과 부인의 문화가 사회적으로 형성되어 인권침해를 목격한 다수의 대중들이 이를 방관하기 때문이다. 따라서 방관자들이 국가폭력에 침묵하고 동조하는 사회구조 및 문화의 분석, 인권침해

환경에 대한 인식 제고방안의 연구가 진행되어야 할 것이다. 둘째, 가해자와 지지자, 방관자뿐만 아니라 피해자 연구가 필요하다. 피해자들 중에는 정권에 대한 공포심, 가족에 대한 위협, 생계 곤란, 사회적 배제 등의 이유로 피해 사실을 적극적으로 공개하지 못하는 이들이 많다. 그러나 이것 역시 가해자의 부인, 방관자의 침묵을 방조하는 역할을 한다. 따라서 피해자들에 대한 국가의 통제, 피해자 침묵의 영향, 피해자가 갖게 되는 트라우마의 해소방안, 적극적으로 저항하는 피해자의 유형 등에 대한 연구는 국가폭력 예방을 위해 중요하다. 셋째, 과거청산에 대한 부인을 시인으로 전환시키기 위한 구체적인 방법과 과제를 연구하는 것이 필요하다. 이는 현재 진행 중인 5·18 민주화운동 과거청산 부인에 대한 실천적 대처방안과도 밀접히 관련되어 있다. 현재 유럽과 미국에서는 홀로코스트 부인과 관련하여 법을 통한 처벌, 표현의 자유보장이라는 두 가지 방향으로 대응방식이 나뉘어져 있는데, 한국에서도 이러한 방향성들의 적합성에 대한 논의가 필요한 시점이다.

부록

주석

참고문헌

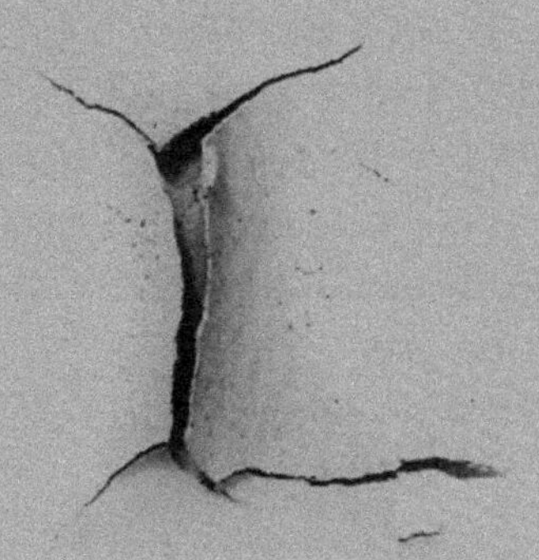

전쟁·국가폭력과 한국 사회의 트라우마

1) 주디스 허먼, 최현정 옮김, 『트라우마』, 열린 책들, 2007, 67~168쪽.
2) 그의 두 권의 대표저서 Jonathan Shay, *Achilles in Vietnam: Combat Trauma and the Undoing of Character*, Simon &Schuster, 1995; *Odysseus in America: Combat Trauma and the Trials of Homecoming*, Scribner: Reprint edition, 2003 참조.
3) 한국인들이 주로 겪고 있는 울화병과 트라우마가 어떻게 관련되어 있는지에 대한 연구는 아직 없다. 증세는 비슷하나 원인은 차이가 있다. 울화병은 일상의 관계 속에서 쌓인 스트레스나 분노를 표출하지 못하는 데서 주로 기인하지만, 트라우마는 주로 폭력에 기인한다.
4) 1980년 5월 상황이 6·25보다 더 심했다는 증언도 있다(오수성, 「5·18 관련자의 심리적 고통」, 광주광역시5·18사료편찬위원회, 『5·18 민중항쟁사』, 2001, 755쪽). 미국의 트라우마는 James Carroll, "Post-Traumatic Nation", *International Herald Tribune*, July 7, 2010.
5) 최근 광주에서 5·18 피해자를 대상으로 한 트라우마센터가 설립되고 제주4·3트라우마센터 건립의 움직임이 일어난 것은 주목할 만한 진전이다.
6) 브루너(Jose Brunner)는 19세기 독일 의사들의 노동자 대상의 임상경험과 남아공화국의 진실화해위원회의 경험을 연결하여 트라우마가 법과 의학의 영역의 넘어서는 도덕적 사안의 측면을 갖고 있음을 강조한다. Jose Brunner, "The Moral Grammer of Trauma Discourse from Wilhelmine Germany to Post-Apartheid South Africa", Austin Sarat et al eds, *Trauma and Memory: Reading, Healing, and Making Law*, Stanford: Stanford University Press, 2007.
7) 채의진 편저, 『아, 통한의 44년—문경 양민학살 백서』, 문경양민학살피학살자유족회, 1994, 5쪽.
8) 강원용, 『빈들에서: 나의 삶, 한국현대사의 소용돌이 1. 선구자의 땅에서 해방의 혼돈까지』, 열린문화, 1993, 317쪽.
9) 이병윤·민병근, 「한국 정신분열증 환자의 망상에 대한 연구」, 『신경정신의학』 Vol. 1, No. 1, 1962.
10) 진실화해위원회에 진실규명을 신청한 사람 중 527명을 대상으로 실시하였으며, 그 중 학살피해자들은 406명이었다. 진실화해를위한과거사정리위원회·심리건강연구소, 『심리적 피해현황 조사보고서』, 2007, 220~237쪽.
11) 김문두, 「4·3 후유장애자의 외상후 스트레스 장애와 우울증」, 김창후, 「제주 4·3과 트라우마」(2013 광주 아시아포럼, 『국가폭력과 트라우마 국제회의 자료집』 2013. 5.

16~18)에서 재인용.

12) 진실화해를위한과거사정리위원회·심리건강연구소, 앞의 책, 43~117쪽.

13) 위의 책, 192쪽.

14) 최정기, 「국가폭력과 트라우마의 발생기제—광주 5·18 피해자를 대상으로」, 『경제와 사회』 통권 77호, 2008년 봄; 5·18기념재단, 『5·18 민주유공자 생활실태 및 후유증 실태 조사연구 보고서』, 2006.

15) 군산 개야도 납북어부 간첩조작 사건. 박춘환 씨는 1968년 서해안에서 조기잡이를 하다가 납북되었다 돌아온 뒤 1972년 반공법 국가보안법으로 구금 7년을 살았는데, 그의 친구인 임봉택은 "내 친구 박씨는 간첩"이라고 허위진술하였으나 자신도 불고지죄로 8개월 복역하였다. 동네 사람들은 전주 보안대와 군산경찰서에서 전기고문 등을 받으면서 북한에서 무슨 지령을 받았는지 자백을 강요받았다. 친척, 가족, 이웃도 100여 명 이상 끌려가서 허위진술을 했다. 이들은 친구를 무고했다는 죄책감에 시달리며 수십 년을 살았다. 남편이 경찰에 끌려갔다 와서 부인에게 "당신도 경찰에게 내가 간첩이라고 거짓말했지"라고 다그쳤다. 「"친구야 간첩 몰아 미안하다" 개야도 화해 한마당」, 『조선일보』 2009. 6. 10.

16) 황상익, 「국가폭력과 트라우마」, 동아시아평화인권한국위원회, 『동아시아와 근대의 폭력』 1, 삼인, 2001, 181쪽.

17) 배은심, 「민주화운동과 유가족의 고통」, 동아시아평화인권한국위원회, 앞의 책, 2001, 209쪽.

18) 송소연, 「거그서 당한 것은 말도 못해라」, 한인섭 엮음, 『재심, 시효, 인권—국가기관의 인권침해에 대한 법적 구제방안』, 경인문화사, 2007, 272쪽.

19) 볼프강 조스프키, 이한우 옮김, 『폭력사회: 폭력은 인간과 사회를 어떻게 움직이는가』, 푸른숲, 2010, 109쪽.

20) 훌거 하이데, 『노동사회에서 벗어나기』, 박종철출판사, 2000, 251쪽.

21) 김현아, 『기억의전쟁, 전쟁의 기억』, 책갈피, 2002, 149쪽.

22) Donald E. Miller and Lorna Touryan Miller, *Survivors: An Oral history of the Armenian Genocide*, Berkeley: University of California Press Miller, 1999, p. 174.

23) 허버트 허시, 강성현 옮김, 『제노사이드와 기억의 정치』, 책세상, 2008, 108쪽.

24) 허먼, 앞의 책, 89쪽.

25) 최인훈의 소설 『회색인』에서 전후 젊은이들의 사고를 지칭할 때 사용한 용어.

26) 김흥수, 『한국전쟁과 기복신앙 확산 연구』, 한국기독교역사연구소, 1999 참조.

27) 노용석, 「민간인학살을 통해 본 지역민의 국가인식과 국가권력의 형성—경상북도 청도 지역의 사례를 중심으로」, 영남대학교 문화인류학과 박사학위논문, 2004, 196쪽.

28) 김종민, 「4·3 이후 50년」, 역사문제연구소 외, 『제주 4·3 연구』, 역사비평사, 1998, 370~374쪽.

29) 민주화운동기념사업회, 「민주화운동 관련 인사 구술사료 수집을 위한 구술면담—소혜련 편」, 김설이·이경은, 『잿빛 시대 보랏빛 고운 꿈』, 민주화운동기념사업회, 2007, 161쪽.

30) 조선인 포로 감시원들은 영미인 포로를 대하면서 "반도인이 일본인으로서 자부심을 느낄 수 있었다"고 생각했다. 우쓰미 아이코, 이효경 옮김, 『조선인 B·C 급 전범, 해방되지 못한 영혼』, 동아시아, 2007, 152쪽.

31) 도미야마 이치로, 임성모 옮김, 『전장의 기억』, 이산, 2002, 89쪽.

32) "University of the West of England: Korean War veterans still affected by war trauma", *Biotech Week*, Atlanta, Oct 6, 2004.

33) 청룡부대 소대장으로 참전했던 정우식의 증언. 오연호, 「강간과 민간인 집단사살은 실제로 있었지만—베트남 참가 전투소대장들 35년 만에 입 열다」, 월간 『말』, 2000. 1.

34) 「전쟁터 간 미군 30%, 외상후 스트레스 증후군」, 『조선일보』 2009. 11. 7.

35) 「광주 진압군, 정신적 피해 인정… 보훈대상」, MBC, 2009. 1. 30(http://imnews.imbc.com/replay/2009/nwdesk/article/2273339_13193.html)

36) 『노컷뉴스』 2013. 6. 13.

37) 이임하, 「상이군인의 한국전쟁 기억과 생활세계의 변화」, 한성대학교 사회과학원 부설 전쟁과 평화연구소, 『전후 냉전체제와 국가이데올로기의 내면화』 학술발표회 자료집, 2007. 4. 28, 18쪽.

38) 천희숙, 「한국전 참전군인의 부상경험」, 『국군간호사관학교논문집』 제21집, 군진간호연구소, 2002, 76~78쪽.

39) 박정석, 「상이군인과 유가족의 전쟁경험」, 표인주 외, 『전쟁과 사람들—아래로부터의 한국전쟁 연구』, 한울 아카데미, 2003, 183쪽.

40) 윤충로, 「베트남 참전군인의 집합적 정체성 형성과 지배이데올로기의 재생산」, 한성대학교 사회과학원 부설 전쟁과 평화연구소, 『전후 냉전체제와 국가이데올로기의 내면화』 학술발표회 자료집, 2007. 4. 28.

41) 녹색병원·노동환경건강연구소, 『쌍용자동차 구조조정 노동자 3차 정신건강 실태조사 보고서』, 2011. 4.

42) 정진주, 「정리해고에 따른 사회적 배제의 상처와 잔해: 쌍용자동차 사례」, 『쌍용자동차 구조조정 노동자 3차 정신건강 실태조사 보고서』, 2011. 4.

43) 애도할 수 없는 상태, 특히 타인의 고통을 인정하지 않는 상태는 멜랑콜리(우울증)를

가져온다. 그것은 욕망의 좌절이다. 애도는 사회운동이나 저항으로 연결되지만, 멜랑콜리는 자살을 불러올 따름이다. 김석, 「애도와 멜랑콜리」, 『민주주의와 인권』 제12권 1호, 2012 참조.

44) 강은숙, 「저항집단의 생애사를 통해본 사회적 트라우마티즘의 형성과정—5·18 시민군 기동타격대의 '상처받은' 5월정신」, 성공회대학교 사회학과 석사학위논문, 2011.

45) 광주 5·18 피해자들 중 학생 출신과 기층대중 출신의 트라우마티즘의 차이가 대표적이다. 한국전쟁 참전자 중에서도 상이군인이 일반군인보다 더 심한 트라우마를 느낄 수 있을 것이고, 피학살 유족도 이후의 계층적 지위에 따라 상이한 고통을 겪을 것이다.

46) 강은숙, 앞의 글, 97쪽.

47) Victoria J. Barnett, "The Dynamics of Indifference", in *Bystanders: Conscience and Complicity During the Holocaust*, Westport: greenwood Press, 1999, p. 126.

48) ibid, p. 150.

49) 노다 마사야키, 『전쟁과 인간—군국주의 일본의 정신분석』, 길, 2000, 190쪽.

50) Barnett, op.cit, p. 95.

51) 노용석, 앞의 글, 186~188쪽.

52) 차승기, 「식민지 트라우마의 현재성」, 『황해문화』 68권, 2010, 17쪽.

53) 차승기는 식민지는 단순히 청산될 수도 없고, 망각될 수도 없는 경험이기 때문에 식민지 극복은 현실과의 싸움의 형태를 지녀야 한다고 말한다.

54) 박영균·김종균, 「코리안의 역사적 트라우마에 관한 연구방법론」, 건국대학교 통일인문학연구단, 『코리안의 역사적 트라우마』, 선인, 2012, 41쪽.

55) 위의 글, 29쪽.

56) 이것은 파농이 프랑스어 구사능력에 따라 백인화의 정도를 평가받는 흑인들의 경험에서 유추해본 것이다. 프란츠 파농, 이석호 옮김, 『검은 피부, 하얀 가면』, 인간사랑, 1995.

57) 홀거 하이데, 앞의 책, 52쪽.

58) 노다 마사야키, 앞의 책, 18쪽.

59) Desmond Tutu, "Justice as Reconciliation, not Retribution", *The Korea Herald*, Jan. 19, 2006.

60) 송소연, 앞의 글, 270~272쪽.

61) 위의 글, 272쪽.

62) 강용주, 「강용주 인터뷰, 최초의 비전향 장기수, 그의 마르지 않는 눈물」, 『진실의 힘』 제13호, 2012.

한국전쟁이 남긴 상흔—전쟁 유가족의 가족 트라우마

* 이 글은 2014년 『사회와 역사』 제101집에 게재된 논문에 약간의 수정을 가한 것이다.

1) 한국의 과거청산은 크게 ① 일제강점하의 친일행위와 일제의 강제동원, ② 한국전쟁기 민간인학살, ③ 권위주의 정권하에 일어난 인권침해 규명이라는 세 분야를 중심으로 진행되었다. 자세한 논의는 엄찬호, 「역사와 치유—한국 현대사의 트라우마를 중심으로」, 『인문과학연구』 제29집, 2011; 정근식, 「진실규명과 화해, 어디까지 왔는가?—진실·화해위원회 활동의 결산」, 『황해문화』 통권 제67호, 2010; 이재승, 『국가범죄』, 엘피, 2010을 참조하라.

2) 「역사와 책임—한국과거청산작업의 평가와 전망」, 2010 과거청산대토론회 자료집, 2010, 31~32쪽.

3) 김영범, 「연좌제의 역사적 전개와 그 의미망」, 『사회와역사』 제24권, 1990; 조은, 「분단사회의 '국민 되기'와 가족—월남가족과 월북가족의 구술 생애이야기를 중심으로」, 『경제와사회』 통권 제71호, 2006.

4) 오카 마리 지음, 김병구 옮김, 『기억서사』, 소명출판, 2004, 149쪽.

5) 조은, 「침묵과 기억의 역사화—여성·문화·이데올로기」, 『창작과비평』 112호, 2001, 81쪽.

6) 김동춘, 『전쟁과 사회—우리에게 한국전쟁은 무엇이었나』, 돌베개, 2000.

7) 이산가족으로 통칭되었던 월북가족, 월남가족뿐만 아니라, 국가의 포상체계를 중심으로 위계화된 국가유공자 가족, 상이군인 유가족, 피학살 가족, 부역자 가족, 전쟁미망인(내에서도 세부분류) 등 다양한 범주화가 가능하고 이에 대한 치밀한 개념화는 이후의 과제이다.

8) 최근 베트남 참전 군인들의 정신적 외상(평화박물관건립추진위원회, 「베트남전쟁과 한국 사회—정신의학자가 본 전쟁의 상처」, 2005)과 5·18 피해자들의 외상에 관한 연구(오수성·신현균·조용범, 「5·18 피해자들의 만성 외상후 스트레스와 정신건강」, 『한국심리학회지』 제25집 2호, 2006; 최정기, 「국가폭력과 트라우마의 발생기제—광주 '5·18' 피해자를 대상으로」, 『경제와사회』 통권 제77호, 2008; 강은숙, 「5·18시민군기동타격대원의 생애사를 통해 본 사회적 트라우마티즘 형성 과정」, 『기억과 전망』 제26호, 2012)는 전쟁과 국가폭력이 낳은 정신적 피해에 대한 학술적 관심과 이해를 크게 확장시켰다. 인혁당 재건위 사건으로 인한 가족의 피해에 대해서는 오승용, 「국가폭력과 가족의 피해—'인혁당 재건위' 사건을 중심으로」, 『담론 201』 제10권 4호(통권29), 2008; 고문피해와 치유에 대한 연구로는 2013년 5월 광주아시아포럼의 『국가폭력과 트라우마 자료집』을 참고하라.

9) 김성례, 「국가폭력과 여성 체험—제주 4·3을 중심으로」, 『흔적』 2호, 2001; 조은, 「침묵과 기억의 역사화—여성·문화·이데올로기」, 『창작과비평』 112호, 2001; 김귀옥, 「한국전쟁기 강화도에서의 대량학살 사건과 트라우마」, 『제노사이드 연구』 제3호, 2008; 김명희, 「한국의 국민형성과 '가족주의'의 정치적 재생산—한국전쟁 좌익 관련 유족들의 생애체험 및 정치사회화 과정을 중심으로」, 『기억과 전망』 통권 21호, 2009; 이임하, 『전쟁미망인, 한국현대사의 침묵을 깨다』, 책과함께, 2010.

10) Myung-Hee, Kim, "The Social Construction of Trauma and Family Trauma", 第85回日本社會學會大會 資料集(2012. 11. 2).

11) 한국전쟁 전후 민간인 집단희생 사건 조사결과 가장 큰 성과는 무엇보다도 한국전쟁 중 많은 민간인이 군경에 의해 적법절차 없이 전국적으로 희생되었다는 주장이 사실로 밝혀졌다는 것이다. 전남대학교 산학협력단 주관으로 2006년 12월~2007년 6월까지 실시한 심리피해 조사에 따르면 사건 관련 직접 경험자들이 '외상후 스트레스 장애'를 겪고 있는 비율은 한국전쟁 전후 민간인 집단희생 사건에서 38.9%로 나타났다. 진실·화해를위한과거사정리위원회, 『진실화해위원회 종합보고서 I』, 2010, 130~131쪽; 엄찬호, 「역사와 치유—한국 현대사의 트라우마를 중심으로」, 『인문과학연구』 제29집, 2011, 285~416쪽.

12) 황상익, 「국가폭력과 트라우마—현대한국, 특히 제주 '4·3'을 중심으로」, 동아시아평화인권 한국위원회, 『동아시아의 폭력과 근대』, 삼인, 2000.

13) 이병수, 「분단 트라우마의 유형과 치유방향」, 『인문과학논총』 제52집, 2011; 김종군, 「전쟁체험 재구성 방식과 구술 치유 문제」, 『통일인문학논총』 제56집, 2013.

14) 김종곤, 「"역사적 트라우마" 개념의 재구성」, 『시대와 철학』 24권 4호, 2013; 엄찬호, 「역사와 치유—한국 현대사의 트라우마를 중심으로」, 『인문과학연구』 제29집, 2011.

15) 김종군, 앞의 책, 41~42쪽.

16) 실증주의적 외상 연구가 행위자들의 고통을 양적 수치로 환원하거나 행위자들의 동기에 대한 진술을 행위에 대한 설명과 동일시함으로써 '경험에 의한 이론의 과소결정의 문제'를 야기한다면, 반대로 구체적인 경험 연구에 기반하지 않은 트라우마 담론은 '이론에 의한 경험의 과소결정' 문제를 야기한다고 할 수 있다. 양자의 폐단을 극복하기 위해서는 사회적 행위에 의미를 부여하는 행위자들의 진술이 수집·분석되어야 하며 그 행위의 기저에 있는 규칙들이 발견되어야 한다. Harré, R. and Secord, P. F., *The Explanation of Social Behavior*, Oxford: Blackwell, 1972, pp. 9~10.

17) 김종곤, 「"역사적 트라우마" 개념의 재구성」, 『시대와 철학』 24권 4호, 2013.

18) 김종곤은 기존의 자아심리학에 근거한 외상 개념의 한계를 도미니크 라카프라(D. LaCapra)의 '역사적 트라우마' 개념을 재구성하는 것으로 극복하고자 시도한다. 즉

'역사적 트라우마'의 증상은 첫째, 과거 사건과 아무런 관련성이 없는 자들에게서 나타나며, 둘째, 집단적이고 역사적인 성격을 갖고 있다는 점에서 "트라우마를 지속시키는 역사적이고 사회적인 구조"를 고려할 수 있는 개념으로 재구성되어야 한다는 것이다. 김종곤, 앞의 책, 41~42쪽.

19) 세계의 진실위원회를 중심으로 한 과거청산 과정에서 정신적 외상에 대한 깊이 있는 이해와 훈련 없는 '기록' 중심, 통계학적 조사방식이 갖는 한계에 대해서는 프리실라 헤이너 지음, 주혜경 옮김, 『국가폭력과 세계의 진실위원회』, 역사비평사, 2008의 제9장을 참고하라. 특히 헤이너는 국가폭력의 피해자들만이 아니라 진실위원회 직원들이 겪는 2차적인 정신적 외상과 전이 문제를 주의 깊게 언급하고 있다(263~268쪽).

20) 정근식, 「진실규명과 화해, 어디까지 왔는가?—진실·화해위원회 활동의 결산」, 『황해문화』 통권 제67호, 2010, 114쪽.

21) 이재승, 『국가범죄』, 엘피, 2010, 37쪽.

22) 정근식에 따르면 한국의 과거청산은 해방 후 식민잔재의 청산으로 제기되었으나 분단체제와 전쟁으로 미루어졌고, 전쟁 과정에서 발생한 각종 사회문제들도 공론장에서 언급되지 못한 채 억압되었으며, 1987년 민주주의로의 이행 이후 1998년 이른바 민주정권이 성립하면서 압축적으로 전개된 사회현상이다(정근식, 「한국의 민주화와 복합적 과거청산」, 5·18 기념재단, 『주먹밥』 제27호, 2010, 21쪽). 한편 세계의 과거청산 방식을 다섯 가지로 유형화한 이재승(『국가범죄』, 엘피, 2010)은 한국의 과거청산이 정의 모델과 진실화해 모델을 병행한 혼성 모델에 가까워 보이지만, 실제로는 피해자들을 무마하고 기념사업에 치중하는 낮은 수준의 정의를 구현하는 신원 모델에 가깝다고 본다. 정근식(「진실규명과 화해, 어디까지 왔는가?—진실·화해위원회 활동의 결산」, 『황해문화』 통권 제67호, 2010)은 한국의 과거청산이 정의 모델보다는 진실화해 모델에 가까우며, 어떤 요소가 '화해'에 중요하게 작용하는지에 대한 경험적 연구가 부진함을 지적한다.

23) 제프리 알렉산더 지음, 박선웅 옮김, 『사회적 삶의 의미』, 한울, 2007, 75~77쪽.

24) Alexander, J. C. (et al.), *Cultural Trauma and Collective Identity*, Berkeley: University of California Press, 2004; Tota, A., "Review Essay Public Memory and Cultural Trauma", Javnost-The public, Vol. 13, No. 3, 2006, pp. 84~85.

25) 안현의, 「복합외상(complex trauma)의 개념과 경험적 근거」, 『한국심리학회지』 제26권 제1호, 2007, 105~108쪽.

26) 반복적·대인적 외상이 불러일으키는 고유한 심리적 증상들을 단순 PTSD(simple PTSD)와 차별화하는 복합 PTSD(complex PTSD)로 다루어야 한다는 허먼의 제안은

복합외상에 대한 논의를 공론화하는 본격적인 계기가 되었다. 허먼이 제안한 복합 PTSD는 아동기 학대나 가정폭력, 장기화된 전투경험과 같이 반복적으로 지속된 외상 경험으로부터 발생한다(안현의, 앞의 책, 108쪽). 즉 현재 PTSD라는 진단기준은 지속적이고 반복적인 외상에서 비롯된 증상의 변화무쌍한 표현과, 속박 속에서 발생하는 성격의 뿌리 깊은 변형을 포착하지 못한다. 이와는 달리 '복합성 외상후 스트레스 장애(Complex PTSD)'는 자연히 낫는 단기적인 스트레스 반응에서부터 전형적이거나 단일한 외상후 스트레스 장애를 거쳐 지속적이고 반복적인 외상의 복합적 증후군까지 아우르는 차원을 지닌다(쥬디스 허먼 지음, 최현정 옮김, 『트라우마—가정폭력에서 정치적 테러까지』, 플래닛, 2009, 206~207쪽).

27) 허먼, 앞의 책, 369쪽.

28) 허먼은 외상 경험의 핵심을 '관계의 단절과 힘의 상실'로 파악하면서 공포, 단절, 속박이라는 세 가지 형태를 지적한다. 공포(Terror)는 잔학행위로 인한 심리적 외상의 형태를 말한다. 단절(Disconnection)은 가족, 우정, 사랑, 그리고 공동체에 대한 애착이 깨지는 것, 다른 사람과의 관계 안에서 형성·유지되는 자기감이 부서지는 상태이다. 속박(Captivity)은 단일한 외상 사건만이 아닌 반복적인 외상이 일어나는 환경을 지칭한다. 속박의 상태에 있을 때 외상은 반복된다. 감옥, 강제수용소와 컬트 종교집단, 성매매 집결지와 같은 조직화된 성적 착취기관 및 가정 안에도 존재한다. 정치적 속박은 잘 알려져 있지만,—어떠한 창살도 철조망도 없는—가정 안에서 여성과 아동이 당하는 속박은 강력함에도 불구하고 잘 보이지 않는다. 아이들은 의존해야만 하는 상황에 의해 속박되고, 여성들은 물리적 강제뿐만 아니라 경제적·사회적·심리적·법적 종속에 의해 속박된다. 이 속박 속에서 피해자는 가해자와 만성적으로 관여하게 된다. 허먼, 앞의 책.

29) Scheper-Hughes, N. & Bourgois, P. (eds.), *Violence in War and Peace*, Oxford: Blackwell Publishing, 2004, p. 25.

30) 진화위 보고서에 의하면, 각 지역 유족들의 피해는 다음과 같은 유사한 패턴들을 보여준다. 사건 이후에도 희생자의 유족들에게 부역혐의자들의 행방을 묻기 위한 연행과 고문이 계속되었고, 한순간에 가장과 가족을 잃은 유족들은 가족이 해체당하고 고향에서 추방되는 일을 겪어야 했다. 희생자의 부인에 대한 치안대의 성적 모욕도 유족들이 고향을 떠난 주요한 이유였다. 희생자의 유족들은 1950년 10월 20일부터 시작된 신분증 발행제도 아래서 도민증을 발급받지 못해 생존권을 위협받았으며, 함께 사는 주민들로부터도 일상적인 냉대를 받았다. 그 후 연좌제의 제도적 굴레 속에서 정보기관의 지속적인 감시와 신분상의 불이익을 감내해야 했다. 진화위, 『2007년 상반기 조사보고서』, 2007, 357쪽.

31) 본 연구에서 '가족 트라우마'는 기본적으로 가족상실을 공유한 가족구성원들의 외상의 성격을 지칭하지만, 다음의 세 차원을 아우르는 것으로 사용한다. 사회가 가족 단위로 가한 폭력이 가족 차원에 남긴 집단적 외상, 가족관계 내에서 재생산되는 외상, 그리고 이것이 개인의 정체성에 영향을 미쳐 다시 사회적 차원에 반작용하는 복합적 속성이 그것이다. 요컨대 '가족 트라우마'는 개인의 심리적 속성이나, 사회 전체의 속성으로 환원되지 않는 가족을 매개(agency)로 행사되는 외상의 고유한 속성을 포착하기 위한 개념화이다.

32) Rosenthal, G., "Biographical research", in C. Seale. et al., *Qualitative Research Practice*, SAGE Publications Ltd, 2004; 이희영, 「사회학 방법론으로서의 생애사 재구성—행위이론의 관점에서 본 이론적 의의와 방법론적 원칙」, 『한국사회학』 제39집 3호, 2005.

33) 윤형숙, 「가족사를 통해 본 지방사」, 『한국문화인류학』 제33집 2호, 2000, 175쪽.

34) Bertaux, D. and Delcroix, C., "Case histories of families and social processes: enriching sociology", U. Apitzsch (eds.), *Biographical Methods and Professional Practice*, Intl Specialized Book Service Inc, 2004, pp. 71~74); Volter, B., "Intergenerational Dialog in Families of Jewish Communists in East Germany: A Process-Oriented Analysis", *Biographies and the Division of Europe*, Opladen: Leske+Budrich, 2000, p. 144. 이러한 접근방법은 기존 가족사 연구에서 개인이라는 분석 단위에서 출발하는 '생애 경로적 접근', 혹은 '연대기적 접근'으로 분류될 수 있다. 여기서는 가족을 상호 맞물려 있는 생애궤도들의 집합체이자 소우주로 바라본다. 즉 가족 내의 각 세대 성원은 다른 사람들의 생애 경로에서 야기되는 사건에 영향을 받게 된다는 것이다. 가족사·가족구술사 연구동향에 대해서는 김홍주, 「가족사 연구의 동향과 이론적 쟁점」, 『사회와 역사』 제46권, 1995; 이기숙, 「가족구술사 연구법에 관한 소고」, 『한국가족관계학회지』 3권2호, 1998; 생애사 방법론으로 가족사를 다룬 연구로는 Bertaux, D. and Delcroix, C., "Case histories of families and social processes: enriching sociology", U. Apitzsch (eds.), *Biographical Methods and Professional Practice*, Intl Specialized Book Service Inc, 2004; Volter, B., "Intergenerational Dialog in Families of Jewish Communists in East Germany: A Process-Oriented Analysis", *Biographies and the Division of Europe*, Opladen: Leske+Budrich, 2000을 참고할 것.

35) 가설추론적(abductive) 분석방법은 기존의 환원론적이거나 단선적인 원인-결과의 논리로 사회현상을 설명하는 것과 달리, 행위가 갖는 다의성과 가능성을 고려하면서 귀납이나 연역이 아니라 둘을 병행하여 특정 사실로부터 과거의 상황을 추론하고 미래를 전망하는 분석방법이다. 이에 대해서는 이희영, 「사회학 방법론으로서의 생애사 재구성—행위이론의 관점에서 본 이론적 의의와 방법론적 원칙」, 『한국사회학』

제39집 3호, 2005, 138~139쪽을 참조하라.

36) 허먼, 앞의 책, 292쪽.

37) 지면상 상세히 다루지 못하지만, 이러한 방법론적 고려는 기억(Memory)과 서사(Narration)에 대한 이론적 쟁점들을 내포한다. 구술자들의 과거 체험의 회고는 현재, 즉 '지금 그리고 여기서(here and now)' 이루어진다는 점에서 시간성, 즉 기억의 현재성과 과거 체험, 그리고 미래의 관계에 대한 숙고를 필요로 한다. 이에 대한 확고한 철학적 자원을 제공하는 것으로 Mead. G., *The Philosophy of the Present*, Amherst, New York: Prometheus Books, 1932; 경험, 기억, 서사의 변증법적 상호관계에 대한 이론적·방법론적 논의로는 Rosenthal, G., "The Narrated Life Story: On the Interrelation Between Experience, Memory and Narration", in *Narrative, Memory & Knowledge: Representation, Aesthetics, and Context*, University of Hudderfield Press, 2006을 참조하라.

38) Rosenthal, op.cit., p. 4.

39) Volter, op.cit., pp. 142~144.

40) 따라서 1차 자료의 수집에 있어 약간의 비대칭이 있음을 말해둔다. 김동호 씨의 경우 다른 네 명의 친족 성원들에 대한 심층면접을 통해 교차비교가 가능했지만, 가족 해체 이후 현재 사회복지시설에 거주하고 있는 박선주 씨의 경우 다른 가족 성원들의 구술 수집이 불가능했고, 기사, 자전적 형식의 수기, 2차 인터뷰 등의 자료로 그 공백과 한계를 보완해야 했다.

41) 알다시피 사회과학은 폐쇄가 없는 과학이다. 즉 개방적 현실을 고려할 때 사례 연구의 목적은 그 결과의 양적 일반화에 있는 것이 아니라 특정한 시공간 속에 위치한 구체적인 사례의 맥락 의존적 성격과 복합성을 포착하는 질적인 설명에 있다. 사회과학에서 사례 연구의 방법론적 의미와 가능성에 대해서는 이영철, 「사회과학에서 사례 연구의 이론적 지위—비판적 실재론을 바탕으로」, 『한국행정학보』 제40권 제1호, 2006을 참고하라.

42) 구술자는 이와 같은 이유로, 그리고 "적법한 재판도 없이" 행해졌던 '양민학살'이었기에 역설적으로 진화위에 진상규명을 신청하지 않았다.

43) 김동호 녹취록 II, 120: 5~8, 2007. 인용 출처를 표시하는 텍스트의 기호와 숫자는 구술을 기록하는 이 논문의 방식으로 [인터뷰 횟수, 텍스트 페이지: 행, 연도]를 나타낸다. 녹취록의 ( ) 안의 기호는 말과 말 사이의 쉬어감과 간격을 표현한다.

44) 김동호 녹취록 II, 120: 8~17, 2007.

45) 경험이 체험보다 일반적이고 포괄적인 용어라면, 체험은 경험의 특수한 유형으로서 우리가 겪고 인식하는 대로의 경험을 가리킨다. 우리의 언어는 인간의 체험의 가

능성을 명명하는 거대한 언어학적 지도라 할 수 있다. 밴 매넌 지음, 신경림·안규남 옮김, 『체험 연구』, 동녘, 1994, 226~227쪽.

46) 승화는 자기방어기전의 한 형태로, 대리 대상이 더욱 높은 문화 목표로 나타날 때의 치환이다. 지그문트 프로이드 지음, 손정수 옮김, 『정신분석입문』, 배제서관, 1997.

47) 이 과정에서 입산 도중 헤어진 가족들을 찾으러 가자는 큰형님의 제안에, 구술자는 "사사롭게 가족에 휩쓸려서 혁명의 대열을 벗어나면 안 되지 않느냐"는 "사명의식"으로 형님의 제안을 거절했던 일화를 이야기한다. 김동호 녹취록 II, 24: 9~23, 2007.

48) 4차 심층면접에서 연좌제의 피해자였음이 비로소 시인된다. "그렇지. 계속 감시의 대상이었지, 감시의 대상. (…) 왜냐하면 소위 그 사상적으로 불순한 사람들은 지금 뭔가 좋은 자리 취업을 해도 안 되는 거예요. 예를 들어서 둘째 형님이 군대를 갔는데 정보 관계된 일을, 필체가 좋으세요. (…) 근데 그것이 저 흔적이 남아가지고 (2) 그때 철저했어. 연좌제, 그 뭐냐 아버지가 그렇게 돌아가시고 또 큰형님이 그렇게 되고 연좌제의 적용을 받지."(김동호 녹취록 IV, 118: 4~12, 2007).

49) 구술자의 진로 고민은 1950년대 중반 '양 키우는 꿈'에 대한 일화에서 드러나는데, 이때 그는 "고향으로 돌아가 정치를 하는" 꿈에 대해 이야기한다. 전체 이야기를 끌고 가는 주요한 메타포인 이 '꿈'의 내용은 구체적으로 언급되지 않다가 4차 심층면접에서야 언술된다. 그 '꿈'이 무엇이었냐는 연구자의 직접적인 질문에, 구술자는 한참을 침묵한 뒤 "중앙정치에 진출해서 평등한 분배를 실현하는 꿈"이었다고 말한다.

50) 김동호 녹취록 IV, 46: 2~17, 2007.

51) 김동호 녹취록 II, 45: 22~47: 6, 2007.

52) 구술자는 "권총을 둘러메 가지고 급습한 후, 망치로 갖다 금고를 두들겨 부시던 특무대"의 횡포를 "무법자"와 같은 인상으로 체험하고 있다. 김동호 녹취록 II, 73: 21~75: 19, 2007.

53) 구술자의 초기 이야기의 주요 주제 중 하나였던 "마을사의 비극"의 적용 범위는 구술자 문중의 희생에 제한되지 않는다. "마을에 비극이 문제는 가장 핵심적인 문제가 어딨냐면 조씨 때문에 발단이 되가지고 그 많은 사람이 희생하고 조씨 그 친 동생이 죽은 거야 또 친동생이"(김동호 녹취록 II, 13: 9~10, 2007).

54) "거기서 얘기를 조금 바꿔볼까. 6·25 사변 통해서 이념 때문에 하나의 이념관계로 해가지고 어 입산을 하고 뭐고 하는데 그때 뭔가 막연하게 (…) 국가와 민족을 위해서 할 수 있는 일이 뭐냐 이런 게 느껴지는 거예요"(김동호 녹취록 II, 87: 13~16, 2007).

55) 박선주 녹취록 I, 1: 26~30, 2008.

56) 4·3학살에서 집단적 형태로 행사되었던 성폭행과 고문의 성정치학에 대해서는 김성례, 「국가폭력과 여성 체험—제주 4·3을 중심으로」, 『흔적』 2호, 2001을 참고할 것.

57) 전쟁 미망인에 대한 연구(이령경, 「한국전쟁 전후 좌익 관련 여성 유족의 경험 연구—여성주의 평화의 개념에서」, 성공회대 석사학위 논문, 2003; 이임하, 『전쟁미망인, 한국현대사의 침묵을 깨다』, 책과함께, 2010)는 여성 유족들이 감내해야 했던 생활공동체의 파괴, 경제적 고통, 재가의 생애 전략에 대해 언급하고 있지만, 재가 이후의 생애 과정에 대한 연구는 거의 없다.

58) 그녀는 고향에 홀로 살고 계신 어머니로부터 "니가 오니까 가슴이 뛰어서 못살겠다"며 "어디 갈 데 있으면 내 곁에 있지 말"고 떠나달라는 당부를 듣고 고향으로 돌아갈 수 없었다. 한편 구술자의 두 언니 또한 자궁암 및 화병으로 병사한다.

59) 독립유공자예우에 관한 법률에 의거한 연금을 말한다. 그 적용 범위 및 실태에 대해서는 이호용, 「독립유공자 예우에 관한 법정책적 문제점과 개선방안—독립유공자 보훈체계의 개선을 중심으로」, 『한양법학』 제21집, 2007을 참고하라. 독립유공자에 대한 보훈의 역사는 의병활동이 촉발된 1895년 명성황후 시해 사건으로부터 시작된다. 그 후 1945년 해방이 되고, 1965년에는 독립유공자에 대한 보훈이 최초로 개시되었다. 1977년에는 본격적인 독립유공자 서훈이 있었다. 현재 독립유공자로 포상된 자는 10,469명(2006. 8. 31. 기준)인데, 이 중 90% 정도가 1977년 이후 서훈된 자들이다. 독립유공자의 경우 다른 일반 국가유공자와는 달리 당초 유가족에 대한 사망보상금 없이 오로지 연금에만 의존하고 있고, 이마저 1명의 독립유공자에 대하여 1명의 연금 대상 유족으로 한정하여 나머지 자녀, 손자녀 등은 무보훈으로 지내고 있다. 이는 생존자 중심의 보훈체계에서 비롯되는 것이다. 이호용, 「독립유공자 예우에 관한 법정책적 문제점과 개선방안—독립유공자 보훈체계의 개선을 중심으로」, 『한양법학』 제21집, 2007, 731~733쪽.

60) 박선주 녹취록 I, 10: 21~11: 24, 2008.

61) 윤택림의 사례 연구에 의하면 1996년 재조사 당시 유씨 가족은 독립유공자로 선정되지 못했는데, 그 인물이 범죄사실이나 친일경력, 사회주의, 공산주의 경력이 있으면 여전히 제외되었다. 일제시기 아무리 항일운동을 했어도 현 남한의 체제하에서 사회주의, 공산주의 계열의 항일운동은 독립운동으로 인정되지 못하고 있었던 것이다(윤택림, 『인류학자의 과거여행—한 빨갱이 마을의 역사를 찾아서』, 역사비평사, 2003, 220~221쪽). 박선주 씨의 사례에서 두 번째 남편은 오랫동안 '애국자'로 인정받기 위해 노력했으며, 유공자로 선정된 배경에는 "경북○○" 지방 출신이라는 이력도 작용했다. 두 번 모두 '독립운동'을 하던 집안의 남편과 결혼한 구술자의 가족사는 전후 이데올로기로 분열되었던 대한민국 독립운동사의 모순과 적대, 생채기를 응축적으로 보여준다.

62) 박선주 녹취록 I, 44: 11~14, 2008.

63) 구술자는 첫 남편과의 사이에 딸이 하나 있다. 출소 후 함께 살기 위해 시댁에 맡겨 두었던 딸을 찾았지만, "키워주지 않았"으니 "엄마 아니라고" 거부당했다. 딸은 공장을 다니다 만난 이와 결혼하여 슬하에 2남 1녀를 두었지만, 남편이 20대에 신장병으로 사망한 뒤 홀로 아이들을 키워야 했다. 두 번째 남편과의 사이에서 낳은 아들은 만성적인 학대 속에서 성장하여 정신질환을 앓았다. 아들은 2008년 당시 이혼을 한 채 신용불량자로 살아가고 있었다.

64) 박선주 녹취록 I, 19: 25~20: 18, 2008.

65) 반공국가에서 일등시민과 이등시민의 경계는 '국가유공자 가족'과 이른바 '빨갱이 가족'으로만 구획된 것이 아니라 '젠더'로 중첩되고 위계화되어 있다. 남성들의 시민권 확보를 위한 노력이 '국가'와의 관계에서 주로 이루어진다면, 여성들이 자신의 안전과 재생산을 꾀하는 방식은 주로 '가족'이라는 행위공간에 의존해서 이루어졌다고 볼 수 있다. Myung-Hee, Kim, "The Social Construction of Trauma and Family Trauma", 第85回 日本社會學會大會 資料集(2012. 11. 2).

66) 국가보안법과 반공규율, 신원조회와 연좌제, 가부장적 가족법이 결합된 분단국가 시민권의 독특한 작동방식을 지칭하는 가족신분제의 개념화에 대해서는 김명희, 「한국의 국민형성과 '가족주의'의 정치적 재생산—한국전쟁 좌익 관련 유족들의 생애체험 및 정치사회화 과정을 중심으로」, 『기억과 전망』 통권 21호, 2009, 251~255쪽 참고. 가부장적 가족법은 가족을 '성별'과 '연령'에 따라, 연좌제는 가족을 '출신'과 '이념'에 따라 중층적으로 위계화한다. 각각은 가족을 보수화·탈정치화하면서 응집시키는 동시에 분할하는 원리로 작동하는 셈이다.

67) 만성적인 고립 상황에서 희생자들은 다른 사람과 연결감을 유지하기 위해 전이 대상을 필요로 한다. 가해자와의 관계가 그것이다. 다른 사람과 연결될 수 없는 까닭에, 피해자는 가해자에게서 인간성을 찾으려고 애쓰게 된다. 허먼, 앞의 책, 145쪽.

68) 한 가족 구성원의 외상이 가족 매트릭스 및 다른 가족 구성원에게 미치는 영향에 대한 고찰로는 Danieli, Y (ed.), *International Handbook of Multigenerational Legacies of Trauma*, New York: Plenum, 1998; 최광현, 『가족 세우기 치료—가족 문제에 대한 통찰과 해결』, 학지사, 2008을 참조하라. 상이군인 미망인들이 감내해야 했던 가정폭력의 사례에 대해서는 이임하, 『전쟁미망인, 한국현대사의 침묵을 깨다』, 책과함께, 2010을 참고하라.

69) Leebaw, B., *Judging State-sponsored Violence, Imagining Political Change*, New York: Cambridge University Press, 2011.

70) 이전의 숨겨진 권력남용을 드러내고 부인(denial)행위에 책임을 지우며 정치개혁을 진전시키는 것을 목표로 하는 이행기 정의(transitional justice)는 정치적 폭력과 관

련해 변화를 가져올 중대한 해법으로 지지를 받고 있다. 이 과정에서 과거 잔학행위에 공모하거나 묵인한 사람들은 '회색지대'라는 매개체를 통해 군사적·정치적 권력을 유지할 수도, 과거의 만행을 정당화하는 신념과 이데올로기를 신봉할 수도, 과거 만행을 부인할 수도 있다. 여기서 회색지대는 탈정치화의 기제가 된다. 진실위원회는 레비가 책임성의 '그레이존'이라 부른 지점을 조사하기에 적합한 기구일 수 있다. 마찬가지로 진실위원회는 '저항'이라는 주제를 피해자-가해자 틀과 관계없이, 저항의 역사 속 회색지대는 물론 저항의 다양한 형태들까지도 인정하면서 포함시킬 수 있을 것이다. 박현주, 「과거청산 개념화를 위하여—이행기 정의 논의를 통해」, CRS(Critical Realist Solidarity) 정기 콜로키움 발표문(2014. 2. 28), 4~9쪽.

71) 권헌익 지음, 이한중 옮김, 『또 하나의 냉전—인류학으로 본 냉전의 역사』, 민음사, 2013, 138쪽. 친족관계의 민주화는 극단의 시대를 넘어서는 정치발전의 핵심부분이다. 무엇보다 친족이 지난 세기에 과격하고 폭력적인 정치 갈등의 중심이었기 때문이다. 확대해서 말하자면 삶의 이 친밀한 영역에서 일어나는 사회행동들이 냉전의 정치 너머의 지평을 형성하고 상상하는데 중요하다(140쪽).

72) 허먼, 앞의 책, 20쪽.

73) 이런 맥락에서 모리스 알박스(M. Halbwachs)의 '집단기억' 연구에 초석이 되었던 뒤르케임이 말하듯, "규명해야 할 것은 과거의 생활 과정에서 점진적으로 형성되거나 유전적으로 물려받은 습관이나 성향들이다. 이런 것들이 우리를 지배하고 있는 실질적 세력들이다. 그런데 이런 것들은 무의식 속에 숨겨져 있다. 그러므로 우리는 우리의 개인역사와 가족역사를 재건시킴으로써 그것을 성공적으로 발견할 수 있을 것이다." 에밀 뒤르케임 지음, 이종각 옮김, 『교육과 사회학』, 배영사, 2006, 202쪽.

'5·18사람'으로 살아간다는 것—5·18 시민군 기동타격대원의 생애사

* 이 논문은 5·18기념재단의 '2010년 5·18전문연구자 육성'사업의 지원을 받아 수행된 연구논문을 수정·보완하여 작성한 것임.

1) 5월 민중항쟁에서 계엄군의 최후진압이 예고된 5월 26일 오후에 시민군들이 결집하여 계엄군에 대항하고자 한 항쟁 지도부의 공식적인 무장조직이다. 1~6조까지는 6~7명을 한 팀으로, 7조에서 13조까지는 10~13명을 한 팀으로 배치했고, 이들은 대개 노동자 출신이면서 20세 전후의 청년층으로 구성되었다. 안종철, 「광주민중항쟁의 전개 과정 연구」, 5·18기념재단, 『5·18민중항쟁의 정치·역사·사회 3. 5·18 민중항쟁의 전개 과정』, 2007.

2) 사회적 트라우마티즘이란 외상 사건의 결과로 발생한 신체적·정신적 증상이라는 트라우마의 개념을 확장하여, 외상 사건 이외의 요소들—가족적·사회적·정치적·경제적 환경—과 외상 경험자의 행위전략 간의 상호작용의 과정 및 그로 인해 변화되는 트라우마의 양상들을 종합적으로 분석하기 위한 개념이다. 이에 대한 자세한 논의는 다음 절에서 다룰 것이다.

3) 광주 문제 해결을 위한 5원칙은 진상규명, 책임자처벌, 국가배상, 기념사업, 명예회복이라는 5대 과제를 가리킨다.

4) 오수성, 「광주오월민중항쟁의 심리적 충격」, 광주현대사사료연구소 엮음, 『광주5월민중항쟁』, 풀빛, 1990; 오수성, 「5·18관련자의 심리적 고통」, 『5·18민중항쟁사』, 광주광역시5·18사료편찬위원회, 2001; 오수성·신현균·조용범, 「5·18 피해자들의 만성 외상후 스트레스와 정신건강」, 『한국심리학회지 일반』 제25권 2호, 2006; 오수성·신현균, 「5·18 피해자들의 생활스트레스, 대처방식, 지각된 사회적 지지와 외상후 스트레스, 심리건강 간 관계」, 『한국심리학회지 임상』 27권 3호, 2008.

5) 5·18기념재단, 『5·18 민주유공자 생활실태 및 후유증실태 조사연구 보고서』, 5·18기념재단, 2006.

6) 최정기, 「국가폭력의 트라우마 기제」, 『경제와 사회』 통권 제77호, 2008.

7) 고통을 잊기 위해 마시는 술은 이러한 감정의 자제를 상실시켜 극단적인 행동과 선택을 유도하여 문제를 악순환시킨다. 또한 이 트라우마는 단순히 개인의 문제로 끝나는 것이 아니라 배우자, 자녀 등 가족들에게 전이된다. 한 5·18 참가자는 전처를 살인하고 복역 중 교도소에서 자살했으며, 항쟁 당시 고등학생이었던 참가자가 37일간 구금되었다가 풀려난 뒤 달리는 열차에 뛰어들어 자살한 사건도 있었다. 5·18기념재단, 『5·18민주화운동 피해자에 대한 심리학적 부검 및 자살피해 예방대책과 사회적 지원방안에 대한 연구』, 2008.

8) 5·18기념재단, 『5·18민주화운동 피해자에 대한 심리학적 부검 및 자살피해 예방대책과 사회적 지원방안에 대한 연구』, 2008; 〈KBS스페셜: 5·18 자살자 심리부검 보고서〉, 2009.

9); 박영주, 「5·18 트라우마티즘 연구의 현황과 전망」, 『민주주의와 인권』 제4권 2호, 2004.

10) 5월운동은 일반적인 의미에서 80년 5월 이후에 벌어진 운동으로서, 5월 민중항쟁의 진실규명을 위한 다양한 차원의 집합적 행동이라고 할 수 있다. 5월운동은 매년 5월에 진행된 추념행사와 망월동 민주묘지와 관련된 일련의 장례투쟁으로 시작되었으나, 80년대 후반에는 광주 문제 해결을 위한 5원칙을 중심으로 이를 실현하기 위한 집합적 운동으로 발전했다. 정근식, 「민주화와 5월운동, 집단적 망탈리테의 변화」,

나간채 엮음, 『광주민중항쟁과 5월운동 연구』, 전남대학교 5·18연구소, 1997; 정호기, 「5월운동의 전개와 주체에 관한 연구—현황과 방향」, 『5·18 제24주년 기념 학술대회 자료집 '5·18연구: 회고와 전망'』, 전남대학교 5·18연구소, 2003.

11) 주디스 허먼 지음, 최현정 옮김, 『트라우마—가정폭력에서 정치적 테러까지』, 플래닛, 2007.

12) 조지 허버트 미드 지음, 나은영 옮김, 『정신·자아·사회』, 한길사, 2010.

13) 호네트가 제시한 인정투쟁의 세 가지 영역은 가족-시민사회-국가에 상응하는 ① 원초적 관계(자기믿음), ② 권리관계(자기존중), ③ 가치공동체(자기가치 부여)이다.

14) 왜냐하면 5·18 참여자에게는 가족-시민사회-국가라는 영역이 순차적으로 존재하지 않았을 뿐만 아니라, 트라우마티즘을 겪은 개인의 일반화된 타자, 즉 사회적 규범은 훨씬 더 불규칙적이거나 매우 주관적인 영역을 구성하기 때문이다.

15) 구술사 연구는 한 개인의 사적 기억이라는 장치를 통해 현재로 불려 나오는 사실들을 재구성한다. 이러한 작업은 역사적 언어로 이루어진 공적인 재현을 개인적 체험의 언어로 이루어진 사적 기억을 통해 상대화하는 작업이며, 반대로 다시 전자를 통해 후자를 상대화 하는 작업이다(윤택림, 「역사인류학자의 시각에서 본 역사학—구술자 연구를 중심으로」, 『역사문제연구』 6호, 2001). 구술 생애사 텍스트를 보는 관점은 "사실적 진실성(factual truth)과 서술적 진실성(narrative truth)"으로 구분될 수 있다(김성례, 「한국 여성의 구술사—방법론적 성찰」, 조옥라·정지영 엮음, 『젠더, 경험, 역사』, 서강대학교출판부, 2004, 50쪽). 전자는 지나간 체험에 대한 사실들을 재구성하려는 관점이며 후자는 현재의 기억을 통해 재구성된 생애사의 서사성과 주관적 의미를 이해하려는 작업이다(이희영, 「사회학 방법론으로서의 생애사 재구성」, 『한국사회학』 제39집 3호, 2005).

16) 인터뷰 대상자들은 5월 민중항쟁 당시 대부분 20대 초반의 나이로 각각 음악실 DJ, 나전칠기공, 당위병, 다방주방장, 용접공 등의 직업에 종사하고 있었으며, 중학교를 졸업하지 못한 경우가 대부분이었다. 이 중 한명은 고인이 된 뒤여서 유족(부인)과 인터뷰를 진행했다. 구술자들은 인터뷰 실명 공개에 동의했으나 최소한의 익명성을 보장하기 위해 구술자의 이름을 비워두었고, 성이 중복되는 경우 다른 성을 사용했다.

17) 한국현대사사료연구소, 『광주5월민중항쟁사료전집』, 풀빛, 1990.

18) 5·18기념재단, 『5·18민주화운동 구술자료 전사』, 2007.

19) 나간채·이명규 엮음, 『5·18항쟁 증언자료집 I, II. 5·18연구소 자료총서』, 전남대학교 5·18연구소, 2003.

20) 자신의 경험을 언어화할 수 없었던 기층민중들의 익명적 지식(푸코 지음, 박정자 옮

김, 『사회를 보호해야 한다』, 동문선, 1998. 김원, 『그녀들의 反역사, 여공 1970』, 이매진, 2006에서 재인용)을 산출하는 과정은 지식인 및 지배층 중심의 역사적 기록에 대항해 고유한 체험과 기억이 담겨진 흔적의 조각보를 맞추는 과정일 수밖에 없다 (케이트 크리언 지음, 김우영 옮김, 『그람시·문화·인류학』, 길, 2004). 따라서 구술자가 언어화하지 못하거나 기억의 한계 등으로 현재적 구술에서 드러나지 않은 체험들은 다른 '흔적'들을 통해 보완될 수밖에 없다. 따라서 기존의 증언 자료는 산출된 시기와 성격이 조금씩 다르지만, 고유한 체험을 분석하기 위해 필수적인 자료라고 할 수 있다.

21) 이종범, 「5·18항쟁 증언에 나타난 '기층민중'의 경험과 생활」, 『기억과 전망』 20호, 2004.

22) 구속된 30명의 기동타격대의 계층별 현황을 보면 생산직 노동자(64.3%)가 다수를 차지했고, 그 다음으로 서비스직 노동자(10.0%), 학생(10.0%)으로 구성되었다(안종철, 「광주민중항쟁의 전개 과정 연구」, 5·18기념재단, 『5·18민중항쟁의 정치·역사·사회 3. 5·18민중항쟁의 전개 과정』, 2007, 360쪽). 학생의 경우 부대장을 제외하고는 모두 고등학생이었다.

23) 강은숙, 김○○ 구술인터뷰 녹취록, 1쪽.

24) 최정운, 『오월의 사회과학』, 풀빛, 1999.

25) 강은숙, 김○○ 구술인터뷰 녹취록, 2~3쪽.

26) 이○○ 구술인터뷰 녹취록; 한국현대사사료연구소, 『광주5월민중항쟁사료전집』, 풀빛, 1990, 494쪽.

27) 최○○ 구술인터뷰 녹취록; 5·18기념재단, 『5·18민주화운동 구술자료 전사』, 2007.

28) 최정운이 말한 대로 "교육을 많이 받지 못한 사람들은 감정을 합리적으로 통제하는 데 익숙지 않고, 개인이 아니라 공동체를 우선으로 생각하는 이를테면 '의리라면 끝내주는' 생활방식"을 지니고 있었는데, 기동타격대 역시도 이러한 관점에서 항쟁 참여의 동기를 설명할 수 있다. 최정운, 『오월의 사회과학』, 풀빛, 1999, p. 81쪽.

29) 이○○ 구술인터뷰 녹취록, 7쪽.

30) 최○○ 구술인터뷰 녹취록; 「잊혀진 시민군, 도청 기동타격대」, 『한겨레21』 2010. 5. 24.

31) 안종철, 「광주민중항쟁의 전개 과정 연구」, 5·18기념재단, 『5·18민중항쟁의 정치·역사·사회 3. 5·18 민중항쟁의 전개 과정』, 2007, p. 368.

32) '절대공동체'는 "폭력에 대한 공포와 자신에 대한 수치를 이성과 용기로 극복하고 목숨을 걸고 싸우는 시민들이 만나 서로가 진정한 인간임을, 공포를 극복한 용기와 이성 있는 시민임을 인정하고 축하하고 결합한" 공동체이다. 최정운, 『오월의 사회

과학』, 풀빛, 1999, p. 140.

33) 최정운은 항쟁 당시 지식인들의 민주주의와 민중들의 민주주의가 전혀 다른 의미였다고 평가한다. 수습을 주장했던 다수 지식인들은 우리 사회의 보편적 정치이념으로서의 민주주의를 상상했지만, 그들은 광주에서 벌어지고 있는 상황을 그러한 이념으로 설명해내는 데는 실패했다. 위의 책.

34) 이종범, 「5·18항쟁 증언에 나타난 '기층민중'의 경험과 생활」, 『기억과 전망』 20호, 2004.

35) 박○○ 구술인터뷰 녹취록, 7쪽.

36) 최○○ 구술인터뷰 녹취록; 5·18기념재단, 『5·18민주화운동 구술자료 전사』, 2007.

37) 황석영, 『죽음을 넘어, 시대의 어둠을 넘어』, 풀빛, 1985.

38) 김○○ 구술인터뷰 녹취록, 5쪽.

39) 김○○ 구술인터뷰 녹취록, 6쪽.

40) 안○○ 구술인터뷰 녹취록; 한국현대사사료연구소, 『광주5월민중항쟁사료전집』, 풀빛, 1990, 490쪽.

41) 염○○ 구술인터뷰 녹취록; 한국현대사사료연구소, 『광주5월민중항쟁사료전집』, 풀빛, 1990, 493쪽.

42) 상무대 구속자들은 5·18 이전에 예비검속되었던 부류, 항쟁 당시 구속된 부류, 항쟁 이후 검거된 부류가 있었는데, 주로 예비검속과 항쟁 후 검거로 들어온 학생·교수들은 다른 방을 사용했다. 상무대 영창은 부채꼴 모양의 건물인데, 그 안에는 중앙으로부터 부챗살 모양으로 나눠진 6개 방(소대)이 있었다. 한 개 소대는 교도관이 사용하였고, 2, 3소대에는 주로 항쟁 전후에 잡혀온 학생들과 지식인들이 수용되어 있었다. 하지만 다른 몇 개의 소대에서는 교수들과 노동자들이 한 방에 섞여 생활하기도 했다.

43) 최○○ 구술인터뷰 녹취록; 정호기, 「5월운동의 전개와 주체에 관한 연구—현황과 방향」, 『5·18 제24주년 기념 학술대회 자료집 '5·18연구: 회고와 전망'』, 전남대학교 5·18연구소, 2003.

44) 저항적 트라우마티즘이라는 개념은 트라우마 관련 이론에서 심층적으로 논의된 개념은 아니다. 다만 정호기는 5·18 참가자들이 항쟁 이후 장례투쟁 등을 통해 트라우마를 적극적으로 표출하는 행동, 항쟁의 상징적인 장소를 보존하고 기념하고자 하는 노력들을 저항적 트라우마티즘으로 규정하고 있다(정호기, 「광주민중항쟁의 '트라우마티즘'과 기념공간—'5월운동'과 국립5·18묘지를 중심으로」, 『경제와 사회』 58권, 2003). 이 글에서는 저항행위 과정 속에서 발생한 트라우마가 지니는 복합적인 특징들—외상의 충격으로 발생하는 공포, 분노 등의 극도의 흥분상태와 동시에 정치적

체험을 통한 희열이나 세계관의 균열 등의 각성상태가 동시적이고 복합적으로 발생하는 과정—을 설명하기 위해 사용하고자 한다.

45) 허먼은 극단적인 외상의 상황에서도 사회적인 연결과 적극적인 대처 기제를 유지할 수 있다면, 추후에 외상후증후군이 발병할 위험으로부터 어느 정도 보호받을 수 있다고 보았다. 주디스 허먼 지음, 최현정 옮김, 『트라우마—가정폭력에서 정치적 테러까지』, 플래닛, 2007.

46) 최정기, 「국가폭력의 트라우마 기제」, 『경제와 사회』 통권 77호, 2008.

47) '5월정신'은 5월 민중항쟁에 참여한 광주시민들이 공유했던 강한 집단적 정체성을 가리키며, 그 의미는 광주 지역 바깥으로 확장 및 재해석되고 다양한 의미를 내포하게 된다. '5월정신'은 일반적으로 5월 민중항쟁의 '높낮이 없는 민중성', '상호 헌신적인 공동체성', '죽은 영령에 대한 추모' 등의 의미를 가리키나, 정치적 담론의 장에서는 5·18과 관련한 민주주의 의제들을 포함하여 사용되기도 한다. 이 논문에서는 '5월정신'을 이와 같은 다양한 의미를 포함하여 사용자에 따라서 재해석되는 개념으로 간주한다.

48) 김○○ 구술인터뷰 녹취록, 8쪽.

49) 김○○ 구술인터뷰 녹취록, 8쪽.

50) 박○○ 구술인터뷰 녹취록, 10쪽.

51) 염○○ 구술인터뷰 녹취록 (1), 3쪽.

52) 나○○ 구술인터뷰 녹취록; 한국현대사사료연구소, 『광주5월민중항쟁사료전집』, 풀빛, 1990, 485쪽.

53) 한○○ 구술인터뷰 녹취록; 한국현대사사료연구소, 『광주5월민중항쟁사료전집』, 풀빛, 1990, 511쪽.

54) 5월단체라는 용어는 유족회, 부상자회, 구속자회, 5·18광주의거청년동지회, 8월운동협의회 등 5·18 당사자들을 중심으로 구성된 당사자 단체와 당사자들의 연합단체를 지칭하기 위해 사용한다.

55) 유가족들과 부상자들 역시 고통을 나누기 위해 각각 1981년, 1982년에 모임을 시작했고, '장례투쟁' 등으로 슬픔을 집단적으로 표현하였다. 구속자들의 경우, 가족들이 모여 각종 대책을 논의하면서 구속자협의회를 결성하였고, 구속자들이 석방된 이후 회합을 거쳐 1984년경 구속자협의회가 출범했다. 나간채, 「광주 지역 5월운동 조직의 형성과 발전—5·18 당사자조직을 중심으로」, 『광주민중항쟁과 5월운동 연구』, 전남대학교 5·18연구소, 1997.

56) 박○○ 구술인터뷰 녹취록, 6쪽.

57) 「잊혀진 시민군, 도청 기동타격대」, 『한겨레21』 2010. 5. 24.

58) 남○○ 구술인터뷰 녹취록; 5·18기념재단, 『5·18민주화운동 구술자료 전사』, 2007.

59) 박○○ 구술인터뷰 녹취록, 10~11쪽.

60) 최○○ 구술인터뷰 녹취록; 5·18기념재단, 『5·18민주화운동 구술자료 전사』, 2007.

61) 정부는 단순가담자 및 피해자와 주동자 집단을 분리시켜 전자에게는 각종 회유책을 통해 경제적 지원을 하였지만, 후자에게는 경제생활의 기회조차 차단시켰다. 단순가담자로 판명된 사람들에 대한 신군부의 회유책은 직업알선과 생활비 지급, 묘지이장 위로금 지급, 유흥오락실 운영권 제공 등으로 나타났다. 하지만 폭도와 주동자로 판명된 사람들에 대해서는 철저한 고립과 감시의 정책이 취해졌다. 「잊혀진 시민군, 도청 기동타격대」, 『한겨레21』 2010. 5. 24.

62) 박○○ 구술인터뷰 녹취록, 18쪽.

63) 염○○ 구술인터뷰 녹취록, 21쪽.

64) 하○○ 구술인터뷰 녹취록, 9쪽.

65) 남○○ 구술인터뷰 녹취록; 5·18기념재단, 『5·18민주화운동 구술자료 전사』, 2007.

66) 김○○ 구술인터뷰 녹취록, 9쪽.

67) '5월공동체'는 5·18 당사자뿐만 아니라 5·18에 대한 집단적 기억을 형성하고 있는 광주시민들로 구성된 공동체를 가리킨다. 때에 따라 5월공동체는 '5월정신'을 공유하고자 했던 전국의 민주화운동 세력을 지칭하기도 하지만 여기서는 앞선 의미로 한정하여 사용하였다.

68) 1990년 7월 민자당은 여야협상에 의한 법률안 마련을 포기하고 3당 야합으로 '광주민주화운동 관련자 보상 등에 관한 법률'을 날치기로 통과시켰다. 이 법안에는 진상규명과 관련된 어떤 조항도 삽입되지 않았으며, 금전적 보상만 명시되었다. 안종철, 「과거청산과 미해결 과제」, 5·18기념재단, 『5·18민중항쟁의 정치·역사·사회 5. 5·18민중항쟁의 전개과정』, 2007.

69) 노태우 정부는 1990년 7월 '광주보상법'에 의거한 1차 보상을 실시하여 피해자 신청을 받고 총 2,224명의 피해자에게 보상금을 지급했다. 1993년 김영삼 정부는 2차 보상을 실시하여, 1차 보상 때 거부하였던 피해자들의 신청을 받아 총 1,843명에게 보상금을 지급하였다. 그 이후 여러 차례에 걸쳐 누락자들에 대한 보상이 이루어져 2004년까지 총 4,362명이 5·18 관련 피해자로 인정되었다. 위의 글.

70) 김○○ 구술인터뷰 녹취록, 21~22쪽; 이○○ 구술인터뷰 녹취록, 10쪽.

71) 전체 보상액은 피해에 대한 보상금, 생활지원금, 구속자의 경우 연행구금일수에 해당하는 구속보상금이 지급되었다. 생활지원금의 경우 상이 정도에 따라 1급부터 14급으로 분류되고, 이 등급에 해당되지 않는 경미한 상해는 기타등급으로 분류되었다. 기동타격대의 보상 금액이 상대적으로 적게 산정된 이유에는 고문구타에 대한

보상기준의 부재, 의학적 증명의 어려움, 낮은 소득수준 등이 있었다고 할 수 있다.

72) 김○○ 구술인터뷰 녹취록, 13쪽.

73) 실제로 5·18재단의 생활실태조사에 따르면, 5·18 참가자들의 2000년대 전반적인 생활실태는 80년 당시에 비해 나아지지 않거나 더욱 악화되었다. 5·18기념재단, 『5·18 민주유공자 생활실태 및 후유증실태 조사연구보고서』, 2006.

74) 하○○ 구술인터뷰 녹취록, 2쪽.

75) 박○○ 구술인터뷰 녹취록, 24쪽.

76) 박○○ 구술인터뷰 녹취록, 42쪽.

77) 박○○ 구술인터뷰 녹취록, 43쪽.

78) 박○○ 구술인터뷰 녹취록, 18쪽.

79) 박○○ 구술인터뷰 녹취록, 46쪽.

80) 염○○ 구술인터뷰 녹취록 (2), 18~19쪽.

81) 박○○ 구술인터뷰 녹취록, 47쪽; 김○○ 구술인터뷰 녹취록, 12쪽; 염○○ 구술인터뷰 녹취록 (2), 27쪽.

82)김○○ 구술인터뷰 녹취록, 12쪽. 2006년 조사에 의하면 5·18 유공자들 중 최저생계비 이하의 소득으로 생활하는 비율이 절반 가까이에 이른다. 5·18기념재단, 『5·18 민주유공자 생활실태 및 후유증실태 조사연구보고서』, 2006.

83) 윤○○ 씨는 80년 당시 전남문화연구소와 녹두서점을 중심으로 청년운동을 하고 있었으며, 80년 5월 당시 예비검속을 피하기 위해 광주를 떠났고, 그 다음 해에 미국으로 밀항하였다가 93년 수배령이 해제되면서 입국하였다. 윤○○ 씨는 민주화운동 관련자로서는 유일하게 국민훈장을 수여받았다.

84) 이○○ 구술인터뷰 녹취록, 12쪽.

85) 박○○ 구술인터뷰 녹취록, 56~57쪽.

86) 「잊혀진 시민군, 도청 기동타격대」, 『한겨레21』 2010. 5. 24.

87) 염○○ 구술인터뷰 녹취록 (1), 5쪽; 염○○ 구술인터뷰 녹취록 (2), 19~20쪽.

88) 박○○ 구술인터뷰 녹취록, 33쪽.

89) 박○○ 구술인터뷰 녹취록, 32~33쪽.

90) 박○○ 구술인터뷰 녹취록, 51쪽.

91) 박철언은 신군부 등장 이후 1980년 국가보위비상대책위원회 법사위원으로 파견 근무하면서 제5공화국 헌법의 기초작업에 참여했다. 그 후 전두환의 비서관, 안기부장 특별보좌관 등을 지냈다.

92) 박○○ 구술인터뷰 녹취록, 48쪽.

93) 최정기, 「과거청산에서의 기억전쟁과 이행기 정의의 난점들—광주민주화운동 관련

보상과 피해자의 트라우마를 중심으로」, 『지역사회연구』 14권, 2006.

94) 김동춘, 「과거청산 작업과 한국 민주주의」, 5·18기념재단, 『5·18 민중항쟁의 정치·역사·사회』 5, 2007, 563~564쪽.

95) 정호기, 「트라우마티즘과 기념사업—5월운동과 5·18 기념공간을 중심으로」, 『제5회 비판사회학대회 자료집』, 2002.

96) 최정기, 「5월운동과 지역 권력구조의 변화」, 『지역사회연구』 12권, 2004.

97) 이광일, 「5·18민중항쟁, '과거청산'과 재구성의 정치」, 5·18기념재단, 『5·18민중항쟁의 정치·역사·사회』 5, 2007, 538쪽.

잔혹 속의 투쟁—고문 피해 생존자의 삶과 회복

1) Somnier, F,, Vesti, P., Kastrup, M., & Genefke, I. K., "Psychosocial consequences of torture: current knowledge and evidence", in Basoglu M, ed., *Torture and its consequences: current treatment approaches*, Cambridge: Cambridge University Press, 1992.

2) Mollica, R. F., Caspi-Yavin, Y., Lavelle, J., Tor, S., Yang, T., Chan, S., Pham, T., Ryan, A., & de Marneffe, D., "The Harvard Trauma (HTQ) Manual: Cambodian, Laotian, and Vietnamese versions", *Torture*(Suppl 1), 1996.

3) UN, *Convention Against Torture and Other Cruel, Inhuman or Degrading Treatment or Punishment*, UN, 1984.

4) 최현정, 「복합외상 후 정체성 변화와 통합 과정—자기정의 기억을 중심으로」, 서울대학교 박사학위청구논문, 2014.

5) Summerfield, D., "Addressing human response to war and atrocity: Major challenges in research and practices and limitations of Western psychiatric models", in Kleber, R. J., Figley, Ch. R., & Gersons, B. P. R. Eds., *Beyond trauma: Cultural and societal dimensions*, New York: Plenum, 1995.

6) Gurr, R., & Quiroga, J., "Approaches to torture rehabilitation. A desk study covering effects, cost-effectiveness, participation and sustainability", *Torture*, 11(Suppl 1), 2001.

7) Gurris, N.F., & Wenk-Ansohn, M., "Folteropfer und Opfer politischer Gewalt", A. Maercker (Ed.), *Therapie der posttrauamatischenBelastungsstörungen*, Berlin, Heidelberg: Springer, 1997, pp. 275~308(IRCT, *Psychological evaluation of torture allegations A practical guide to the Istanbul Protocol: for psychologists*, International Rehabilitation Council for Torture Victims, 2009에서 재인용).

8) McFarlane, A.C., "The severity of the trauma: Issues about its role in posttraumatic stress disorder", R. J. Kleber, C. R. Figley, & B. P. R. Gersons (Eds.), *Beyond trauma: Cultural and societal dynamics*, New York: Plenum Press, 1995, pp. 31~54(IRCT, op.cit. 에서 재인용).

9) 최현정, 앞의 글.

10) 이 분석은 국가인권위원회가 지원한 '2011년 고문 피해자 인권 실태조사'에서 수집한 자료를 기반으로 함.

11) 최현정·이화영·이훈진, 「고문 피해자의 정신과적 진단실태」, 『신경정신의학회지』 51(3), 2012.

12) Summerfield, D., "War and mental health: A brief overview", *British Medical Journal*, 321, 2000.

13) Summerfield, D., op.cit., 1995.

14) Tedeschi, R. G., & Calhoun, L. G., "A clinical approach to posttraumatic growth", in P. A. Linley & S. Joseph Eds., *Positive psychology in practice*, Hoboken, NJ: John & Wiley & Sons, 2004.

15) 트라우마치유센터 사람·마음, 「트라우마 생존자의 치유와 지원체계」, 서울시, 2012.

16) Colaizzi, F. U., "Psychological research as the phenomenologist views it", in RS Valle & M. King Eds., *Existential-phenomenological Alternatives for Psychology*, NY: Oxford University Press, 1978.

17) Multidimensional Trauma Recovery and Resiliency-Interview, MTRR-I, Harvey, M.R., Liang, B., Harney, P.A., Koenen, K., Tummala-Narra, P., & Lebowitz, L., "A Multidimensional approach to the assessment of trauma impact, recovery and resiliency", *Journal of Aggression, Maltreatment & Trauma*, 6, 2003.

18) Colaizzi, op.cit.

19) Merleau-Ponty, M., "What is phenomenology?", *Cross Currents*, 6, 1956.

20) 인권의학연구소, 『고문피해자 인권상황 실태조사』, 국가인권위원회, 2011.

21) Janoff-Bulman, L., *The Shattered Assumptions*, Free Press, 1992.

22) *organized violence*, Schauer, Neuner, & Elbert, 2011.

23) Frankl, V., *The Will to Meaning. Foundations and Applications of Logotherapy*, New American Library, N.Y., 1969.

24) Joseph, S., & Linely, P.A., "Positive adjustment to threatening life events: An organismic valuing theory of growth through adversity", *Review of General Psychology*, 9(3), 2005.

25) ibid.

화해의 문법—시민정치가 희망이다

* 이 글은 원래 『민주법학』 46호(2011. 7), 123~158쪽에 게재되었으며 변화된 사정을 감안하여 약간의 가필을 했다.
1) 유엔총회가 2005년 채택한 인권피해자 권리장전은 Basic Principles and Guidelines on the Right to a Remedy and Reparation for Victims of Gross Violations of International Human Rights Law and Serious Violations of International Humanitarian Law(A/RES/60/147). 번역은 이재승, 『국가범죄』, 앨피, 2010, 674~681쪽.
2) 샤프는 화해의 '보수 이데올로기적' 성격을 다음과 같이 정리하고 있다. 그는 화해의 관념은 모호하고, 다원주의와 양립할 수 없는 공동체의 이상을 추구하고, 존재하지 않았던 조화의 상태를 전제하며, 지배 세력들의 이익과 관점 속에 포섭되며, 지속적인 부정의에 대한 묵인을 요구하고, 오히려 상징적인 조치를 통해 정치적 폭력에 면죄부를 준다고 지적한다. Schaap, Andrew, "Reconciliation as Ideology and Politics", *Constellations*, vol. 15, 2008, pp. 249~264; Motha, Stewart, "Reconciliation as Domination", Veitch, Scott ed., *Law and the Politics of Reconciliation*, Aldershot: Ashgate, 2007, pp. 69~91.
3) 제노사이드는 종교적, 인종적, 민족적 이유에 기한 집단살해(genocide)로 규정할 수 있다. 한국전쟁에서 저질러진 민간인학살이나 5월 광주에서의 민간인학살은 좁은 의미의 제노사이드에 속하지 않는다. 대체로 이데올로기나 사상을 이유로 한 살해라고 할 수 있으며, 이데올로기적 제노사이드(ideologicide)나 정치적 제노사이드(politicide)로 부르는 것이 좋겠다. 필자는 일반적 제노사이드와 이러한 유형의 제노사이드는 해법도 달라져야 한다고 생각한다.
4) 1948년 대한민국헌법 제64조는 "대통령은 법률의 정하는 바에 의하여 계엄을 선포한다"고 규정하고 있으나 제주 4·3사건에서 이승만이 선포한 계엄령은 계엄법이 제정되지 않은 가운데 선포된 것이었다. 대한민국법률 제69호 계엄법은 1949년 11월 24일에 제정되었다. 따라서 제주의 계엄령은 당연히 법률적인 하자를 안고 있다. 이에 대해서는 김순태, 「제주 4·3민중항쟁 당시 계엄에 관한 고찰—계엄의 법적 근거 유무에 대한 판단을 중심으로」, 『민주법학』 제14호, 1988, 257~274쪽.
5) 역사 왜곡과 홀로코스트 부인에 대해서는 이재승, 『국가범죄』, 앨피, 2010, 541쪽 이하.
6) 광주고등법원 제1형사부 2008. 11. 25 선고, 2007재노2.

7) 대법원 2011. 6. 30 선고 2009다72599 판결. 이 판결의 의의와 파장에 대해서는 이재승, 「집단살해에서 소멸시효와 신의칙」, 『민변/민주법연(주최) 토론회 자료집: 한국전쟁 민간인학살 사건에서의 소멸시효 문제』, 2013. 3. 21, 6~35쪽; 이유정, 「민간인학살 사건과 국가의 배상책임—울산보도연맹 1심 판결을 중심으로」, 『민주법학』 제40호, 2009, 231~262쪽.

8) 치료법학은 피해자뿐만 아니라 범죄자와 비행자의 치료까지 포괄한다. 치료방법은 간섭 회피, 자율성 존중, 설득 활용, 동기 유발, 절차 참여, 자발적 수용 등으로 구성된다. 치료법학의 현황에 대해서는 Winick, Bruce J., "Therapeutic Jurisprudence and Problem Solving Courts", *Fordham Law Review*, vol. 30, 2003, p. 1055 이하.

9) 용서에 대한 체계적인 연구는 Griswold, Charles L., *Forgiveness: A Philosophical Explanation*, Cambridge University Press, 2007; 손운상, 『용서와 치료』, 이화여자대학교출판부, 2008. 손운상은 이 책에서 영화 〈밀양〉과 윤홍길의 〈낫〉을 다루면서 화해와 치유의 가능성을 찾고 있다.

10) 라드브루흐, 최종고 옮김, 『법철학』, 삼영사, 1994, 235쪽 이하.

11) Kant, Immanuel, *Die Metaphysik der Sitten*, Suhrkamp, 1991, p. 453, 459.

12) Derrida, Jacques, *On Cosmopolitanism and Forgiveness*, Routledge, 2001, p. 29 이하.

13) Cassel, Douglass, "Accountability for International Crime and Serious Violations of Fundamental Human Rights: Lessons from the Americas: Guidelines for International Response to Amnesties for Atrocities", *Law and Contemporary Problems*, vol. 59, 1996, pp. 197~230; 전쟁범죄와 인도에 반한 범죄의 사면금지에 대해서는 Report of the Secretary-General on the Rule of Law and Transitional Justice in Conflict and Post-conflict Societies(S/2004/616). 사면의 제한과 조건에 대해서는 PROMOTION AND PROTECTION OF HUMAN RIGHTS: Impunity- Report of the independent expert to update the Set of principles to combat impunity(E/CN.4/2005/102/Add.1), principle 24 참조.

14) 과거청산 국면에서 사면에 대한 정치철학적 논의는 Schaap, Andrew, "The Proto-politics of Reconciliation: Lefort and the Aporia of Forgiveness in Arendt and Derrida", *Australian Journal of Political Science*, vol. 41, 2006, pp. 615~630; Haddad, Samir, "Arendt, Derrida, and the Inheritance of Forgiveness", *Philosophical Today*, vol. 51, 2007, pp. 416~426.

15) Tutu, Desmond, No Future without Forgiveness, Random House, 1999, p. 31 이하.

16) 특히 Minow, Martha, *Between Vengeance and Forgiveness*, Boston: Beacon Press, 1998, p. 91 이하.

17) 달리는 이러한 견해를 신화적 편견이라고 꼬집는다. Daly, Kathleen, "Restorative Justice: the Real story", *Punishment and Society*, vol. 4, 2002, p. 55 이하.

18) 제어와 마이카는 회복적 사법의 구체적 기준을 다음과 같이 제시하였다. ① 회복적 사법은 침해된 규범보다 범죄의 피해에 초점을 맞춘다. ② 피해자와 가해자에게 동등한 관심을 보여주며, 정의의 실현 과정에 양측을 다 관여시킨다. ③ 피해자의 회복을 위해서 일하고, 피해자의 권한을 강화시키고, 피해자의 필요에 대응한다. ④ 가해자들이 그들의 의무를 이해하고, 수용하고, 이행하도록 격려하면서 가해자를 지원한다. ⑤ 의무들이 가해자들에게 어려울지라도 그것이 해를 주기 위한 것이 아니라 이행할 만한 것이라는 점을 인식시킨다. ⑥ 필요한 경우 피해자와 가해자 간의 직접 또는 간접적인 대화의 기회를 제공한다. ⑦ 사법 과정을 통하여 영향을 받는 공동체를 관여시키고 권한을 강화하며, 범죄의 공동체적 기반을 인식하고 대응하는 능력을 제고시킨다. ⑧ 강제와 고립보다는 협력과 재통합을 장려한다. ⑨ 행동과 프로그램의 의도하지 않는 결과들도 주목한다. ⑩ 피해자, 가해자, 사법담당자를 포함하여 모든 당사자들에 대한 존중을 보여준다. 인용은 Umbreit, Mark S. etc., "Restorative Justice in the Twenty-First Century: A Social Movement Full of Opportunities and Pitfalls", *Marquette Law Review*, vol. 89, 2005, p. 258.

19) Umbreit, Mark S. etc., 앞의 글, p. 251 이하.

20) 유엔 경제사회이사회가 채택한 기본원칙은 Basic Principles on the Use of Restorative Justice Programmes in Criminal Matters(E/2000/INF/2?Add.2).

21) 〈국민통합및화해촉진법(Promotion of National Unity and Reconciliation Act 1995)〉의 전문을 참조하라. 원문의 번역은 진실·화해를위한과거사정리위원회, 『해외진실화해위원회보고서자료집』 I, 2008, 283~329쪽.

22) 이 재판에 대한 설명은 Carter, Linda E., "Justice and Reconciliation on Trial: Gacaca Proceedings in Rwanda", *New England Journal of International and Comparative Law*, vol. 14, 2007, p. 41 이하.

23) 르 몽은 가차차 법정의 부패, 증인에 대한 폭력과 위협, 재판에서 대중 참여의 소멸, 화해 제공의 실패, 재판에 대한 정치적 비판의 부재 등을 지적하고, 지속 가능한 정의와 화해를 위해서는 엄격한 통치가 아니라 공정한 법치주의의 확립이 필요하다고 주장한다. Le Mon, Christopher J., "Rwanda's Troubled Gacaca Courts", *Human Rights Brief*, vol. 14, No. 2, 2007, pp. 16~20.

24) 피해자와 가해자의 적극적인 참여는 집단적 폭력에서 더 크게 요구된다. 정의실현 과정에서 피해자가 자신의 피해와 이력을 이야기하고 가해자나 법관이 이를 경청한다면, 피해자는 청문이나 심리의 결과가 자신에게 불리하더라도 잘 수용한다.

Hollander-Blumoff, Rebecca & Tyler, Tom R., "Procedural Justice in Negotiation: Procedural Fairness, Outcome Acceptance, and Integrative Potential", *Law & Society Inquiry*, vol. 33, 2008, pp. 473~497.

25) 로컬리즘의 일반적인 한계에 대해서는 Schragger, Richard C., "The Limits of Localism", *Michigan Law Review*, vol. 100, 2001, pp. 371~472.

26) 아프리카적인 인종적 집단갈등과 라틴 아메리카적 좌우갈등은 성격적으로 다르다는 지적은 Hayner, Priscilla B., "Fifteen Truth Commissions- 1974 to 1994: A Comparative Study", *Human Rights Quarterly*, vol. 16, 1994, pp. 597~655(특히 p. 653 이하).

27) "권고 14: 국가는 군경 사건 희생자와 적대 사건 희생자 모두를 위령하는 지역합동위령제를 지원함으로써 국민적 화해와 통합에 노력할 필요가 있다." 진실·화해를위한과거사정리위원회, 『진실화해위원회 종합보고서』 I, 2010, 224쪽.

28) Atria, Fernando, "The Time of Law: Human Rights between Law and Politics", *Law and Critique*, vol. 16, 2005, p. 154 이하.

29) 공동체 개념의 다의성에 대해서는 Weisberg, Robert, "Restorative Justice and the Danger of Community", *Utah Law Review*, 2003, pp. 343~373.

30) 햄턴은 증오(hatred)를 단순한 증오, 도덕적 증오, 악의적 증오로 구별한다. 권리를 침해당한 자가 갖는 증오는 도덕적 증오라고 할 수 있다. Murphy, Jeffrie & Hampton, Jean, *Forgiveness and Mercy*, Cambridge University Press, 1988, p. 35 이하.

31) "화를 내는 것이 마땅하지 않는 사람에게, 마땅하지 않은 일에서, 마땅한 것 이상으로, 너무 빨리, 그리고 너무 오랜 시간 동안 화를 내는 것이 지나침이지만, 이 모든 것들이 동일한 한 사람에게 속하는 것은 아니다. 그럴 수는 없을 테니까. 나쁨은 그것이 온전히 다 갖추어진 것인 한 자기 자신조차 파괴하고 도저히 견딜 수 없게 되기 때문이다(니코마코스 윤리학, 1126a7)." 아리스토텔레스 지음, 이창우·김재홍·강상진 옮김, 『니코마코스 윤리학』, 이제이북스, 2006, 147쪽.

32) 복수와 분노로 충만한 서양 중세에서 형법의 탄생은 바로 복수와 사전(私戰)을 금지한 란트평화령에서 찾는다. 山内進 외, 『概說 西洋法制史』, ミネヴァ書房, 2004, 111쪽 이하.

33) 예링 지음, 장경학 옮김, 『권리를 위한 투쟁』, 삼성판 세계사상전집 10, 삼성출판사, 1982, 330쪽.

34) 하인리히 폰 클라이스트의 『미하엘 콜하스』는 16세기 베를린 상인 한스 콜하제(Hans Kohlhase)의 복수극(Fehde)을 바탕으로 한 소설이다. 말 수출상인 콜하스는 융커의 부당한 수작에 걸려 자신의 명마 두 필을 담보물로 잡힌 후 국경 너머로 장

사를 떠났다. 돌아와 보니 말들은 상품으로서 가치를 이미 상실했고, 이에 콜하스는 융커를 상대로 권리투쟁을 시작했으나 패소했다. 콜하스는 스스로 복수를 선포하고, 군도들과 더불어 살인과 방화를 저지른다. 루터의 권유로 콜하스는 복수극을 중단하고 재판을 통해 권리를 실현했지만 참수형을 면하지 못한다.

35) 클라이스트 지음, 배중환 옮김, 『미하엘 콜하스(외)』, 서문당, 1999, 45쪽. 독일어 원문은 다음과 같다. "Lieber ein Hund sein, wenn ich von Füβen getreten werden soll, als ein Mensch!" von Kleist, Heinrich, *Michael Kohlhass*, Reclam, 1993, p. 25.

36) 위의 책, p. 67.

37) "마땅히 화를 내야 할 일에 대해 화를 내지 않는 사람들은 어리석은 사람으로 생각되고, 마땅한 방식으로 화를 낼 줄도, 마땅한 때에 마땅한 사람에 대해서 화를 낼 줄도 모르는 사람 역시 어리석은 사람으로 생각되기 때문이다. 이런 사람들은 지각할 줄도 모르고 고통을 느낄 줄도 모르는 사람이라고, 화를 내지 못함으로써 자기 자신을 방어할 줄도 모르는 사람이라고 여겨지니까. 또 모욕을 당하고도 그냥 참는 것, 자신의 가족이나 친구들이 당한 모욕을 도외시하는 것은 노예적인 일로 보이기 때문이다(니코마코스 윤리학, 1126a5-6)." 아리스토텔레스 지음, 이창우·김재홍·강상진 옮김, 『니코마코스 윤리학』, 이제이북스, 2006, 146쪽.

38) '갈등에 대한 권리'는 회복적 정의의 주요한 관념을 제공하는데 이는 국가독점적인 사법에 대하여 피해자의 참여를 피해자 권리의 관점에서 발전시켰다. Christie, Niels, "Conflicts as Property", *British Journal of Criminology*, vol. 17, 1977, pp. 1~15.

39) 자기단죄의 형태로서 자살을 윤리적 행위로 본다면 자기용서도 자책과 참회의 행동을 동반하는 한도 내에서 윤리적 행위라고 할 수 있다. 물론 참회와 용서가 피해자나 공동체와의 상호적 관계가 배제된 가운데 자기 내면에서 이루어진 것이라면 아직은 도덕적 행위(공적)로 평가할 수 없다.

40) 1985년에 발표된 이 작품의 직접적인 모티브는 유괴 살인 사건이었지만 광주 학살자들을 둘러싼 용서담론으로서 연관성에 대한 지적은 신종길, 「벌레이야기」, http://www.godowon.com/board/view_board.gdw?id=travel_shinwriter&no=271(검색일: 2011. 5. 23).

41) Waldman, Ellen A., "Restorative Justice and the Pre-conditions for Grace: Taking Victim's Needs Seriously", *Cardozo Journal of Conflict Resolution*, vol. 9, 2007, pp. 91~108.

42) Maslow, Abraham H., "A Theory of Human Motivation", *Psychological Review*, vol. 50, 1943, pp. 370~396.

43) 메타동기에 대해서는 Maslow, Abraham H., *The Farther Reaches of Human Nature*,

Penguin, 1993, p. 289 이하.

44) Haldemann, Frank, "Another Kind of Justice: Transitional Justice as Recognition", *Cornell International Law Review*, vol. 41, 2008, pp. 675~737. 프레이저는 '비정상적 정의'에서 정의의 상황을 지적하고, 삼차원적 구성을 제안한다. 거기에서 정치의 재구성이라는 원대한 목표를 볼 수 있다. 프레이저 지음, 김원식 옮김, 『지구화시대의 정의—정치적 공간에 대한 새로운 상상』, 그린비, 2010 참조.

45) 호네트는 가정(사랑, 자신감), 국가(권리, 자존감), 시민사회(연대, 자부심)에서 인정투쟁을 보여주었는데, 프레이저는 사회적 인정, 정치적 대표, 경제적 재분배를 삼차원적으로 강조하고 있다. 이들의 논쟁은 Fraser, Nancy & Honneth, Axel, Fraser, Nancy & Honneth, Axel, *Redistribution or Recognition: A Political-Philosophical Exchange*, Verso, 2003.

46) 세계인권선언의 내용은 다음과 같다. "제28조: 누구든지 이 인권선언에 열거된 권리와 자유가 완전하게 실현될 수 있는 사회적·국제적 질서에 대한 권리를 보유한다(Everyone is entitled to a social and international order in which the rights and freedoms set forth in the Declaration can be fully realized)."

47) Kohen, Ari, "The Personal and the Political: Forgiveness and Reconciliation in Restorative Justice", *Critical Review of International Social and Political Philosophy*, vol. 12, 2009, pp. 399~423: Murphy, Colleen, "Political Reconciliation, the Rule of Law, and Genocide", *The European Legacy*, vol. 12, 2007, pp. 853~865.

48) 아렌트는 의도적인 악행자에 대해 성서에 나온 "목에 연자 맷돌을 달고 바다에 던져져 죽는 편이 오히려 나을 것이다"(루가 제17장 2절)라는 예수의 말을 인용하여 근본악에 대해서는 용서가 불가능하다고 지적한다. 아렌트 지음, 이정우·태정호 옮김, 『인간의 조건』, 한길사, 1996, 304쪽.

49) Jaspers, Karl, *Die Schuldfrage- Zur politischen Haftung Deutschlands*, Piper, M?nchen, 1979, p. 29 이하.

50) Miller, David, *National Responsibility and Global Justice*, Oxford University Press, 2008, p. 111 이하; 집단적 책임에 대한 전반적인 고찰은 May, Larry, *Sharing Responsibility*, The University of Chicago Press, 1992.

51) 원래 원고를 쓰는 동안에는 의식하지 않았지만 '보편적 시민성'의 개념은 발리바르의 시빌리테(civilité)에 가깝다. 에티엔느 발리바르 지음, 진태원 옮김, 『폭력과 시민다움』, 난장, 2012.

52) 이에 관해서는 이재승, 『국가범죄』, 앨피, 2010, 179쪽 이하.

53) 반 보벤 원칙은 진실에 대한 불가양의 권리와 기억할 의무를 정하고 있다.

PROMOTION AND PROTECTION OF HUMAN RIGHTS: Impunity- Report of the independent expert to update the Set of principles to combat impunity(E/CN.4/2005/102/Add.1), principle 1-2 참조.

54) 문명을 거부하기 위하여 기꺼이 아마존 밀림 속으로 들어가는 원시부족의 실존적 긴장을 통해, 클라스트르는 대칭성의 의미를 보여주고 있다. 클라스트르 지음, 홍성흡 옮김, 『국가에 대항하는 사회』, 이학사, 2005.

55) Illich, Richard B. ed., "The Paris Minimum standards of Human Rights Norm in a State of Emergency", *American Journal of International Law*, vol. 79, 1985, p. 1072 이하; Petrasek, David, "Moving Forward on the Development of Minimum Humanitarian Standards", *American Journal of International Law*, vol. 92, 1998, p. 557 이하. 인도법 최저기준에 대한 자세한 검토는 조시현, 「비상사태와 인권」, http://www.humanrights.or.kr/HRLibrary/HRLibrary7-shcho1.htm(검색일: 2011. 6. 19).

56) 김동춘은 아감벤 등 급진주의자들의 관념을 수용하여 '전쟁의 보편화'와 '전쟁정치'를 기반으로 자유주의적 법치주의의 한계를 지적하고 있다. 「냉전, 반공주의 질서와 한국의 전쟁정치—국가폭력의 행사와 법치의 한계」, 『경제와 사회』 2011년 봄호(통권 89호), 333~365쪽.

57) 법치주의는 안과 바깥, 정상과 예외상태, 선한 이웃과 테러리스트의 구분에 빠질 수밖에 없다. 미국의 애국자법에 대한 고찰은 Cole, David, "Enemy Aliens", *Stanford Law Review*, Vol. 54, 2002, p. 953 이하.

58) 법과 정치의 관계, 제도화된 권력과 제도를 만드는 권력의 관계를 언어학자 썰(Searle)의 규제적 규칙과 구성적 규칙의 구분에 입각하여 해명하고 있다. 이그나시오 산체스-쿠엔카, 「권력, 규칙, 그리고 준법」, 아담 쉐보르스키·호세 마리아 마라발 외 지음, 안규남·송호창 옮김, 『민주주의와 법의 지배』, 후마니타스, 2003, 135~183쪽.

59) 불온도서와 관련한 헌법재판소의 결정(2008헌마638 군인사법 제47조의2 위헌확인 등)은 상징적이다. 이 결정은 종래 사실상의 특별권력관계를 완전히 합법화시킨 것이다. 이 결정은 최소한 정상과 비상사태의 구분법마저 잃어버림으로써 전쟁정치의 투박한 모습을 보여주고 있다.

60) 자의적으로 생명을 박탈당하지 않을 권리는 시민적 정치적 권리규약 제6조에 규정되어 있다. Weissbrodt, David & Rosen, Terri, "Principles against Executions", *Hamline Law Review*, vol. 13, 1990, pp. 579~621쪽; 뉘른베르크 재판소의 검사 페렌스(Benjamin Ferencz)는 빈 라덴의 살해가 국제법 위반이라고 지적한다. "US confirms it will not release Osama bin Laden death photo", *Guardian*, 2011. 5. 4, http://www.

guardian.co.uk/world/2011/may/04/osama-bin-laden-photos-raid(검색일: 2011. 6. 13).

61) Atria, Fernando, "Reconciliation and Reconstitution", Veitch, Scott ed., *Law and the Politics of Reconciliation*, Aldershot: Ashgate, 2007, pp. 33~47.

62) 급진민주주의 관념에 대해서는 Mouffe, Chantal, *The Return of the Political*, Verso, 1993.

63) 필자는 대의제 전쟁정치를 거부하는 급진적인 전쟁민주주의 개념을 칸트의 법철학과 평화론에서 가져왔다. 이재승, 「군인의 전쟁거부권」, 『민주법학』 제43호, 2010, p. 215 이하 및 p. 262(좌담회 부분).

64) 데리다, 앞의 글(주12) 참조.

65) 민중사면의 유명한 실례는 성서에 기록되어 있다. "총독 빌라도가 군중에게 '누구를 놓아주면 좋겠느냐? 바라빠라는 예수냐? 그리스도라는 예수냐?' 하고 물었다."(마태오 27:17)

66) 필자는 루이 16세의 처형에 대한 칸트의 생각을 공화국의 수호라는 민주적 헤게모니 관점에서 해석한다. 이재승, 『국가범죄』, 앨피, 2010, 109쪽 이하.

우리는 소모품이 아니다
—쌍용차 사례를 통해 본 정리해고와 사회적 배제

* 이 글은 2012년 4월 16일 개최된 '쌍용자동차 처리방식의 문제점과 대안' 토론회의 발제문을 일부 수정하여 작성한 것이다. 쌍용자동차 정리해고 전반에 관한 역사 및 논점은 동일 토론회 자료집의 다른 발제자의 자료를 참고하길 바란다.

1) 쌍용자동차 해고 노동자에 대한 1차 건강조사는 「쌍용자동차 정리해고 투쟁 노동자 긴급(정신)건강진단 결과」로 2009년 7월에 녹색병원노동환경건강연구소, 전국금속노동조합, 쌍용자동차 지부에 의해 실시되었으며 총 284명이 설문에 응답했다. 이 중 4명이 여성이었고 280명이 남성이었다. 2차 조사는 「쌍용자동차 정리해고 투쟁 노동자 2차 정신건강 실태조사보고서」로 2009년 9월에 녹색병원노동환경건강연구소, 전국금속노동조합, 쌍용자동차 지부에 의해 실시되었다. 총 251명 대상으로 전원 남성이었고, 70% 이상이 결혼을 한 상태였다. 3차 조사는 「쌍용자동차 구조조정 노동자 3차 정신건강 실태조사 보고서」로 녹색병원노동환경건강연구소, 인도주의실천의사협의회, 전국금속노동조합, 쌍용자동차 지부가 2011년 4월 193명을 대상으로 실시했다. 또한 「쌍용자동차 무급휴직자 및 해직자에 대한 실태조사」가 2011년 6~7월 실시되었는데 457명을 대상으로 평택시와 평택시민자치참여연대가 공동으로 수

행했다. 이 글에서 3차에 걸친 조사는 1차 조사, 2차 조사, 3차 조사라 칭하고, 마지막 조사는 생활실태조사라고 명명했다. 이 글에서 활용한 많은 결과는 각 시기별 조사에 기초했음을 밝혀둔다. 원고를 작성하는 데 녹색병원노동환경건강연구소, 전국금속노동조합, 쌍용자동차 지부의 기록과 조사를 사용하도록 허가해주신 데 대해 감사의 말씀을 드린다.

2) 실업에 따른 건강 영향은 필자가 쓴 『실업·해고 노동자의 삶의 질·건강상태 조사발표 및 대책마련을 위한 공청회 자료집』에서 상당부분 재인용했다.

3) Moser KA, Goldblatt PO, Fox AJ, Jones DR, "Unemployment and mortality: comparison of the 1971 and 1981 longitudinal study census samples", *BMJ* 1, 1987.

4) Lamar, Joe, "Suicides in Japan reach a record high", *British Medical Journal News*, 2000.

5) Iversen L., Andersen O., Andersen PK et al., "Unemployment and mortality in Denmark, 1970~80", *BMJ* 295, 1987.

6) Martikainen P., Volkonen T., "Excess mortality of unemployed men and women during a period of rapidly increasing unemployment", *Lancet*, 348, 1996.

7) Morris JK, Cook DG, Shaper AG, "Loss of Employment and mortality", *BMJ*, 308, 1994.

8) Mathers CD, "Health differentials among adult Austalians aged 25~64 years", *Health Monitoring Series* No. 1, 1994.

9) Linn M., Sandifer R., Stein S., "Effects of unemployment on mental and physical health", *American Journal of Public Health*, 75, 1985.

10) Frese M., Mohr G., "Prolonged unemployment and depression in older workers: a longitudinal study of intervening variables", *Social Science & medicine*, 25, 1987.

11) Arber S., "Integrating nonemployment into research on health inequalities", *International Journal of Health Service* 26, 1996.

12) Mattiassonh I., Lindgarde F., Nilsson JA, Theorell T., "Threats of unemployment and cardiovascular risk factors: longitudinal study of quality of sleep and serum cholesterol concentrations in men threatened with redundancy", *BMJ* Sep 8, 301(6750), 1990.

13) Mathers CD, "Health differentials among adult Austalians aged 25~64 years", *Health Monitoring Series* No. 1, 1994.

14) Beale N, Nethercott S., "The health of industrial employees four uears after compulsory redundancy", *J Roy Coll Gen Pract* 37, 1987; Yuen P., Balarajan R., "Unemployment and patterns of consultation with the general practitioner", *BMJ*

298(6682), 1989.

15) Mathers CD, "Health differentials among adult Austalians aged 25~64 years", *Health Monitoring Series* No. 1, 1994.

16) 정진주·김신범, 「삼미특수강 해고 노동자의 삶의 질 변화와 건강평가」, 『전국금속산업노동조합연맹 주최 연구발표회』, 2000. 6; 정진주 외, 『실업·해고 노동자의 삶의 질·건강상태 조사발표 및 대책마련을 위한 공청회 자료집』, 노동환경건강연구소·전국금속노동조합연맹, 2001.

17) 정리해고 대상자만 파업에 참여한 것이 아니라 '산 자'들 중 일부가 파업에 참여했고, 이들은 이후 징계성 해고를 당해 끝내 공장으로 돌아가지 못했다. "왜 형은 아니고 내가 대상자냐"고 묻는 후배들의 말이 맞는 것 같아서 파업에 참여한 것이 그들의 인생을 완전히 바꾸어놓았다. 정혜윤, 『그의 슬픔과 기쁨』, 2014.

18) 쌍용자동차 사태 경찰폭력 및 구사대 폭력 조장 정리영상, http://www.youtube.com/watch?v=4rfflkLAGUg.

19) 2013년 1월 노사합의를 통해 459명 무급 휴직자들은 복직되었다.

20) 「초간단 정리: 쌍용차 고의부도와 회계조작의 진실!」, http://www.youtube.com/watch?v=zvSSh_jC7Ug.

21) 김승섭·정진주 외, 「해고와 건강, 그리고 쌍용자동차의 PTSD」, 『비판과 대안을 위한 건강정책학회 발표문』, 2014.

22) 「쌍용차 출신 낙인… '당당한 아빠' 꿈마저 가물」, 『한겨레』 2012. 1. 30.

23) 가구원수보정가구소득(Y/(A+βB)v, Y=평균 가구소득, A=가구원 중 성인 수, B=가구원 중 어린이 수, β·V=동등화 지수. 본 분석에서는 β=1, V=0.5)의 변화를 파악하기 위해 2008년과 2009년 각각의 월 평균 가구 총수입과 연령별 가구원 수를 파악했다.

24) 스트레스 수준을 평가하기 위해 사회심리적 건강측정도구(Psychosocial Well-being Index short form, PWI-S)를 이용하여 측정했다.

25) 고상백, 「비정규직 근로자들의 직업적 특성과 사회심리적 스트레스」, 『대한산업의학회지』 16(1), 2003, 103~113쪽.

26) 한국판 Beck 우울척도(K-BDI)를 사용했다. K-BDI는 신뢰도와 타당도가 검증되었고 성별 및 연령에 따른 절단점(cut off point)과 STEN(standard ten) 점수가 개발되어 있으며, 각 절단점에 따른 민감도와 특이도가 연구된 바 있다. 우울증상 설문의 총점에 따라 11점 이하는 정상, 12~19점은 경한 우울증상, 20~26점은 중등도 우울증상, 27점 이상은 고도 우울증상으로 구분된다. 중등도 우울증상 이상은 조치가 필요한데, 심리상담 전문가와 면담을 통해 병적 수준과 향후 관리방안을 결정해야 한다.

27) 「쌍용자동차 정리해고 후 노동자·가족 20명 사망」, 『사람일보』 2012. 2. 1(http://www.saramilbo.com/sub_read.html?uid=13311). 쌍용차 지부 보도자료.

28) 쌍용차지부 보도자료.

29) 「"쌍용차 다닌 이유로 취업 안된다" 20번째 사망자 나온 쌍차의 '불편한 진실'」, 〈미디어스〉 2012. 2. 2(http://www.mediaus.co.kr/news/articleView.html?idxno=22942).

30) 「쌍용, 19번째 죽음의 자초지종」, 〈Redian〉 2011. 11. 16(http://www.redian.org/archive/38833).

31) 「"남편은 지금도 복직투쟁… 어떻게 일상으로 돌아가나요"」, 『경향신문』 2012. 2. 14.

32) 「쌍용자동차 해고 노동자 A씨 "정권교체 안되면 쌍용차 사태 해결 어렵다"」, 〈오마이뉴스〉 2012. 2. 8(http://www.ohmynews.com/nws_web/view/at_pg.aspx?CNTN_CD=A0001695411).

33) 「희망광장 릴레이인터뷰 ③ 정신과 전문의 정혜신」, 〈프레시안〉 2012. 3. 20(http://www.pressian.com/news/article.html?no=38372).

34) 「쌍용차, 세 가지 물음 ② 마힌드라, 그리고 MB는 답하라」, 〈프레시안〉 2012. 5. 18(http://www.pressian.com/news/article.html?no=4538).

35) 「연정의 바보 같은 사랑 (54) 투쟁 1,000일 즈음, 쌍용자동차 해고 노동자들의 심리 치유상담」, 〈참세상〉 2012. 2. 29(http://www.newscham.net/news/view.php?board=news&nid=65198).

36) 「쌍용차노조 투쟁 1000일 "'평택 잔혹사"」 〈노컷뉴스〉 2012. 2. 15(http://www.nocutnews.co.kr/news/915212).

37) 「"쌍용차 다닌 이유로 취업 안된다" 20번째 사망자 나온 쌍차의 '불편한 진실'」, 〈미디어스〉 2012. 2. 2(http://www.mediaus.co.kr/news/articleView.html?idxno=22942).

38) 「쌍용차 출신 낙인… '당당한 아빠' 꿈마저 가물」, 『한겨레』 2012. 1. 30.

39) 평택시·평택시민자치참여연대, 「쌍용자동차 무급휴직자 및 해직자에 대한 실태조사」, 2011.

40) 「김규항의 좌판 (12) 쌍용차 해고 노동자 이창근」, 『경향신문』 2012. 3. 13.

학교를 떠나는 아이들—공교육의 폭력성이 남긴 상처

1) 국립국어원 표준국어대사전(http://stdweb2.korean.go.kr/search/List_dic.jsp), 2014년 3월 22일 접속.

2) 통계청, 「2013 청소년 통계」, 2013.
3) 「대한민국 청소년 정신건강 '빨간불'」, 한국건강증진재단 보도자료(2014. 3. 18).
4) 「대구 중학생 유서 전문… 누리꾼 "슬프고 안타깝다"」, 『이투데이』 2011. 12. 27.
5) 엄기호, 『교사도 학교가 두렵다』, 따비, 2013; 「교사도 감정노동자 학교가 무섭습니다」, 『한겨레』 2013. 12. 30.
6) 「예산 부족에 교사 명퇴 절반은 반려」, 『한국경제』 2014. 3. 4.
7) 피에르 부르디외 지음, 김주경 옮김, 『세계의 비참』 III, 동문선, 2002, 1524~1525쪽 참조.
8) 피에르 부르디외 지음, 김웅권 옮김, 『파스칼적 명상』, 동문선, 2001, 152쪽 참조.
9) 가야노 도시히토 지음, 임지현 옮김, 『폭력은 나쁘다고 말하지만』, SH BOOKS, 2012, 4장 참조.
10) 피에르 부르디외 지음, 김웅권 옮김, 『파스칼적 명상』, 동문선, 2001, 123쪽 참조.
11) 주디스 허먼 지음, 최현정 옮김, 『트라우마』, 플래닛, 2007.
12) Jane Brown, Mandy Winterton, *Violence in UK schools: what is really happening?*, bera, 2010, p. 12.
13) Cath Lambert, "Psycho classrooms: teaching as a work of art", *Social & Cultural Geography*, 12:01, 2011, pp. 27~45.
14) 피에르 부르디외 지음, 김웅권 옮김, 『파스칼적 명상』, 동문선, 2001, 95쪽 참조.
15) 피에르 부르디외·장 클로드 파세롱 지음, 이상호 옮김, 『재생산: 교육체계 이론을 위한 요소들』, 동문선, 2003, 25쪽 참조.
16) 위의 책, 22~23쪽 참조.
17) 「이성교제 3번 걸리면 퇴학… 사랑은 19금이 아니랍니다!」, 『한겨레』 2010. 11. 16.
18) 오늘날 중등학교 내 '학칙'이 보이는 임의성, 자의성, 폭력성에 관해서는 졸저, 김원석, 「'탈학교' 현상을 통해 바라본 한국 사회의 공교육에 내재된 폭력성과 그 상흔들: 피에르 부르디외의 '상징폭력'론을 중심으로」, 성공회대학교 사회학과 석사학위 논문, 2012, 2장 3절 참조.
19) 피에르 부르디외 지음, 김용숙 옮김, 『남성지배』, 동문선, 2003, 54쪽 참조.
20) 피에르 부르디외 지음, 김주경 옮김, 『세계의 비참』 II, 동문선, 2002, 944쪽 참조.
21) 소위 말하는 '기회의 함정(the opportunity trap)'에 관해서는 다음을 보라. Phillip Brown, "The Opportunity Trap: Education and Employment in a Global Economy", *European Educational Research Journal*, 2:1, 2003.
22) 피에르 부르디외·장 클로드 파세롱 지음, 이상호 옮김, 『재생산: 교육체계 이론을 위한 요소들』, 동문선, 2003, 11쪽 참조.

23) 「어느 전문계고 졸업생 32명의 폐기된 꿈」, 『한겨레21』 849호, 2011에서 재인용.

24) 전성은, 『왜 학교는 불행한가』, 메디치, 2011.

25) Hugh Lauder et al., *Education, Globalization and Social Change*, Oxford, 2006, pp. 1~70.

26) Michael Young, *The Rise Of The Meritocracy*, Thames and Hudson, 1958.

27) 「극단적 자살 10대 '소리 없는 비명'… 성적·입시 스트레스 극에 달해 벼랑으로 내몰려」, 『국민일보』 2013. 4. 16.

28) 김상봉, 『학벌사회: 사회적 주체성에 대한 철학적 탐구』, 한길사, 2004.

29) 피에르 부르디외 지음, 김주경 옮김, 『세계의 비참』 III, 동문선, 2002, 1029쪽 참조.

30) 2002년 5월 중도탈락생 대책을 위한 공청회에서 사용하기 시작한 이후 공식적인 용어로 자리매김되었다.

31) 채효정, 「학교 밖의 배움터: 교육적 의미와 정치사회적 의미」, 김상봉 외, 『학교를 버리고 시장을 떠나라』, 메이데이, 2010.

32) 한국교육개발원 교육통계연구센터, 「교육통계 FOCUS」, 『교육개발』 가을호(통권 185호), 2013.

33) 김성기, 「초·중등학생의 학업중단 청소년 현황과 실태」, 청소년의 미래를 생각하는 국회의원 정미경 정책토론회 발표문, 2009, 10~11쪽 참조.

34) 중퇴란 학생이 다른 학교로 전학 가는 과정 없이 학교를 졸업하기 전에 학업을 중단하는 것을 의미한다. 이 말은 '중도퇴학'이라는 말을 줄인 것인데 그냥 '퇴학'이라는 용어를 사용하지 않고 중도퇴학, 즉 중퇴라는 용어를 사용하게 된 것은 퇴학이라는 용어가 기존에는 학교의 징계수단으로 보는 경향이 강했기 때문이다. 중퇴의 개념은 중도탈락의 개념과 의미 구분 없이 혼용되어 사용되고 있다. 윤미원, 「학업중단 청소년 실태: 실업계 고등학생을 중심으로」, 성공회대학교 사회교육전공 석사학위 논문, 2006, 9쪽 참조.

35) 「2012학년도 초중고 학업중단 현황 조사결과 발표」, 교육부 보도자료(2013. 9. 4).

36) 권영길, 「빈부격차가 교육격차에 미치는 영향 분석」, 권영길 의원실, 2009; 권영길, 「(대한민국)교육불평등지도」, 권영길 의원실, 2010.

37) 이와 관련하여서는 다음을 보라. 김지혜·안치민, 「가출청소년의 학업중단 영향 요인과 대책」, 『한국청소년연구』 제17권 2호, 2006; 이경상·박창남, 「학업중단 이후 첫 번째 아르바이트 참여실태 및 지원방안」, 『한국청소년연구』 제17권 2호, 2006; 전경숙, 「10대 학업중단 청소년의 근로실태에 관한 실증적 고찰 연구: 가출경험 학업중단 청소년을 중심으로」, 『청소년상담연구』 제14권 1호, 2006.

38) 교사들에게 직접적으로 아이들이 중퇴를 하는 이유를 물어본 결과에서는 '가정 사정'이 압도적으로 높은 비율을 차지한다([표 1] 참조).

39) 한국청소년정책연구원, 「빈곤아동, 청소년 생활실태 연구」, 2009.

40) 주디스 허먼 지음, 최현정 옮김, 『트라우마』, 플래닛, 2007, 169쪽 참조.

41) 장필화 외, 「성매수 대상 청소년 심층조사연구」, 청소년보호위원회, 2002, 102쪽에서 재인용.

42) 위의 글, 108쪽에서 재인용.

43) Bell Hooks, *Teaching to Transgress: Education as the Practice of Freedom*, Routledge, 1994.

44) 성열관·이순철, 『한국 교육의 희망과 미래: 혁신학교』, 살림터, 2011, 26~29쪽 참조.

45) 홍임숙, 「학교를 떠난 아이들의 세계—학교중퇴자에 대한 사례연구」, 서강대학교 교육대학원 석사학위 논문, 2004, 48~49쪽에서 재인용.

46) Down B. and Smyth J. eds., *Critical Voices in Teacher Education*, Springer, 2012.

47) 이계삼 외, 『교육 불가능의 시대』, 교육공동체벗, 2011.

48) 주디스 허먼 지음, 최현정 옮김, 『트라우마』, 플래닛, 2007, 183쪽 참조.

49) 조혜정, 『학교를 거부하는 아이, 아이를 거부하는 사회』, 또하나의문화, 1996, 149쪽 참조.

50) 장필화 외, 「성매수 대상 청소년 심층조사연구」, 청소년보호위원회, 2002, 106쪽에서 재인용.

51) 전경숙, 「10대 학업중단 청소년의 근로실태에 관한 실증적 고찰 연구: 가출경험 학업중단 청소년을 중심으로」, 『청소년상담연구』 제14권 1호, 2006, 9쪽에서 재인용.

52) 위의 글.

53) 위의 글, 12쪽에서 재인용.

54) 장필화 외, 「성매수 대상 청소년 심층조사연구」, 청소년보호위원회, 2002, 131쪽에서 재인용.

55) 청소년 성매매 피해자 중 가출 경험자 비율은 매년 증가 추세로 2000년에 38.8%였다가 2004년에는 57.8%에 이르렀다. 보건복지가족부, 「청소년대상 성범죄의 발생추세와 동향분석」, 2008.

56) 성윤숙, 「청소년 인터넷 성매매 실태와 대응방안」, 한국청소년정책연구원, 2011.

57) 조혜정, 『학교를 거부하는 아이, 아이를 거부하는 사회』, 또하나의문화, 1996, 173~174쪽 참조.

58) 장필화 외, 「성매수 대상 청소년 심층조사연구」, 청소년보호위원회, 2002, 195쪽에서 재인용.

59) 피에르 부르디외 지음, 최종철 옮김, 『구별짓기: 문화와 취향의 사회학』 上, 새물결, 2006, 282쪽 참조.

60) 아이들이 손쉬운 돈벌이 방법으로 성매매를 채택한다고 해도 성매매 환경이 평화로

운 것은 전혀 아니다. 오히려 성매매 아이들의 불리한 조건들을 이용하여 돈을 지급하지 않거나 폭력을 행사하거나 변태적 성행위를 요구하는 등의 경우가 빈번한데, 그럼에도 불구하고 신고하기도 어렵고 돈을 받아낼 방법도 없는 상황에 놓여 그냥 '재수없다'고 생각하며 넘어가는 경우가 비일비재하다. 특히 아이들은 심리적으로 자신들이 불법을 저지르고 있다는 죄책감에 시달려 신고할 수 없을 뿐만 아니라, 신고할 경우 부모에게 연락이 가거나 협박에 시달리거나 '물주'가 사라질 것을 우려해 쉽게 알릴 수 없는 경우가 많았다. 엄호성, 「청소년 성매매 실태보고서」, 국정감사 청소년보호위원회 정책자료, 2003; 보건복지가족부, 「청소년 대상 성범죄의 발생 추세와 동향 분석」, 2008; 보건복지가족부, 「가출 및 성매매 피해 청소년 등 262명 구조」, 2009; 성윤숙, 「청소년 인터넷 성매매 실태와 대응방안」, 한국청소년정책연구원, 2011.

61) 장필화 외, 「성매수 대상 청소년 심층조사연구」, 청소년보호위원회, 2002, 146쪽에서 재인용.

62) 주디스 허먼 지음, 최현정 옮김, 『트라우마』, 플래닛, 2007, 187쪽 참조.

63) 김선옥, 「탈성매매 십대, 통제 대신 이해가 필요」, 『일다』 (http://www.ildaro.com/sub_read.html?uid=5803), 2011년 8월 29일.

64) 장필화 외, 「성매수 대상 청소년 심층조사연구」, 청소년보호위원회, 2002, 127쪽에서 재인용.

65) 「내 몸은 밥값을 버는 도구였을 뿐」, 『한겨레21』 894호, 2012에서 재인용.

66) 홍임숙, 「학교를 떠난 아이들의 세계—학교중퇴자에 대한 사례연구」, 서강대학교 교육대학원 석사학위 논문, 2004, 38쪽에서 재인용.

67) 장필화 외, 「성매수 대상 청소년 심층조사연구」, 청소년보호위원회, 2002, 110쪽에서 재인용.

68) 금명자 외, 「학교 밖 청소년 길 찾기—학교 밖 청소년 욕구조사」, 한국청소년상담원 청소년상담문제연구보고서, 2004.

69) 김혜영, 「학교 중도탈락의 사회적 맥락에 관한 연구」, 『청소년학연구』 9권 3호, 2002, 220쪽에서 재인용.

70) 김동민 외, 「학업중단 청소년 지원협의체 구성 및 운영연구」, 한국청소년 상담원, 2003, 173쪽에서 재인용.

71) 국가인권위원회, 「09-10 인권상담사례집」, 2010, 121쪽에서 재인용.

72) 「벼랑끝 15명의 졸업 희망가」, 『한겨레21』 848호, 2011.

73) Amanda Ripley, *The Smartest Kids In The World and How They Got That Way*, Simon & Schuster, 2013.

74) 피에르 부르디외 지음, 최종철 옮김, 『구별짓기: 문화와 취향의 사회학』 下, 새물결, 2006, 704쪽 참조.

75) 'Wee''는 We(우리), education(교육), emotion(감성)의 합성어로, 'Wee 프로젝트'는 학교, 교육청, 지역사회의 협력 속에 위기학생 예방 및 지원체제를 갖춘 대표적인 학교안전망 구축사업을 의미한다. Wee 홈페이지 http://www.wee.or.kr/home/main.php 참조(2014년 3월 20일 접속).

76) 비판적 교육학의 기본적인 이해를 위해서는 다음을 참조할 것. Darder, A., Baltodano, M., & Torres, R., *The Critical Pedagogy Reader*, Routledge Falmer, 2003; Henry Giroux, *On Critical Pedagogy*, Continuum International Publishing Group, 2011; Joan Wink, *Critical Pedagogy: Notes from the Real World*(4th), Pearson, 2011.

77) Paulo Freire, *Pedagogy of the Oppressed*, Penguin Books, 1993; Paulo Freire, *Education for Critical Consciousness*, Bloomsbury, 2013.

78) Stephen Cowden et al., *Acts of Knowing: Critical Pedagogy In, Against and Beyond the University*, Bloomsbury, 2013.

79) Catherine Burke, "The school Without Tears: E. F. O'Neill of Prestolee", *History of Education*, 34:3, 2005, pp. 263~275.

80) Michael Apple, *Educating the "Right" Way: Market, Standards, God, and Inequality*(2nd), Routledge, 2006, Chapter 3.

엄마에게 아이를 빼앗는 사회 —미혼모와 해외입양인의 사회적 죽음과 인권

1) 제3회 싱글맘의 날 기념 국제컨퍼런스(2013. 5. 10) 남윤인순 의원, 민현주 의원 환영사(8~9쪽).

2) 한국미혼모지원네트워크(http://www.kumsn.org) 홈페이지 대문 문구(검색일: 2013년 5월 11일).

3) 미혼모 관련 단일 법률과 정책은 미비한 상황이다. 해방 이후 등장한 미혼모 관련 정책 역시 요보호 여성의 문제가 제기되면서 정책이 마련되자 이에 근거하여 미혼모에 접근한 것으로 볼 수 있다. 현재까지 유지되고 있는 미혼모에 대한 국가의 시각은 미혼모의 인권 보장과 양육환경 정비가 아닌 미혼모 예방에 초점을 맞추고 있다. 단일 법률이 이닌 '한부모가족지원법'에 근거하여 미혼모 문제에 접근할 수 있다는 점에서도 미혼모에 대한 부정적 인식은 현재까지 변함이 없다고 할 수 있다.

4) 박은하, 「비혼모와 비혼모 정책에 관한 여성주의적 연구」, 숙명여자대학교 여성학협동과정 석사학위논문, 2003, 29~36쪽.

5) 최근 '입양특례법' 재개정 논의의 틀 안에서 언론에 자주 노출되고 있는 아동 유기 관련 기사의 대부분은 입양 절차의 까다로움으로 인해 아이를 양육할 수 없는 미혼모가 극단적인 선택으로 자신의 아이를 버리는 선택을 하게 된다는 내용을 담고 있다. 「[입양 막는 입양특례법] 한국입양홍보회 한연희 회장 "무조건 호적 강요는 시기상조"」, 『국민일보』 2013. 1. 3; 「입양특례법의 그늘… 입양 24% 줄고 유기 아동 27% 늘고」, 『헤럴드경제』 2013. 3. 25 등 참조.

6) 성적 자기결정권은 모든 인간에게 동등하게 인정되어야 할 권리지만, 여성의 성적 주체성에 대해서는 불관용 원칙이 적용되는 가부장적 지배가 은밀하게 관통하고 있는 현실에서 여성의 성적 자기결정권 인정은 일종의 사회제도권에 대한 도전으로 인식되고 있다. 따라서 전통적 성규범의 수호를 위해 미혼모의 낙인을 유지함으로써 여성의 주체적인 성 결정권을 인정하지 않으려는 것이다.

7) 박은하, 앞의 글, 30쪽.

8) '한부모가족지원법'의 제정으로 미혼모 지원에 대한 관심이 생겨나고 있지만, 이 역시 '결혼'이라는 대전제를 불가피하게 유지할 수 없는 경우에 중점을 두고 있다는 점에서 미혼모 인권을 위한 정책적 접근이라고 보기엔 한계가 있다.

9) 박은하, 앞의 글, 70~72쪽.

10) 「'어린 엄마' 막기 위한 성교육 지침서」, 〈오마이뉴스〉 2009. 4. 23.

11) 조솔·캐런 윌슨 부터보 지음, 오혜인 외 옮김, 『입양 치유』, 뿌리의 집, 2013, 127~129쪽.

12) 백연옥, 「아동을 포기하는 친모들의 정신건강 이슈들에 관한 소고」, 『정신보건과 사회사업』 제2집, 1995.

13) 위의 글, 126~127쪽에서 재인용.

14) 위의 글, 123쪽.

15) 「금순이네 해외 미혼모 이야기, 해결할 수 없는 슬픔: 엄마들이 받는 상처」(http://mihonmo.tistory.com/39, 검색일: 2013년 5월 1일).

16) 김재민, 「사회적 소수자로서의 해외입양인」, 『민주주의와 인권』 제13권 제1호, 2013.

17) 위의 글, 254~263쪽.

18) 가족과 입양을 바라보는 시각의 차이는 '정상가족'의 규정과 관련된다. 입양은 불가피하게 발생할 수 있다는 점에서 논외로 하고, 친모와 함께 살아갈 수 있도록 사회보장체계를 구축할 것인가와 '건전한' 부모를 찾아 표준적인 가족의 품으로 들어가도록 할 것인가에서 차이가 발생한다. 즉 아동의 최선의 이익은 입양 자체보다 구조

의 문제에서 비롯된다고 할 수 있다. 그러나 입양과 양육은 아동의 입장에서 고려되어야만 한다. 결국 정상가족 이데올로기로 인한 가족 구성의 다양성을 인정하지 않는 사회적 분위기에서 입양의 시각차가 발생하는 것이다.

19) 고혜연, 「국제입양인의 정체성 형성 과정에 관한 연구」, 중앙대학교 박사학위논문, 2011, 11~13쪽.

20) 「한국판 서문」, 낸시 베리어, 『원초적 상처』, 뿌리의 집, 2013, 8쪽.

21) 위의 책.

22) 조솔·캐런 윌슨 부터보 지음, 앞의 책, 129쪽.

23) 김홍신 의원은 스웨덴 정부의 연구결과(2002)를 토대로 입양인의 자살률은 일반인에 비해 3.7배, 자살 시도는 2.7배 높게 나타나는 등 사회적으로 문제가 야기되고 있음을 지적했다. 2002년 보건복지부 국정감사 김홍신 의원 질의문 참조.

24) 2005년 KBS에서 방영된 〈추적 60분: 아기를 수출하는 나라—해외입양의 두 얼굴〉은 해외입양을 둘러싼 문제를 다루고 있다. 여기에 소개된 해외입양인의 자살 사례는 아동의 최우선적 이익을 위해 입양을 선택할 수밖에 없다는 사회적 관행이 정당한 것인지 질문한다. '요보호대상' 아동의 양육을 위해 입양이 아닌 다른 대안적 모델은 없을 것인가?

25) 권희정, 「인권, 모성권, 아동복리 측면에서 본 비혼모를 둘러싼 쟁점들」, 『이화젠더법학』 제2권 제2호, 2011, 57쪽.

26) 권희정은 미혼모의 양육 포기 비율을 70%로 추정하고 있으며, 입양기관에서 운영하는 미혼모 시설의 경우 90%에 이르고 있다고 보았다. 또한 미혼모 시설에 따라 미혼모의 100%가 양육을 포기하는 경우도 있음을 지적하고 있다. 위의 글, 63쪽.

27) 위의 글, 59~60쪽.

28) 백연옥, 앞의 글, 124~125쪽.

29) 권희정, 앞의 글, 56쪽.

30) 낸시 베리어, 앞의 책, 279~280쪽.

31) 연합뉴스의 기사에 따르면, 부정적 인식이 낮아지면서 혼외출생이 해마다 증가하고 있다고 한다(「작년 혼외 출생 1만 명 넘어… 신생아 100명 중 2.1명」, 『연합뉴스』 2013. 8. 27). 그럼에도 불구하고 한국의 혼외출생 비율이 낮은 이유는 결혼을 전제로 한 출산이 아닌 경우 불관용 원칙이 적용되는 현실에 입각하여—즉 혼외관계에서 임신할 경우 출산·양육할 수 있는 사회적 합의의 부재로 인해—대부분 낙태를 선택하거나 입양으로 신분세탁이 이루어진 결과로 볼 수 있다. 반면 2011년 현재 유럽연합(EU) 27개국의 경우 혼외출생의 비율은 39.5%에 이른다.

32) 권희정, 앞의 글, 73~74쪽. 한국은 동 협약을 1990년에 비준했지만, 21조 a항을 유보

하고 있다. 21조 a항은 입양구조의 엄격한 관리를 규정하는 것으로 볼 수 있는데, 이 조항의 유보는 결국 원가족으로부터의 분리를 방조하는 것으로 해석할 수 있다.

33) 이미정, 앞의 글, 5쪽.

34) 싱글맘과 미혼모는 결혼을 하지 않은 상태에서 출산과 양육을 선택했다는 점에서 같은 의미이다. 서구 사회에서는 미혼모라는 단어를 사용하지 않고 싱글맘으로 통일하고 있다. 그러나 언론에서 싱글맘으로 표상되는 경우, 충분한 경제적 능력을 갖추고 자신의 경쟁력을 사회에서 펼칠 수 있는 이른바 '슈퍼맘'으로 인식된다. 같은 상황에 처한 여성을 바라보는 데 있어서도 미혼모의 개념을 부정적으로 재생산하기 위해 구별하는 방식으로 싱글맘을 차이 있는 용어로 명명하고 있다는 점에서 미혼모를 바라보는 사회적 인식은 변화하지 않고 있음을 알 수 있다.

35) 낸시 베리어, 『원초적 상처』, 뿌리의 집, 2013의 제목을 차용했다. 인간의 본원적인 관계의 단절로 인한 상실을 회복할 수 있는 근본적인 방법은 관계의 되돌림일 것이다. 그러나 그 방법은 불가능하다. 따라서 원초적 상처를 치유할 수 있는 사회 성격의 구성으로 바꾸어 나가는 것이 중요하다.

36) 낸시 베리어, 앞의 책, 25쪽. 신생아의 경험과 능력은 엄마의 자궁에서부터 형성된 유대관계에서 비롯된다. 즉 출생에서부터 관계 형성이 시작되는 것이 아니라 자궁에서부터 육체적·정신적·심리적 유대가 형성되고 40주라는 시간 동안 엄마와 근본적이고 친밀한 관계가 이미 형성된다는 것이다. 이러한 신생아의 경험을 외면하고 모자관계를 분리시키고자 하는 시도는 인간 존엄성을 훼손하는 행위로 볼 수 있다(같은 책, 26쪽 참조).

식민주의와 트라우마 정당화 과정이 미국계 혼혈인에게 미친 영향

1) Cho, Grace M., *Haunting the Korean Diaspora: Shame, Secrecy, and the Forgotten War*, Minneapolis, MN: U of Minnesota P, 2008.

2) Kim, Dong-choon, "The Truth and Reconciliation Commission of Korea: Uncovering the Hidden Korean War", *The Asia-Pacific Journal*, 9-5-10, March 1, 2010.

3) Cumings, Bruce, *Korea's Place in the Sun: A Modern History*, New York: Norton, 1997; Cho, Grace M., *Haunting the Korean Diaspora: Shame, Secrecy, and the Forgotten War*, Minneapolis, MN: U of Minnesota P, 2008; Deane, Hugh, *The Korean War: 1945~1953*, San Fransico, China Books and Periodicals, 1999는 이 사건과 다른 잔학을 설명하고 있다.

4) Moon, Katharine H. S., *Sex Among Allies: Military Prostitution in U. S.-Korea Relations*, New York: Columbia UP, 1997, p. 123.

5) Yuh, Ji-Yeon, *Beyond the Shadow of Camptown: Korean Military Brides in America*, New York: New York UP, 2002, p. 18, 31.

6) Martin Hart-Landsberg, *Korea: Division, Reunification, and U. S. Foreign Policy*, New York: Monthly Review Press, 1998, p. 72.

7) Cho, Grace M., *Haunting the Korean Diaspora: Shame, Secrecy, and the Forgotten War*, Minneapolis, MN: U of Minnesota P, 2008, p. 94.

8) 김당, 「한국 '특수위안대'는 사실상의 공창」, 〈오마이뉴스〉 2002. 2. 26.

9) Moon, Katharine H. S., *Sex Among Allies: Military Prostitution in U. S.-Korea Relations*, New York: Columbia UP, 1997, p. 1.

10) Yuh, Ji-Yeon, *Beyond the Shadow of Camptown: Korean Military Brides in America*, New York: New York UP, 2002, p. 2.

11) Moon, Katharine H. S., *Sex Among Allies: Military Prostitution in U. S.-Korea Relations*, New York: Columbia UP, 1997, p. 44.

12) 「대한미군」 下, 『대한매일』 1998. 5. 2.

13) Yuh, Ji-Yeon, *Beyond the Shadow of Camptown: Korean Military Brides in America*, New York: New York UP, 2002, p. 36.

14) "[성매매를 했던 여성은] 태어났을 때부터 한국인이었지만 남한 사회에서 그 여성들은 몸도 마음도 한국인이 아니다." Moon, Katharine H. S., *Sex Among Allies: Military Prostitution in U. S.-Korea Relations*, New York: Columbia UP, 1997, p. 3.

15) "국제결혼을 통해 남한 성노동자들이 미국으로 출국하면서, 여성들은 과잉가시(過剩可視) 상태로부터 사회 주변의 그늘로 돌아간다." Cho, Grace M., *Haunting the Korean Diaspora: Shame, Secrecy, and the Forgotten War*, Minneapolis, MN: U of Minnesota P, 2008, p. 22.

16) Moon, Katharine H. S., *Sex Among Allies: Military Prostitution in U. S.-Korea Relations*, New York: Columbia UP, 1997, p. 123.

17) Moon, Seungsook, "Begetting the Nation: Androcentric Discourse of National History and Tradition in South Korea", Elaine H. Kim and Chungmoo Choi, eds., *Dangerous Women: Gender & Korean Nationalism*, New York: Routledge, 1998, p. 34.

18) Moon, Seungsook, "Begetting the Nation: Androcentric Discourse of National History and Tradition in South Korea", Elaine H. Kim and Chungmoo Choi, eds., *Dangerous Women: Gender & Korean Nationalism*, New York: Routledge, 1998, p. 38.

19) 원래 '단일민족'은 한국적인 개념이 아니라 일본에서 온 것이다. '단일민족'이라는 말은 한국식으로 일본의 한자를 읽은 것이다. 일본어로 단일민족은 'tan itsu min zoku'이다. '단일민족'을 통해 모든 한국 사람들은 천국에서 온 환웅의 자손이 되고, 일본의 'tan itsu min zoku'를 통해 모든 일본 사람들은 천국의 여왕, 아마테라스의 자손이 된다. 순수한 한국인의 혈통의 힘으로 한국 민중들은 모든 비극을 극복할 수 있다고 이야기되고, 일본인들은 순수한 혈통에 의해 다른 황인종을 지배할 운명을 부여받는다고 이야기된다.

20) 남영호, 「'주둔지 혼혈인'과 생물학적 시민권」, 『한국문화인류학』 41(1), 2008.

21) Moon, Seungsook, "Begetting the Nation: Androcentric Discourse of National History and Tradition in South Korea", Elaine H. Kim and Chungmoo Choi, eds., *Dangerous Women: Gender & Korean Nationalism*, New York: Routledge, 1998, p. 48.

22) http://english.hani.co.kr/arti/english_edition/e_editorial/526492.html(accessed 2012-04-07).

23) Martin Hart-Landsberg, *Korea: Division, Reunification, and U. S. Foreign Policy*, New York: Monthly Review Press, 1998, p. 18.

24) Deane, Hugh, *The Korean War: 1945~1953*, San Fransico, China Books and Periodicals, 1999, p. 37.

25) Martin Hart-Landsberg, *Korea: Division, Reunification, and U. S. Foreign Policy*, New York: Monthly Review Press, 1998, p. 72.

26) 이범석의 서북청년단을 말한다.

27) Deane, Hugh, *The Korean War: 1945~1953*, San Fransico, China Books and Periodicals, 1999, p. 38.

28) 친일파 안두희는 1949년에 김구를 암살했다.

29) 1947년에 우익 테러단체 백의사인 한지근은 여운형을 암살했다. MBC, 〈이제는 말할 수 있다: 비밀결사 백의사〉 편.

30) Deane, Hugh, *The Korean War: 1945~1953*, San Fransico, China Books and Periodicals, 1999, p. 29.

31) Cho, Grace M., *Haunting the Korean Diaspora: Shame, Secrecy, and the Forgotten War*, Minneapolis, MN: U of Minnesota P, 2008, pp. 67~71.

32) Deane, Hugh, *The Korean War: 1945~1953*, San Fransico, China Books and Periodicals, 1999, p. 28.

33) Cho, Grace M., *Haunting the Korean Diaspora: Shame, Secrecy, and the Forgotten War*, Minneapolis, MN: U of Minnesota P, 2008, p. 73.

34) Nadia Y. Kim, *Imperial Citizens: Koreans and Race from Seoul to LA*, Stanford, California: Stanford Univ. Press, 2008, p. 51.

35) 1992년까지 기지촌 연구자인 Sturdevant과 Stoltzfus에 따르면 기지촌 클럽은 인종적으로 분리되었다. 흑인클럽 구역은 'Dark Man's Zones'(DMZ)이라고 불렸다.

36) Moon, Katharine H. S., *Sex Among Allies: Military Prostitution in U. S.-Korea Relations*, New York: Columbia UP, 1997, p. 129.

누가 역사를 부인하는가—5·18 과거청산 부인의 논리와 양상

* 이 논문은 2013년도 성공회대학교 NGO 대학원 석사학위 논문 「한국사회 과거청산 부인(denial) 연구—인혁당 재건위 사건과 5·18 광주민주화운동을 중심으로」를 발췌 재구성한 것임.

1) 스탠리 코언, 『잔인한 국가, 외면하는 대중—왜 국가와 사회는 인권침해를 부인하는가』, 창비, 2009, 209~251쪽.

2) '위계질서상의 부인'의 경우 상급자는 명령하달의 부인, 명령에 대한 하부조직의 잘못된 이해, 비밀조직 결성 승인의 부인 등을 하고, 하급자는 상부 권위에 복종했을 뿐이라고 책임을 부인한다. 순응의 경우 상황의 압박, 주의의 요구, 기대로 인해 선택의 여지가 없었다는 것으로, 다른 사람들도 그 자리에 있었으면 똑같이 했을 것이라는 주장이다. 필요성은 누군가 꼭 해야 하는 더러운 일을 대신 했다는 자기방어 논리이다. 분할은 자신의 자아 중 자율적인 부분이 자기 행동을 조종했다는 변명으로, 특정한 상황이나 장소에서의 비행을 분리하여 자신의 부도덕성을 부정하는 제한적 혹은 상황적 도덕성, 부도덕한 행위를 실행하는 분업체계에서 아주 작은 역할만 맡은 자신은 일의 결과를 전적으로 책임질 수 없다는 수단과 목표 해리, 부도덕한 행위는 자아 중 아주 작은 부분이 저지른 것이라는 도덕적 균형, 자신의 믿음과 행위를 엄밀히 구분한다는 자기기만과 역할 거리두기가 여기에 해당한다. 위의 책, 209~221쪽.

3) 정의의 주장은 국제 인권기준의 가치는 보편적이지 않으며, 사회는 자체 도덕에 따라 마음대로 행동할 수 있다는 주장이다. 또한 초월적 사상, 독선적 주의주장, 신성한 사명을 위해서라면 어떠한 수단도 허용된다는 것은 더욱 강한 정의의 주장이다. 필요성은 완화된 정당화 형태로, 생존투쟁, 안보 때문에 다른 대안이 없었다는 것이다. 피해자 존재의 부인은 '피해자가 원래 가해자였다', '피해자의 긴박한 공격에 대한 방어였다', '피해자는 비난받아 마땅하다'는 논리로 이데올로기에 뿌리를 둔 현상

이다. 이 논리는 사건의 정당화뿐만 아니라 자기사면의 근거도 된다. 손해의 부인은 어떤 행위로 인한 피해나 손상을 축소하거나 평가절하함으로써 자기 잘못을 무효화하려는 것이다. 맥락화는 보편적 기준 자체를 부정하지는 않지만, 자기들이 처한 특별한 역사적 맥락 때문에 일반적인 기준을 적용할 수 없다는 것이다. 자기에게 유리한 방식으로 비교하는 것은 다음과 같이 할 수 있다. 우선 자신의 악행과 적의 악행을 비교하여 자신의 행위가 나아 보이게 하는 것이다. 다음은 비판자에 대한 비판이다. 외부 비판자의 위선이나 선택적 태도를 비난하면서 그들 역시 도덕적으로 흠결이 많아서 우리를 심판할 권리가 없다고 주장하는 것이다. 마지막으로 유사한 상황에 처한 국가와 자신들을 비교하여 자신들의 행위를 정당화하는 것이 있다. 위의 책, 248~251쪽.

4) 악셀 호네트, 『인정투쟁—사회적 갈등의 도덕적 형식론』, 사월의책, 2011, 183~263쪽.
5) 검찰, 「노태우 피의자 신문조서 제5회」, 1999, 51~52쪽.
6) 검찰, 「이학봉 피의자 신문조서 제4회」, 1999, 146쪽.
7) 검찰, 「노태우 피의자 신문조서 제5회」, 1999, 54~55쪽.
8) 전두환 측, 「검찰 질의에 대한 소견 및 논평」, 『월간조선』 1995년 11월호.
9) 국회, 「5·18광주민주화운동 진상조사특별위원회 회의록 제20호」(1988. 12. 20), 131쪽, 권승만 증언.
10) 국회, 「5·18광주민주화운동 진상조사특별위원회 회의록 제26호」(1989. 1. 27), 108쪽, 119쪽, 안부웅 증언.
11) 검찰, 「안부웅 피의자 신문조서 제4회」, 1999, 393쪽.
12) 국회, 「5·18광주민주화운동 진상조사특별위원회 회의록 제20호」(1988. 12. 20), 98쪽, 최웅 증언.
13) 검찰, 「노태우 피의자 신문조서 제5회」, 1999, 55쪽.
14) 검찰, 「이희성 진술조서」, 1999, 138쪽.
15) 국회, 「5·18광주민주화운동 진상조사특별위원회 회의록 제7호」(1988. 11. 18), 88쪽, 이희성 증언.
16) 검찰, 「권승만 진술조서」, 1999, 345쪽.
17) 국회, 「5·18광주민주화운동 진상조사특별위원회 회의록 제25호」(1989. 1. 26), 115쪽, 김일옥 증언.
18) 국회, 「5·18광주민주화운동 진상조사특별위원회 회의록 제19호」(1988. 12. 19), 40~41쪽, 이희성 증언.
19) 전두환 측, 「검찰 질의에 대한 소견 및 논평」, 『월간조선』 1995년 11월호.

20) 검찰, 「주영복 진술조서」, 1999, 104쪽.

21) 국회, 「5·18광주민주화운동 진상조사특별위원회 회의록 제8호」(1988. 11. 19), 88쪽, 주영복 증언.

22) 검찰, 「허화평 피의자 신문조서」 제1회, 1999, 156~157쪽.

23) 검찰, 「안부웅 피의자 신문조서」 제1회, 1999, 375쪽, 379쪽.

24) 조갑제, 「전두환 구속은 정의를 구현하고 있나?」, 『월간조선』 1996년 1월호; 지만원, 「5·18 역사는 이렇게 뒤집혔다」, 『뉴스타운』 2010. 1. 13. 이는 부인 내용의 핵심을 정리하여 필자가 발췌 인용한 것이다. 이하에서도 동일하다.

25) 이주천, 「5·18의 진상 밝힐 때가 됐다」, 『한국논단』 2010년 5월호; 지만원, 「518 역사는 이렇게 뒤집혔다」, 〈뉴스타운〉 2010. 1. 13.

26) 조영환, 「광주사태의 폭란적 속성 간과하지 마라」, 『한국논단』 2010년 5월호; 지만원, 「518 역사는 이렇게 뒤집혔다」, 〈뉴스타운〉 2010. 1. 13.

27) 5월 18일부터 5월 27일까지 투입된 계엄군 병력은 모두 47개 대대 20,317명으로, 이 중 특전사는 10개 대대 3,405명(장교 504명/사병 2,901), 20사단은 9개 대대 4,946명(장교 279명/사병 4,667명), 전투병과교육사령부는 28개 대대 11,966명(장교 3,944명/사병 8,022명)이었다. 국방부과거사진상규명위원회, 「12·12, 5·17, 5·18 사건 조사결과보고서」, 2007, 62쪽, 124쪽.

28) 위의 자료, 70쪽, 125쪽.

29) 역사학도, 「광주사태에 대한 원희룡의 약속과 한홍구의 거짓말」, 〈역사학도의 시사토론 글방〉 2005. 4. 6.

30) 역사학도, 「광주사태에 대한 원희룡의 약속과 한홍구의 거짓말」, 〈역사학도의 시사토론 글방〉 2005. 4. 6.

31) 김동문, 「광주사태를 민주화운동으로 조작한 사적비 정체 (2)」, 〈뉴스타운〉 2007. 2. 11.

32) 역사학도, 「대자보정치와 한국판 홍위병 운동의 기원」, 〈역사학도의 시사토론 글방〉 2005. 7. 16.

33) 역사학도, 「5·18 광주시민군이 먼저 발포하였다」, 〈역사학도의 시사토론 글방〉 2007. 8. 4.

34) 역사학도, 「5·18광주사태에 개입했던 북한군의 실체에 대한 기자회견 보고서」, 〈역사학도의 시사토론 글방〉 2006. 12. 22.

35) 임천용, 「광주대학살의 주범은 전두환 아닌 김정일이다」, 『한국논단』 2007년 3월호; 「5·18단체, 대낮에 테러단체로 나타났다」, 〈올인코리아〉 2010. 7. 10; 지만원, 『솔로몬 앞에 선 5·18』, 도서출판 시스템, 2010, 50~61쪽.

36) 자유북한군인연합, 『화려한 사기극의 실체 5·18』, 광명기획, 2009.
37) 「'영원한 무명열사'…아직도 주인 없는 5기의 묘」, 『국민일보』 2008. 5. 17.
38) 「탈북 인민군 장교들의 충격 증언」, 『한국논단』 2006년 11월호.
39) 「광주 15년 총, 누가 먼저 쏘았나」, 『한국논단』 1996년 1월호.
40) 국방부과거사진상규명위원회, 「12·12, 5·17, 5·18 사건 조사결과보고서」, 2007, 125~127쪽.
41) 검찰, 「광주지검 검시조서」, 『5·18광주민주화운동자료총서』 제20권, 광주광역시 5·18사료편찬위원회, 1999, 325~667쪽.
42) 「검찰 작성 5·18사망자 165명 부검자료」, 『신동아』 1996년 1월호.
43) 자유북한군인연합, 『화려한 사기극의 실체 5·18』, 광명기획, 2009, 15쪽, 26쪽.
44) 「교도소주변 양민학살 확인」, 『경향신문』 1995. 12. 29.
45) 「5·18 당시 시민군 光州교도소 습격 사실무근」, 〈연합뉴스〉 1995. 12. 14.
46) 지만원, 『솔로몬 앞에 선 5·18』, 도서출판 시스템, 2010, 58~59쪽.
47) 지만원, 『솔로몬 앞에 선 5·18』, 도서출판 시스템, 2010.
48) 국회, 「5·18광주민주화운동 진상조사특별위원회 회의록 제25호」(1989. 1. 26), 27쪽, 김영택 증언.
49) 역사학도, 「광주에 침투한 300명의 불순세력과 북한군 300명」, 〈역사학도의 시사토론 글방〉 2009. 4. 14.
50) 조갑제, 「'화려한 휴가'의 '화려한 왜곡'」, 〈조갑제닷컴〉 2007. 9. 7.
51) 「'화려한 휴가' 제작자에 민·형사 고소 검토」 중 '공수부대 출신들의 성명서', 〈독립신문〉 2007. 9. 21.
52) 「국민 15.6% "5·18은 폭동 또는 사태」, 〈프리존뉴스〉 2008. 5. 15.
53) 조갑제, 「'광주사태'라고 부를 자유도 없나?」, 〈조갑제닷컴〉 2007. 8. 5.
54) 지만원, 「5·18세력은 북한과 내통된 빨갱이 세력」, 〈뉴스타운〉 2010. 5. 8.
55) 「5·18단체, 대낮에 테러단체로 나타났다」, 〈올인코리아〉 2010. 7. 10; 조영환, 「'5·18 실체규명위', 광주에서 폭행당했다」, 〈프리존뉴스〉 2010. 7. 9.
56) 「"영화 '화려한 휴가', 90% 이상 조작됐다"」, 〈프리존뉴스〉 2007. 9. 22.
57) 자유북한군인연합, 『화려한 사기극의 실체 5·18』, 광명기획, 2009.
58) 국민행동본부, 「영화 '화려한 휴가'의 터무니없는 왜곡에 왜 軍은 침묵하는가?」, 〈조갑제닷컴〉 2007. 9. 10.
59) 「"광주사태가 친북세대 길렀다" 메일 파문」, 〈데일리서프라이즈〉 2004. 11. 30; 「김진홍 "광주사태, 민주화운동의 치명적 독"」, 〈오마이뉴스〉 2006. 2. 9; 「대형교회 목사, 4·3평화공원 폭도 추모 '망언'」, 〈제주의 소리〉 2008. 10. 7; 김진철, 「대한민국

역사는 김대중 씨를 심판할 것입니다」, 〈구국기도〉 2009. 8. 19; 김진철, 「진실이 없는 역사는 반드시 멸망을 받습니다」, 〈구국기도〉 2009. 8. 27; 김진철, 「전두환 전대통령 안보정신을 기념하는 기념비를 평화의댐에 세우자」, 〈구국기도〉 2009. 11. 7.

60) 조갑제, 「'화려한 휴가'의 '화려한 왜곡'」, 〈조갑제닷컴〉 2007. 9. 7.

61) 임천용, 「북한 특수부대 출신자의 생생한 증언—5·18은 재평가되어야 한다」, 『한국논단』 2006년 12월호; 임천용, 「광주대학살의 주범은 전두환 아닌 김정일이다」, 『한국논단』 2007년 3월호; 「공산당의 뜨거운 맛 모르는 좌익들」, 『한국논단』 2007년 2월호.

62) 「대형교회 목사, 4·3평화공원 폭도 추모 '망언'」, 〈제주의 소리〉 2008. 10. 7.

63) 안병직, 「민주화운동과 민주주의—좌익운동을 중심으로」, 안병직 편, 『한국 민주주의의 기원과 미래 보수가 이끌다』, 시대정신, 2011, 171쪽.

64) 역사학도, 「5·18광주사태에 개입했던 북한군의 실체에 대한 기자회견 보고서」, 〈역사학도의 시사토론 글방〉 2006. 12. 22.

65) 「'화려한 휴가' 제작자에 민·형사 고소 검토」 중 '공수부대 출신들의 성명서', 〈독립신문〉 2007. 9. 21; 「영화 〈화려한 휴가〉 고소당해!」, 〈코나스〉 2007. 11. 26.

66) 김동문, 「5·18실체규명위원회 출범」, 〈뉴스타운〉 2010. 6. 11; 「5·18단체, 대낮에 테러단체로 나타났다」, 〈올인코리아〉 2010. 7. 10.

67) 지만원, 「단군이래의 최대 사기는 '진보사기'」, 『한국논단』 2006년 4월호.

68) 「조갑제 "화려한 휴가=화려한 왜곡"」, 〈뉴데일리〉 2007. 9. 9.

69) 김수연, 「'화려한 휴가' 비판 의견 압도적」, 〈조갑제닷컴〉 2007. 9. 18.

70) 이주천, 「5·18의 진상 밝힐 때가 됐다」, 『한국논단』 2010년 5월호.

71) 이나미, 「박정희 정권과 한국 보수주의의 퇴보」, 『역사비평』 여름호, 2011; 이나미, 『한국의 보수와 수구—이념의 역사』, 지성사, 2011; 김병곤, 「한국 보수주의의 이념적 특징—근대화와의 관계를 중심으로」, 『역사비평』 여름호, 2011; 종교문화연구원, 『종교 근본주의—비판과 대안』, 도서출판 모시는 사람들, 2011; 강인철, 『한국의 개신교와 반공주의』, 중심, 2006.

72) 안병직, 「민주화운동과 민주주의—좌익운동을 중심으로」, 안병직 편, 『한국 민주주의의 기원과 미래 보수가 이끌다』, 시대정신, 2011, 171쪽.

73) 악셀 호네트, 『인정투쟁—사회적 갈등의 도덕적 형식론』, 사월의책, 2011, 247쪽.

74) 조희연, 「민주주의 이행과 과거청산」, 『국가폭력 민주주의 투쟁 그리고 희생』, 함께 읽는책, 2002, 456~457쪽.

75) 위의 책, 459쪽.

76) 김동춘, 「20세기 국가폭력과 과거청산」, 조희연 편, 『국가폭력 민주주의 투쟁 그리고

회생』, 함께읽는책, 2002, 446쪽.

77) 5·18 민주화운동에 대해서는 진상규명, 책임자 처벌, 보상, 5·18의 국가기념일 제정 등의 조치가 이루어졌지만 부상자, 유족, 구속자에게서 여전히 트라우마 증상이 관찰되었다. 2006년 조사 결과 5·18 피해자의 41.6%, 5·18 유공자(부상자, 구속자, 유족)의 55.8%가 PTSD로 진단 가능하다는 결과가 나왔다(오수성·신현균·조용범, 「5·18 피해자들의 만성 외상후 스트레스와 정신건강」, 『한국심리학회지: 일반』 Vol. 25, No. 2, 한국심리학회, 2006). 또한 학력과 사회경제적 수준이 낮고 사회운동 경력이 없는 경우 트라우마가 발생할 가능성이 높으며, 피해자의 육체적, 사회·경제적 상황이 열악한 경우 트라우마도 강화된다는 연구도 발표되었다(최정기, 「국가폭력과 트라우마의 발생기제—광주 '5·18' 피해자를 대상으로」, 『경제와 사회』 봄호, 2008).

78) 주디스 허먼, 『트라우마—가정폭력에서 정치적 테러까지』, 열린책들, 2012, 17쪽.

79) 위의 책, 70~91쪽.

80) 5·18 민주화운동부상자회 홈페이지(www.v518.org).

81) 「'4·3-5·18 폄하' 대형교회 목사 규탄」, 『한겨레』 2008. 10. 19.

82) 5·18 민주화운동부상자회 홈페이지.

83) 「5·18실체규명위원회 폭행 4명 벌금 처분」, 〈뉴데일리〉 2011. 3. 18.

참고문헌

■ 전쟁·국가폭력과 한국 사회의 트라우마

강용주, 「강용주 인터뷰, 최초의 비전향 장기수, 그의 마르지 않는 눈물」, 『진실의 힘』 제13호, 2012.

강원용, 『빈들에서: 나의 삶, 한국 현대사의 소용돌이 1. 선구자의 땅에서 해방의 혼돈까지』, 열린문화, 1993.

강은숙, 「저항 집단의 생애사를 통해본 사회적 트라우마티즘의 형성과정—5·18 시민군 기동타격대의 '상처받은' 5월 정신」, 성공회대학교 사회학과 석사학위논문, 2011.

김창후, 「제주 4·3과 트라우마」, 『2013 광주 아시아포럼, '국가폭력과 트라우마' 국제회의 자료집』 2013. 5. 16~18.

김석, 「애도와 멜랑콜리」, 『민주주의와 인권』 제12권 1호, 2012.

김종민, 「4·3 이후 50년」, 역사문제연구소 외, 『제주 4·3 연구』, 역사비평사, 1998.

김현아, 『기억의 전쟁, 전쟁의 기억』, 책갈피, 2002.

김흥수, 『한국전쟁과 기복신앙 확산 연구』, 한국기독교역사연구소, 1999.

노다 마사아키, 『전쟁과 인간—군국주의 일본의 정신분석』, 길, 2000.

노용석, 「민간인 학살을 통해 본 지역민의 국가인식과 국가권력의 형성—경상북도 청도지역의 사례를 중심으로」, 영남대학교 문화인류학과 박사학위논문, 2004.

녹색병원·노동환경건강연구소 외, 『쌍용자동차 구조조정 노동자 3차 정신건강 실태조사 보고서』, 2011.

도미야마 이치로, 임성모 옮김, 『전장의 기억』, 이산, 2002.

동아시아평화인권한국위원회, 『동아시아와 근대의 폭력』 1, 삼인, 2001.

박영균·김종군, 「코리안의 역사적 트라우마에 관한 연구방법론」, 건국대학교 통일인문학연구단, 『코리안의 역사적 트라우마』, 선인, 2012.

박정석, 「상이군인과 유가족의 전쟁경험」, 표인주 외, 『전쟁과 사람들—아래로부터의 한국전쟁 연구』, 한울아카데미, 2003.

송소연, 「거그서 당한 것은 말도 못해라」, 한인섭 편, 『재심, 시효, 인권—국가기관의 인권침해에 대한 법적 구제방안』, 경인문화사, 2007.

우쓰미 아이코, 이효경 옮김, 『조선인 B·C급 전범, 해방되지 못한 영혼』, 동아시아, 2007.

윤충로, 「베트남 참전군인의 집합적 정체성 형성과 지배이데올로기의 재생산」, 한성대학교 사회과학원 부설 전쟁과 평화연구소, 『전후 냉전체제와 국가이데올로기의 내면화』, 학술발표회 자료집, 2007. 4. 28.
5·18개념재단, 『5·18 민주유공자 생활실태 및 후유증 실태 조사연구 보고서』, 2006.
이병윤·민병근, 「한국 정신분열증 환자의 망상에 대한 연구」, 『신경정신의학』 Vol. 1, No. 1, 1962.
이임하, 「상이군인의 한국전쟁 기억과 생활세계의 변화」, 한성대학교 사회과학원 부설 전쟁과 평화연구소, 『전후 냉전체제와 국가이데올로기의 내면화』, 학술발표회 자료집, 2007. 4. 28.
프란츠 파농, 이석호 옮김, 『검은 피부, 하얀 가면』, 인간사랑, 1995.
오수성, 「5·18 관련자의 심리적 고통」, 광주광역시5·18사료편찬위원회, 『5·18민중항쟁사』, 2001.
오수성, 「국가폭력과 트라우마」, 『민주주의와 인권』 제13권 1호.
정진주, 「우리는 소모품이 아니다—쌍용차 사례를 통해 본 정리해고와 사회적 배제」, 이 책의 논문.
볼프강 조프스키, 이한우 옮김, 『폭력사회: 폭력은 인간과 사회를 어떻게 움직이는가』, 푸른숲, 2010.
진실화해를위한과거사정리위원회·심리건강연구소, 『심리적 피해현황 조사보고서』, 2007.
차승기, 「식민지 트라우마의 현재성」, 『황해문화』 68권, 2010.
채의진 편저, 『아, 통한의 44년—문경 양민학살 백서』, 문경양민학살피학살자유족회, 1994.
천희숙, 「한국전 참전군인의 부상경험」, 『국군간호사관학교논문집』 제21집, 군진간호연구소, 2002.
최정기, 「국가폭력과 트라우마의 발생기제—광주 5·18 피해자를 대상으로」, 『경제와 사회』 2008년 봄(통권 77호).
홀거 하이데, 『노동사회에서 벗어나기』, 박종철출판사, 2000.
주디스 허먼, 최현정 옮김, 『트라우마』, 열린책들, 2007.
허버트 허시, 강성현 옮김, 『제노사이드와 기억의 정치』, 책세상, 2008.
Brunner, Jose, "The Moral Grammer of Trauma Discourse from Wilhelmine Germany to Post-Apartheid South Africa", Austin Sarat et al eds., *Trauma and Memory: Reading, Healing, and Making Law*, Stanford: Stanford University Press, 2007.
Donald E. Miller and Lorna Touryan Miller, *Survivors: An Oral history of the Armenian Genocide*, Berkeley: University of California Press, 1999.

Victoria J. Barnett, "The Dynamics of Indifference", in *Bystanders: Conscience and Complicity During the Holocaust*, Westport: greenwood Press, 1999.

■ 한국전쟁이 남긴 상혼—전쟁 유가족의 가족 트라우마

「역사와 책임—한국과거청산작업의 평가와 전망」, 2010 과거청산대토론회 자료집, 2010.

강은숙, 「5·18시민군기동타격대원의 생애사를 통해 본 사회적 트라우마티즘 형성 과정」, 『기억과 전망』 제26호, 2012.

광주아시아포럼, 『국가폭력과 트라우마 자료집』(2013. 5. 16).

권헌익 지음, 이한중 옮김, 『또 하나의 냉전—인류학으로 본 냉전의 역사』, 민음사, 2013.

권혁태, 『일본의 불안을 읽는다—일본 트라우마의 비밀을 푸는 사회심리코드』, 교양인, 2010.

김귀옥, 「한국전쟁기 강화도에서의 대량학살 사건과 트라우마」, 『제노사이드 연구』 제3호, 2008.

김동춘, 『전쟁과 사회—우리에게 한국전쟁은 무엇이었나』, 돌베개, 2000.

김명희, 「한국의 국민형성과 '가족주의'의 정치적 재생산—한국전쟁 좌익 관련 유족들의 생애체험 및 정치사회화 과정을 중심으로」, 『기억과 전망』 통권 21호, 2009.

김성례, 「국가폭력과 여성 체험—제주 4·3을 중심으로」, 『흔적』 2호, 2001.

김종곤, 「"역사적 트라우마" 개념의 재구성」, 『시대와 철학』 24권 4호, 2013.

김종군, 「전쟁체험 재구성 방식과 구술 치유 문제」, 『통일인문학논총』 제56집, 2013.

김영범, 「연좌제의 역사적 전개와 그 의미망」, 『사회와역사』 제24권, 1990.

김홍주, 「가족사 연구의 동향과 이론적 쟁점」, 『사회와역사』 제46권, 1995.

에밀 뒤르케임 지음, 이종각 옮김, 『교육과 사회학』, 배영사, 2006.

밴 매넌 지음, 신경림·안규남 옮김, 『체험 연구』, 동녘, 1994.

박현주, 「과거청산 개념화를 위하여—이행기 정의 논의를 통해」, CRS(Critical Realist Solidarity) 정기 콜로키움 발표문(2014. 2. 28).

안현의, 「복합외상(complex trauma)의 개념과 경험적 근거」, 『한국심리학회지』 제26권 제1호, 2007.

제프리 알렉산더 지음, 박선웅 옮김, 『사회적 삶의 의미』, 한울, 2007.

오수성·신현균·조용범, 「5·18 피해자들의 만성 외상후 스트레스와 정신건강」, 『한국심리학회지』 제25집 2호, 2006.

오승용, 「국가폭력과 가족의 피해—'인혁당 재건위' 사건을 중심으로」, 『담론 201』 제10

권 4호(통권29), 2008.

오카 마리 지음, 김병구 옮김, 『기억·서사』, 소명출판, 2004.

염미경, 「양반가문의 한국전쟁 경험—전남 강진 지역의 근대적 지배층의 변화를 중심으로」, 『호남문화연구』 제29집, 2001.

염미경, 「여성의 전쟁기억과 생활세계」, 표인주 외, 『전쟁과 기억』, 한울아카데미, 2005.

엄찬호, 「역사와 치유—한국 현대사의 트라우마를 중심으로」, 『인문과학연구』 제29집, 2011.

윤택림, 『인류학자의 과거여행—한 빨갱이 마을의 역사를 찾아서』, 역사비평사, 2003.

윤형숙, 「가족사를 통해 본 지방사」, 『한국문화인류학』 제33집 2호, 2000.

이기숙, 「가족구술사 연구법에 관한 소고」, 『한국가족관계학회지』 3권2호, 1998.

이령경, 「한국전쟁 전후 좌익 관련 여성 유족의 경험 연구—여성주의 평화의 개념에서」, 성공회대 석사학위 논문, 2003.

이영철, 「사회과학에서 사례 연구의 이론적 지위—비판적 실재론을 바탕으로」, 『한국행정학보』 제40권 제1호, 2006.

이병수, 「분단 트라우마의 유형과 치유방향」, 『인문과학논총』 제52집, 2011.

이임하, 『전쟁미망인, 한국현대사의 침묵을 깨다』, 책과함께, 2010.

이재승, 『국가범죄』, 엘피, 2010.

이호용, 「독립유공자 예우에 관한 법정책적 문제점과 개선방안—독립유공자 보훈체계의 개선을 중심으로」, 『한양법학』 제21집, 2007.

이희영, 「사회학 방법론으로서의 생애사 재구성—행위이론의 관점에서 본 이론적 의의와 방법론적 원칙」, 『한국사회학』 제39집 3호, 2005.

정근식, 「한국의 민주화와 복합적 과거청산」, 5·18 기념재단, 『주먹밥』 제27호, 2010.

정근식, 「진실규명과 화해, 어디까지 왔는가?—진실·화해위원회 활동의 결산」, 『황해문화』 통권 제67호, 2010.

조은, 「침묵과 기억의 역사화—여성·문화·이데올로기」, 『창작과비평』 112호, 2001.

조은, 「분단사회의 '국민 되기'와 가족—월남가족과 월북가족의 구술 생애이야기를 중심으로」, 『경제와사회』 통권 제71호, 2006.

조중근, 「베트남전쟁과 한국 사회—전쟁의 사회심리학」, 『베트남전쟁과 한국 사회』 제1회 심포지움 자료집, 2005.

진실·화해를위한과거사정리위원회, 『2007년 상반기 조사보고서』, 2007.

진실·화해를위한과거사정리위원회, 『진실화해위원회 종합보고서 I』, 2010.

최광현, 『가족 세우기 치료—가족 문제에 대한 통찰과 해결』, 학지사, 2008.

최정기, 「국가폭력과 트라우마의 발생기제—광주 '5·18' 피해자를 대상으로」, 『경제와사회』 통권 제77호, 2008.

평화박물관건립추진위원회, 「베트남전쟁과 한국 사회—정신의학자가 본 전쟁의 상처」, 2005.

지그문트 프로이드 지음, 손정수 옮김, 『정신분석입문』, 배제서관, 1997.

쥬디스 허먼 지음, 최현정 옮김, 『트라우마—가정폭력에서 정치적 테러까지』, 플래닛, 2009.

프리실라 헤이너 지음, 주혜경 옮김, 『국가폭력과 세계의 진실위원회』, 역사비평사, 2008.

황상익, 「국가폭력과 트라우마—현대한국, 특히 제주 '4·3'을 중심으로」, 동아시아 평화 인권 한국위원회, 『동아시아의 폭력과 근대』, 삼인, 2000.

Alexander, J. C. (et al.), *Cultural Trauma and Collective Identity*, Berkeley: University of California Press, 2004.

Bertaux, D. and Delcroix, C., "Case histories of families and social processes: enriching sociology", U. Apitzsch (eds.), *Biographical Methods and Professional Practice*, Intl Specialized Book Service Inc, 2004.

Leebaw, B., *Judging State-sponsored Violence, Imagining Political Change*, New York: Cambridge University Press, 2011.

Danieli, Y (ed.), *International Handbook of Multigenerational Legacies of Trauma*, New York: Plenum, 1998.

Harré, R. and Secord, P. F., *The Explanation of Social Behavior*, Oxford: Blackwell, 1972.

Lvei, P., *The Drowned and the Saved*, trans. R. Rosenthal, New York: Random House, 1989.

Myung-Hee, Kim, "The Social Construction of Trauma and Family Trauma", 第85回 日本社會學會大會 資料集(2012. 11. 2).

Mead. G., *The Philosophy of the Present*, Amherst, New York: Prometheus Books, 1932.

Rosenthal, G., "Biographical research", in C. Seale. et al., *Qualitative Research Practice*, SAGE Publications Ltd, 2004.

Rosenthal, G., "The Narrated Life Story: On the Interrelation Between Experience, Memory and Narration", in *Narrative, Memory & Knowledge: Representation, Aesthetics, and Context*, University of Hudderfield Press, 2006.

Tota, A., "Review Essay Public Memory and Cultural Trauma", *Javnost-The public*, Vol. 13, No. 3, 2006.

Scheper-Hughes, N. & Bourgois, P. (eds.), *Violence in War and Peace*, Oxford: Blackwell Publishing, 2004.

Volter, B., "Intergenerational Dialog in Families of Jewish Communists in East Germany : A Process-Oriented Analysis", *Biographies and the Division of Europe*, Opladen: Leske+Budrich, 2000.

■ '5·18사람'으로 살아간다는 것—5·18 시민군 기동타격대원의 생애사

5·18기념재단, 『5·18 민주유공자 생활실태 및 후유증실태 조사연구보고서』, 2006.

5·18기념재단, 『5·18민주화운동 구술자료 전사』, 2007.

5·18기념재단, 『5·18민주화운동 피해자에 대한 심리학적 부검 및 자살피해 예방대책과 사회적 지원방안에 대한 연구』, 2008.

김동춘, 「과거청산 작업과 한국 민주주의」, 5·18기념재단, 『5·18 민중항쟁의 정치·역사·사회』 5, 2007.

김성례, 「한국 여성의 구술사—방법론적 성찰」, 조옥라·정지영 엮음, 『젠더, 경험, 역사』, 서강대학교출판부, 2004.

김원, 『그녀들의 反역사, 여공 1970』, 이매진, 2006.

나간채, 「광주 지역 5월운동 조직의 형성과 발전—5·18 당사자조직을 중심으로」, 『광주 민중항쟁과 5월운동 연구』, 전남대학교 5·18연구소, 1997.

박영주, 「5·18 트라우마티즘 연구의 현황과 전망」, 『민주주의와 인권』 제4권 2호, 2004.

안종철, 「광주민중항쟁의 전개 과정 연구」, 5·18기념재단, 『5·18민중항쟁의 정치·역사·사회 3. 5·18 민중항쟁의 전개 과정』, 2007.

안종철, 「과거청산과 미해결 과제」, 5·18기념재단, 『5·18민중항쟁의 정치·역사·사회 5. 5·18민중항쟁의 전개과정』, 2007.

오수성, 「광주 오월 민중항쟁의 심리적 충격」, 광주현대사사료연구소 엮음, 『광주 5월 민중항쟁』, 풀빛, 1990.

오수성, 「5·18 관련자의 심리적 고통」, 『5·18민중항쟁사』, 광주광역시5·18사료편찬위원회, 2001.

오수성·신현균·조용범, 「5·18 피해자들의 만성 외상후 스트레스와 정신건강」, 『한국심리학회지 일반』 제25권 2호, 2006.

오수성·신현균, 「5·18 피해자들의 생활스트레스, 대처방식, 지각된 사회적 지지와 외상후 스트레스, 심리건강 간 관계」, 『한국심리학회지 임상』 27권 3호, 2008.

윤택림, 「역사인류학자의 시각에서 본 역사학—구술자 연구를 중심으로」, 『역사문제연구』 6호, 2001.

이광일, 「5·18민중항쟁, '과거청산'과 재구성의 정치」, 5·18기념재단, 『5·18민중항쟁의 정치·역사·사회』 5, 2007.
이종범, 「5·18항쟁 증언에 나타난 '기층민중'의 경험과 생활」, 『기억과 전망』 20호, 2004.
이희영, 「사회학 방법론으로서의 생애사 재구성」, 『한국사회학』 제39집 3호, 2005.
나간채·이명규 엮음, 『5·18항쟁 증언자료집 I, II. 5·18연구소 자료총서』, 전남대학교 5·18연구소, 2003.
정근식, 「민주화와 5월운동, 집단적 망탈리테의 변화」, 나간채 엮음, 『광주민중항쟁과 5월운동 연구』, 전남대학교 5·18연구소, 1997.
정호기, 「트라우마티즘과 기념사업—5월운동과 5·18 기념공간을 중심으로」, 『제5회 비판사회학대회 자료집』, 2002.
정호기, 「5월운동의 전개와 주체에 관한 연구—현황과 방향」, 『5·18 제24주년 기념 학술대회 자료집 '5·18연구: 회고와 전망'』, 전남대학교 5·18연구소, 2003.
정호기, 「광주민중항쟁의 '트라우마티즘'과 기념공간—'5월운동'과 국립5·18묘지를 중심으로」, 『경제와 사회』 58권, 2003.
최정기, 「5월운동과 지역 권력구조의 변화」, 『지역사회연구』 12권, 2004.
최정기, 「과거청산에서의 기억전쟁과 이행기 정의의 난점들—광주민주화운동 관련 보상과 피해자의 트라우마를 중심으로」, 『지역사회연구』 14권, 2006.
최정기, 「국가폭력의 트라우마 기제」, 『경제와 사회』 통권 77호, 2008.
최정운, 『오월의 사회과학』, 풀빛, 1999.
한국현대사사료연구소(현사연), 『광주5월민중항쟁사료전집』, 풀빛, 1990.
황석영, 『죽음을 넘어, 시대의 어둠을 넘어』, 풀빛, 1985.
케이트 크리언 지음, 김우영 옮김, 『그람시·문화·인류학』, 길, 2004.
미셸 푸코 지음, 박정자 옮김, 『사회를 보호해야 한다』, 동문선, 1998.
주디스 허먼 지음, 최현정 옮김, 『트라우마—가정폭력에서 정치적 테러까지』, 플래닛, 2007.
악셀 호네트 지음, 문성훈·이현재 옮김, 『인정투쟁: 사회적 갈등의 도덕적 형식론』, 동녘, 1996.
조지 허버트 미드 지음, 나은영 옮김, 『정신·자아·사회』, 한길사, 2010.
「잊혀진 시민군, 도청 기동타격대」, 『한겨레21』 2010. 5. 24.
〈KBS스페셜: 5·18 자살자 심리부검 보고서〉 2009. 5. 17.
강은숙, 김○○ 구술인터뷰 녹취록(구속부상자회 서구지회 사무실, 2010. 9. 14).
강은숙, 이○○ 구술인터뷰 녹취록(구속부상자회 서구지회 사무실, 2010. 9. 14).
강은숙, 염○○ 구술인터뷰 녹취록 (1)(구속부상자회 서구지회 사무실, 2010. 9. 14).

강은숙, 염○○ 구술인터뷰 녹취록 (2)(광주시 남구 자택, 2011. 4. 13).
강은숙, 박○○ 구술인터뷰 녹취록(서울시 은평구 자택, 2010. 10. 23).
강은숙, 하○○ 구술인터뷰 녹취록(광주시 서구 자택, 2011. 5. 17).

■ 잔혹 속의 투쟁—고문 피해 생존자의 삶과 회복

인권의학연구소, 『고문피해자 인권상황 실태조사』, 국가인권위원회, 2011.

최현정, 「복합외상 후 정체성 변화와 통합 과정—자기정의 기억을 중심으로」, 서울대학교 박사학위청구논문, 2014.

최현정·이화영·이훈진, 「고문 피해자의 정신과적 진단실태」, 『신경정신의학회지』 51(3), 2012.

트라우마치유센터 사람·마음, 「트라우마 생존자의 치유와 지원체계」, 서울시, 2012.

Burnett, A., & Peel, M., "The health of survivors of torture and organized violence", *British Medical Journal*, 322, 2001.

Campbel, T. A., "Psychological assessment, diagnosis, and treatment of torture survivors: A review", *Clinical Psychology Review*, 27, 2007.

Colaizzi, F. U., "Psychological research as the phenomenologist views it", in RS Valle & M. King Eds., *Existential-phenomenological Alternatives for Psychology*, NY: Oxford University Press, 1978.

Elsass, P., *Treating Victims of Torture and Violence*, New York University, 1997.

Frankl, V., *The Will to Meaning. Foundations and Applications of Logotherapy*, New American Library, N.Y., 1969.

Gurr, R., & Quiroga, J., "Approaches to torture rehabilitation. A desk study covering effects, cost-effectiveness, participation and sustainability", *Torture*, 11(Suppl 1), 2001.

Harvey, M. R., Liang, B., Harney, P. A., Koenen, K., Tummala-Narra, P., & Lebowitz, L., "A Multidimensional approach to the assessment of trauma impact, recovery and resiliency", *Journal of Aggression, Maltreatment & Trauma*, 6, 2003.

International Rehabilitation Council for Torture Victims, *Psychological evaluation of torture allegations A practical guide to the Istanbul Protocol: for psychologists*, International Rehabilitation Council for Torture Victims, 2009.

Janoff-Bulman, L., *The Shattered Assumptions*, Free Press, 1992.

Joseph, S., & Linely, P. A., "Positive adjustment to threatening life events: An organismic valuing theory of growth through adversity", *Review of General Psychology*, 9(3), 2005.

Merleau-Ponty, M., "What is phenomenology?", *Cross Currents*, 6, 1956.

Mollica, R. F., Caspi-Yavin, Y., Lavelle, J., Tor, S., Yang, T., Chan, S., Pham, T., Ryan, A., & de Marneffe, D., "The Harvard Trauma (HTQ) Manual: Cambodian, Laotian, and Vietnamese versions", *Torture*(Suppl 1), 1996.

Somnier, F,, Vesti, P., Kastrup, M., & Genefke, I. K., "Psychosocial consequences of torture: current knowledge and evidence", in Basoglu M, ed., *Torture and its consequences: current treatment approaches*, Cambridge: Cambridge University Press, 1992.

Summerfield, D., "War and mental health: A brief overview", *British Medical Journal*, 321, 2000.

Summerfield, D., "Addressing human response to war and atrocity: Major challenges in research and practices and limitations of Western psychiatric models", in Kleber, R. J., Figley, Ch. R., & Gersons, B. P. R. Eds., *Beyond trauma: Cultural and societal dimensions*, New York: Plenum, 1995.

Tedeschi, R. G., & Calhoun, L. G., "A clinical approach to posttraumatic growth", in P. A. Linley & S. Joseph Eds., *Positive psychology in practice*, Hoboken, NJ: John & Wiley & Sons, 2004.

UN, *Convention Against Torture and Other Cruel, Inhuman or Degrading Treatment or Punishment*, UN, 1984.

■ 화해의 문법—시민정치가 희망이다

강풀, 『26년』, 문학세계사, 2007.

김동춘, 「냉전, 반공주의 질서와 한국의 전쟁정치—국가폭력의 행사와 버치의 한계」, 『경제와 사회』 2011년 봄호(통권 89호).

김순태, 「제주4·3민중항쟁 당시 계엄에 관한 고찰—계엄의 법적 근거 유무에 대한 판단을 중심으로」, 『민주법학』 통권 14호, 1988.

라드브루흐 지음, 최종고 옮김, 『법철학』, 삼영사, 1994.

山内進 外, 『概說 西洋法制史』, ミネヴァ書房, 2004.

손운상, 『용서와 치료』, 이화여자대학교출판부, 2008.

신종길, 「벌레이야기」, http://www.godowon.com/board/view_board.gdw?id=travel_shinwriter&no=271.

아렌트 지음, 이정우·태정호 옮김, 『인간의 조건』, 한길사, 1996.

아리스토텔레스 지음, 이창우·김재홍·강상진 옮김, 『니코마코스 윤리학』, 이제이북스, 2006.

예링 지음, 장경학 옮김, 『권리를 위한 투쟁』, 삼성판 세계사상전집 10, 삼성출판사, 1982.

이그나시오 산체스-쿠엔카, 「권력, 규칙, 그리고 준법」, 아담 쉐보르스키·호세 마리아 마라발 외 지음, 안규남·송호창 옮김, 『민주주의와 법의 지배』, 후마니타스, 2003.

이유정, 「민간인학살 사건과 국가의 배상책임—울산보도연맹 1심 판결을 중심으로」, 『민주법학』 40호, 2009. 7.

이재승, 「군인의 전쟁거부권」, 『민주법학』 제43호, 2010.

이재승, 『국가범죄』, 앨피, 2010.

이청준, 『벌레 이야기』, 열림원, 2002.

조시현, 「비상사태와 인권」, http://www.humanrights.or.kr/HRLibrary/HRLibrary7-shcho1.htm.

진실·화해를위한과거사정리위원회, 『해외 진실화해위원회 보고서 자료집』 I, 2008.

진실·화해를위한과거사정리위원회, 『진실화해위원회 종합보고서』 I, 2010.

클라이스트 지음, 배중환 옮김, 『미하엘 콜하스』, 서문당, 1999.

프레이저 지음, 김원식 옮김, 『지구화시대의 정의—정치적 공간에 대한 새로운 상상』, 그린비, 2010.

호네트 지음, 문성훈·이현재 옮김, 『인정투쟁』, 동녘, 1996.

Atria, Fernando, "The Time of Law: Human Rights between Law and Politics", *Law and Critique* vol. 16, 2005.

Atria, Fernando, "Reconciliation and Reconstitution", Veitch, Scott ed., *Law and the Politics of Reconciliation*, Aldershot: Ashgate, 2007.

Carter, Linda E., "Justice and Reconciliation on Trial: Gacaca Proceedings in Rwanda", *New England Journal of International and Comparative Law* vol. 14, 2007.

Cassel, Douglass, "Accountability for International Crime and Serious Violations of Fundamental Human Rights: Lessons from the Americas: Guidelines for International Response to Amnesties for Atrocities", *Law and Contemporary Problems*, vol. 59, 1996.

Christie, Niels, "Conflicts as Property", *British Journal of Criminology*, vol. 17, 1977.

Cole, David, "Enemy Aliens", *Stanford Law Review*, vol. 54, 2002.

Daly, Kathleen, "Restorative Justice: the Real story", *Punishment and Society*, vol. 4, 2002.

Derrida, Jacques, *On Cosmopolitanism and forgiveness*, Routledge, 2001.

Fraser, Nancy & Honneth, Axel, *Redistribution or Recognition: A Political-Philosophical Exchange*, Verso, 2003.

Griswold, Charles L., *Forgiveness: A Philosophical Explanation*, Cambridge University Press, 2007.

Haddad, Samir, "Arendt, Derrida, and the Inheritance of Forgiveness", *Philosophical Today*, vol. 51, 2007.

Haldemann, Frank, "Another Kind of Justice: Transitional Justice as Recognition", *Cornell International Law Review*, vol. 41, 2008.

Hayner, Priscilla B., "Fifteen Truth Commissions- 1974 to 1994: A Comparative Study", *Human Rights Quarterly* vol. 16, 1994.

Hollander-Blumoff, Rebecca & Tyler, Tom R., "Procedural Justice in Negotiation: Procedural Fairness, Outcome Acceptance, and Integrative Potential", *Law & Society Inquiry*, vol. 3, 2008.

Illich, Richard B. ed., "The Paris Minimum standards of Human Rights Norm in a State of Emergency", *American Journal of International Law*, vol. 79, 1985.

Jaspers, Karl, *Die Schuldfrage- Zur politischen Haftung Deutschlands*, Piper, München, 1979.

Kohen, Ari, "The Personal and the Political: Forgiveness and Reconciliation in Restorative Justice", *Critical Review of International Social and Political Philosophy*, vol. 12, 2009.

Kant, Immanuel, *Die Metaphysik der Sitten*, Suhrkamp, 1991.

von Kleist, Heinrich, *Michael Kohlhass*, Reclam, 1993.

Maslow, Abraham H., "A Theory of Human Motivation", *Psychological Review*, vol. 50, 1943.

Maslow, Abraham H., *The Farther Reaches of Human Nature*, Penguin, 1993.

May, Larry, *Sharing Responsibility*, The University of Chicago Press, 1992.

Miller, David, *National Responsibility and Global Justice*, Oxford University Press, 2008.

Minow, Martha, *Between Vengeance and Forgiveness*, Boston: Beacon Press, 1998.

Le Mon, Christopher J., "Rwanda's Troubled Gacaca Courts", *Human Rights Brief*, vol. 14, No. 2, 2007.

Motha, Stewart, "Reconciliation as Domination", Veitch, Scott ed., *Law and the Politics of Reconciliation*, Aldershot: Ashgate, 2007.

Mouffe, Chantal, *The Return of the Political*, Verso. 1993.

Murphy, Colleen, "Political Reconciliation, the Rule of Law, and Genocide", *The European Legacy*, vol. 12, 2007.

Murphy, Jeffrie & Hampton, Jean, *Forgiveness and Mercy*, Cambridge University Press, 1988.

Petrasek, David, "Moving Forward on the Development of Minimum Humanitarian Standards", *American Journal of International Law*, vol. 92, 1998.

Schaap, Andrew, "The Proto-politics of Reconciliation: Lefort and the Aporia of Forgiveness in Arendt and Derrida", *Australian Journal of Political Science*, vol. 41, 2006.

Schaap, Andrew, "Reconciliation as Ideology and Politics", *Constellations*, vol. 15, 2008.

Schragger, Richard C., "The Limits of Localism", *Michigan Law Review*, vol. 100, 2001.

Tutu, Desmond, *No Future without Forgiveness*, Random House, 1999.

Umbreit, Mark S. etc., "Restorative Justice in the Twenty-First Century: A Social Movement Full of Opportunities and Pitfalls", *Marquette Law Review*, vol. 89, 2005.

Waldman, Ellen A., "Restorative justice and the Pre-conditions for Grace: Taking Victim's Needs Seriously", *Cardozo Journal of Conflict Resolution*, vol. 9, 2007.

Weisberg, Robert, "Restorative Justice and the Danger of Community", *Utah Law Review*, 2003.

Weissbrodt, David & Rosen, Terri, "Principles against Executions", *Hamline Law Review*, vol. 13, 1990.

Winick, Bruce J., "Therapeutic Jurisprudence and Problem Solving Courts", *Fordham Law Review*, vol. 30, 2003.

Basic Principles on the Use of Restorative Justice Programmes in Criminal Matters(E/2000/INF/2?Add.2)

Basic Principles and Guidelines on the Right to a Remedy and Reparation for Victims of Gross Violations of International Human Rights Law and Serious Violations of International Humanitarian Law(A/RES/60/147).

PROMOTION AND PROTECTION OF HUMAN RIGHTS: Impunity- Report of the independent expert to update the Set of principles to combat impunity(E/CN.4/2005/102/Add.1).

Report of the Secretary-General on the Rule of Law and Transitional Justice in Conflict and Post-conflict Societies(S/2004/616).

"US confirms it will not release Osama bin Laden death photo", *Guardian*, 2011. 5. 4, http://www.guardian.co.uk/world/2011/may/04/osama-bin-laden-photos-raid.

■ 우리는 소모품이 아니다
—쌍용차 사례를 통해 본 정리해고와 사회적 배제

고상백 외, 「비정규직 근로자들의 직업적 특성과 사회심리적 스트레스」, 『대한산업의학회지』 16(1), 2003.

공지영, 『의자놀이』, 후마니타스, 2012.

김승섭·정진주 외, 「해고와 건강, 그리고 쌍용자동차의 PTSD」, 『비판과 대안을 위한 건강정책학회 발표문』, 2014.

녹색병원노동환경건강연구소·전국금속노동조합·쌍용자동차 지부, 「쌍용자동차 정리해고 투쟁 노동자 긴급(정신) 건강 진단 결과」, 2009. 7.

녹색병원노동환경건강연구소·전국금속노동조합·쌍용자동차 지부, 「쌍용자동차 정리해고 투쟁 노동자 2차 정신건강 실태조사보고서」, 2009. 9.

녹색병원노동환경건강연구소·인도주의실천의사협의회·전국금속노동조합·쌍용자동차 지부, 「쌍용자동차 구조조정 노동자 3차 정신건강 실태조사 보고서」, 2011. 4.

평택시·평택시민자치참여연대, 「쌍용자동차 무급휴직자 및 해직자에 대한 실태조사」, 2011.

이병희, 「반복실업과 실업의 장기화」, 『노동경제논집』 제23호, 한국노동경제학회, 2000.

정진주·김신범, 「삼미특수강 해고 노동자의 삶의 질 변화와 건강평가」, 『전국금속산업노동조합연맹 주최 연구발표회』, 2000. 6.

정진주 외, 『실업·해고 노동자의 삶의 질·건강상태 조사발표 및 대책마련을 위한 공청회 자료집』, 노동환경건강연구소·전국금속노동조합연맹, 2001.

정혜윤, 『그의 슬픔과 기쁨: 쌍용자동차 해고자와의 대담』, 후마니타스, 2014.

Amital et al., "Serious life events among resistant and non-resistant MDD patients", *Journal of Affective Disorders*, 110, 2008.

Arber S., "Integrating nonemployment into research on health inequalities", *International Journal of Health Service* 26, 1996.

Beale N, Nethercott S., "The health of industrial employees four uears after compulsory redundancy", *J Roy Coll Gen Pract* 37, 1987.

DG Employment, "Social Affairs and Equal Opportunities European Commission", *Health in restructuring: Innovative approaches and policy recommendations*, 2007.

European Commission, "Framework for the project on unemployment and mental health", 2000(http://www.umph.org/pages/objectives.html).

European Unions, "European unions in the wake of flexible production: How can the negative consequences of job insecurity for employee attitudes and well-being be mitigated?", *Technical report on the data sets used in SALTSA project*, 2001.

Frese M., Mohr G., "Prolonged unemployment and depression in older workers: a longitudinal study of intervening variables", *Social Science & medicine*, 25, 1987.

Høyer et al., "Risk factors of suicide in inpatients and recently discharged patients with affective disorders. A case-control study", *European Psychiatry*, xx, 2008.

Iversen L., Andersen O., Andersen PK et al., "Unemployment and mortality in Denmark, 1970~80", *BMJ* 295, 1987.

Lamar, Joe, "Suicides in Japan reach a record high", *British Medical Journal News*, 2000.

Linn M., Sandifer R., Stein S., "Effects of unemployment on mental and physical health", *American Journal of Public Health*, 75, 1985.

Lundin et al., "Unemployment and mortality: a longitudinal prospective study on selection and causation in 49 321 Swedish middle aged men", *J Epidemiol Community Health*, published online 15 Mar 2009.

Martikainen P., Volkonen T., "Excess mortality of unemployed men and women during a period of rapidly increasing unemployment", *Lancet*, 348, 1996.

Mathers CD, "Health differentials among adult Austalians aged 25~64 years", *Health Monitoring Series* No. 1, 1994.

Mathers Colin D., Schofield Deborah, "The health consequences of unemployment: the evidence", 2000(http://www.maja.com.au/public/issues/feb16/mathers/mathers.html).

Morris JK, Cook DG, Shaper AG, "Loss of Employment and mortality", *BMJ*, 308, 1994.

Morris JK, Cook DG, Shaper AG, "Nonemployment and changes in smoking, drinking and body weight", *BMJ*, 304, 1992.

Moser KA, Goldblatt PO, Fox AJ, Jones DR, "Unemployment and mortality: comparison of the 1971 and 1981 longitudinal study census samples", *BMJ* 1, 1987.

Mattiassonh I., Lindgarde F., Nilsson JA, Theorell T., "Threats of unemployment and cardiovascular risk factors: longitudinal study of quality of sleep and serum

cholesterol concentrations in men threatened with redundancy", *BMJ* Sep 8, 301(6750), 1990.
Reininghaus et al., "Unemployment, social isolation, achievement-expectation mismatch and psychosis: findings from the ÆSOP Study", *Soc Psychiatry Psychiatr Epidemiol* 43, 2008.
Swedish National Institute for Working Life, *Work Life 2000 Yearbook* 3, 2001. Springer.
Wilkins R, Marmot M., *Social Determinants of Health: the Solid Facts*(2nd eds), World Health Organization, 2003.
Yuen P., Balarajan R., "Unemployment and patterns of consultation with the general practitioner", *BMJ* 298(6682), 1989.

■ 학교를 떠나는 아이들—공교육의 폭력성이 남긴 상처

가야노 도시히토 지음, 임지현 옮김, 『폭력은 나쁘다고 말하지만』, SH BOOKS, 2012.
국가인권위원회, 『09-10 인권상담 사례집』, 2010.
권영길, 「빈부격차가 교육격차에 미치는 영향 분석」, 권영길 의원실, 2009.
권영길, 「(대한민국)교육불평등지도」, 권영길 의원실, 2010.
금명자 외, 「학교 밖 청소년 길 찾기—학교 밖 청소년 욕구조사」, 한국청소년상담원 청소년상담문제연구보고서, 2004.
김동민 외, 「학업중단 청소년 지원협의체 구성 및 운영연구」, 한국청소년 상담원, 2003.
김상봉, 『학벌사회: 사회적 주체성에 대한 철학적 탐구』, 한길사, 2004.
김선옥, 「탈성매매 십대, 통제 대신 이해가 필요」, 『일다』(http://www.ildaro.com/sub_read.html?uid=5803), 2011년 8월 29일.
김성기, 「초·중등학생의 학업중단 청소년 현황과 실태」, 청소년의 미래를 생각하는 국회의원 정미경 정책토론회 발표문, 2009.
김원석, 「'탈학교' 현상을 통해 바라본 한국 사회의 공교육에 내재된 폭력성과 그 상흔들: 피에르 부르디외의 '상징폭력'론을 중심으로」, 성공회대학교 사회학과 석사학위논문, 2012.
김지혜·안치민, 「가출청소년의 학업중단 영향 요인과 대책」, 『한국청소년연구』 제17권 2호, 2006.
김혜영, 「학교중도탈락의 사회적 맥락에 관한 연구」, 『청소년학연구』 9권 3호, 2002.
보건복지가족부, 「청소년 대상 성범죄의 발생 추세와 동향 분석」, 2008.

보건복지가족부, 「가출 및 성매매 피해 청소년 등 262명 구조」, 2009.
성열관·이순철, 『한국 교육의 희망과 미래: 혁신학교』, 살림터, 2011.
성윤숙, 「청소년 인터넷 성매매 실태와 대응방안」, 한국청소년정책연구원, 2011.
엄기호, 『교사도 학교가 두렵다』, 따비, 2013.
엄호성, 「청소년 성매매 실태보고서」, 국정감사 청소년보호위원회 정책자료, 2003.
윤미원, 「학업중단 청소년 실태: 실업계 고등학생을 중심으로」, 성공회대학교 사회교육 전공 석사학위논문, 2006.
이경상·박창남, 「학업중단 이후 첫 번째 아르바이트 참여 실태 및 지원방안」, 『한국청소년연구』 제17권 2호, 2006.
이계삼 외, 『교육 불가능의 시대』, 교육공동체벗, 2011.
장필화 외, 「성매수 대상 청소년 심층조사연구」, 청소년보호위원회, 2002.
진경숙, 「10대 학업중단 청소년의 근로실태에 관한 실증적 고찰 연구: 가출경험 학업중단 청소년을 중심으로」, 『청소년상담연구』 제14권 1호, 2006.
전성은, 『왜 학교는 불행한가』, 메디치, 2011.
조혜정, 『학교를 거부하는 아이, 아이를 거부하는 사회』, 또하나의문화, 1996.
주디스 허먼 지음, 최현정 옮김, 『트라우마』, 플래닛, 2007.
채효정, 「학교 밖의 배움터: 교육적 의미와 정치사회적 의미」, 김상봉 외, 『학교를 버리고 시장을 떠나라』, 메이데이, 2010.
통계청, 「2013 청소년 통계」, 2013.
피에르 부르디외 지음, 김웅권 옮김, 『파스칼적 명상』, 동문선, 2001.
피에르 부르디외 지음, 김주경 옮김, 『세계의 비참』 Ⅱ·Ⅲ, 동문선, 2002.
피에르 부르디외 지음, 김용숙 옮김, 『남성지배』, 동문선, 2003.
피에르 부르디외·장 클로드 파세롱 지음, 이상호 옮김, 『재생산: 교육체계 이론을 위한 요소들』, 동문선, 2003.
피에르 부르디외 지음, 최종철 옮김, 『구별짓기: 문화와 취향의 사회학』 上·下, 새물결, 2006.
한국교육개발원 교육통계연구센터, 「교육통계 FOCUS」, 『교육개발』 가을호(통권 185호), 2013.
한국청소년정책연구원, 「빈곤아동, 청소년 생활실태 연구」, 2009.
홍임숙, 「학교를 떠난 아이들의 세계—학교중퇴자에 대한 사례연구」, 서강대학교 교육대학원 석사학위논문, 2004.
「극단적 자살 10대 '소리 없는 비명'… 성적·입시 스트레스 극에 달해 벼랑으로 내몰려」, 『국민일보』 2013. 4. 16.

「2012학년도 초중고 학업중단 현황 조사결과 발표」, 교육부 보도자료(2013. 9. 4).
「대구 중학생 유서 전문… 누리꾼 "슬프고 안타깝다"」, 『이투데이』 2011. 12. 27.
「대한민국 청소년 정신건강 '빨간불'」, 한국건강증진재단 보도자료(2014. 3. 18).
「이성교제 3번 걸리면 퇴학… 사랑은 19금이 아니랍니다!」, 『한겨레』 2010. 11. 16.
「교사도 감정노동자 학교가 무섭습니다」, 『한겨레』 2013. 12. 30.
「벼랑끝 15명의 졸업 희망가」, 『한겨레 21』 848호, 2011.
「어느 전문계고 졸업생 32명의 폐기된 꿈」, 『한겨레 21』 849호, 2011.
「내 몸은 밥값을 버는 도구였을 뿐」, 『한겨레 21』 894호, 2012.
「예산 부족에 교사 명퇴 절반은 반려」, 『한국경제』 2014. 3. 4.

Amanda Ripley, *The Smartest Kids In The World and How They Got That Way*, Simon & Schuster, 2013.

Bell Hooks, *Teaching to Transgress: Education as the Practice of Freedom*, Routledge, 1994.

Catherine Burke, "The school without tears: E. F. O'Neill of Prestolee", *History of Education*, 34: 3, 2005.

Cath Lambert, "Psycho classrooms: teaching as a work of art", *Social & Cultural Geography*, 12:01, 2011.

Darder, A., Baltodano, M., & Torres, R, *The Critical Pedagogy Reader*, Routledge Falmer, 2003.

Down B. and Smyth J. eds., *Critical Voices in Teacher Education*, Springer, 2012.

Henry Giroux, *On Critical Pedagogy*, Continuum International Publishing Group, 2011.

Hugh Lauder et al., *Education, Globalization and Social Change*, Oxford, 2006.

Jane Brown, Mandy Winterton, *Violence in UK schools: what is really happening?*, Bera, 2010.

Joan Wink, *Critical Pedagogy: Notes from the Real World*(4th), Pearson, 2011.

Michael Apple, *Educating the "Right" Way: Market, Standards, God, and Inequality*(2nd), Routledge, 2006.

Michael Young, *The Rise Of The Meritocracy*, Thames and Hudson, 1958.

Paulo Freire, *Pedagogy of the Oppressed*, Penguin Books, 1993.

Paulo Freire, *Education for Critical Consciousness*, Bloomsbury, 2013.

Phillip Brown, "The Opportunity Trap: Education and Employment in a Global Economy", *European Educational Research Journal*, 2:1, 2003.

Stephen Cowden et al., *Acts of Knowing: Critical Pedagogy In, Against and Beyond the University*, Bloomsbury, 2013.

■ 엄마에게 아이를 빼앗는 사회
—미혼모와 해외입양인의 사회적 죽음과 인권

강은화, 「미혼모의 양육권 보장을 위한 논의」, 『한국여성학』 제22권 제3호, 2006.

고혜연, 「국제입양인의 정체성 형성 과정에 관한 연구」, 중앙대학교 박사학위논문, 2011.

권희정, 「인권, 모성권, 아동복리 측면에서 본 비혼모를 둘러싼 쟁점들」, 『이화젠더법학』 제2권 제2호, 2011.

김유경·조애저·노충래, 『미혼모의 출산·양육환경 개선을 위한 사회적 지원방안』, 한국보건사회연구원, 2006.

김재민, 「사회적 소수자로서의 해외입양인」, 『민주주의와 인권』 제13권 제1호, 2013.

김혜영·선보영, 「양육 미혼모의 삶과 자립 지원 방안」, 한국여성정책연구원, 『미혼모의 현실과 자립 지원 방안』, 제60차 여성정책포럼, 2010.

김희주·권종희·최형숙, 「양육 미혼모들의 차별경험에 관한 질적 사례 연구」, 『한국가족복지학』 제36호, 2012.

나은주, 「미혼모에 대한 사회복지 개입전략에 관한 연구」, 동아대학교 석사학위논문, 2003.

박건, 「한국 사회의 차별구조와 반차별운동」, 한국학중앙연구원 한국학대학원 박사학위논문, 2007.

박건, 「차별 이해 지평의 확장을 위한 연구」, 『민주주의와 인권』 제10권 제1호, 2010.

박은하, 「비혼모와 비혼모 정책에 관한 여성주의적 연구」, 숙명여자대학교 여성학협동과정 석사학위논문, 2003.

백연옥, 「아동을 포기하는 친모들의 정신건강 이슈들에 관한 소고」, 『정신보건과 사회사업』 제2집, 1995.

서정애, 「십대 여성의 임신과 '모성 선택'에 관한 연구」, 이화여자대학교 여성학과 박사학위논문, 2009.

안재진·김지혜, 「미혼모의 사회적 관계망이 자아존중감에 미치는 영향」, 『한국사회복지학』 제56권 제3호, 2004.

웅웬 티 투 번, 「현대 한국의 '미혼모' 권익옹호운동」, 한국학중앙연구원 한국학대학원 석사학위논문, 2011.

이미정, 「사회적 편견과 미혼모 관련 통계」, 한국여성정책연구원, 『미혼모의 현실과 자립 지원 방안』, 제60차 여성정책포럼, 2010.

이미정, 「양육 미혼모 지원 복지 서비스 개선 방안」, 한국사회학회 후기사회학대회 발표문, 2010.

이수현, 『우리 옆의 약자』, 산지니, 2006.
이유리, 「외상후 성장의 애착-인지 모형 검증」, 고려대학교 심리학과 박사학위논문, 2011.
이준일, 「미혼모의 인권과 법 정책」, 『고려법학』 제64호, 2012.
이준일, 『가족의 탄생』, 고려대학교출판부, 2012.
이현주, 「미혼모의 스트레스-대처-적응 모형 검증 및 아기 장래 결정에 따른 집단 간 비교 연구」, 성균관대학교 사회복지학과 박사학위논문, 2012.
전광석, 「사회적 기본권의 헌법적 실현구조」, 『세계헌법연구』 제12권 제1호, 2006.
정현미, 「비혼모에 대한 한국 사회 처우와 권리 보장 방안」, 『이화젠더법학』 제2권 제2호, 2011.
조은희, 「미혼모 가족의 법적 지위」, 『홍익법학』 제12권 제2호, 2011.
조주은, 「양육 미혼모 관련 정책 현황과 개선 방안」, 『젠더법학』 제4권 제1호, 2012.
조홍석, 「국가인권위원회법 제30조 제2항의 사회적 신분의 범위」, 『공법연구』 제31집 제1호, 2002.
차선자, 「미혼모의 법률 문제와 대안에 관한 검토」, 『젠더법학』 제1권 제2호, 2009.
최승희, 「입양으로 자녀를 상실한 미혼모들의 슬픔 연구」, 『사회복지연구』 제36호, 2008.
최승희, 「자녀를 입양 보낸 미혼모의 상실」, 한국여성정책연구원, 『미혼모의 현실과 자립 지원 방안』, 제60차 여성정책포럼, 2010.
아서 클라인만·비나 다스 등 지음, 안종설 옮김, 『사회적 고통 : 인간의 고통에 대한 사회학적, 의학적, 문화인류학적 접근』, 그린비, 2002.
조솔·캐런 윌슨 부터보 지음, 오혜인 외 옮김, 『입양 치유』, 뿌리의 집, 2013.
낸시 베리어 지음, 뿌리의 집 옮김, 『원초적 상처』, 뿌리의 집, 2013.
「'어린 엄마' 막기 위한 성교육 지침서」, 〈오마이뉴스〉 2009. 4. 23.
「서구에는 '미혼모'라는 말 자체가 없어요」, 〈오마이뉴스〉 2012. 10. 19.
「목경화 미혼모가족협회장 '낙태 아니면 입양 권하는 사회는 잘못'」, 〈이투데이〉 2013. 1. 30.
〈어떤 외출〉, 한국교육방송(EBS) 〈지식채널 e〉 564편(2009. 9. 28).
〈아기를 수출하는 나라—해외입양의 두 얼굴〉, 한국방송(KBS) 〈추적 60분〉(2005. 5. 25).

■ 식민주의와 트라우마 정당화 과정이 미국계 혼혈인에게 미친 영향

김당, 「한국 '특수위안대'는 사실상의 공창」, 〈오마이뉴스〉 2002. 2. 26. http://www.ohmynews.com/NWS_Web/View/at_pg.aspx?CNTN_CD=A0000067635(Accessed 2013-05-27)

남영호, 「'주둔지 혼혈인'과 생물학적 시민권」, 『한국문화인류학』 41(1), 2008.

「대한미군」 下, 『대한매일』 1998. 5. 2.

「늘어가는 混血兒」, 『조선일보』 1952. 9. 21.

「虛榮과 惡德의 因果」, 『조선일보』 1946. 12. 1.

「대한민국에 하인스 워드는 없다」, 『주간경향』 2006. 5. 23.

Cho, Grace M., *Haunting the Korean Diaspora: Shame, Secrecy, and the Forgotten War*, Minneapolis, MN: U of Minnesota P, 2008.

Cumings, Bruce, *Korea's Place in the Sun: A Modern History*, New York: Norton, 1997.

Deane, Hugh, *The Korean War: 1945~1953*, San Fransico, China Books and Periodicals, 1999.

Dower, John W., *War Without Mercy: Race and Power in the Pacific War*, New York: Patheon, 1986.

Driscoll, Mark, *Absolute Erotic, Absolute Grotesque: The Living, Dead, and Undead in Japan's Imperialism, 1895~1945*, Durham: Duke University Press, 2010.

Enloe, Cynthia, *Bananas, Beaches, and Bases: Making Feminist Sense of International Politics*, Berkeley, CA: U of California P, 1989.

Hübinette, Tobias, "Korean Adoption History", *Guide to Korea for Overseas Adopted Koreans*, Overseas Koreans Foundation, 2004.

Joffe, Helene, *Risk and the Other*, Cambridge: Cambridge University Press, 1999.

Kim, Dong-choon, "The Truth and Reconciliation Commission of Korea: Uncovering the Hidden Korean War", *The Asia-Pacific Journal*, 9-5-10, March 1, 2010. http://www.japanfocus.org/-kim-dong_choon/3314(accessed 2012-05-02).

Korean National Human Rights Commission, 『기지촌 혼혈인 인권실태조사』, 2003.

Koshiro, Yukiko, *Transpacific Racisms and the U.S. Occupation of Japan*, New York: Columbia University Press, 1999.

Kwok, Sa Jin, *Status of Corean Amerasians*, Unpublished English follow-up to 2003 report to Corean National Human Rights Commission, 2004.

MBC, 〈이제는 말할 수 있다: 비밀결사 백의사〉 편.

Moon, Katharine H. S., "Prostitute Bodies and Gendered States in U. S.-Korea Relations", Elaine H. Kim and Chungmoo Choi, eds., *Dangerous Women: Gender & Korean Nationalism*, New York: Routledge, 1998.

Moon, Katharine H. S., *Sex Among Allies: Military Prostitution in U. S.-Korea Relations*, New York: Columbia UP, 1997.

Moon, Seungsook, "Begetting the Nation: Androcentric Discourse of National History and Tradition in South Korea", Elaine H. Kim and Chungmoo Choi, eds., *Dangerous Women: Gender & Korean Nationalism*, New York: Routledge, 1998.

Shade, John A., *America's Forgotten Children: The Amerasians*, Perkasie, Pennsylvania: The Pearl S. Buck Foundation, Inc., 1980.

Sturdevant, Saundra Pollock and Brenda Stoltzfus, *Let the Good Times Roll: Prostitution and the U.S. Military in Asia*, New York: New Press, 1992.

Yang, Hyunah, "Re-membering the Korean Military Comfort Women: Nationalism, Sexuality, and Silencing", Elaine H. Kim and Chungmoo Choi, eds., *Dangerous Women: Gender & Korean Nationalism*, New York: Routledge, 1998.

Yuh, Ji-Yeon, *Beyond the Shadow of Camptown: Korean Military Brides in America*, New York: New York UP, 2002.

■ 누가 역사를 부인하는가—5·18 과거청산 부인의 논리와 양상

강인철, 『한국의 개신교와 반공주의』, 중심, 2006.

김동춘, 「20세기 국가폭력과 과거청산」, 조희연 편, 『국가폭력 민주주의 투쟁 그리고 희생』, 함께읽는책, 2002.

김동춘, 「과거청산 작업과 한국 민주주의」, 『5·18 민중항쟁과 정치·역사·사회 5. 5·18과 민주화, 5·18 민중항쟁의 기억과 과거청산』, 5·18기념재단, 2007.

김병곤, 「한국 보수주의의 이념적 특징—근대화와의 관계를 중심으로」, 『역사비평』 여름호, 2011.

김용철, 「광주항쟁과 한국 정치의 민주화—탈군부정치의 역사결정적 국면의 원천으로서 광주항쟁」, 『5·18 민중항쟁과 정치·역사·사회 5. 5·18과 민주화, 5·18 민중항쟁의 기억과 과거청산』, 5·18기념재단, 2007.

배덕만, 『한국 개신교 근본주의』, 대장간, 2010.

서중석, 「과거사 진상규명의 점검과 향후 과제」, 『역사비평』 가을호(통권 80호), 2007.

스탠리 코언, 『잔인한 국가, 외면하는 대중—왜 국가와 사회는 인권침해를 부인하는가』, 창비, 2009.
악셀 호네트, 『인정투쟁—사회적 갈등의 도덕적 형식론』, 사월의책, 2011.
안병직, 「민주화운동과 민주주의—좌익운동을 중심으로」, 안병직 편, 『한국 민주주의의 기원과 미래 보수가 이끌다』, 시대정신, 2011.
안종철, 「과거청산과 미해결 과제」, 『5·18민중항쟁과 정치·역사·사회 5. 5·18과 민주화, 5·18 민중항쟁의 기억과 과거청산』, 5·18기념재단, 2007.
오수성·신현균·조용범, 「5·18 피해자들의 만성 외상후 스트레스와 정신건강」, 『한국심리학회지: 일반』 Vol. 25, No. 2, 한국심리학회, 2006.
종교문화연구원, 『종교 근본주의—비판과 대안』, 도서출판 모시는 사람들, 2011.
이나미, 「박정희 정권과 한국 보수주의의 퇴보」, 『역사비평』 여름호, 2011.
이나미, 『한국의 보수와 수구—이념의 역사』, 지성사, 2011.
이재승, 『국가범죄』, 앨피, 2010.
자유북한군인연합, 『화려한 사기극의 실체 5·18』, 광명기획, 2009.
정근식, 「청산과 복원으로서의 5월운동」, 『5·18민중항쟁사』, 광주광역시 5·18사료편찬위원회, 2001.
조현연, 「5·18 진상규명 투쟁과 광주청문회」, 『5·18민중항쟁과 정치·역사·사회 5. 5·18과 민주화, 5·18 민중항쟁의 기억과 과거청산』, 5·18기념재단, 2007.
조희연, 「민주주의 이행과 과거청산」, 『국가폭력 민주주의 투쟁 그리고 희생』, 함께읽는책, 2002.
주디스 허먼, 『트라우마—가정폭력에서 정치적 테러까지』, 열린책들, 2012.
지만원, 『솔로몬 앞에 선 5·18』, 도서출판 시스템, 2010.
최정기, 「국가폭력과 트라우마의 발생기제—광주 '5·18' 피해자를 대상으로」, 『경제와 사회』 봄호(통권 77호), 2008.
최현정, 「트라우마 이해」, 평화박물관(트라우마 강좌 교안), 2009.
검찰, 「허화평 피의자 신문조서 제1회」, 『총구와 권력』, 조선일보사, 1999.
검찰, 「이학봉 피의자 신문조서 제4회」, 『총구와 권력』, 조선일보사, 1999.
검찰, 「노태우 피의자 신문조서 제5회」, 『총구와 권력』, 조선일보사, 1999.
검찰, 「주영복 진술조서」, 『총구와 권력』, 조선일보사, 1999.
검찰, 「이희성 진술조서」, 『총구와 권력』, 조선일보사, 1999.
검찰, 「권승만 진술조서」, 『총구와 권력』, 조선일보사, 1999.
검찰, 「안부웅 피의자 신문조서 제1회」, 『총구와 권력』, 조선일보사, 1999.
검찰, 「안부웅 피의자 신문조서 제4회」, 『총구와 권력』, 조선일보사, 1999.

검찰, 「광주지검 검시조서」, 『5·18광주민주화운동자료총서』 제20권, 광주광역시 5·18사료편찬위원회, 1999.
국방부과거사진상규명위원회, 「12·12, 5·17, 5·18 사건 조사결과보고서」, 2007.
국회, 「5·18광주민주화운동 진상조사특별위원회 회의록 제7호」(1988. 11. 18).
국회, 「5·18광주민주화운동 진상조사특별위원회 회의록 제8호」(1988. 11. 19).
국회, 「5·18광주민주화운동 진상조사특별위원회 회의록 제16호」(1988. 12. 7).
국회, 「5·18광주민주화운동 진상조사특별위원회 회의록 제19호」(1988. 12. 19).
국회, 「5·18광주민주화운동 진상조사특별위원회 회의록 제20호」(1988. 12. 20).
국회, 「5·18광주민주화운동 진상조사특별위원회 회의록 제25호」(1989. 1. 26).
국회, 「5·18광주민주화운동 진상조사특별위원회 회의록 제26호」(1989. 1. 27).